U0468372

陕西省高层次人才
特殊支持计划项目
成果丛编

中国音乐期刊及报纸研究

李宝杰·主 编

文化藝術出版社
Culture and Art Publishing House

图书在版编目（CIP）数据

中国音乐期刊及报纸研究 / 李宝杰主编. — 北京：文化艺术出版社，2022.12
ISBN 978-7-5039-7367-3

Ⅰ.①中… Ⅱ.①李… Ⅲ.①音乐—期刊—研究—中国 ②音乐—报纸—研究—中国 Ⅳ.①G237.5 ②G219.23

中国版本图书馆CIP数据核字（2022）第247694号

中国音乐期刊及报纸研究

主　　编	李宝杰
责任编辑	董良敏　谷　欢
责任校对	董　斌
书籍设计	李　响　姚雪媛
出版发行	文化艺术出版社
地　　址	北京市东城区东四八条52号（100700）
网　　址	www.caaph.com
电子邮箱	s@caaph.com
电　　话	（010）84057666（总编室）　84057667（办公室） 　　　　　84057696—84057699（发行部）
传　　真	（010）84057660（总编室）　84057670（办公室） 　　　　　84057690（发行部）
经　　销	新华书店
印　　刷	国英印务有限公司
版　　次	2023年5月第1版
印　　次	2023年5月第1次印刷
开　　本	710毫米×1000毫米　1/16
印　　张	23.75
字　　数	478千字
书　　号	ISBN 978-7-5039-7367-3
定　　价	98.00元

版权所有，侵权必究。如有印装错误，随时调换。

陕西省高层次人才特殊支持计划项目支持
陕西省教育厅音乐学与艺术学理论实验教学示范中心项目支持
西安音乐学院音乐学国家"一流专业"建设项目支持

陕西省高层次人才
特殊支持计划项目
成果丛编

编委会

主 任
王 真

副 主 任
李宝杰　王　刚

委 员
叶明春　郭　强　高贺杰　冯　勇　吴　延
樊艺凤　李　颖　谢宝利　景月亲　李　华

目 录

民国时期四种同名《音乐杂志》办刊比较研究 / 李宝杰 ……………… 001
论 20 世纪 20 年代中国音乐期刊的发展 / 王 青 杨华丹 ………… 023
民国"陪都"重庆音乐期刊发展述析 / 李宝杰 ……………………… 039
民国期刊《乐风》研究 / 杨华丹 …………………………………… 061
民国音乐月刊《歌与诗》办刊探析 / 李宝杰 王 青 ……………… 129
《人民音乐》1950—1965 年办刊研究 / 徐 星 …………………… 139
有一种努力叫"坚守"
　　——《音乐研究》办刊分析 / 李宝杰 ………………………… 187
一份不能遗忘的音乐期刊
　　——记《延安歌声》创刊 33 周年 / 刘春晓 ………………… 201
《交响》办刊研究 / 包耘赫 ………………………………………… 213
《音乐周报》10 年发展研究（2000—2009） / 张莹莹 …………… 269

民国时期四种同名《音乐杂志》办刊比较研究

李宝杰

男,艺术学博士、二级教授,陕西省"特支计划"哲学社会科学领军人才。现任西安音乐学院党委副书记,音乐学、艺术民俗学双方向硕士研究生导师,南京师范大学音乐与舞蹈学博士研究生导师。兼任教育部高等教育艺术学理论教学指导委员会委员、中国传统音乐学会常务理事、陕西省高等学校教学指导委员会音乐学类工作委员会主任、陕西省音乐家协会理论委员会主任。长期从事中国音乐文化、艺术民俗学、音乐编辑学等领域的教学与研究工作。发表研究成果数十万字,撰、编著作8部。承担有国家艺术基金、教育部、陕西省人文社科等研究项目。先后获得国家科技进步二等奖,陕西省第十二、第十三次哲学社会科学优秀成果著作类二等奖和论文类三等奖,陕西省新闻出版局、陕西省教育厅高等社科学报优秀编辑学论著一等奖、二等奖,陕西省教育厅人文社科研究成果三等奖,陕西省高校优秀教材一等奖。

在李文如、中国艺术研究院音乐研究所编的《二十世纪中国音乐期刊篇目汇编》[①]上卷收录的133种音乐期刊中，有四种同名的音乐杂志，它们分别是北京大学音乐研究会编的《音乐杂志》，初刊于1920年3月；刘天华等人创建的国乐改进社社刊《音乐杂志》，初刊于1928年1月；上海音乐艺文社的《音乐杂志》，初刊于1934年1月；丁善德、陈洪所编《音乐杂志》，初刊于1946年7月。其中，出版期数最多的为北京大学音乐研究会的《音乐杂志》，从1920年3月出第1卷第1号到1921年12月出第2卷第9、10号合刊，在近两年的时间里共出版20期（不包括部分期号的再版）；而办刊历时最短、出版期数最少的是丁善德、陈洪先生所编的《音乐杂志》，仅出创刊号和第2期两期。尽管，这四种《音乐杂志》并无直接的血缘关系，也各有其不同的创刊背景，但却冠以相同的期刊名号，并以其历时性的时隐时现，显现了20世纪20—40年代，音乐工作者对主流音乐文化的认识与追求。若将其作为20世纪上半叶音乐杂志发展的缩影来看待，通过各刊物办刊上的相互比较，不仅可观察我国音乐期刊早期发展的情况，也可梳理出那个时代音乐人的一些认知范围和学术视域，从而彰显我国早期音乐期刊的文化平台作用及其历史见证意义。

一、四种《音乐杂志》不同办刊背景缕析

在中国近现代史上出现的第一份音乐类期刊，是1906年李叔同留日期间创办的《音乐小杂志》。[②]虽然这份杂志编印自日本，印数较少，仅出了1期，对后世难以产生较大影响，但它开启了中国音乐期刊创办的先河，其历史意义是不可忽视的。

14年之后，由北京大学音乐研究会编辑发行的《音乐杂志》，依托北大的深厚学

[①] 李文如、中国艺术研究院音乐研究所编：《二十世纪中国音乐期刊篇目汇编》，文化艺术出版社2005年版。

[②] 《音乐小杂志》由李叔同于1906年在东京创办编印，并于是年阴历正月二十（2月13日）寄回上海发行。参见丰一吟、刘雪阳《我国最早音乐杂志在日找到》，《音乐艺术（上海音乐学院学报）》1984年第4期。

养和学术氛围，从其办刊宗旨、形式规格、刊载内容以及作为连续性出版物的期刊历史来说，真正把中国音乐期刊推上了现代发展的路径。

图1 北京大学音乐研究会《音乐杂志》

《音乐杂志》的创办与北大音乐社团的兴起关系紧密，可看作蔡元培1916年出任北大校长后推行和实施新的教育理念的结果。他"以美育代宗教"的思想倡导，不仅试图创设全新的文化教育氛围，而且激发了艺术实践层面的积极响应。"北大音乐团"就是在此基础上应运而生的，后更名为"北京大学音乐研究会"。蔡元培不仅在1918年研究会的筹备会上鼎力畅言，而且还为1920年3月研究会会刊《音乐杂志》创刊号的刊发撰写了发刊词，兹抄录如下：

吾国言乐理者，以《乐记》为最古，亦最精。自是以后，音乐家辈出，曲词音谱，递演递进，并不为古代单简之格调所制限，而辨音原理之论，转涉肤浅。学者知其然而不知其所以然，进步之迟，良有由也。自欧化东渐，彼方音乐学校之组织，与各种研求乐理之著述，接触于吾人之耳目。于是知技术之精进，固赖天才，而学理之研求，仍资科学。求声音之性质及秩序与夫乐器之比较，则关乎物理学者也。求吾人对于音乐之感情，则关乎生理学、心理学、美学者也。求音乐所及于人群之影响，则关乎社会学与文化史者也。合此种种之关系，而组成有系统之理论，以资音乐家之参考，此欧洲音乐之所以进化也。吾国音乐家有鉴于此，一方面，输入西方之乐器、曲谱，以与吾固有之音乐相比较。一方面，参考西人关于音乐之理论以印证于吾国之音乐，而考其违合。循此以往，不特可以促吾国音乐之改进，抑亦将有新发见之材料与理致，以供世界音乐之采取。此即我北京大学音乐研究会所以建设之大原因也。会中诸导师，均于技术及理论，深造有得。而不敢自满。欲以所见，与全国音乐家互相切磋，以达本会之希望。于是有《音乐杂志》之发起。倘海内外音乐家皆肯表同情于此种机关之创设，而借以发布其各别之意见，使吾国久久沉寂之音乐界，一新壁垒，以参加于世界著作之林，则诚发起人之所馨香而祷祝者矣。①

蔡元培的《发刊词》既涉及我国传统音乐文化历史之现状，也言及近代以来欧洲音乐文化的科学化发展，特别是点明了理论研究与艺术实践相互作用的紧密联系性，从而凸显出研究会的办会宗旨："一方面，输入西方之乐器、曲谱，以与吾固有之音乐相比较。一方面，参考西人关于音乐之理论以印证于吾国之音乐，而考其违合。循此以往，不特可以促吾国音乐之改进，抑亦将有新发见之材料与理致，以供世界音乐之采取。"强调了通过比较研究与发展，促进中国音乐文化走出封闭的围囿，进而融入世界音乐文化潮流中的理想。

在此后近两年的时间里，《音乐杂志》的办刊基本依照蔡元培《发刊词》的精神，结合音乐研究会的活动需要，在西方音乐技术理论传播、西方音乐文化介绍、中国传统音乐整理、音乐教育、音乐创作等方面，刊登了一系列重要的文章，对于促进"五四"以来新音乐文化的理论发展起到了实时性的推动作用。正如有学者所言："那些致力于西卉东植的开拓者们，他们不仅以科学的态度较为系统地在中国民众之中传播了欧洲音乐，而且还以卓见的眼光将欧洲音乐与中国音乐进行比较，为从中寻求一条发展中国音乐的道路而付出了艰辛的劳动。"②

相比较而言，刘天华等人于1927年5月创办的国乐改进社，或许是受到北大音乐研究会的启发，建社伊始即提出创办社刊的构想。刘天华在《我对于本社的计划》一文中说道："改进国乐这件事，在我脑中蕴蓄了恐怕已经不止十年，我既然是中国人，又是以研究音乐为职志的人，若然对于垂绝的国乐不能有所补救，当然是件很惭愧的事……我们想做的事，已在本社缘起上说过。目前把急于举办的事，略说几桩如下：刊印《音乐杂志》：这是我们提倡音乐的至要工具。"③刘天华的办社计划中

---

① 蔡元培：《发刊词》，《音乐杂志》1920年第1卷第1期。
② 高蓉：《贵在开拓与务实——评北大音乐研究会〈音乐杂志〉》，《人民音乐》1992年第3期。
③ 刘天华：《我对于本社的计划》，《中国音乐》1991年第4期。

共列举了 7 件大事，摆在首位的就是创办《音乐杂志》，可见这件事在他心目中的分量。如果说这则材料反映的仅是刘天华个人的心愿的话，那么，接下来所引的《音乐杂志》主要编辑者程朱溪撰写的《国乐改进社〈音乐杂志〉发刊词》中的一段话，或可真正表明创办此杂志的意义："国乐改进社成立之后，我们第一步感觉到的就是目下的音乐界缺少一种发表言论的机关，缺少一种交换思想的地方。要想社会对于音乐有正当的赏鉴能力，要想我国沉沦着的音乐有进步，有起色，要想一班有志于音乐的人们鼓起勇气来完成他们的使命，要想使我们大家都明了现在的国乐是什么状态，它的前途如何，无论要想什么，第一步，一种公开态度的，不是专为读读玩的《音乐杂志》总是少不了的。于是我们动手努力办《音乐杂志》。"① 所谓"发表言论的机关"，用今天的话来说就是展示言论的平台。在那个媒体不甚发达的年代，音乐人看到了杂志能够有效地进行文化传播的重要作用，不能不说他们所具备的文化前瞻意识，是与"五四"以来所倡导的新文化发展影响分不开的。

国乐改进社的《音乐杂志》在办刊过程中，由于缺少像北大《音乐杂志》那样的院校背景，组成人员中虽不乏当时社会的音乐文化精英，但由于资金匮乏，使得办刊过程十分艰难。从 1928 年 1 月至 1932 年 2 月这 4 年多的时间，仅出了 10 期，其中，1928 年共出 4 期，1929 年 3 期，1930 年 2 期，1932 年 1 期。出刊密度的逐步减少，从一个侧面真实地反映出国乐改进社整体运作上的困境与逐渐低落。但不管怎么说，作为一个"民办"性质的社团组织，又打着鲜明的"改进国乐"的旗号，能在当时社会氛围并不理想，公共援助几乎为零的状况下，坚持了 4 年多的发展，把一本受众面并不宽的《音乐杂志》坚持办下来，全靠刘天华为首的一干人的精心努力与积极打拼。如果不是 1932 年 6 月刘天华的突然罹病去世，倘以其振兴国乐的雄心与劲头而言，恐怕无论是国乐改进社还是社刊《音乐杂志》，都不可能就这样戛然而终，而是极有可能继续走下去的。

上海音乐艺文社的《音乐杂志》是 1934 年创办的一份音乐期刊，由易韦斋、萧友梅、黄自担任主编，上海良友图书印刷公司印刷发行。因音乐艺文社假借上海国立音乐专科学校为社址，《音乐杂志》三人主编中又包括萧友梅、黄自这样著名的音乐家，后世一般容易将其误以为是国立音专下属的一级组织。而实际上，该社团是独立于音专之外的一个社会性音乐团体。廖辅叔先生在其《谈音乐艺文社》一文中说："由于音乐艺文社是音专师生发起的，因此有人理解为它是国立音乐专科学校的附属机关。这是莫大的误会。"② 并且他在该文中提供了两条重要的证据：一是音乐艺

---

① 程朱溪：《国乐改进社〈音乐杂志〉发刊词》，《音乐杂志》1928 年第 1 卷创刊号。
② 廖辅叔：《谈音乐艺文社》，《中央音乐学院学报》1995 年第 4 期。

文社章程第八条内容是"本社暂借上海国立音乐专科学校为临时社址";二是《音乐杂志》第 1 期版权页所印编辑者为"国立音乐院音乐艺文社",到第 2 期出版时去掉了"国立音乐院"字样,仅保留"音乐艺文社"为编辑者,并认为"这是音乐艺文社致函良友公司更正后的结果"。

图 2　国乐改进社《音乐杂志》

按照音乐艺文社《音乐杂志》第 1 期《弁言》中所言:"我们从前有一个'乐艺社',也曾发表过一种刊物,名叫'乐艺',出过六期,因故障停顿,隔了些日子,我们好像是不辜夙愿,不甘中断,大家再接再厉,鼓起兴致,认定责任,来组织本音乐艺文社。仍旧相约共达第二进行的愿,编一刊物。即定今名为本社的'音乐杂志',举音乐,即括艺文,阅者必能够理会到这一层了。"[①]不难看出,尽管音乐艺文社是独立于国立音专之外的音乐社团,但因其参与者多数为音专师生,主创者又多源于音专早先创办的"乐艺社"成员,因此,"音乐艺文社"虽不能看作音专下属的团体,但与音专早期社团——乐艺社及《乐艺》杂志有一定的血脉关联却也是明摆着的事实。

---

① 编者:《弁言》,《音乐杂志(上海1934)》1934 年第 1 期。

图 3　音乐艺文社《音乐杂志》

"音乐艺文社"在成立时立下四大宏愿："(一)滋培民众和乐，因是愿把音乐智识来普及。(二)鼓舞崇正赏悦，因是愿把音乐理义来提正。(三)供给美善规范，因是愿把音乐菁华来介绍。(四)撩引精湛声情，因是愿把音乐共鸣来请求。"①并在《音乐艺文社全部章则》第二部分"总务部细则"第四款有言："本部刊物暂定双月出版一期，俟能力充足时再行扩大增加。"②最终的结果是仅在1934年出了4期后就寿终正寝了。但作为在那个特定时代，一群有志于发扬音乐文化的志士们的创举，行为上虽有些"虎头蛇尾"，但毕竟做出了一些有益于社会音乐发展的工作。在历史长河中，即使再微不足道，也需给予客观的认识与评价。或许是当事者已经预感到时局动荡、社会文化环境不稳，故在《音乐杂志》第1期《弁言》结尾留下这么几句耐人寻味的话："从前'乐艺'发刊词，曾讲过'事在人为，只怕不做'；我们抱定这个努力的宗旨，打算逐渐表现种种的愿，环境如何，那是临时裁决的，战胜它与否，那是所谓'成败利钝，非所逆睹了'。"虽有壮士断腕的决心，可毕竟人心拗不过事态的变迁，当天时、地利、人和都不存在了，最初下定的决心也就随之烟消云散了。所幸的是为后人留下了4期杂志，使得今天我们还能从中窥见其努力与奋斗的点滴，因而也就显得弥足珍贵了。

---

① 编者：《弁言》，《音乐杂志（上海1934）》1934年第1期。
② 编者：《音乐艺文社全部章则》，《音乐杂志（上海1934）》1934年第1期。

1946年，由丁善德、陈洪主编的《音乐杂志》是民国时期四种同名期刊中创刊背景最为简单、创办周期最短、出版期数最少的一本。前后历时半年，出版两期后停刊。经查阅，无论是《丁善德音乐论著集》还是《中国现代音乐教育的开拓者——陈洪文选》，都少有相关文字的介绍，丁善德、陈洪两位先生带有回忆性的文字中也未提及。而对此记录较为详细的则是戴鹏海先生所撰《丁善德音乐年谱长编（续）》中所载："1946年（35岁）……当时，一位姓冯的有钱人想办个音乐杂志，托人向丁探询，问丁能否担任主编，丁表示同意，便找了陈洪、钱仁康等协助，由丁与陈洪合编，并将刊物取名《音乐杂志》，于7月1日创刊。出了两期之后，冯认为无利可图，不再予以资助，该刊也因此寿终正寝。"①

该刊创刊号由署名"音乐杂志社"的机构于1946年7月1日正式推出，编辑者丁善德、陈洪，发行者冯葆善，印刷者启智印书馆，由上海环球出版社总经销。根据创刊号"编后"中的说明："本刊三月底发稿，原定四月初出版，因印刷困难，拖延至今，诚非编者意料所及。"②可见首发并不顺利，而第2期直到12月1日才出版，两期之间整整相隔了五个月，至此也就走到了尽头。

根据戴鹏海《丁善德音乐年谱长编（续）》中反映的简单情况分析，这本《音乐杂志》与前三者最大的不同，应该是其具有的出版商投资背景。然而，从创刊号《发刊词》（署名"编者"，实为陈洪撰写③）来看，却也不乏音乐家的自觉追求与努力："国内音乐刊物的出版，完全是一班音乐文化的忠实信徒们的一种努力的表现。明知此中无利禄富贵之可求，且明知销路不会广，成本必亏蚀，而仍前仆后继，不断有人刊行。此未始非我国音乐文化之一线曙光。兹值本杂志刊行之初，回想以前诸前辈的努力，而多数因迫于环境而夭折，谨向之遥致敬意。同时并当多自策励，希望能够承先启后，为新音乐运动竭尽绵薄。"④由此看来，将此仅看作一种商业投资恐非全面，最起码在编者的眼里是一次推动音乐文化发展的大好机会，因此，做起来也就会认真对待、仔细编排。虽然仅出两期，但从编辑的水准与发文的质量来看，并不输于同时

---

① 戴鹏海：《丁善德音乐年谱长编（续）》，《艺圃（吉林艺术学院学报）》1994年第4期。文中所言冯姓商人应是出版商冯葆善，他是20世纪40年代活跃于沪上的知名出版商人，主要经营杂志出版，当时有名的文学性杂志《春秋》（陈蝶衣主编）、侦探小说杂志《蓝皮书》以及半月刊《西点》都出自他手。丁善德、陈洪《音乐杂志》创刊号封底版权页上署名冯葆善为发行人。
② 编者：《发刊词》，《音乐杂志》1946年7月1日创刊号封二。
③ 参见俞玉姿、李岩主编《中国现代音乐教育的开拓者——陈洪文选》，南京师范大学出版社2008年版，第388页。
④ 编者：《发刊词》，《音乐杂志》1946年7月1日创刊号封二。

代其他音乐期刊。

　　以上仅对四种《音乐杂志》的创刊背景及缘起做了简单梳理，目的是想让今人弄清楚这些民国时期同名《音乐杂志》的来龙去脉。在此基础上，以方便对其各自的情况更好地深入了解和分析。

图4　丁善德、陈洪《音乐杂志》创刊号

二、四种《音乐杂志》的编辑排版印刷工艺比较

　　期刊作为一种定期或不定期出版的连续性出版物，由于其特定的知识传播领域以及针对的读者对象，一般在策划和创刊时即已拟定办刊宗旨和栏目布局。前者一般以明确办刊思路和锁定知识推介范围为目的；后者则从编辑的具体操作层面体现期刊内容的形式布局，以便更好地反映期刊内容。

　　民国时期先后创办的四种《音乐杂志》，在时间跨度上，从1920年北大《音乐杂志》创刊到1946年年底丁善德、陈洪《音乐杂志》第2期出刊的20多年间，基本上跨越了民国时期音乐期刊发展的核心阶段。也就是说，在李文如等统计的民国时期的133种音乐期刊中，大部分出现在这一时间段里。四种《音乐杂志》，无论其创办背景如何，延续时间是否长短不一，主要编辑者的水平存在着怎样的差异，这都脱离不了时代文化环境与各方面条件对实际办刊的制约。这一方面会在期刊的形式面貌上体现出来；另一方面会影响到期刊的栏目设计、稿件组织以及内容编排。

北大《音乐杂志》因出现较早，恰好处于五四运动产生影响的初期。五四运动对后世的影响，我们一贯较多关注其在新文化思想领域里的影响，而实际上在文化形式上的变革影响也是显而易见的，甚至更为突出和活跃。如白话文运动、新文化运动、各种学生或青年社团的风起云涌等，不仅使得知识领域刮起了民主风气，而且人的行为方式、思想呈现也得以借用新的形式载体予以展现。从而激发了报业、出版业以及社会团体组织的发展活力与不断变革。

具体到出版物的编辑出版上，商务印书馆、中华书局以及其他带有外资背景的大小出版社，引领出版业的基本走向。其中，一个突出的形式现象就是对传统直排图书版式的变革。在20世纪初期的一二十年里，这种变化不仅反映在图书出版领域，报纸、杂志也同样受到影响。

北大《音乐杂志》的办刊身在其中。尽管每期所刊文稿不乏白话文写作，但也包括文言文体式，更多的是半文半白的表达语式，这典型地反映了文化转型时期书面语式的变化特征。而在期刊的排版上，文字上基本依照传统的右翻直排式。每期文中所插谱例（工尺谱、五线谱）均为手工所绘。从不相统一的谱相来看，非一人手工所绘，谱中文字也为手写。采用照相腐蚀凹版技术单独印制后，与提前印制好的期刊文字部分混装成册。

由于技术粗糙，手工绘制的五线谱除了谱面、谱相不统一外，还印制成红色，看起来像打样稿，与黑色的文字装订在一起很不协调。一本杂志中，谱面的大小、乐谱间距的规格并不统一，且有横排、直排①的版式处理，造成了版式上的凌乱。乐谱与文字混排问题，在当时来说，应该是北大《音乐杂志》出版上的一个较困难的技术问题。

尽管如此，作为较早的音乐类文本的编辑出版，能做到文谱混排已经是难能可贵了。毕竟有乐谱对照，既满足了一些音乐文论的表述需要，也方便了读者阅读参照。但由于文谱混排的技术难度，音乐出版物较之其他出版物，在排版上需要付出更多的费用也是可以想见的。

细查北大《音乐杂志》，其中已有不少横排版式出现，主要集中在萧友梅撰写的系列文论上。如第1卷第4号至第7号以及第2卷第7号连载的《普通乐理》；第1卷第9、10号合刊至第2卷第9、10号合刊上的《和声学纲要》（第2卷第7号空

---

① 乐谱直排，除了工尺谱可以采用此种方式外，其他的诸如五线谱、简谱以其特有的书写方式，实际上是不能够直排的。所谓直排只是将横排谱面调转90°装订，以吻合文字直排版式的视觉效果，而阅读中则需要将书本回转90°才可识读。

缺），均采取横排的形式。在此，我们无法判断这是不是作者发表文章时的特殊要求，但以萧氏留学德国，接受欧式音乐专业训练与教育的背景来看，横排文字不仅符合西方的书面语言表述习惯，而且方便五线谱与文字的混排。连续登载的萧氏的两篇文论中都含有大量的谱例，若采用传统的直排方式，在版式上几乎无法处理，这恐怕是萧文横排个例出现在基本上以传统直排方式为主的北大《音乐杂志》中的主要缘由。但细心的读者不难发现，除了上述两篇文论外，杂志所刊登的萧氏其他文论也都采取了横排方式，如《卿云歌军乐总谱暨燕乐谱之说明》（第2卷第5、6两号合刊）等，以此我们若推测横排专属于萧友梅个人的文章发表要求，也是不无道理的。毕竟，就五线谱与文字的混排来说，横排不仅科学实用而且方便阅读。以至于在北大《音乐杂志》之后的其他《音乐杂志》中的五线谱谱例，均已采取横排方式，说明五线谱横排是音乐文本编辑出版必须遵循的一种科学的实用性法则。

北大《音乐杂志》中出现的乐谱直排、横排并存的情况，反映了在那个特定时代，因新文化运动的影响，西方文本书写印刷方式逐渐替代中文传统方式的过渡与转型。虽其杂志版式面貌显得较为混乱，表面上欠缺美观，但却是编辑出版文化转型的具体体现，也是对新音乐文化的记录与显现方式的保留，承载的是音乐文化传播的历史鲜活性。

在此之后的国乐改进社社刊《音乐杂志》，则采取了一种折中的编排方式，每期内容都由一部分直排和一部分横排组成，并在目录中用"直行"和"横行"文字明确表示。大致上，与本社有关的活动消息类、中国传统音乐类文章多采用直排；介绍西方音乐文化或技术理论的文章采用横排。到后来，由于内容上的归类区分并无明显的栏目界限，直排与横排也就采取各占一半的分量进行处理。就五线谱的排版处理来看，直排并不多见，仅在第1期刊登的刘天华创作的琵琶曲《改进操》中，因要把工尺谱与五线谱同时刊登、对照出版，故其五线谱版紧随工尺谱后排成了直排版式。此后刊登的刘天华的其他作品也多由两种谱式排版，但五线谱已全部改用横排的方式。在10期杂志中，刊登的各类谱式的乐谱，只有工尺谱保留了传统的直排方式。

从谱相上看，国乐改进社《音乐杂志》刊登的乐谱较之于北大期刊，已经有了进步。以刘天华的《改进操》为例，不仅工尺谱谱相工整优美，五线谱的谱相也十分标准清晰。虽然能看出两谱均为手工所绘，但绘谱者的水平已非同一般。并且，附着在五线谱谱面上的琵琶技法、指法符号书写得也十分工整，均已达到专业绘制要求。10期杂志中刊登的直排的工尺谱大多数为蝇头小楷书写，虽有个别钢笔草抄的现象存在，但大多数小楷书写的工尺谱都十分优美，除了具备乐谱功能外，还保留有一定的书法韵味。在第6期刊登的杨芝华记谱的《开场板》（弦子谱）、第7期刊登的谭步溟的筝曲《昭君怨》（工尺谱），开始采取铅活字排版①；而连续刊登了10期的张友鹤《琴学浅说》中的古琴谱，大多数采取专门铸字排版。说明这时候的排版印刷水平，比起10年前已有了进步。

1934年以后出版的音乐艺文社的《音乐杂志》和1946年出版的丁善德、陈洪主编的《音乐杂志》，全部采用现代的左翻排版、印刷、装订方式。由于特定的办刊宗旨，各期内容中没有收录任何传统音乐题材的文论，不存在工尺谱的直排问题，文中引用的谱例均为横排五线谱谱式。乐谱绘制水平均已具备专业水准，相比较来看，音乐艺文社的《音乐杂志》更胜于丁善德、陈洪创办的《音乐杂志》。乐谱中的文字已全部采用仿宋体书写，所有乐谱均为手工所绘。

四种音乐杂志在出版时间上跨越了20余年，仅就编辑排版已可明显看出它们的变化与发展情况。北大音乐研究会《音乐杂志》以右翻竖排为主，国乐改进社《音乐杂志》则竖排、直排两相兼顾，音乐艺文社《音乐杂志》与丁善德、陈洪《音乐杂志》已完全改为左翻横排的现代版式，体现了编辑排版体例的发展变化进程。而印刷质量方面，由于各杂志都由专门的印刷厂家承印，印刷材料变化不大、质量相对稳定，使得各杂志并未显现出较大差别。主要区别在于封面、封底的用纸与期刊容量的大小上。好一些的，封面封底采用铜版纸，封面加彩印；差一些的，用克度较大的白板纸，单色印刷。其中，北大音乐研究会、国乐改进社的《音乐杂志》的封面图案不固定，每期重新设计；音乐艺文社、丁善德与陈洪创办的《音乐杂志》，封面图案则采取每期固定不变的形式。各杂志内文，均采用一般书刊纸印刷。有杂志的个别期号内，插有由铜版纸单色印制的肖像插图（如北大《音乐杂志》第2卷第5、6号合刊上刊登的"萧友梅先生近照"）。在杂志的装订上，各家均采用折页平订，保证了杂志的基本装订质量。若从杂志的历史延续以及所投入的人力、财力来看，北大音乐研究会、国乐改进社以及音乐艺文社的《音乐杂志》在质量上要略胜一筹。

三、四种《音乐杂志》栏目设计及刊载内容比较

由于杂志文本是由多位作者撰写的不同题材作品构成的出版物形态，因此，在文稿的编辑安排上就存在着相近题材归类编排的问题，这不仅有益于杂志内容的编辑、排版，而且方便读者阅读。在此基础上逐渐发展成杂志的栏目，栏目体现在不同杂志中，由不同作者创作的、针对一定题材范围内的作品。从编辑者的角度看，栏目设置

---

① 北大音乐研究会《音乐杂志》1920年第1卷第1期刊登的王露的《玉鹤轩琵琶谱》工尺谱，已开始使用铅活字排版。

不仅是杂志的主要形式样态，也是贯穿杂志内容、浓缩主题思想、引导读者视觉、体现编辑水平的杂志内容的有效组织手段。

杂志栏目出现的原因是众多的不同题材内容在一个平台上的无序堆积，故而设置栏目的意义在于对其分门别类地进行内容梳理和归位。现代杂志以相关题材主题词或短语标明栏目的做法，在早期的杂志发展中是不存在的，相关题材的归类只是编辑者在编辑工作中使用的一种简单组织方法，以方便编辑或引导读者阅读。虽一般不标明栏目，但通过阅读能发现编辑在文章组织上的考虑与安排。

杂志中的文章编排没有明确标明栏目分类，但不等于说就没有题材归类的趋向性，一般情况下，我们把这种情况视作"隐栏"；明确地采用题材主题词或短语标明栏目分类的，被视作"明栏"。现代杂志基本都以"明栏"的方式组织编排稿件，以更好地体现办刊宗旨。20世纪早期的杂志期刊，较少有明确的栏目设置。本文涉及的四种《音乐杂志》中，采用"明栏"设置的只有音乐艺文社《音乐杂志》，而其他三种均为"隐栏"设置。尽管如此，比较各杂志内容，依然可以从其目录的编排上看出各杂志的办刊追求与编辑特点。

北大音乐研究会《音乐杂志》自1920年3月至1921年12月以年为卷，共出两卷20期。可把前一卷看作前一个时期，后一卷看作后一个时期。其杂志刊登的内容，从目录编排的格局来看，大致涉及五个方面。

1. 乐论部分

具有一定的学术意义，着重进行有关音乐文化方面的思考。代表性文论有王露的《音乐泛论》（1卷1号）、陈仲子的《国歌与国民性》（1卷1号）、陈仲子《音乐与诗歌之关系》（1卷2号）、萧友梅《什么是音乐？外国的音乐教育机关。什么是乐学？中国音乐教育不发达的原因》（1卷3号）、杨昭恕《论音乐感人之理》（1卷4号）、萧友梅《中西音乐的比较研究》（1卷8号）、王露《中西音乐归一说》（1卷9、10号合刊）、陈仲子《欲国乐之复兴宜通西乐说》（1卷9、10号合刊，2卷1号）等。

2. 音乐教育部分

主要进行音乐教学法、基本理论等方面知识的介绍与传播。如陈仲子的《音乐教授法》在全部20期里每期都有连载；萧友梅的《普通乐理》在1卷4号，5、6号合刊，7号，2卷7号上连载；《和声学纲要》则从1卷9、10号合刊开始，其间除了2卷7号缺载外，一直到2卷9、10号合刊各期都在连载。除此之外，还刊登有其他有关音乐教育的文章。如杨昭恕的《哲学系设立乐学讲座之必要》（1卷3号）、刘廷芝《歌唱时应注意的事项》（2卷3、4号合刊）、傅彦长《学校唱歌教授应注重音阶之练习音说》（2卷5、6号合刊），等等。

3. 乐谱部分

刊登各类曲谱，既包括收集整理的民间音乐曲谱，也包括新创作的曲谱。前者最具代表性的就是由王露收集整理的《玉鹤轩琵琶谱》(工尺谱)，一共连载了8次之多。还有陈仲子收集整理的《皮黄曲谱》、李荣寿译谱的《平沙落雁》(古琴)、沈仰田整理的江浙俗曲二种(《五更调》《梳妆台》)、陈厚菴整理的四川通行俗曲五种(《北调》《十里凳》《补缸》《鲜花调》《告状》)等；后者则包括吴梅创作的《北京大学校歌》、萧友梅创作的《卿云歌》、杨仲子创作的《侨工歌》、黎锦晖创作的《桂枝香》、赵元任创作的《偶成》，萧友梅作曲、易韦斋作词的《国庆歌》等。两卷20期共刊登各类曲谱90余首(包括连载。其中原创作品占到27%)。

4. 词牌部分

从1卷1号至5、6号合刊，登载有根据古词牌所填新词46阕，如西江月、蝶恋花、浣溪沙、忆江南、采桑子、清平乐等。自1卷7号开始不再刊登词牌。

5. 消息报道部分

作为会社团体的社刊，报道活动内容、发布各类消息是其基本职能。北大音乐研究会《音乐杂志》自创刊号起，几乎每期都刊登有这方面的内容。一方面增加了会员的联络性，另一方面向社会呈告本组织的活动情况。如1卷1号上刊登的蔡元培的《发刊词》、李吴祯撰写的《北京大学音乐研究会之经过》，1卷2号上廖书仓的《北京大学音乐研究会沿革略》，1卷7、8号上刊登的《北京大学音乐研究会会员姓名表》和《本会章程》等，对于了解和研究北京大学音乐研究会的缘起和发展都有着至关重要的作用。还有1卷4号上刊登的《美国哈佛大学音乐学的课程》，1卷9、10号合刊上登载的《河南中西音乐助赈会的报告》《重庆音乐研究会来函》以及2卷9、10号合刊的《大同演乐会简章》等，对于传递来自各方面有关音乐活动的消息，发挥了积极的平台作用。

通过以上对北大音乐研究会《音乐杂志》刊登内容的简略梳理，不难看出，该杂志虽然没有明确标明栏目分类，但实际上在文稿刊登上是隐含着以题材内容进行分类编排栏目的原则，大致包括"乐论""教育""乐谱""词牌""消息"五个方面，基本上吻合了当时社会音乐发展的需要。这种隐性的栏目分类，与社会音乐文化的需要以及稿件的来源与组织紧密关联，并非永固不变，会根据稿源等不同情况有所调整。比如"词牌"部分，仅延续了5期，在1卷5、6号之后即被取消，原因不得而知。而从1卷9、10号合刊起，加大了乐谱部分的刊登。这样的调整并没有影响到杂志发稿的基本格局，除了"词牌部分"，其他四个部分依然保持。办刊的基本宗旨得以延伸，每期中几乎都可看到中西音乐文化介绍、交流的相关内容。中西音乐文化碰撞，在1卷7号至2卷3、4号合刊间达到高潮。其中，直接涉及相关主题的文论就有9篇，代表作有王心葵的《中西音乐归一说》（1卷7号）、萧友梅的《中西音乐的比较研究》（1卷8号）、刘廷芝的《我对于改革中国现在音乐误谬的意见》（1卷8号）、王露的《中西音乐归一说》（1卷9、10号合刊）、陈仲子的《欲国乐之复兴宜通西乐说》（1卷9、10号合刊，2卷1号）等，通过思想认识上的碰撞，践行了蔡元培"一方面，输入西方之乐器、曲谱，以与吾固有之音乐相比较。一方面，参考西人关于音乐之理论以印证于吾国之音乐，而考其违合。循此以往，不特可以促吾国音乐之改进……"①的基本精神。

相比而言，比北大音乐研究会《音乐杂志》稍晚几年创刊的国乐改进社社刊《音乐杂志》，尽管先后仅出10期，但历时却达4年之久。从10期总的刊登内容来看，与北大音乐研究会《音乐杂志》具有办刊主旨上的精神联系性不同，虽强调了"国乐改进"的主旨，但在中西音乐文化的介绍与传播上，择取的则是较平等的视角。除了个别专论外，连续刊登的刘天华借鉴西洋作曲技法与结构形式而创作的国乐新作可看作"国乐改进"的实践成果，各期先后刊登有8首之多。包括琵琶曲《改进操》《虚籁》《歌舞引》，二胡曲《除夕小唱》《月夜》《闲居吟》《病中吟》《光明行》。当然也不乏其他人的创作，如赵元任的钢琴曲《结婚进行曲》、韩权华的钢琴小品《闲情》（Vacation Moods）等。其中刊登的创作歌曲为数最多，有18首，包括萧友梅、易韦斋、缪天瑞、吴伯超、唐赟、赵元任、曹心泉等人的作品。引人注目的是，在1卷4期上还开辟了"革命与国耻"专栏，刊登"国立音乐院来稿"，其中包括萧友梅、吴伯超等人为反抗帝国主义侵略而专门创作的8首歌曲，以纪念上海"五卅惨案"和济南"五三惨案"。另外，刊登内容更多关注以北平为中心的社会音乐活动，此类消息与报道大多被安排在靠前的位置上，体现了作为社刊的基本职能。乐论类的文稿虽有保留，但刊登数量显然比不上北大《音乐杂志》。

整体上来说，各期文稿安排随意性较明显，看不出隐含的栏目分界，让人觉得稿件来源并不稳定。并且从第5期起，整个杂志的容量锐减了1/3，从原先每期发稿15篇以上，跌落到10篇左右，想必与办刊资金不足、缩减成本有关。但我们依然要肯定国乐改进社《音乐杂志》在音乐史上具有的重要作用和积极意义，原因如下：

其一，在非常困难的条件下，纯粹以民间的行为和力量，艰难地为"国乐改进"工作做着努力。国乐改进社创办之际正值北方各地音乐发展萧条之时，北平艺专、北大音乐专科均遭政府强行停办，致使以北平为核心的音乐发展事业遭受重创，对此，音乐界广大同人无不痛心疾首但又毫无办法。杨仲子敛其各方议论，在1卷2期上发表了题为《质疑》的文章，通过14个"不解"，表达了对当局戕害音乐发展的不满。

---

① 蔡元培：《发刊词》，《音乐杂志》1920年第1卷第1期。

正是在此恶劣环境下，国乐改进社成立并出版《音乐杂志》，为北平的音乐文化发展带来了一线希望。其改进国乐的立场鲜明，振兴华夏音乐文明的举动实实在在。该社团除了有效组织日常的音乐活动外，在杂志上通过对各项活动的介绍与宣传、对创作作品的大力刊登，走出了一条实实在在发展国乐之路。

其二，这本杂志尽管在稿件的组织安排、栏目设定上不够清晰，但所刊登的大多数文稿始终贯穿着"国乐改进"的音乐发展宗旨，即刘天华所希望的"在中西调和中打出一条通道"，践行了主编程朱溪在《发刊词》中写下的"我们惟一的感觉就是在这种过渡时代国乐的改进与西乐的介绍是并重的。在《音乐杂志》上不论是关于国乐，或是关于西乐，只要是切实的研究，只要是诚恳的意见，我们都欢迎"①的基本认识立场。这样的办刊主张，使得该杂志不尚空论、多行实务，因而，传递的音乐活动信息频度较高，与其办刊倡导紧密配合。

其三，杂志注重各方面知识的传递。除了前文所说该刊注重本社及当时北平各类音乐活动消息的发布外，还特别关注对西洋音乐家及其作品的介绍，如舒伯特、贝多芬、舒曼、肖邦、斯克里亚宾等。特别是舒伯特，涉及其个人介绍及其创作的有程朱溪翻译的《Schubert 的 Serenade》（1卷1期）、萧淑娴撰著的《苏柏略传》（1卷1期、2期）、缪天瑞撰著的《许贝尔德及其作品》（1卷7期、8期、9期）。②还有其他一些相关知识的介绍，如袁同礼的《西人关于国乐之著作》（1卷3期）、《北平图书馆西文音乐书目录》（1卷4期），柯政和的《唱片的使用及保存法》（1卷9期）、《札兹音乐的产业化》（1卷10期），饱尘的《管弦乐队里的弦乐族》（1卷10期），徘徊翻译的《音乐地理》（1卷10期）等。

创办于1934年的音乐艺文社的《音乐杂志》在办刊上有了较大进步，虽说办刊历时仅维持了一年，如同今天的"季刊"共出了4期，但从其明确的办刊宗旨、清晰的栏目设计、每期较大的容量以及精美的编排印刷来看，堪称那个时代音乐类杂志的办刊翘楚。

以上海国立音乐专科学校为背景，自1929年起先后创办过两份杂志：一是1929年11月创办的《国立音乐专科学校校刊·音》（月刊），一直到1937年7月，历时8年，共出63期；二是1930年4月创刊，1931年7月停刊的《乐艺》（季刊），先后共出6期。若两刊相比较不难发现，前者以讯息通报为主，其间不少期以"歌材""歌

---

① 程朱溪：《国乐改进社〈音乐杂志〉发刊词》，《音乐杂志》1928年第1卷创刊号。
② 20世纪早期有关西方音乐家、作品名称的翻译尚未统一，同一位作曲家往往有多种不同的中文译法，如本文中的"苏柏""许贝尔德"都是指奥地利浪漫主义作曲家弗朗茨·舒伯特（Franz Seraphicus Peter Schubert，1797—1828）。

录""副刊""文艺副刊"等名谓设置专栏，除不断发布国立音专的各方面消息外，还刊登了不少师生的原创作品，但其每期的主体内容依然是以通告校内各方面信息为主，属于"校报"性质的刊物。而后者《乐艺》则完全不同，以明确的办刊宗旨和清晰的栏目设计，显现出其标准的专业性期刊的面目。每期栏目设定非常固定，由"封面画""插画""曲谱""歌谱""著述"等组成，对个别栏目的增减，则根据各期不同稿件的内容略作调整。这两份杂志的创办都与青主有关，特别是《乐艺》主要由他创办并担任主编。

音乐艺文社于1934年1月创办的《音乐杂志》，虽在隶属关系上不同于《乐艺》，但由于艺文社成员多数来自国立音专，加上社员们在心理上对两本杂志历史渊源的情感认同，故而可将后者视作前者精神衣钵的再发展。不仅当事者有此心愿[①]，今天的研究者中也有人这么认为。[②] 实际上，比较一下两刊的办刊主旨与栏目设置，应该说是比较一致的。两刊都是基于专业音乐发展与教育传承的视角，关注当代社会的音乐生活；主要栏目都是由"插图""乐谱""论著"和其他一些消息类内容组成。《音乐杂志》在栏目上与《乐艺》最大的不同，是把音乐文学从"著述"中剥离出来，专门设置了"诗歌"栏目。其办刊的基本格局，甚至在今天的一些音乐类期刊中依然有所延续。

如若与北大和国乐改进社的《音乐杂志》做比较的话，音乐艺文社的《音乐杂志》首先在办刊宗旨上就有较大变动，更多关注西方专业音乐教育模式影响下的音乐发展问题，传统音乐问题、国乐改进问题涉及不多。在整个4期所编发的近40篇论述中，对于涉及中国音乐问题的仅有龙沐勋的《从旧体歌词之声韵组织推测新体乐歌应取之途径》（1卷1期、2期），丁冬的《对中国音乐的感想》（1卷1期），易韦斋《墨子非乐释义》（1卷3期），华丽丝、青主《关于中国音乐的进展问题》（1卷3期），罗亭《听了祀孔典礼中大同乐会的古乐演奏以后》（1卷4期）几篇，其中最具代表性的是萧友梅的《最近一千年来西乐发展之显著事实与我国旧乐不振之原因》（1卷3期）。而介绍西方音乐文化、著名作曲家、各类作品以及西欧音乐教育情况的内容，无论是在"论著"栏还是"插图"栏中都占据了绝大篇幅，以此不难看出该《音乐杂志》在办刊宗旨上注重传播西方经典音乐文化的倾向性。至于"乐谱"栏刊登的创作作品，则集中了沪上有代表性的几位作曲家的声乐创作，如黄自、陈田鹤、江定仙、青主、周淑安、刘雪庵、应尚能、高中立等。

---

① 编者：《弁言》，《音乐杂志（上海1934）》1934年第1期。
② 参见胡天虹《评上海国立音专之音乐刊物——〈乐艺〉与〈音乐杂志〉》，《音乐艺术（上海音乐学院学报）》2005年第1期。

整体来看，音乐艺文社的《音乐杂志》有其显著的特点，除了上述的基本倾向性以外，尚有几点值得关注：

一是从清晰的栏目设计与稿件的精心组织安排上，反映出办刊者具有明确的认识和主张，把创刊号《弁言》中所说的四大心愿一一实现。

二是具有典型的"同人刊物"[①]风格与气质。从该《音乐杂志》的三位主创者易韦斋、萧友梅、黄自的背景身份看，虽为艺文社成员，但均系国立音专教师。萧友梅、黄自为作曲教授，易韦斋为国文教员，易在创作上与萧、黄二人多有合作。多年来的相处，使得他们对音乐的基本观念有着较多的一致性，必定会反映在办刊的认识及稿件的组织与筛选上。不仅如此，从第4期《音乐杂志》刊登稿件的作者群来看，活跃在沪上的作者占据了大多数，且有相当一部分属于艺文社成员。"相近的艺术经历和历史责任感""相近的学术意识""全面的音乐才能"[②]是促成音乐艺文社"同人刊物"特点形成的主要原因。

三是从编辑和印刷规范上来看，音乐艺文社的《音乐杂志》在体式上已与今天的期刊并无二致。栏目功能明确，目录编排详尽，每篇文章标题后都标明所在页码，为阅读、查找提供了方便。在印刷制作上，无论是插图处理、乐谱绘制以及封面硬皮和内线装订来看，均达到了上乘的水平。特别是插图的三色印刷，较之同时代其他刊物而言，不仅精美而且已显奢华。当然这都与上海良友图书公司较高的出版工艺水平分不开。

有关丁善德和陈洪于1946年7月创办的《音乐杂志》，是本文涉及的四种同名杂志中今人最为陌生的一份，几乎找不到相关引介的文献。其创刊背景资料虽缺乏且不易获得，但杂志实物却保存得较为完好，为杂志文本的研究提供了方便。究其创办的缘由，前文中已列举了戴鹏海所撰《丁善德音乐年谱长编（续）》中提到的，该杂志具有出版商投资的背景，却也不乏"一班音乐文化的忠实信徒们的一种努力的表现"，并且忠实地体现在仅有的两期杂志的办刊中。

该刊每期的容量并不大，采用了现代期刊体式，文章组织安排采用"隐栏"方式处理，大致可看出涉及了"著述""创作""活动讯息"等内容，每期至封底共计43页。从发文所涉及的内容来看，以对西方音乐文化的介绍为主，涉及了西方音乐史、

---

① "同人刊物"是指隶属于某一文化社团下，由其同一"文化者群体"创办的杂志。参见胡天虹《评上海国立音专之音乐刊物——〈乐艺〉与〈音乐杂志〉》，《音乐艺术（上海音乐学院学报）》2005年第1期。

② 参见胡天虹《评上海国立音专之音乐刊物——〈乐艺〉与〈音乐杂志〉》，《音乐艺术（上海音乐学院学报）》2005年第1期。

歌剧、交响乐、钢琴艺术、作曲理论等方面，其中尤以钢琴方面所占比重较大，先后有6篇相关文章刊登，如创刊号上丁善德的《弹奏钢琴的姿势》、E.B.Perry、裘音的《钢琴曲的解说与故事》，第2期上丁善德的《钢琴弹奏法》、廖辅叔的《肖邦与乔治·桑》、汪培元的《怎样领略贝多芬的月光曲》等，以此可见出杂志与主编者个人兴趣、偏好的紧密相关性。

整体来说，丁善德、陈洪所创办的《音乐杂志》是以西洋经典音乐文化为背景，是"基于专业音乐发展与教育传承的视角"办刊，而非北大音乐研究会、国乐改进社的《音乐杂志》所开辟的，借鉴西方优秀音乐文化成果，促进国乐改进与发展的调和之路。这就造成了在办刊主旨上，对于知识的引介与传播上，仅以近代西方音乐文化的经典性成果引介为对象，刊登的有关国内乐坛的讯息，也是以学习和传播西方音乐文化为主体的事项，而有关中国本土音乐文化方面的认识和研究，在两期杂志中没有留下一篇，反映出该刊办刊主旨上的偏向性。

如果将此杂志与音乐艺文社《音乐杂志》相比较的话，这份杂志尽管晚办了12年，但无论是其专业质量、信息容量、编辑要求甚至印刷水平来说，都要稍逊一等，就连封面构图和设计，也有模仿前者的痕迹。但也有做得较好的地方，如文内版式处理比较活跃，插图较为丰富，既有绘画也有照片，以改音乐期刊的刻板面目，也为读者提供了更多的图像信息，这些都是值得肯定的。

四、四种《音乐杂志》的社会音乐文化影响

杂志作为一种新兴媒体在我国的传播与发展，是伴随着19世纪西方文化的不断渗入而进行的，至20世纪20—40年代达到第一个发展高峰。

杂志这种发轫于17世纪欧美的、不同于书籍、报纸的文化传播平台，弥补了报纸在时效性上的欠缺，是一种及时的、连续性的文化传递方式，发挥出前所未有的文化交流作用。马克思、恩格斯曾在《〈新莱茵报·政治经济评论〉出版启事》中认为："……杂志也有杂志的优点，它能够更广泛地研究各种事件，只谈最主要的问题。杂志可以详细地科学地研究作为整个政治运动的基础的经济关系。"[①] 这正是看到了杂志平台能够就某一专题进行深入而广泛的连续性开掘这一传播优势。

20世纪上半叶的中国正处在一个新旧文化不断博弈且剧烈地发生嬗变的时期，这样的文化环境虽为杂志的发展提供了多重机遇，但也因时局不稳，容易造成杂志

---

① [德]马克思、恩格斯：《〈新莱茵报·政治经济评论〉出版启事》，载《马克思恩格斯全集》(第7卷)，人民出版社1959年版，第3页。

的短命。本文涉及的四种《音乐杂志》办刊时间都不太长，通过其短促的办刊历程，呈现出这一多变时代的文化缩影。尽管如此，通过比较与分析，我们从中仍能窥见出不同时期一干音乐人的努力与奋斗业绩。正是在他们不断地追求下，才为今天繁荣发展的音乐局面，摸索出了早期的杂志发展之路。而《音乐杂志》的存在，不仅是那个特定时代音乐讯息传递的有机载体，也是时代历史的真实见证，记录和反映着特定时代的音乐人的各种认识与行为，并成为我们今天得以窥见与了解的重要资料。

四种《音乐杂志》办刊背景不同，历时不一，产生的社会影响以及在20世纪音乐发展中的作用应当有别。其中，北京大学音乐研究会的《音乐杂志》具有开创性的意义，尽管，它在音乐类杂志的创办中不是最早的，但从当时的主流音乐文化发展需求而言，杂志的办刊主旨、基本形式规格、所涉猎的内容，具有一定的引领性。另外，其在编辑出版的杂志文本样式上，仍保留有较多的传统因素。刘天华国乐改进社的《音乐杂志》，其最显著的特点就是把社团组织活动与杂志办刊紧密地捆绑在一起，犹如一个放声筒，尽力地展示和宣扬国乐改进社的各项活动。其在办刊精神与具体操作上，最引人注目的就是对"国乐改进"理想的不断宣扬。但有所遗憾的是，在这方面实践性的创作成果显现相对充分，而理论上的思考则略显不足。有关对传统音乐文化、西方音乐文化的认识，虽然作为杂志传播的主旨，承袭了北大《音乐杂志》的办刊精神，但在稿件的组织安排上显然有所欠缺，即就是"国乐改进"问题，缺少真正有分量的相关论述。其杂志文本竖横相间的编辑印刷样式风格，反映出当时杂志在版式上的转型过渡。音乐艺文社的《音乐杂志》则因其国立音专的学科背景，走着一条以传播和介绍西方音乐文化及其教育模式为主的办刊道路。其最主要的贡献就是，确定了现代专业音乐杂志的基本规格，无论是栏目设置、内文版式以及插图、消息报道等，都为现代专业音乐教育模式的形成与传播发挥了影响作用。但其不足也显而易见，比如在国立音专本部都设有国乐科，但杂志不知何故未做任何反映，这无疑缩小了该杂志的文化覆盖面，成为专注于一隅的单项平台，不能够全面反映时代的音乐文化信息。而至于丁善德、陈洪创办的《音乐杂志》，既不背靠于院校，也不依托于社团，因而在办刊上视野更加狭小，无论栏目设置、内容安排都无法与前三种音乐杂志相比较，加之办刊历程最短，故其社会影响力就要弱得多。

总之，民国时期先后创办的四种《音乐杂志》，均以其自身的方式传递着那个时代的音乐文化讯息。虽办刊质量有别、社会影响大小不同，但作为20世纪上半叶中国音乐期刊发展链条上的一环，其重要作用不容忽视。尽管在那个时期的音乐类杂志中占据的份额微小，但由于主创者的社会影响力以及杂志的办刊质量，而成为那个时代音乐类杂志中的翘楚。其中，尤以北大音乐研究会、国乐改进社以及音乐艺文社的《音乐杂志》影响至深，值得后人不断地探寻与学习。从中触摸和挖掘20世纪早期的音乐文化发展信息，体会那些前辈学者为促进中国音乐文化的现代发展而做出的可贵探索与努力。

（原载《音乐探索》2013年第4期）

论 20 世纪 20 年代
中国音乐期刊的发展

王 青

女，1975年出生，哲学博士、副教授。现就职于西安音乐学院音乐教育学院。近年来公开发表论文十余篇，代表作有《从〈古乐的沉浮〉看修海林中国古代音乐史研究》《论贝多芬与维也纳贵族的关系》《论20世纪20年代中国音乐期刊的发展》《人民是艺术创作的源泉——重温毛泽东〈在延安文艺座谈会上的讲话〉》《音乐商品价值的再反思》等，参与国家级、省部级项目各1项，主持省教育厅重点项目1项，参与编写《音乐鉴赏》教材1部。

杨华丹

女，1991年出生，二级教师职称。2014—2017年在西安音乐学院攻读音乐编辑学方向硕士研究生，师从李宝杰教授，毕业论文《民国期刊〈乐风〉研究》荣获2017年"优秀硕士毕业论文"。现供职于西安市碑林区景龙池小学。2018年指导学生参加西安市碑林区第三十届中小学艺术节合唱比赛荣获特等奖，本人获"优秀指挥"和"优秀指导教师"称号。近年来发表论文有《陈振铎与〈怎样习奏二胡〉》《论20世纪20年代中国音乐期刊的发展》等。

清末民初，留日潮打开了国人视野，也促使了中国第一本音乐期刊——《音乐小杂志》的诞生（李叔同，1906年）。由于在日本受到西方音乐的洗礼，这些留日的青年学子开始反思中国音乐的发展，力主学习西方音乐与改良中国音乐的思想由此埋下了种子。此后在救亡图存的时代风潮下，音乐被赋予了唤醒国民、激发爱国精神、鼓舞士气的作用，新式学校教育中的学堂乐歌的兴起就是这方面的典型表现。早期那些留学日本的音乐家如曾志忞、李叔同、沈心工等人最早发出了学习西方音乐的声音，从这一时期的音乐期刊所刊载的内容上看，主要是提倡对西方音乐基础知识和音乐教育以及西洋乐器演奏法的引进和学习，内容虽浅显，却预示了西方音乐文化开始大踏步进入中国，一场不可避免的中西音乐文化的交流与碰撞随即拉开了序幕。他们通过选曲填词的学堂乐歌，引进和借助西方音乐，走出了改良中国音乐的第一步。

20世纪20年代随着人们对西方音乐有了更深一步的了解，有人开始反思和批判学堂乐歌选曲填词的这种生搬硬套的"拿来主义"。于是，人们开始探索新的音乐创作方式，学习西乐、借助西乐、改造中国音乐的思想进一步深化。而此时以蔡元培[①]为首的教育家开始提倡并大力宣扬美育，音乐美育思潮由此兴盛。人们在开始重视音乐的社会教育功能的同时，逐渐对音乐的审美和情感体验有所观照，这些变化我们可以从当时的音乐期刊中得到佐证。在音乐文化的信息传递中，除了音乐专业书籍的出版发行外，音乐期刊作为新兴媒体[②]是当时社会音乐生活的一面镜子，也是当时社会环境下音乐思想碰撞交流的主要阵地。中西音乐文化的唇枪舌剑之战已经打响，中国音乐事业的历史发展轨迹也被这些大大小小、零零散散的音乐期刊所记录。

---

① 1912年蔡元培担任临时政府教育总长，推行德育、智育、体育和美育四育并举。他在《对新教育之意见》中提出"美感教育"，并将美育与道德教育相联系，明确音乐是实行美育的重要途径，从而促使音乐美育思潮和音乐教育事业的发展。

② 期刊作为外来的媒体形式，自19世纪中期到20世纪初开始在中国发展，早期基本是由教会的传教士在上海、广州等地创办的英文期刊，此后面对中国人的中文期刊陆续出现，如麦都思、郭士立于1833年在广州创办的《东西洋考每月统记传》，1857年1月创刊于上海的《六合丛谈》等。到了20世纪初，伴随着出版事业的发展，商务印书馆、中华书局等出版机构开始涉足期刊领域，助推起了中国期刊发展的初次高峰。

一、20世纪20年代的音乐期刊概况

如果说清末民初是音乐期刊发展的酝酿时期,那么20世纪20年代就可以看作中国音乐期刊发展真正迈出的第一步。受美育思潮的影响,20年代出现了新型艺术团体和专门的音乐教育机构,对比下文表1和表2可以发现,20年代的音乐期刊创办主要以团体单位为主,部分期刊是以专门的音乐学校为创办单位,既从侧面反映了当时对音乐教育的重视,也能从这些期刊中窥见当时学校音乐教育的发展情况。这一时期的音乐期刊主要集中在北京和上海,它们既是两个最先与外界接轨的城市也是思想最为活跃的地方。特别是五四新文化运动之后,高举"科学"和"民主"两面大旗,音乐也要走科学和民主的道路。"科学"主要表现在合理地看待中西音乐的矛盾,用科学的方法学习歌唱、用科学的技法进行多声音乐的创作等方面。"民主"则表现在文化的多元化发展上,包括中西音乐文化的兼容并蓄,较为宽松的文化环境,能够容纳各种音乐观点、言论的交流,以及对这些言论和观点的载体平台建设——音乐期刊的创办。

表 1　清末民初的音乐期刊统计表

刊名	编辑者	创办年份	所在地区及发行
音乐小杂志（半年刊）	李叔同	1906	日本印刷，上海开明书店发行
灿花集（月刊）	张无为	1908	上海灿花书社发行
白阳	李叔同	1913	浙江师范校友会发行

表 2　20世纪20年代的音乐期刊统计表

刊名	编辑单位	创办年份	所在地区
音乐杂志（月刊）	北京大学音乐研究会[①]编	1920	北平
新乐潮（月刊）	北平爱美乐社编	1927	北平
音乐杂志（不定期）	（北平）国乐改进社编	1928	北平

---

① 1916年蔡元培出任北京大学校长时,成立了"北京大学音乐团"。1919年改组为"北京大学音乐研究会",1922年8月经萧友梅提议,改组为"北京大学附设音乐传习所",成为最早的音乐教育机构,开始招收学生进行专业音乐人才的培养,由蔡元培亲任会长,设钢琴、提琴、古琴、琵琶、昆曲五个组。

（续表）

刊名	编辑单位	创办年份	所在地区
美育（月刊）	中华美育会美育杂志社编	1920	上海
音乐界（月刊）	上海音乐学校编	1923	
音乐季刊	上海中华音乐会出版	1923	
音乐教师的良友（月刊）	上海美术专门学校音乐教育研究会编	1926	
音乐院院刊（月刊）	上海国立音乐院编	1928	
国立音乐专科学校校刊·音[①]（月刊）	国立音乐专科学校编	1929	

1920年在北京和上海涌现的《音乐杂志》和《美育》两本刊物打响了20世纪20年代音乐期刊发展的第一枪，这两本期刊均与蔡元培及其美育思想有着密切联系，对后世具有深远的影响。

《音乐杂志》是北京大学音乐研究会于1920年3月创办的。在其发刊词中，蔡元培提及了刊物创办的原因："自欧化东渐，彼方音乐学校之组织，与各种研求乐理之著述，接触于吾人之耳目。于是知技术之精进，固赖天才，而学理之研求，仍资科学。求声音之性质及秩序与夫乐器之比较，则关乎物理学者也。求吾人对于音乐之感情，则关乎生理学、心理学、美学者也。……有鉴于此，一方面，输入西方之乐器、曲谱，以与吾固有之音乐相比较。一方面，参考西人关于音乐之理论以印证于吾国之音乐，而考其违合。循此以往，不特可以促吾国音乐之改进，抑亦将有新发见之材料与理致，以供世界音乐之采取。此即我北京大学音乐研究会所以建设之大原因也。"[②] 通过创办杂志发布和传递各种音乐信息，联络各方人士，进行音乐知识交流，促进音乐文化发展。该刊物基本上以主张学习西乐、改造中乐为思想基础，设立的栏目版块内容，包括音乐文论、歌曲、歌谱、消息等。如以连载的方式刊载了《音乐的物理基础》《乐学研究法》《音乐教授法》等介绍西方音乐理论的文章，为音乐教育和音乐理论普及提供了许多重要的文本材料。刊物中还登载有北京大学音乐研究会的音乐公演活动，以及该会其他相关事项，为当时的音乐普及和宣传做出了重要贡献。

1919年，吴梦非、丰子恺等人在上海发起成立了中华美育会，并于1920年4月至1922年4月出版发行会刊《美育》。因为美育涉及的范围不仅仅是音乐，也包括美

[①] 该刊物虽创刊于1929年，但是刊物期数多，且发展周期较长，期刊主体部分在30年代，因此将刊物内容和特点主要归在30年代期刊中研究。

[②] 蔡元培：《发刊词》，《音乐杂志》1920年第1卷第1期。

术和文学，因此，这本期刊以艺术综合的面目出现，以对各门类艺术的推介，促进美育发展。该刊中除了登载歌曲外，也论述绘画、文学诗词等内容，更辟有专门的"诗"栏刊登新作。此外，有关中华美育会的相关活动情况，以及美育界纪闻等也多有登载。其创刊号的《本志宣言》中表达了中华美育会的办会宗旨："我国人最缺乏的就是'美的思想'，所以对于'艺术'的观念，也非常的薄弱。现在因为新文化运动的呼声，一天高似一天，所以这个'艺术'问题，亦慢慢儿有人来研究他，并且也有人来解决他了。我们美育界的同志，就想趁这个时机，用'艺术教育'来建设一个'新人生观'并且想救济一般烦闷的青年，改革主智的教育，还要希望用美来代替神秘主义的宗教。我们美育界的同志，公认'美'是人生一种究竟的目的，'美育'是新时代必需尽力去做的一件事，所以会集全国的同志，创设一个中华美育会。"① 这篇宣言，虽寥寥百言，却精辟地论述了在我国开展美育教育的目的和作用，体现了蔡元培先生所倡导的美育是一种以艺术教育的方式建设新的人生观的理念，是一种先进的"以人为本"的教育思想。

1923年5月《音乐界》（月刊）创刊，起先由傅彦长主编，后由上海音乐学校② 编辑，存见第1至12期。每期内容非常简短，以介绍西方音乐为主。

1923年8月，《音乐季刊》出版，由招伟民、祝湘石、罗伯夔、黄咏台编，上海中华音乐会出版，现存第1至5期。刊物内容翔实，栏目清晰，前两期设栏目有祝词、言论、专著、杂俎、友声、乐理。从第3期开始有乐论、乐器、曲谱、音乐界消息、读者来函、补白、会务报告等栏目设定。其与北京大学音乐研究会所编《音乐杂志》在结构上相似，属于中西结合的音乐刊物，但偏向国乐宣扬，多介绍国乐文章，少有讨论中西音乐比较的文论。

1926年5月，上海美术专门学校音乐教育研究会所编《音乐教师的良友》（月刊），存见第1至2期，是这一时期少有的专门论述音乐教育的期刊，韩传炜和刘质平是刊物主要负责人。在这本期刊中刊载了《蝴蝶和小鸟》《春游》《小船》三首儿童音乐作品，让我们可以了解到当时儿童音乐的创作选材和风格。

由北平爱美乐社所编《新乐潮》1927年6月创刊，现存第1卷第1至5期，第2卷第1至3期，第3卷第1、2期，合计10期。这本期刊主要侧重于对西乐的介绍，乐谱的刊载有器乐曲（如钢琴、小提琴）也有声乐曲（独唱曲），以外国名家的作品译介为主。

---

① 本社同人：《本志宣言》，《美育》1920年第1期。
② 上海音乐学校创办于1923年5月，私立性质，学制分本科和普通科两种。参见孙继南编著《中国近现代音乐教育史纪年：1840—2000》，山东教育出版社2004年版，第68—69页。

1928年1月创刊的《音乐杂志》，由北平国乐改进社编，以刘天华等人为主导，聚集了萧友梅、刘复、程朱溪、赵元任、张友鹤、柯政和、缪天瑞、曹心泉等一批优秀音乐家。由于主张学习西乐改进国乐，所以这本期刊对中西音乐均有涉猎，但更多的文论是对于国乐的改造和复兴。音乐创作方面多刊载二胡、琵琶、三弦等民族器乐独奏曲，也有钢琴独奏曲，在声乐方面则较少刊载，该刊现存第1卷第1至10期中，只有1928年1月第1卷第1期刊载了萧友梅作曲的《爱》和缪天瑞作曲的《恨（失意）》《乌鸦》；10月第1卷第4期刊载了《国难歌》《国民革命歌》《国耻》《反日运动歌》等相关声乐作品，在其他8期中鲜有刊登声乐曲的，但每期都刊载有器乐曲，可见该刊物侧重于对器乐的介绍与传播，以及对中国传统乐器的改良创作介绍。

1927年上海国立音乐院成立，由蔡元培担任院长，本着"输入世界音乐，整理我国国乐"[①]的立场，于1928年5月创办了《音乐院院刊》，在创刊号上蔡元培先生发表的《国立音乐院院刊发刊词》中写道："至于今日，欧洲之乐器及乐曲，又次第输入，不特在教育上又恢复其主要之地位，而且理论之丰富，曲调之蕃变，既非西域印度所可拟，抑亦非吾国古人之所能预知也。音乐院同人既日日研究此种丰富蕃变之理论与曲调，而借以发达其创造之能力，又不肯私为枕中鸿宝，而以刊物发表之，其术固新，而于古人重视音乐之意，则正相契合也。"[②]"因此，本刊要把音乐，与其他艺术一样的在这新时代复兴起来，把音乐的原理与美的音乐，介绍给国人，把各种堕落的音乐撵走，这就是本刊的主张所在。"[③]可见这本刊物的创建，一方面是为了提供给国人了解西乐的途径，传播新的作曲技法和新音乐；另一方面通过复兴国乐，改造落后的不合时代审美和发展的音乐，提高音乐在艺术之林的地位。"我国文艺及绘画，已有相当的改进，但占住艺坛重要地位的音乐，除学校唱歌，还听得见世界的曲调外，其余大众，依然共赏那不能作为中国。止境的音乐——皮、簧等——附在里面的语句，依然被国人认为音乐的内容；有好剧本——昆曲、传奇等，其唱做是否登峰造极？全都尚有疑问。音乐之国的中国，处此新时代，应否就此罢手？"[④]在当时新的知识分子阶层眼里，作为国粹的戏曲并不能反映新时代文化发展的需要，而是存在一定的缺陷或者说是落后的音乐代表，而创建国立音乐院、创办《音乐院院刊》就是为了学习西方音乐文化、引进西乐技术，借西乐改造旧国乐，借西乐的方式方法推动新国乐的创作。

---

① 《编者言》，《音乐院院刊》1928年第1期。
② 蔡元培：《国立音乐院院刊发刊词》，《音乐院院刊》1928年第1期。
③ 《编者言》，《音乐院院刊》1928年第1期。
④ 《编者言》，《音乐院院刊》1928年第1期。

二、音乐期刊内容的新发展

在中国近代音乐发展史上，走进 20 世纪 20 年代的音乐创作，已不满足于学堂乐歌时期的生搬硬套，开始有意识地学习和借助西方音乐的多声创作技法，效仿西洋管弦乐队演出形式改造中国音乐。在音乐创作上突出地表现在曲调和歌词两个方面。在曲调方面，开始学习和声学。多数刊物都有刊载和声学的知识用于普及，意味着当时学习西方多声思维对音乐创作的重要性。而歌词创作方面的变化尤其明显，特别是受到音乐美育思想的影响，人们开始关注音乐的审美和情感体验，因此，这一时期的音乐创作开始规避之前功利主义的价值观，而更注重音乐的本真和内在体验，萧友梅、赵元任等人创作的抒情性的艺术歌曲，就是很好的印证。在学校音乐教育方面，儿童音乐的内容选材也以花鸟鱼虫等充满感性色彩的事物为主，让儿童能够通过音乐真正体会到自然美的存在。

（一）音乐创作

1. 音乐曲调的编创

这一时期的音乐创作在曲调方面开始学习西方的多声思维，并且在音乐记谱上出现多谱系的特点，往往一本期刊中既有五线谱又有简谱和工尺谱，多种谱式并存。其中，中国传统的器乐曲用工尺谱，部分新创作的歌曲用简谱或五线谱。如在 1920 年北京大学音乐研究会创办的《音乐杂志》中，吴梅所作《北京大学校歌》用的是简谱；陈仲子的《淮南民歌谱》则用了五线谱，《皮黄曲谱》则用了工尺谱，《新制俗曲满庭芳》《无价宝杂剧》等也用了工尺谱。之所以在期刊中出现这种多谱式混杂的局面，是因为中西音乐文化的交流、融合尚处于生涩的阶段，不同的音乐种类所依附的传统文化习惯影响所致。

从具体的音乐创作中也能显现出中西杂糅的倾向，如强调歌曲的诗意性，注重音乐的审美感性体验，且多以抒情性歌曲创作为主，主要以萧友梅、赵元任、青主等音乐家为代表，把古诗词与艺术歌曲体裁相结合，如易韦斋作词、萧友梅作曲的《渐渐秋深》、段刚仁译谱的《阳关三叠》、赵元任创作的《海韵》《上山》《卖布谣》等。

除了抒情歌曲的创作外，表现爱国情怀、鼓舞士气的歌曲创作也不在少数，其中，国歌征集活动尤显突出。1920 年，段祺瑞政府教育部发起了国歌征集活动，北大音乐研究会《音乐杂志》创刊号积极响应，发表了陈仲子的《国歌与国民性》一文，文中论道："凡世界各国，苟具有独立资格者，莫不有一定之国歌。或取辞勇壮或赋性庄严，其国固有之光华精彩，即可凭借声音，广为传播，其重要实与国旗相等。"①表明了国歌往往是国民性的重要体现,"若徒以才难之欤? 动辄假手于外人,愚以为,决不能适合吾国情,发挥其国民性也"②。作曲家萧友梅以《尚书》中的《卿云歌》为词创作的国歌,在遴选中胜出,得到教育部的认可,于是,教育部下令于1921年7月在全国传唱。该歌曲的旋律走向以上行为主,表现出了积极昂扬的情绪。《音乐杂志》1921年6月第2卷第5、6期合刊上,发表了萧友梅的《卿云歌军乐谱》《卿云歌燕乐谱》《卿云歌军乐总谱暨燕乐谱之说明》《卿云歌谱》(四部合唱)全套,第2卷第9、10两期合刊上又刊登了刘天华编写的《卿云歌古琴谱》。除了国歌外,《音乐杂志》还发表了其他激发爱国情怀的歌曲,如第2卷第7期中萧友梅作曲的《国庆歌》(易韦斋词),刘斐烈谱曲的《南政府国歌谱》;第2卷第9、10两期合刊中刘雅觉作曲的《中华民国国歌谱》(徐谦词)。《音乐季刊》1924年第3期中也发表了祝湘石谱曲的《少年宣讲团团歌》等。

在中国传统音乐的认识和创作方面,则表现出了国粹主义特点。北大音乐研究会《音乐杂志》有《皮黄之价值》(正伯)、《皮黄的缺点》(李荣寿)、《昆曲源流》、《霓裳羽衣舞的研究》(瓠芦)等文章,以及《皮黄曲谱》《十翻曲谱》《和番曲谱》《傍妆台》等戏曲选段曲谱的刊载。特别是在国乐改进社的《音乐杂志》中,多刊载有二胡、琵琶、锣鼓等中国传统乐器的相关曲谱,通过改良戏曲、改良曲谱和改良乐器的方式,复兴中国传统音乐。从这些文章和乐谱中可以看出音乐界对于复兴传统音乐道路的探索,也反映了音乐界用辩证发展的眼光看待中国传统音乐的思想立意。

除此之外,1927年6月北平爱美乐社编辑出版的《新乐潮》,以及在国乐改进社出版的《音乐杂志》中不仅刊载有一定量的钢琴作品,也有涉及乐曲弹奏法的文章。

2. 歌词的编创

五四运动反对旧文学,提倡新文学,这一时期在文学上出现了很多新诗,促进了歌词创作的发展。这一时期的音乐期刊多数辟有专门的歌词栏目,大部分的歌词继承了文学上的古诗词格律或古词牌的文风,辞藻清新、秀丽,体现了中国悠久的文化底蕴和文人气质,如北大《音乐杂志》刊载的古词牌如《蝶恋花》《长相思》《浣纱记》《罗敷歌》《寿楼春》等。部分歌词既保留文言文体式,也尝试白话文新诗,但更多的时候是半文言半白话的过渡文体,体现了新文化运动对诗词创作的影响,反映出歌词文体尚处于转型时期。需要注意的是,这一时期在研究中,对于音乐曲调的关注较为普遍,认为曲调的创作比歌词要难,大部分学习的都是西方音乐的作曲技法,而没有说到作词技法,因此,歌词的编创研究没有得到足够的重视。

---

① 陈仲子:《国歌与国民性》,《音乐杂志(北京1920)》1920年第1卷第1期。
② 陈仲子:《国歌与国民性》,《音乐杂志(北京1920)》1920年第1卷第1期。

综上来看，20世纪20年代的音乐文化传播呈现出多样性的特点，既有外国的声乐曲和器乐曲，也有本国的戏曲音乐、新创作的国歌以及艺术歌曲、儿童音乐、电影音乐（流行音乐）、传统器乐曲等。涵盖范围较为广泛，在体裁形式上既借鉴西方音乐的经验，又保留一定的中国传统音乐习惯，并结合当时中国的社会文化环境，特别是对五四新文化运动影响的接受，白话文、新诗、古词牌等多种文体在创作中同时出现，使我国的歌曲创作、歌曲风格，呈现出有别于其他时期所独有的特征。

（二）音乐理论

这一时期，中西音乐文化交流持续发展，许多音乐家都主张通过学习西乐，创造新的国乐，并在刊物上发表相关文章表达自己的认识与主张。其中，以刘天华领导的国乐改进社最为突出，他们通过乐器改良和创作新乐曲的方式将改进国乐的想法付诸实践。刘天华身体力行，不仅从二胡乐器的形制改造入手，使之在音色、音量以及可操控性上都发生了重要变化，而且创作了多首二胡独奏曲和练习曲，为二胡此后的专业化发展道路奠定了扎实的基础。

蔡元培先生在北大音乐研究会《音乐杂志》发刊词中写道："求声音之性质及秩序与夫乐器之比较，则关乎物理学者也。求吾人对于音乐之感情，则关乎生理学、心理学、美学者也。求音乐所及于人群之影响，则关乎社会学与文化史者也。合此种种之关系，而组成有系统之理论，以资音乐家之参考，此欧洲音乐之所以进化也。吾国音乐家有鉴于此，一方面，输入西方之乐器、曲谱，以与吾国固有之音乐相比较。一方面，参考西人关于音乐之理论以印证于吾国之音乐。"[①] 与刘天华对国乐改进重视实践探索有所不同的是，蔡元培更多的是从文化和教育的层面看到了西方音乐在近代以来所取得的成就，并力主为我所用，正是在这种大的思想趋势引导下，西方音乐及其形式在20世纪早期的快速输入，成为中国近现代音乐发展的重要特点。这一时期几乎所有音乐期刊均有刊载外国音乐文化的文章。西乐输入不仅为当时的音乐创作也为中国音乐未来的发展形成了重要的认识依托，在当时渐兴渐起的"新音乐"概念中，学习和借鉴西方音乐即是其整体观念形成的重要内核之一。

1. 西乐输入

北京大学音乐研究会《音乐杂志》中发表的具有代表性的音乐理论文章有：萧友梅的《普通乐理》《和声学纲要》，陈仲子的《音乐教授法》，杨仲子的《西洋音乐词典》等。这些文章均以连载的方式在《音乐杂志》中刊载。

---

① 蔡元培：《发刊词》，《音乐杂志（北京1920）》1920年第1卷第1期。

前文曾提到的《音乐杂志》1920年3月第1卷第1期刊登的陈仲子的《国歌与国民性》一文，其立意宗旨虽在有关"国歌"的创作上，认为国歌的创作不可假他人之手，只有国人自己创作的国歌才能代表国民性，但对于国歌的创作者必须具备的音乐素养提出了要求。尤其是在言及创作的专业能力支撑上，强调了以西方音乐理论为基础的认识态度，即所谓"音乐之原理不明，作曲之法则不悉。和声不识、乐式不知，似又不必操觚以从事耳"。

除《音乐杂志》外，同时期的其他音乐刊物也刊登有大量介绍西方音乐理论和技法的文章。如1923年的《音乐界》刊登有《乐式大要》《意大利的歌剧》《西洋名曲讲话》《奏鸣曲和奏鸣式》《管弦乐的沿革略史》《和声提要》《欧洲著名歌剧略说》等多篇文章。这类文章往往以翻译外国著述者居多。与之类似的还有北平爱美乐社《新乐潮》中刊载的《和声学理论与实际》（E. Prout著、刘天华译）；《声音及歌唱浅说》（欧罗伯夫人著、初诰译）；《提琴精究》（P. L. Bytovetzski著、张秀山译）。稍晚一点的国乐改进社的《音乐杂志》（1928年）中刊载了《曲调配和声法初步》（J. E. Vernham著、刘天华译）；《和声的原理》（Ernst Mach讲、李光涛译）；《音乐鉴赏须知》（Fanlkner著、缪天瑞译）等。从对这类文章的梳理来看，这一时期对于西方音乐的输入并没有一定的取舍和框定，基本上是能获得什么资源就输入什么资源，缺少系统的框架，内容大多比较浅略，其中和声学方面的文论所占比例较大。

2. 国乐改进

国乐的复兴之路在于国乐的改进，这是当时不少有识之士的看法。音乐期刊在信息追踪中，刊登了不少对国乐改进探索和国乐传播的文论。罗伯夔在《音乐季刊》发刊词中说道："风雅颂皆国歌也""吴侬俚语悉国歌之一种"。"国歌者，民声也，凡风俗之浇淳，民族之强弱，国运之兴衰，胥可审音而得其真状。"① 这里所谓的"国歌"并不局限于狭义的"国歌"概念，而是泛指国家或民族的乐声，也是指代中国传统音乐。因而在这本刊物中陆续发表了《中国音乐源流考》（罗伯夔）、《乐谱的革新》（赵春华）、《改良工尺记谱法刍议》（许我彭）、《改良皮黄剧曲之刍议》（庄星书）、《吹箫的研究》（祝湘石）、《铜丝琴和弦法补》（祝湘石）、《说祝式铜丝琴》（秋怆）。国乐改进社《音乐杂志》创刊号刊载有《改进国乐的我见》（郑冰磐）、《音律尺算法》（刘复）、《工尺改制谈》（杨荫浏）等文章。

复兴国乐还表现在加深对国乐的各方面认识上，尤其是乐律学和古琴音乐领域。如《音乐季刊》就刊载有《今之乱弹犹唐之法曲说》（辛仿苏）、《淮南子五声相生的正误》（鸿梁）、《音律析疑》（王仲皋）、《阳调与阴调》（王光祈）。国乐改进社《音乐

---

① 罗伯夔：《发刊词》，招伟民等编《音乐季刊》1923年第1期。

杂志》刊登有《乐音浅说》(杨仲子)、《琴学浅说》(张友鹤)。《音乐院院刊》刊登有《琵琶左右手全部指法记号说明》(朱英)。北大音乐研究会《音乐杂志》连载了古琴家王露的《玉鹤轩琵琶谱》等。在刊载的中国传统器乐的曲谱中，大部分是用工尺谱记谱的，谱面采用右翻本的竖式编排。也有一些曲谱同时采用五线谱进行对照译谱，谱面为横式编排。记谱法的变化体现了这一时期西方音乐文化对中国传统音乐的影响，站在学习西乐、借助西乐来改造国乐的思想立场上，中西结合的音乐思想观念已经为大部分音乐家所接受。但是，借鉴和改造是否科学、合理，存疑之声依然存在。用西洋大小调记录和表现中国音乐，特别是戏曲和传统器乐，其问题就逐渐凸显出来，全盘西化的思想在这一时期已经逐渐冷却，改良派思想成为主流，通过音乐理论总结、音乐创作实践，不断为中国音乐的未来发展夯基筑路。

3. 中西音乐比较

除了国乐改良，中西音乐的比较在20世纪20年代也是热点。如果说国乐改良的立场是以国乐的发展为根本的话，那么，中西音乐比较则更偏重于对西方音乐文化的认识和吸纳。其理论立场是通过对比，宣扬学习西方音乐文化、借助西乐技术创作中国音乐，是这一时期中西音乐文化碰撞与交流的又一集中体现。这样的理论文章有陈仲子发表于北京大学音乐研究会《音乐杂志》中的《欲国乐之复兴宜通西乐说》(上、下)、萧友梅的《中西音乐的比较研究》、刘廷芝的《我对于改革中国现在音乐误谬的意见》、王露《中西音乐归一说》、杨勃的《中西音节之相合》、杨昭恕的《中西音律之比较》。国乐改进社《音乐杂志》中刊登的郑冰磐的《改进国乐的我见》以及《音乐院院刊》中刊载的萧友梅的《古今中西音阶概说》等。

三、音乐期刊对音乐教育的促进

随着近代教育制度逐步确立，特别是蔡元培担任临时政府教育总长，推行美育教育之时，提出的"唱歌，美育也"以及"以美育代宗教"的思想使音乐受到格外重视，因此学校音乐教育得到进一步发展。这一时期开设了专门的音乐学校与音乐系，如上海国立音乐专科学校、上海艺术师范大学音乐系、国立北京女子高等师范学校音乐系、国立北京艺术专门学校音乐系等。为配合教育教学需要，音乐期刊中多有刊登涉及音乐教育需要的教材类文论，如陈仲子的《音乐教授法》在《音乐杂志》第20期连载，萧友梅的《普通乐理》《和声学纲要》，王露的《玉鹤轩琵琶谱》，陈仲子的《皮黄曲谱》等文论和曲谱均被连载。无论当时专门的音乐教育专著出版情况如何，这些在音乐期刊上连载的文章，在一定程度上都对当时的音乐教育需求起到了支撑和辅助作用。这一时期的专门音乐教育机构的兴办，以及期刊中对西方音乐理论知识和中国传统音乐知识的连载，在一定程度上预示了中国学校音乐教育事业的良好开启，从中可以看出早期音乐教育者们对于发展中国音乐及其教育事业所做的努力和贡献。尽管当时这些院校的招生情况并不乐观，课程的开设也不成体系，对于专业人才的培养所起到的作用或许并没有达到预期，但这些专门音乐教育机构的设立、西方音乐理论的输入和中国传统音乐的复苏、改良，是使20世纪早期中国音乐教育逐渐走向专业化发展的一大进步。

除了专业音乐教育院校的设立外，其他一些高等学校也积极涉足于音乐研究与教育普及领域，如上海美术专门学校的音乐教育研究会、北京大学的音乐研究会等，这种以学校为背景创办的音乐研究会，虽是出于对美育思潮的响应，但在音乐的传播与普及上均做出了相应的贡献。虽不可与专门的音乐教育机构相提并论，但是作为一条从学校教育走向社会音乐教育的音乐发展路径，依然具有积极的作用。如北平的国乐改进社和爱美乐社作为新型音乐艺术组织机构，分别创办了《音乐杂志》（1928年）和《新乐潮》（1927年），这两本刊物均侧重于社会音乐教育方面。特别是国乐改进社，曾创下了组织40余场社会演出的纪录。它们以组织音乐活动和创办刊物的方式改良国乐、宣传国乐，让社会大众直观地听到和看到中西音乐文化碰撞的结果。

无论音乐发展的路径是从学校音乐教育走向社会音乐教育，还是直接开展社会音乐普及教育，都是这个时代音乐发展的突出现象。当时的音乐机构和团体都热衷于创办音乐期刊，不同的期刊在内容上各有侧重并显现出自己的特色，这个特殊媒介平台一定程度上可以让更多的人了解西方音乐的科学之处、中国传统音乐的价值所在。期刊中除介绍研究成果、创作成果外，对消息的报道也十分重要，构成了期刊传递和交流艺术实践活动的基本职能，通过刊载大量社会音乐演出的消息，努力扩大音乐受众群体，为社会大众与音乐接触提供机会，激发社会音乐文化生活的活跃度。加之音乐美育主题在期刊中的强调，无论对学校教育还是社会教育均产生了深远的影响。

事物的发展往往具有两面性，从社会发展格局来看，20世纪20年代的中国处于多种政治力量拉锯的阶段，社会经济和生产极不稳定，解决温饱和求得安稳生活是人民的基本愿望，因此，作为更高层次的音乐发展并没有得到广泛的重视，一方面是音乐不能解决实际生存问题，另一方面是人民群众的文化水平普遍较低，不识字、不识谱的国人居于多数，就连音乐界中对西方音乐了解的人也是凤毛麟角，就更不用说对音乐的理解和享受了。因此，音乐的社会地位和作用难以凸显出来，对音乐的认识和发展主要集中在相对狭窄的知识分子阶层，音乐难以普及，很难产生较大的辐射力和影响力。反过来看，也正因为这样，才更应该普及音乐，做好学校音乐教育，在社会生活上渗透音乐教育，以音乐滋养国人的精神，这或许就是当时许多音乐组织机构和音乐期刊创办者的共同理想，由此充分地利用期刊平台，积极宣传中西音乐文化知识，推动音乐教育和音乐普及的发展。

四、小结

西方音乐作为西方文化的重要组成部分，在 20 世纪 20 年代学习西方文化、改良中国社会观念和力图营造新的社会环境中被国人接受。但对于西方音乐的学习和接受多处于形式[①]的层面，有关西方音乐的精神和内容[②]则在之后的历史发展中才被慢慢消化和渗透进中国的音乐创作和表演实践中。由此，我们不难看到，当时音乐期刊登载的音乐理论文章大多数是对西方音乐基础理论的引介，如基础乐理、和声学、西洋音乐词汇以及个别外国作曲家介绍等，鲜少涉及音乐风格、作品内涵以及音乐文化理念的认识与分析，此时的中国人对于西方音乐的理解尚未达到深入的程度，对西方音乐文化的需要还处于拿来学习的阶段。因此，无论是实践者、理论者还是传播者受此局限实属必然，由此形成了 20 世纪 20 年代音乐期刊在内容组织上的特点，留下了时代音乐文化发展的缩影，成为见证历史的真实文本。

其实，20 世纪 20 年代的中国音乐发展是个承上启下的阶段，一方面面临国乐传统的逐渐衰微，另一方面面临西方音乐文化的影响，处在此时的音乐工作者，大多数都受到过学堂乐歌热潮的浸染，因此希望能够真正学习西方音乐，让更多的人认识、接触到西方音乐。但现实是真正了解西方音乐的人仍属少数派，能够客观地对比中西音乐文化差异和价值观的更是凤毛麟角，对各种有关音乐的认识难免偏颇。在这一时期音乐期刊发表的文论中，反映出音乐工作者大多以西方音乐的价值观来衡量中国音乐的优劣，对西方音乐理论的介绍存在一定的盲目性，缺乏系统和全面的介绍。许多文章的立论并非在完全理解中西音乐文化差异的基础上做出的判断，有些观点甚至偏激和表面化。除此之外，美育思潮的掀起对音乐教育的影响显而易见，许多期刊都在发表相关文章，正是通过这些音乐期刊的传播和宣传，让音乐美育思想得以形成并逐步深入人心。

有意思的是，20 世纪 20 年代的中国政治格局和经济文化环境并不稳定，但政局的动荡在期刊中似乎并没有得到反映，音乐文化界似一片净土，为其发展留下了一定

---

① 西方音乐的形式指的是技术方面的内容，如多声思维的乐理、音阶、和声等相关音乐基础知识。
② 西方音乐精神指的是西方音乐的文化内涵、表现内容、艺术风格、创作的主体性、艺术个性等。

的空间。此时，救亡图存的社会价值观尚未完全建立，而新音乐与新文学运动作用下的美育教育却已滥觞。知识分子关注到学校教育中的音乐审美作用，在潜移默化中陶冶人的性情，这在儿童音乐创作上得以充分体现。尽管黎锦晖的儿童歌舞剧并没有在期刊中完全刊载，但他所开创的这种清新的儿童歌舞剧音乐风格影响了当时的儿童音乐创作，并在中国音乐发展史上留下了重要的一笔。从《音乐教师的良友》这份期刊中，可以看出这一时期儿童音乐的创作在歌词方面选择了更加具体的、富有诗意的题材，积极追求儿童歌曲的质朴和纯真，伯英歌词、刘质平谱曲的《蝴蝶和小鸟》与《小船》，秉廉作歌、刘质平谱曲的《春游》等，体现了在美育思潮影响下追求音乐纯粹美感教育的观念。

音乐的生命线在不断地丰满延续，杂乱的源流最后都将汇聚成江河。中国近代音乐的发展不正是由这些貌似杂乱的思潮、看似不能调和的矛盾，甚至激烈的争论发展而来的吗？在中国思想史中善于求同存异、兼收并蓄的特点，实际上也在不断地更新着一代又一代人对音乐文化的认识。20世纪20年代只不过是近代中国音乐文化发展中的一个过渡阶段，音乐思想尚没有得到沉淀，好多做法还没来得及验证，甚至历史学家都无法给出一个确切的评价。但有幸的是，音乐期刊记录了那个时代，让后人可以从中真切地感受到那个时代音乐先贤们的追求和作为，领略到那个时代的音乐文化景观。这就是研究近代音乐期刊的真正意义所在。

[原载《南京艺术学院学报（音乐与表演）》2021年第3期]

民国"陪都"重庆音乐期刊发展述析

李宝杰

男，艺术学博士、二级教授，陕西省"特支计划"哲学社会科学领军人才。现任西安音乐学院党委副书记，音乐学、艺术民俗学双方向硕士研究生导师，南京师范大学音乐与舞蹈学博士研究生导师。兼任教育部高等教育艺术学理论教学指导委员会委员、中国传统音乐学会常务理事、陕西省高等学校教学指导委员会音乐学类工作委员会主任、陕西省音乐家协会理论委员会主任。长期从事中国音乐文化、艺术民俗学、音乐编辑学等领域的教学与研究工作。发表研究成果数十万字，撰、编著作8部。承担有国家艺术基金、教育部、陕西省人文社科等研究项目。先后获得国家科技进步二等奖，陕西省第十二、第十三次哲学社会科学优秀成果著作类二等奖和论文类三等奖，陕西省新闻出版局、陕西省教育厅高等社科学报优秀编辑学论著一等奖、二等奖，陕西省教育厅人文社科研究成果三等奖，陕西省高校优秀教材一等奖。

"陪都"又称"陪京",是指一个国家在首都之外另设的副都。中国早在炎黄国家萌芽时期即已出现陪都现象,之后多个朝代都设有陪都。20世纪上半叶民国时期,抗日战争全面爆发后,国民政府首都南京在受到日军炮火的威逼之下,于1937年11月16日,由国防最高会议第五次会议正式决定迁驻重庆。1940年8月15日,国防最高委员会通过决议,确定重庆为永久陪都。① 自此,重庆肩负起"陪都"的使命,并因其特殊的历史地位和政治文化作用,在中国近现代史上留下了浓重的一笔。

一、"陪都"重庆音乐期刊基本状况

重庆设为"陪都"后,成为日军炮火攻击的主要目的地,在南京沦陷、上海成为"孤岛"的艰苦抗战时期,重庆地区的文化却涌现出前所未有的发展高潮,知识分子用手中的笔呼吁抗战,鼓舞人心,其中音乐更是成为抗战的有力武器,尤其是抗战歌咏把中国新音乐运动推向了制高点。人们通过唱歌募捐军资,鼓舞民众参军抗日;通过音乐使人们获得更多的生存希望和抗争勇气。在当时的文化条件下,对音乐的普及离不开音乐期刊这一重要传播载体,在大部分情况下,音乐期刊为大众提供了大量的歌咏材料,普及了最基本的音乐知识。

以重庆为中心的音乐期刊的发展,受到环境的影响。具体情况可见表1。②

表1　重庆"陪都"音乐期刊统计表

序号	刊名	编辑者	创刊时间	地区	现存期数
1	战歌周刊·战歌（月刊）	中华全国音乐界抗敌协会战歌社	1937.10—1940.4	上海、武汉、重庆	18

---

① 参见章绍嗣、田子渝、陈金安主编《新编中国抗日战争大辞典》,武汉出版社2015年版,第249页。
② 由于材料查找范围有限,本表统计并不完善。其中个别刊物的信息来自当时音乐期刊中音乐资讯栏目刊登的内容。

（续表）

序号	刊名	编辑者	创刊时间	地区	现存期数
2	新音乐（月刊）	新音乐社	1940—1950	重庆、桂林、上海等地	50
3	新音乐月刊（副刊）	新音乐社	1941	重庆	2
4	乐风（双月刊）	乐风社	1940—1944.6	重庆	18
5	乐风副本（季刊）	乐风月刊社	1941.4—1943.5	重庆	4
6	青年音乐（月刊）	三民主义青年团青年音乐月刊社	1942.3—1942.12	重庆	10
7	歌曲创作月刊	革命乐社、乐艺社（1942年11月后）	1941.1—1942.11	重庆	7
8	青年歌选/青年歌曲集	三民主义青年团青年音乐社编	1942	重庆	不详
9	定和歌曲集	不详	1942	重庆	不详
10	音乐月刊	音乐月刊社	1942.3—1943.5	重庆	7
11	音乐导报（月刊）	中华交响乐团音乐导报社	1943.10—1944.4	重庆	4
12	音乐导报（副刊）	中华交响乐团音乐导报社	1943—1944.6	重庆	7
13	音乐艺术（不定期）	中华音乐教育社、重庆艺术出版社出版	1944.8—1946.10	重庆、上海	13
14	音艺通讯（月刊）	音乐艺术社	1945.3—1946.7	重庆	13
15	音乐艺术丛刊副辑/音艺副辑	新知书店发行	1945.5—不详	重庆	4
16	山歌通讯（不定期）	山歌社	1946.5—1948.5	重庆、南京	16
17	乐坛	乐坛月刊社编	1946.7	重庆	1
18	音乐教育	音乐教育杂志社	1946.9—1946.10	重庆	2
19	新音乐丛刊（渝版）	新音乐社	1947.1	重庆	1

从表1中反映的粗略统计情况看，抗战时期的重庆音乐期刊发展，在短短的几年中就呈现出活跃的态势，从1938年国民政府迁入到1946年还都南京前的8年多时

间里，先后创办19种音乐刊物，每年都有2~3种新刊物的更替发展。在办刊内容上，大部分文曲结合，纯粹的歌刊较少。偶尔也有以期刊的名义出版的个人歌曲集，如《剑声集》，是一本专门刊载作曲家陈田鹤歌曲的五线谱歌集；《定和歌曲集》是一本刊载张定和歌曲的歌集。当时，由于印刷排版条件有限，五线谱刊刻困难，音乐期刊中的歌曲谱例大多采用简谱记谱的方式。部分刊物为满足读者学习需求，专门出版并行版本（采用副刊、副本形式，内容取自正刊，或是对正刊内容的补充），这种并行的版本以歌谱为主，多采用五线谱记谱，有些还为歌曲配有钢琴伴奏。

在重庆"陪都"时期的音乐期刊发展中最具有竞争性，或者说影响最大的要数《新音乐（月刊）》和《乐风》两个刊物，两者出版的周期相对其他刊物要长，同时发行期数也多。特别是《新音乐（月刊）》，在当时环境下通过更换出版单位和刊名的形式，避过了国民党政府的政治"围剿"得以延续出版（相关问题将在后文细述），甚至在后来的解放战争时期，通过多地分社出版，呈现出"遍地开花"的局面。而《乐风》作为国民党政府官办刊物，其出版周期则与政治中心的西南迁移有着密切联系，它几乎是伴随着国民党政府从迁都重庆到回都南京这段时间。此外，1942年3月至12月创办发行的《青年音乐》同样具有其政治背景和属性。

期刊出版周期不长，出版发行期数较短，经常脱期，印刷质量差等，是抗战时期期刊发展的普遍现象。其原因可归结为以下几个方面：一是战争带来的破坏性和不稳定因素。环境恶劣，信息不畅，稿件往来不及时，直接影响到正常编刊。甚至许多重要的稿件都是撰稿者（音乐工作者）随身携带投往期刊社的。二是战争致使印刷出版秩序失衡而得不到保障。编辑完成的稿件因纸张、油墨等材料以及供电、印刷人工等原因，不能正常开机排印，从而导致脱期。特别是重庆作为当时的政治中心，是日军轰炸的主要目标，往往好不容易组好的稿件，在一场空袭中毁于一旦的情况时有发生。三是编辑者计划赶不上变化快。他们大多身兼数职，流动性较大，原本设定在下一期出版的内容，或因忙于其他音乐文化事务，而未能按时组稿、编稿，从而导致期刊延期。

另外，这一时期的音乐刊物采用繁体字排印，异体字、错讹用字较多，印刷字模的制造工艺不够精良，油墨、纸张的质量相对较差，客观上也导致了期刊印刷质量的普遍较差，甚至有些刊物的印刷字迹都十分模糊。加上音乐刊物要有乐谱拼入，客观上加大了印刷排版的难度，不得已采用简谱谱例，这样，尽管减少了期刊排印的难度，更容易满足较低层次的音乐文化普及需要，对于歌咏运动发展较为有益，但在客观上阻碍了五线谱的推行，以及和声学等较为专业的音乐理论的学习和推广。

综上分析，虽然重庆"陪都"时期的音乐期刊种类不少，但是刊物的普遍"寿命"不长，除了有着国民政府背景的期刊《乐风》《乐风副本》周期较长外，其他刊物的出版周期都比较短暂。有些刊物虽在重庆创刊，但之后外迁，如《新音乐（月刊）》于创刊第二年（1941）迁到了桂林；《山歌通讯》1946年5月创刊，同年11月（第8期）迁往南京。也有一些刊物并非创刊于重庆，后来迁驻重庆，如《战歌周刊·战歌》1937年10月在上海创刊，1938年1月在武汉汉口复刊，后迁来重庆办刊直到停刊。这些情况从一个侧面反映了当时重庆文化环境的多变性和不稳定性。除了重庆之外，西南地区之外的诸如广州、桂林、南宁等地，政治文化氛围相对宽松，特别是共产党阵营的刊物，大部分更愿意在桂林等地出版发行，这些地方的音乐期刊发展，实际上对"陪都"音乐期刊的发展有着辅助和补充作用。下面择其代表进行梳理分析。

二、"陪都"重庆音乐期刊的分类简析

根据重庆"陪都"时期期刊发展的实际情况、办刊宗旨、刊载内容，可将当时发行的19种音乐刊物大致划分为：（1）教育类刊物，包括《乐风》和《音乐教育》，这类刊物主要面向中小学音乐教育，通过教育通道传播和普及音乐知识；（2）音乐创作类刊物，包括《战歌周刊·战歌》《歌曲创作月刊》《青年歌选/青年歌曲集》《定和歌曲集》以及《新音乐月刊（副刊）》《乐风副本》，这类刊物主要以发表创作歌曲为主，其中的"副刊""副本"在内容上虽取自原刊，但除了集中刊登歌曲外，还把与创作有关的问题讨论汇集在一起编辑；（3）其余刊物基本可归为兼具理论研究、音乐普及、音乐教育等内容的综合性音乐刊物，这类刊物一般由文论、歌谱和音乐消息组成。

（一）教育类刊物

1.《乐风》

《乐风》1940年1月由国民党教育部音乐教育委员会编订组组织的乐风社编辑部创编，1944年6月停刊，总共发行了23期，包括《乐风》和《乐风副本》[①]两种版本

[①] 《乐风》正刊现存见1940年第1卷第1期；1941年新1卷1至12期；1942年新2卷第4期；1943年新3卷1—2期；总号16至18号。《乐风副本》现存见1941年第1至3期；1943年第1期，共计4期。参见李文如、中国艺术研究院音乐研究所编《二十世纪中国音乐期刊篇目汇编》（上卷），文化艺术出版社2005年版，第100、124页。

形态，其中《乐风副本》是专门的五线谱歌曲集，曲目编选自《乐风》正刊。

刊物的主要编辑者先后有缪天瑞、陈田鹤、江定仙、杨荫浏、张洪岛、段天炯等人。该刊属于音乐教育性质的刊物，旨在发展中国音乐事业，促进歌咏运动，为中小学音乐教育提供教材和教学方法，为社会大众提供音乐歌咏材料。"乐曲"部分以"明栏"方式编排，文字部分采用"隐栏"方式编排，内含音乐故事、自由谈论、音乐问答、音乐消息等不同类别文稿。教育普及性内容主要以连载的方式，刊载大量的音乐教材内容，如缪天瑞的《作曲练习》在《乐风》新1卷中连载了7期；张洪岛的《练耳》连载了7期；李抱忱的《歌咏指挥的应用》连载了5期；陈振铎的二胡教学内容除了新1卷第1—2期连载的《怎样习奏二胡》外，从第2期起每期刊载他编创的《二胡练习曲》，一直延续到新1卷最后一期。由此可见，该刊对音乐教育、音乐普及工作的重视。由于有政府做后盾，该刊发行范围主要围绕各地中小学校系统，同时面向社会大众出售。办刊主旨与刊载内容的选择，反映出期刊与社会音乐文化建设所需的一致性。

《乐风》的主要撰稿人有缪天瑞、陈田鹤、江定仙、李抱忱、陈振铎、金律声、陈洪、贺绿汀、顾梁、曹安和、杨荫浏、张洪岛、杨仲子、段天炯等人，其中多数撰稿人也是期刊的编辑者。

2.《音乐教育》

《音乐教育》是重庆时期唯一一本专门以"音乐教育"命名的期刊，从其命名即可反映出编辑者的办刊初衷。该刊由重庆音乐教育杂志社出版，波浪主编，1946年9月出创刊号第1期，10月出第2期，现存仅见这两期。创刊号辟有论坛、各地音教短波、歌曲、民歌选页4个栏目。第2期调整增加了论文、音乐史、乐器、各地音教短波、歌曲、民歌选页、给读者的话等7个栏目。从该刊两期栏目、内容调整的情况分析，编辑者力图向音乐教育需求方面靠拢，办刊导向清晰。所刊登文论虽然不多，但侧重音乐教育领域，如译自罗曼·罗兰的《音乐教育史之发展》、麦露茜撰译的《世界音乐院及音乐专门学校调查一览》、朱虹的《中等学校音乐教育之改革》等。期刊社收集报道的"各地音教短波"，更是给各地音乐教育情况的展示提供了平台。推想来看，如果该刊得以延续下去，一定会在音乐教育的办刊导向、栏目设定、稿件组织、受众稳固等方面做出更多努力。

（二）音乐创作类

1.《青年音乐》

国民党三民主义青年团中央团部为了推进青年音乐运动，于1942年创立了中央青年合唱团，由张定和与谢韶会担任团长及教练，并设立"青年音乐月刊社"，编辑出版《青年音乐（月刊）》。该刊于1942年3月创刊，1942年12月停刊，现存第1卷第1至6期，第2卷第1至4期，其中第2卷第2、3两期合刊，共计9期实物文本。该社同时刊印有《青年歌选》(或名为《青年歌曲集》)，聘洪波为社长、黄源洛为编辑。

该刊的主旨在于用音乐的力量鼓舞青年肩负起伟大的历史使命，要求："一、大家联合一致，为建设民族音乐的伟大事业而努力；二、研究并创作新的民族音乐来激发大众的民族意识和战斗精神。"[①] 这本刊物为新一代的青年所创办，所刊载的内容具有一定的政治性。每期刊载歌曲9~10首，内容涉及动员青年上阵杀敌，如《走向决斗的战场》(雷石榆词、凌云曲)、《我也去杀日本兵》(沙梅词曲)；也有表达"领袖"思想的歌曲，如《拥护领袖》(蒋笃生词、凌云曲)、《领袖歌》(周仁济词、刘已明曲)、《歌颂领袖》(华尼君词、洪波曲)。此外，还载有一些艺术歌曲，如《听！听！云雀》[默生译（填）词、舒伯特曲]、《小夜曲》(绛燕词、洪波曲)。

文论部分则刊载了一些诸如音乐史、音乐常识、音乐家或音乐作品欣赏等方面的内容，旨在通过了解西方音乐、学习西方音乐技术，进行优秀音乐文化知识普及。该刊还开设了青年歌曲习作栏目，每期选登2~3首作品。不难看出，这本期刊在办刊上既注重音乐文化普及，同时也注重对青年歌曲创作人才的培养，以及刊登他们的新作。具体刊载内容见表2：

表2 《青年音乐》内容刊载情况统计表

栏目设置	内容刊载情况	备注
社论/论坛	《音乐家的民族思想问题》《抗战以来音乐事业之回顾与前瞻》《青年音乐运动的目标》《论现代青年对于国乐的观点》等共12篇	
理论技术讲话/理论技术讲座	《歌曲创作讲话》《声乐概论》《声乐之教与学》《管弦乐及合唱指挥法》等共11篇	其中应尚能发表了7篇
音乐常识讲话	《歌剧讲话》《唱名法》《音乐会》等共14篇	
音乐史话/音乐家介绍	《巴哈与亨德尔》《格鲁克与海顿》《莫差特与悲多芬》等共7篇	"悲多芬"即"贝多芬"，"莫差特"为"莫扎特"
西洋歌曲介绍/欣赏讲话/名曲解说	《悲多芬之第五交响乐》《怀乡曲》《悲多芬的〈英雄交响曲〉》	

---

① 编者：《社论：现阶段的音乐运动与青年》，《青年音乐》1942年第1卷第1期。

（续表）

栏目设置	内容刊载情况	备注
专载/特载/特写	《西洋中世纪之民间音乐》《欧美各国音乐教育机关述略》《国立音乐院专页》《黄自先生逝世四周年纪念专页》《白沙万人合唱记盛》等10篇	
歌曲	每期9~10首，共87首	共刊载歌曲107首
青年习作选	共20首	
音乐消息	9篇	
歌词选	《歌唱啊，中国的青年》《战士颂》	
杂谈	《弹钢琴时应怎样坐：随便谈一些重要的问题》	
工作研究	《青年干部的音乐训练》	
随笔	《唱歌与说话》	

该刊在办刊不足一年的时间中，先后刊载歌曲107首，歌词2篇，文论近70篇，常设栏目有歌曲、理论技术讲话、音乐常识讲话、青年习作选、论坛等。

20世纪40年代，一般的音乐期刊在编辑的栏目设计上大多比较笼统、简单，多数仅分为歌曲和文论两部分，而该刊却能进行栏目设定并划分得如此清晰，足见其具有的编辑专业意识。从刊登内容的不同分量上来说，这本期刊显然是一本偏重音乐创作的普及性刊物，内容质量相对较好，并且在不长的办刊历程中能够基本保证月刊的出版周期，让刊物如期和读者见面，反映出国民政府对青年团、对青年音乐工作的重视。

2.《歌曲创作月刊》

创刊于1941年1月，由重庆革命乐社出版，邱望湘、姚以让任主编。这是一本纯粹以歌曲刊登为主的音乐刊物，从第4期开始加入部分文字内容，如作曲讲话、音乐问答、乐坛简讯等。1942年11月改为乐艺社印行，卷数改为"新第1卷第1期"，内容上又改回到歌刊。

（三）综合性音乐刊物

1.《新音乐（月刊）》

《新音乐（月刊）》1940年1月在重庆创刊，1941年迁至桂林出版，1946年8月迁往上海后又迁往北京出版，1950年12月停刊，刊名有时加"月刊"有时加"丛刊"字样。现存共计9卷50期。先后由李凌（李绿永）、林路、赵沨、盛家伦主编，发行人为刘麟。主要撰稿人有李凌（李绿永）、冼星海、吴泐、马可、吕骥、刘秉寅、赵沨、夏白、光未然、洪道、舒模等，设有歌曲、歌曲创作讲话、音乐新闻述评、新人创作精选、每月词选、工作通讯等栏目。

《新音乐》的内容涉及音乐理论及批评、歌曲创作理论、音乐运动介绍、各地音乐工作情况报道、中外歌曲乐谱、歌词选登等。刊登有赵沨《论音乐的现实主义》（第1卷第5期）、夏白《新音乐教育的理论与实践》（第1卷第5期）、绿永《论歌咏运动》（第1卷第6期）、夏白《新音乐教育制度的确立》（第1卷第6期）、冼星海《我学习音乐的经过》（第2卷第3期）、绿永《我们应该怎样来理解新音乐与新音乐运动：并答陆华柏先生》（第2卷第4期）、陈原《我们需要研习新音乐运动的历史：用这来回答一些论客对新音乐的诬蔑》（第2卷第4期）、冼星海《民歌与中国新兴音乐》（第3卷第1期）、缪天瑞《音乐美学史概观》（第3卷第4期）、孝方《音乐的本质和起源》（第3卷第6期）、张庚《音乐与戏剧》（第4卷第1期）、马思聪《中国新音乐的路向》（第6卷第1期）等重要文章。

2.《音乐月刊》

1942年，音乐月刊社在重庆成立，胡然出任社长，缪天瑞、刘雪庵、陈田鹤担任主编，同年3月推出了《音乐月刊》，由中国音乐研究会出版。该刊现存第1卷第1至6期、第2卷第1期共计7期，其中第1卷第2、3期为合刊，第4、5期合刊。第2卷第1期由江定仙担任编辑。

在胡然撰写的《发刊词》中说道："抗战发展了音乐，音乐也推动着抗战"，"虽有许多的进步，但以实际的需要为尺度来衡量，那就相差太远了"。"抗战以来，音乐在量的方面，确有相当成果；但在质的方面，就感觉还不太够。民众欣赏与要求的进度是惊人的，五年来早已跨过了单音歌曲的界限，早走向较深的领域，而对于轮唱、合唱（乃至于器乐合奏）发生了兴趣，进而有了充分的理解，逐渐地感觉到配合这种进度的歌曲的不够。"另外，音乐工作者进入战区和敌后方，一边工作，一边充实自我，需要填补知识。出于这两方面的考虑，《音乐月刊》"一面介绍较高深的乐曲，一面登载关于技术探讨与各种理论研究的文字。遇必要时则将长篇的专著编为本刊的丛书"。[①]意思就是要把专著内容以期刊连载方式刊登，来弥补理论研究的不足，这也是那个时期音乐刊物办刊的一种应对手段。

由此可见，《音乐月刊》的期刊定位是专业的音乐期刊，刊中的文字部分以登载专门的学术理论稿件为主，具有一定的研究深度；歌曲部分采用五线谱记谱，专业化程度比较高。《音乐月刊》刊载的具体内容见表3：

---

① 胡然：《发刊词》，《音乐月刊》1942年第1卷第1期。

表3 《音乐月刊》发稿情况统计表

卷期	内容	篇数	详情
第1卷第1期	乐曲	5	歌曲4、奏鸣曲1
	文论	6	发刊词1、论文2、译文3
第1卷第2、3期	乐曲	5	歌曲4、奏鸣曲（续）1
	文论	7	乐评1、论文3、译文3
第1卷第4、5期	乐曲	5	歌曲5
	文论	8	综论1、论文1、译文6
第1卷第6期	乐曲	5	歌曲5
	文论	6	编者的话1、论文1、译文4
第2卷第1期（《长恨歌》专号）	乐曲	7	《长恨歌》（一）（二）（三）（五）（六）（八）（十）

注：作曲者包括贺绿汀、陈田鹤、夏之秋、胡然、刘雪庵、周淑安、范继森、应尚能、张文纲、王云阶、李抱忱、林声翕、黄自。文论作者包括胡然、晏青、张洪岛、洪潘、李嘉、陈洪、李抱忱、冯玉祥；文论译者包括康讴、缪天瑞、王云阶、李元庆、张洪岛、马葆炼、李嘉、郭家麟、周庆宁。

《音乐月刊》在不长的办刊时间里，共发表了创作歌曲18首、奏鸣曲1首（分2次连载）；各类文论11篇、译文16篇（含连载），还编发了《长恨歌》专号一期。歌曲创作内容多与抗战宣传结合紧密，如《胜利进行曲》（田汉词、贺绿汀曲）、《战士颂》（常任侠词、陈田鹤曲）、《抗战必胜歌》（胡然词曲）、《空军驱逐曲》（许建吾词、刘雪庵曲）、《安眠吧，勇士！》（田汉词、范继森曲）、《壮士骑马打仗去了》（许尤词、张文纲曲）等。刊登的文论，则更多涉猎教育普及主题，切合该刊的办刊意图，尤其是翻译文章基本以此为主，不仅分3期连载了约翰逊著、王云阶译的《儿童歌声训练法》，而且也分3期连载了美国音乐理论家该丘斯的音乐基本理论[①]中的部分内容，由缪天瑞编译。其他如晏青的《纪念中国新音乐的保姆萧友梅先生》、张洪岛的《音乐的定义及其特性》、洪潘的《谈军乐》、李嘉的《浪漫主义的音乐》、李抱忱的《美国的学校音乐教育》以及冯玉祥的《丘八歌与丘八》等，在当时来说都是具有真知灼见的文论。1943年5月，是黄自先生逝世5周年，该刊还特别出版了黄自"《长恨歌》专号"，在缅怀先生的同时，也希望人们不要忘怀先生在1931

---

① 全书后以《音乐的构成》为名，由上海万叶书店于1948年首版，人民音乐出版社分别于1950年、1964年、1978年、1984年、1991年等多次再版。

年"九一八事变"爆发后，有感于神州大地遭到日寇侵略，以唤起人民抗敌爱国意志而写就的《抗敌歌》。

3.《音乐艺术》《音乐艺术丛刊副辑》《音艺通讯》

《音乐艺术》创刊于1944年8月，由李凌和赵沨主编。前三期作为报纸《时事新报》第4版的专版，每版刊载内容较少，包括音乐短讯、作家通讯，还有部分音乐社论，没有歌曲。从1944年11月的第4期开始，报纸专版转为书本式续接，先以"歌曲专号"的形式出了一期专刊，第二年1月开始，正式改版为歌曲和文论相结合的综合性音乐刊物。常设栏目有文论、歌曲、音乐译文、音乐短讯、词选等，在编排设计上，文论部分基本采用隐栏方式。1945年3月，在第2卷第2期中编辑过"罗曼·罗兰纪念特辑"（专栏）影响较大。现存第1、2卷各第1至6期，第3卷第1期。该刊先后由中华音乐教育社、重庆艺术出版社出版，1946年10月编辑第3卷时迁往上海，由雅典艺术社出版。①

《音乐艺术》于1945年5月还创办了《音乐艺术丛刊副辑》，仍由李凌和赵沨主编，重庆新知书店发行，现存4辑。1945年下半年出版的第4辑更名为《音艺副辑》，与前三辑比较似显不全。该副辑刊载的内容以文论和歌曲组成，但体例、栏目以及稿件编排随意性明显，与正刊相比差距较大。所刊载的歌曲有些为自己组织编发的，有些则来自《音乐艺术》，如第4辑仅以刊登的6首歌曲组成，且全部选自《音乐艺术》第2卷第3期，编排上显得残缺不全。根据这些情况推测来看，副辑与正刊相比，在质量上还是有一定的差距，但二者的关联性毋庸置疑，或可看作对正刊无法刊用的余留稿件的再组织、再刊登。

《音艺通讯》是重庆音乐艺术社编辑的供内部交流经验及情况的工作刊物，1945年3月创办，先后有铅印、油印本，算不上正式出版的刊物。其形式和内容较为随意，各期不相统一，有长有短。现存的第1、2期和第13期中有刊发文论和歌曲，第6、7期只刊发有一些工作信息。

4.《音乐导报（月刊）》及其《音乐导报（副刊）》

《音乐导报》是1943年10月由中华交响乐团音乐导报社创办的一份期刊，第4期署名李绿永、黎国荃、伍伯就编。第1期为4版的4开报纸，后改为书本式，现存

---

① 《音乐艺术》的办刊时期，大致上是《新音乐（月刊）》被迫停刊的3年，主编者同为李凌和赵沨。在李凌的回忆文章中，常将此看作《新音乐（月刊）》的异名同刊。实际上《新音乐（月刊）》于1946年10月在上海复刊后的第6卷第1期，接续的卷期号却是《新音乐（月刊）》1943年5月停刊的第5卷第4期。其二者之间的关系究竟如何认定，尚需进一步梳理分析。参见李文如、中国艺术研究院音乐研究所编《二十世纪中国音乐期刊篇目汇编》（上卷），文化艺术出版社2005年版，第93—94页。

第1至4期。前两期没有进行具体栏目设计与划分，以文论为主，没有音乐作品刊登，比较注重对音乐资讯的刊登和收集，也报道中华交响乐团的演出资讯，除此而外翻译文章也占据了较大比例，主要介绍西方音乐文化，兼具知识性和普及性。第3期变化较大，不仅在容量上剧增，而且以"A、五线谱本"和"B、普及本"的栏目设置方式分别编发了13首作品，既有器乐作品也有歌曲。编发的文论在数量上也超出了前两期。第4期又回落到前两期的大致容量，所不同的是11篇文论中，除了第一篇外，其他全部为译文，中间还插编有两首歌曲。

《音乐导报（月刊）》除了本身外还有一份"副刊"，编辑者仍为李绿永、黎国荃、伍伯就。第1—6期为4开报纸，1944年6月从第2卷第1期起改为书本式，由文汇书店重庆办事处出版。现存1943年4月出版的第6期"音乐节专号"和1944年6月出版的第2卷第1期"歌曲专辑"。从出版的时间上和编辑人员组成来看，该副刊应该是《音乐导报（月刊）》的早期形态，从《音乐导报（月刊）》分离出来发展成月刊后，该"副刊"还一直在延续，并以《音乐导报（副刊）》的形式存在发展，直到第2卷第1期后停刊。

5.《乐坛》

《乐坛》创刊于1946年7月，由乐坛月刊社编，重庆乐艺出版社出版，现仅存创刊号，刊物内容由歌曲和文论两部分组成，文论部分刊登有夏白的《怎样推进学校音乐工作》、湘棠执笔的《"音乐运动诸问题"纪要》、刘雪庵的《民歌选集序》和小东的《为什么解散江西音教会》等文章。歌曲部分刊登有宋扬作词作曲的《农村对唱》和王洛宾编译的哈萨克族情歌《都达尔和玛丽亚》、青海情歌《在那遥远的地方》。

三、"陪都"重庆音乐期刊发展特点

（一）期刊的不同刊名和多个版本

20世纪40年代初兴起的"新音乐"概念，在当时大多情况下都指向抗战音乐需要，特别是"陪都"时期的重庆音乐文化活动多是如此。组织一个社团，创办一份杂志，以此作为文化传播平台，既促进了新音乐运动发展，又配合全民抗战需要，以音乐的方式尽责尽力，同时不忘音乐教育与普及，这应该是当时进步的音乐知识分子的基本思想诉求。然而，在抗日斗争进行的最艰苦的40年代初，要做到这些，谈何容易？尤其是国民政府迁移于重庆，尽管有崇山峻岭和复杂的地貌地形做掩护，但依然

是遭受敌机轰炸最多的区域。加上战争破坏导致的物资匮乏、交通不畅、人心不稳、社会秩序混乱，使得策划、组织和进行文化活动不仅困难重重，甚至是冒着生命危险的举动。这就决定了有着"陪都"身份的重庆，虽然在音乐人力资源云集上似有一定的号召力，但受环境条件所限，在6年中，音乐期刊的数量虽不断增长，但办刊的稳定性、持续性则相对较差，刊物发展的变数也最大。其中既有持续两三年的，也有出了一期就夭折的；有事实上是同一种期刊，但在不同时期却以不同的名谓办刊的；也有同一种期刊先后由不同的人主持编辑，或频繁更换出版机构的；等等。其中，延续时间最长、刊名变换最多、出版地变更最为频繁的代表，非《新音乐（月刊）》莫属。

据《二十世纪中国音乐期刊篇目汇编》中统计，自1940年1月《新音乐（月刊）》在重庆创办以来，历经了桂林、上海、北京等多地出版，先后使用了多个名称。该刊在1949年第8卷第1期中有记载："十年中，为了避免反动派的注意，曾改换过三次刊名（《音乐导报》出至二卷二期，《音乐艺术》出至三卷一期，《音艺副辑》三期，后来，被迫不能不迁到香港出刊。"①《二十世纪中国音乐期刊篇目汇编》曰："据李凌说，该刊曾几次被迫不能正常出刊。又据谭林说，曾以《歌唱方法》及《音乐春秋》书名出刊。"②除了刊名的频繁变换外，编辑出版的也有多个版本。在1940年创刊时，就先后发行有《新音乐》月刊和季刊两种版本，这和当时的国民政府官办刊物《乐风》及其《乐风副本》一样，对《新音乐》季刊的发行，其部分原因也是因为需要刊载五线谱版本的歌曲，以此来推进音乐文化普及和满足不同读者的需求。"季刊"版本刊登的乐曲在五线谱下方又附印上了简谱，采用固定调和首调相互对应的编排方式，完全是为了方便大众学习五线谱，并以此促进五线谱的普及和推广。另外，还曾编排一个名为《新音乐丛刊》的版本，由重庆新音乐社于1947年1月创办，但仅出了一期，仍由李凌、赵沨主编，也可看作《新音乐》杂志家族中的一员。

倘若再以《新音乐（月刊）》的办刊地点变更做梳理的话，在其11年的办刊经历中，除了1940年在重庆外，1941年迁至桂林继续出版，之后在昆明、上海、广州、香港等地先后办刊，出至第5卷第4期后停刊。1946年10月又于上海接续编辑出版，一直出版至第7卷的第2期。不仅如此，1946年1月在昆明还以报纸的形式出版了3期《音乐报》，第4期开始改用《新音乐（月刊）》刊名继续出版，由新音乐社昆明分社编印。同时，1946年4月《新音乐（月刊）》（华南版）还在香港创办，

---

① 编者：《编后》，《新音乐（月刊）》1949年第8卷第1期。
② 李文如、中国艺术研究院音乐研究所编：《二十世纪中国音乐期刊篇目汇编》（上卷），文化艺术出版社2005年版，第87页。

由新音乐粤港分社李凌、赵沨主编，香港新民主出版社出版，至1947年8月停刊。1949年6月《新音乐（月刊）》（粤中版）在广东创办，由胡均、郭杰主编，广东新音乐社粤中分社出版。据李文如的统计，以《新音乐（月刊）》为刊名并接续出版的刊物，先后有9卷50期之多。

这份刊物，之所以出现如此复杂的办刊情况，除了前文历述的各种情况外，还与其特殊的办刊组织结构有关，高秋在《新音乐社述略》一文中说道："一九三九年九月十九日，李凌同志经上级领导的批准，从延安鲁艺前往重庆文化工作委员会（即由武汉迁往重庆的政治部第三厅，一九四一年改为重庆文化工作委员会），准备与重庆的赵沨、桂林的林路一起创办一个音乐刊物，将音乐理论工作开展起来，进而推进国统区的进步音乐活动的开展，扩大抗日救国的影响……于是，在重庆文委党组织的领导下，一九三九年十月十五日，成立了新音乐社，李凌、赵沨为主要负责人。为了同国统区各地进步音乐工作者取得联系，他们先后在桂林、昆明、上海、广州、柳州、长沙、万县、西安、贵州、仰光、西贡等地建立了新音乐分社，开展了十分广泛的进步音乐活动……新音乐社是党领导的音乐团体，其具体工作是出版刊物，组织群众歌咏活动，开办音乐教育机构（业余的）与进行统战工作。"[①] 据此，他根据新音乐社的活动实际情况，将其分为五个阶段：第一阶段是1939—1944年，活动重心在重庆和桂林；第二阶段是1944—1946年，活动重心在重庆和昆明；第三阶段是1947年，活动重心迁到上海；第四阶段是1947—1948年年底，活动重心迁往香港并联络广州一带；第五阶段是1949—1950年年底，活动重心最后落脚到新中国的首都北京。由此不难判断，《新音乐（月刊）》办刊之所以有这么多的变数，一是由于特殊时代和特殊环境的影响所致，二是其活动重心的不断变换、迁移所致，三是其组织机构中的多个分社，都把编辑出版期刊作为一项核心工作来抓，由此而使得该刊物出现了一刊多貌、多地创办的发展格局。所谓"渝版""沪版""港粤版""京版"等多个版本不仅是不同时期办刊的真实反映，也是新音乐社发展历程中，在不同地区活动的真实反映。

《新音乐（月刊）》的变相发展，除了其个案特征外，在一定程度上也可看作重庆"陪都"时期重庆音乐期刊发展的缩影。表面上种类不少、发展活跃，但实际上隐含着一刊多变、一人多用的办刊格局，如组织机构的变换、期刊版本类型的变换、刊名的不断变换、出版单位的变换，但编辑者往往集中在几个主要人物中间，如李凌、赵沨、缪天瑞、刘雪庵、陈田鹤、江定仙、张洪岛等。为什么会出现这样的情况？分析来看，除了战争环境导致的资源匮乏（也包括人力资源）影响到刊物的正常编发

---

① 高秋：《新音乐社述略》，《音乐研究》1982年第2期。

外，政治格局的复杂多变更是影响办刊的主要因素。《新音乐（月刊）》1949年第8卷第1期《编后》中这样记载："《新音乐》1940年1月在重庆创刊，这是国统区新音乐运动的队伍中的主要刊物，它不仅是作为一个刊物出版，更重要的是，推动组织整个蒋统区的新音乐运动的最大据点……在对日战争时期，因为它坚持抗战到底，坚持民主，曾被蒋反动政府迫令停刊（1943）。当蒋政府，出卖国家民族，投靠美帝，发动内战，造成了人民的饥荒，它坚持了反美、反内战、反饥饿，又第二次遭到了蒋政府的禁刊和没收。"[①] 正是基于这样的缘由，20世纪40年代出现的许多刊物，特别是具有进步倾向的期刊，都迫于政治环境的压力，为了维持办刊，不得不通过改头换面的办法寻求生存空间。《新音乐（月刊）》前后用过不下5个刊名，并且发行了月刊、季刊、丛刊、副刊等多种版本，足见编辑者们为了在艰难的政治夹缝中生存，殚精竭虑，想尽了办法，以此延续办刊生命，传播民主思想，推动中国新音乐文化的发展。

这种通过"变脸"的方式获得的文化传播机会，是特殊时期下期刊生命延续的一种特殊手段。在政治挤压和战争残暴的恶劣环境下，依然能够保持如此顽强的奋争精神，能够以这样的方式活跃在历史的视线中，为中国新音乐运动和音乐抗战摇旗呐喊，值得后人高山仰止。若再回到办刊本身的需要来看，当时的音乐期刊出版副刊也是一种非常普遍的现象，《新音乐（月刊）》在正刊外创办"副刊"实属正常，以此反映出当时的音乐文化工作者，除肩负推动新音乐发展、配合于抗战需要外，同样对音乐文化的教育与普及具有高度的责任担当。

（二）不同刊物背景对办刊宗旨的影响

重庆"陪都"时期出版发行的19种音乐期刊，在办刊背景上大致可分为两大类：一类属于官方性质，即由国民党政府官办。如《乐风》隶属于国民党教育部，由其下设的音乐教育委员会编订组组织的乐风社编辑部负责该期刊的编辑工作；《青年音乐》隶属于国民党三民主义青年团中央团部，由其所属的中央青年合唱团中设立的《青年音乐》月刊社负责编辑工作；《音乐月刊》则隶属于国民党军委会政治部，《音乐月刊》社由其筹建并负责编辑工作。另一类属于非官方性质，表面上大多由民间音乐社团或出版机构编辑出版，但实际上既包含政党背景也包含一般文化社团组织背景。如《新音乐（月刊）》表面上由重庆文化工作委员会（简称"文委会"）管辖，但实际上接受"文委会"内部共产党组织的领导，编辑工作由"新音乐社"承担；《战歌周

---

① 编者：《编后》，《新音乐（月刊）》1949年第8卷第1期。

刊·战歌》（月刊）由中华全国音乐界抗敌协会战歌社负责编辑工作，但因该组织与中华全国文艺界抗敌协会的紧密关系，在一定程度上也接受共产党抗日民族统一战线的领导。

基于这两大背景，重庆"陪都"时期的音乐期刊发展，在高举抗日民族统一战线旗帜的大背景下，无论官办的还是非官办的，都不容忽略"抗战"主题，都在为抗日救亡图存摇旗呐喊。但期刊作为国共两党进行文化意识形态拉锯的平台，不同的办刊背景也发挥着不同的作用。如《乐风》自创刊以来，国民政府就多次明令要求各地各省教育部予以订阅，以此助推刊物的发展和普及。而《青年音乐》及其附属的《青年歌曲集》，受三民主义青年团直接领导，积极引导青年的政治倾向，向国民党靠拢。因此在其组织发表的歌曲中歌颂领袖、弘扬三民主义者不在少数。《青年音乐》1942年第2卷第4期"休刊号"中记载道："本刊因青年团明年整个出版有所变更，已奉命于年内结束，所以本刊至本期止亦将不得不与诸君暂行告别了……"① 这则通告明确地体现出政治背景与刊物寿命的紧密关联性。

当然，受重庆"文委会"共产党组织领导下的《新音乐（月刊）》，迫于当时的政治环境，表面上虽不能像国民政府那样助力推广所属的期刊，但其代表进步力量的政治影响力却能把大量的优秀知识分子吸引到麾下，通过新音乐社、各地新音乐分社的努力工作，呈全面开花之势。尽管发展期间多次遭受到国民党政府的刻意打压，不得不改头换面，甚至被迫停刊，但依然能持续发展，在各地竞放异彩，成就了10余年的辉煌历史，这在中国近现代文化史上是不多见的。

从不同背景的期刊所热衷刊发的稿件内容也可见出一些不同和特色来，如国民政府教育部官办的《乐风》杂志，从现留存的3卷18期中，涉猎当时流行的新音乐话题文论仅有5篇，1940年的创刊号中占了2篇，以后零星又发了3篇，可见在其近5年的办刊历程中，"新音乐"问题并不是该刊所关注的核心问题，而音乐教育问题特别是技术理论问题则几乎在每一期中都有所涉猎，如基本乐科、作曲技法与练习、各个乐器的技法理论等。有关国内外音乐教育情况及院校情况也是其所关注的重要方面。另外，儿童音乐教育也受到格外重视，不仅发表有10余首儿童歌曲，还刊登有诸如如何教儿童学唱歌、儿童唱歌表演教材、童子军军号练习（连载）等内容，是紧密关联儿童音乐教育的资源。在其全部3卷18期中所刊发的100余首歌曲中，涉及抗战题材的歌曲有40余首，其中军歌占到了1/2以上，还专门刊发了6首赞扬空军的创作歌曲。政治颂歌类的有3首，包括《总理纪念歌》《拥护领袖歌》和《国庆纪念歌》。

---

① 编者：《告别读者的几句话》，《青年音乐》1942年第2卷第4期。

另一份由国民党三民主义青年团中央团部所属中央青年合唱团官办的刊物《青年音乐》，在不足一年的办刊历程中，共出了两卷9期（其中第2卷2、3期合刊）。在所刊发的文论中虽然没有一篇是专门探讨新音乐问题的，但诸如《现阶段的音乐运动与青年》（1942年3月创刊号"代发刊词"），《青年音乐运动的目标》（第1卷第5期），《论现代青年对于国乐的观点》（第1卷第6期），《抗战以来音乐事业之回顾与前瞻》（第2卷第1期），《音乐与精神总动员》，《音乐家的民族思想问题》（第2卷2、3期）等，或多或少又与新音乐所涉及的问题相关联。该刊所辟论坛栏目，发稿量虽小，每期只有一两篇，但在选题上则尽力贴合办刊主旨阐发宏论。另外，在其整个发表的87首歌曲中（不含20首青年习作），涉及抗战题材的33首，军歌占其中的23首。政治颂歌类有4首，其中，涉及拥护、歌颂领袖的3首，颂赞国旗的1首。其他内容的23首。

以上两份具有国民党政府官办背景的期刊，从办刊特点上看，前者多关注教育问题，后者多关注青年问题。前者甚至把儿童音乐教育都纳入办刊视野中来，并给予一定的关照，足见其对音乐教育全民性推进的认识视野。后者对青年人的音乐引导不仅仅停留在理论层面，还刻意地编选一些以青年为主题的音乐作品，如《青年的呼声》（钱乙藜词、陈田鹤曲）、《青年中国进行曲》（阙大津编、刘雪庵曲）等予以呼应。在歌曲发表上，应该说两刊都热衷于发表抗战题材歌曲，关注军歌创作，《乐风》还专门刊登数首颂赞空军的歌曲，体现出国民政府官办期刊迎合一定的政治需要，着眼于社会音乐教育服务的特点。

相比较而言，非政府官办期刊在办刊上就要灵活一些，并与社会政治思潮、文化思潮紧密呼应。在此还是以《新音乐（月刊）》为例，在其整个9卷50期的办刊历程中，特别是40年代早期，发表的涉及"新音乐运动"的文章有24篇之多，并多次组织专题讨论。如1940年第1卷第5期从纪念黄自谈起，到救亡歌曲，引出新音乐问题文章2篇；1941年第2卷第4期连发3篇；1949年第8卷第1期连发4篇，第2期延伸讨论"普及与提高"问题发文5篇。统计来看，该刊在前10期中，几乎每期都刊发有少则1篇、多则2~3篇有关新音乐问题的文章。

除此以外，该刊还注重对左翼音乐家的介绍，如聂耳、冼星海、张曙等，都多次见诸文章中。如先后组织有聂耳纪念专栏4次：在第2卷第3期发文2篇，第3卷第3期发文3篇、刊登聂耳遗作6首，第7卷第1期发文4篇、刊登纪念歌曲1首，第9卷第3期发文5篇，累计先后发文14篇。现已成为那个时代音乐学者认识聂耳、研究聂耳的宝贵文献。组织纪念冼星海专栏2次：第6卷第2期"星海先生周年祭纪念专页·悼念人民的歌手"发表《星海悼歌》（力扬词、苏明曲）1首，刊登李绿永、向隅、马思聪、何其芳、郭沫若5人纪念、回忆节录5篇，第8卷第5期发表毛泽东题字、冼星海遗像手稿和纪念文章4篇。

有关苏俄音乐情况也是该刊高度关注的对象。如第1卷第4期刊登有赵沨翻译的《红军与苏联音乐文化》，第3卷第4期刊登了赵沨翻译自苏联学者夏波林的《高尔基与音乐》，同卷第5期在"介绍柴可夫斯基"专栏编发有薛良等编译的纪念译文3篇，第4卷第1期刊登有张洪岛翻译的《苏联歌剧坛上十大艺人》，第2期发表有亚选翻译的《苏联民族歌剧运动》，第3期的"外国音乐家介绍特页"栏目介绍了肖斯塔科维奇、米雅科夫斯基等4位著名音乐家，第7卷第5期介绍了俄国著名作曲家穆索尔斯基，第8卷第1期刊登了赵沨的《从苏联乐坛近况谈起》，第3期"述评、座谈、技术讲话"栏目刊登沈江翻译的《一九四八年苏联作曲家与音乐家的创作》、唐渊翻译的《莫斯科音乐专科学校的国立研究室》，第4期以"苏联音乐问题"专栏形式，刊登了肖斯塔科维奇等人的3篇相关文章，第6期在"音乐教育"栏目刊登了赵沨的《关于苏联的音乐教育——参观莫斯科音乐院记》，共计有19篇之多。

在歌曲专栏方面，该刊在其50期的办刊历程中，先后共组织刊登有歌曲近600首，包括创作歌曲、各地民歌、外国经典名曲等，其中创作歌曲占据了绝大部分。如果按前5卷（1940年1月—1943年5月）[①]出版的27期（第2卷1、2期合刊）统计，共发表歌曲有307首，其中抗战类歌曲近90首，军歌占到了40%。除了抗战歌曲外，该刊对民间歌曲也给予了一定的关注，如第4卷第3期开始辟有"民歌特页"，陆续刊载音乐家们收集记谱整理或配词的各地民歌，第6期组织有"绥远民歌特辑"，第5卷第2期有"蒙古歌曲"，第6卷以后虽不再设民歌专栏，但歌曲栏目中时不时地会编选一些有代表性的各地民歌，如甘肃、新疆、西藏、陕西、广西、台湾等地民歌都有涉猎。另外，还在各期发表外国经典歌曲，如第3卷第4期之后的"国外歌曲介绍"（后改为"世界名曲""名曲介绍"）栏目就编选了不少国外经典曲目。

无疑，《新音乐（月刊）》以其灵活的办刊思路和紧贴社会文化热潮的敏感度，成为那个时期音乐期刊中的翘楚。尽管从发展环境来说并非宽松，也因其特殊的政治背景受到了一定的挤压，但丝毫没有影响到该刊编辑者的理想和追求，以推动"新音乐"发展为宏旨，团结各方面音乐文化进步力量，高举抗日民族统一战线大旗，以开放的办刊视野，将时代的、民族的、国际的优秀成果汇聚一身，造就了该刊宽阔、活跃且紧贴现实需要的办刊风格，成为那个时代音乐文化发展中不可多得的亮丽画卷。

---

① 该刊1943年5月第5卷第4期后出版中断，直至1946年10月第6卷第1期才在上海接续出版。此时抗日战争已经结束，国民政府也已还都南京，故抗战歌曲统计以此前各期刊载的数量为主更显恰当。

（三）抗战歌咏运动中对军乐的重视

抗战时期的歌咏运动是一个核心主题，重庆"陪都"时期的音乐期刊歌曲栏目中，都有组织刊发与抗战相关的各类歌曲，涉及军人题材的作品占有相当的比例。但在此之前的社会文化认同中并非如此，甚至在一般民众心里，对军人职业都怀有偏见，所谓"好铁不打钉，好男不当兵"的俗语就是这方面的直接反映。"丘八"虽然是旧时代对兵痞的一种蔑称，但在当时依然流行，除非在社会非常时期，一般人较少关注军人这一特殊群体，自然也就少有人为军人写歌或者教唱军歌了，"差不多一支歌子，唱个十年二十年也不变样"①，这就是当时的军歌现状。抗战全面爆发以后，这样的观念被打破了，民众看到了军人为保家卫国浴血奋战，看到了战场上军人们的慷慨就义。因此，以音乐知识分子为代表，提倡军歌，努力发展军乐，许多音乐刊物把编辑的视角也投向了军歌传播，一致提倡音乐工作者应该到军队中去体验生活。《新音乐（月刊）》在1940年第1卷第5期中的《读者·作者·编者（即音乐问答）》栏目中，记录有这样的期待："这儿干训团的成员都是各部队的连排长，他们对学歌最感兴趣，军歌在政治课程中占有最多的钟点……盼出一《军歌专号》，以飨各部队的需要，我们在热诚的等着。"②可见，军队文化生活对歌曲的迫切需要。

1942年《音乐月刊》第1卷第6期，在首篇刊载了冯玉祥的文章《丘八歌与丘八》，在冯文前的《编者的话》中这样写道："冯玉祥将军，对于军中音乐认识最深，提倡最早，丘八歌与丘八一文，真是真知灼见。从实践中得来的经验之谈，弥足珍贵；并蒙寄来创作军歌多首。本刊为配合文化劳军运动，供给军中教材，拟在二卷二期出一军歌专号，敬盼大家踊跃投稿，共襄盛举，歌词歌曲均所欢迎。"③遗憾的是，文中提到的"军歌专号"尚未发出，刊物就戛然停刊了。但其他音乐刊物中，或多或少都有编辑出版军歌，积极提倡军乐发展。如在国民政府官办刊物《乐风》的音乐资讯栏目中，就有对重庆音乐月（每年3月5日至4月5日）期间的音乐节目报道，其中军乐的演出次数要比其他音乐体裁多。由此可见，军乐在抗战时期得到了较大力度的推广。抗战歌曲不仅是普通民众歌咏活动的需要，也是军队生活的需要，军中之歌更能体现音乐为了抗战、音乐为了救亡、音乐是抗战的精神武器这样的文化定位。

---

① 参见冯玉祥《丘八歌与丘八》，《音乐月刊》1942年第1卷第6期。
② 编者：《读者·作者·编者（即音乐问答）》，《新音乐（月刊）》1940年第1卷第5期。
③ 编者：《编者的话》，《音乐月刊》1942年第1卷第6期。

对于军歌的具体作用，我们也可以从冯玉祥的文章《丘八歌与丘八》一文中窥见一二。在不足1200字的短文里，从唱歌对士兵的卫生教育、思想教育、军事操练教育作用三个方面，以例为证、深入浅出地分析了军人唱歌的积极作用。其中，他谈道："早晚的唱歌，可以使他们肺量扩张、精神愉快，混身上下可以得到由内向外的一种舒展……他们的生活是单调的，有了歌唱，对于他们仿佛是在沙漠中有了水一样……我以为改善官兵的思想，歌唱是一种最有力的工具。你为着改善他们一般的升官发财的思想，你上一百次讲堂，不如教会他唱一支歌子有效……你若能把正确的思想，用通俗的歌句写出来，教他们唱，唱会了，管保他一辈子也忘不了……北伐得以顺利完成，没有主义的薰染是办不到的，而他们这种思想的具备，多半是由于歌唱中得来。"①寥寥数语，讲到了要害上，把军人唱歌的作用分析得头头是道，既联系到旧军队军人的基本状况，也看到了唱歌的潜在效应，并通过介绍自己身体力行的做法，把在军队中开展歌唱活动的作用和意义简明扼要地阐发了出来，正如编辑所言这是从经验中得来的、可贵的真知灼见。其重要性在于让我们从军队生活的一面，真实地了解到音乐所具有的强大的文化作用力。

四、小结

重庆"陪都"的历史尽管只有短短的6年，但却是那个特殊的时代中集政治、军事、文化、经济为一体的核心。面对敌寇除了战场上的真刀实枪外，艺术用它特有的文化力量给予了抗日救国最大支持。新音乐文化的发展顺势而起，在华夏民族最困难的时候，唱出了最嘹亮的歌声。尤其是面对广大的手不能写字、目不能识丁的老百姓而言，如何接受新的思想文化，音乐提供了一条传播的捷径，通过唱歌，记下了许多生活常识，通过唱歌坚定了信念、了解了局势。因此，音乐期刊作为舆论宣传的先导，在艰苦卓绝的环境中非但没有泯灭，反而比之从前更加活跃，更加有了较大发展。

无论是上阵杀敌的勇士抑或是遭受战火纷扰的普通老百姓，音乐作为精神的力量给予了人们以勇气和希望，潜移默化地改变着人们的思想意识。因此，歌咏运动才在当时如此盛行，歌曲创作、声乐研究、音乐基本理论普及才成为了大部分音乐刊物的重点编发对象，这既是时代所赋予的文化要求，也是近现代音乐发展的一种自觉。正是在这种自觉中，音乐的时代使命被凸显了出来，期刊成为音乐史建构中的必然平台，它不仅承载起那个时代音乐文化传播的需要，也为我们今天认识那个时代的音乐

---

① 冯玉祥：《丘八歌与丘八》，《音乐月刊》1942年第1卷第6期。

作用提供了不可多得的历史见证。重庆"陪都"时期的音乐期刊发展，是那个特殊时代音乐文化发展的缩影。

[原载《南京艺术学院学报（音乐与表演）》2020年第2期]

民国期刊《乐风》研究

杨华丹

女，1991年出生，二级教师职称。2014—2017年在西安音乐学院攻读音乐编辑学方向硕士研究生，师从李宝杰教授，毕业论文《民国期刊〈乐风〉研究》荣获2017年"优秀硕士毕业论文"。现供职于西安市碑林区景龙池小学。2018年指导学生参加西安市碑林区第三十届中小学艺术节合唱比赛荣获特等奖，本人获"优秀指挥"和"优秀指导教师"称号。近年来发表论文有《陈振铎与〈怎样习奏二胡〉》《论20世纪20年代中国音乐期刊的发展》等。

绪　论

一、研究价值和意义

"音乐编辑学"一词在1987年正式提出，目前国内对这个词的定义尚无一致的解说，从近30年的学科研究发展成果来看，以音乐期刊为对象的研究占有一定的比重。民国时期作为音乐期刊发展的初始阶段，从音乐编辑学的角度对民国时期的音乐期刊进行研究，借鉴前人的办刊经验和智慧，了解音乐期刊编辑实践过程的特殊性并把握其编辑规律，对音乐编辑学学科发展而言是十分必要的。

在历史的演进中，音乐刊物作为一种媒介在音乐文化传播方面发挥了重要的作用。20世纪40年代创办的刊物《乐风》不仅记录了战时优秀的音乐家、艺术家的音乐作品和研究成果，而且刊登了大量的音乐消息和报道，反映了特殊时期国内音乐文化发展的基本情况。从今天的视角来看，民国时期的音乐期刊具有特殊的史料价值，它对于当前国内的音乐史学研究以及音乐学学科的发展而言具有重要意义。

抗战全面爆发后，南京、上海、武汉相继沦陷，大规模文化机构西迁使重庆地区成为战时的文化中心，活跃的文化氛围催生了大量优秀的音乐作品。《乐风》作为"陪都文化"发展下的产物，同时也作为当时唯一具有官办性质的音乐期刊，不仅展示了战时的重庆地区主流音乐文化成果，而且其"官办"身份对期刊的内容选择、外部形态制作、辐射面积和社会影响力等方面起到了重要的推动作用。本文从音乐编辑学的角度出发，借助音乐史学研究的成果对音乐期刊《乐风》进行研究，一方面有助于了解抗战时期音乐工作者对中国音乐事业发展所做的贡献；另一方面有助于了解在战时环境下重庆地区音乐期刊的生存与发展，以及"陪都"地位的确立对该地区音乐文化发展的影响，同时也对我们了解中国音乐期刊的历史发展具有一定的参考价值。

二、目前国内的研究现状

（一）音乐期刊个案研究

根据笔者的检索，目前从音乐编辑学角度对民国时期音乐期刊进行个案研究的学位论文比较少，主要有西安音乐学院张治荣2008年的硕士学位论文《国乐改进社社刊〈音乐杂志〉研究》。该论文将《音乐杂志》刊物与《新乐潮》进行相互印证，不仅注重编辑者——刘天华在该刊物办刊宗旨的设定以及编排特色的形成过程中所起到的主导作用，而且从传播学角度对刊物的历史影响和作用进行总结。西安音乐学院赵晗2009年的硕士学位论文《江西省推行音乐教育委员会会刊〈音乐教育〉研究》注重对刊物的办刊背景做分析，从栏目编排以及专号分析方面进行文本内容研究，采用"内部分期"方式根据不同时期《音乐教育》的出版内容对编辑者进行分析研究，除了对该刊物的历史意义进行阐述之外，还对该刊物取得如此发展的客观条件进行分析。湖南师范大学唐欢2014年的硕士学位论文《北大音乐研究会〈音乐杂志〉研究》主要内容是对期刊的发展历程以及北大音乐研究会的历史沿革做梳理，对刊物内容进行分类并对不同阶段的文本资料进行对比分析，从记谱法、音乐创作等方面定位刊物的历史意义和社会价值。

另外，从音乐编辑学角度对现代音乐期刊进行个案研究的学位论文中比较具有特色的有：武汉音乐学院王晓晴2006年的硕士学位论文《〈音乐爱好者〉杂志研究》，旨在对非学术类音乐期刊研究做初步探索，通过对刊物的栏目分析总结其办刊风格，从刊物的编者、作者以及刊物与所处时代、地域的文化生态之间的联系等方面进行全方位研究。武汉音乐学院杨明辉2007年的硕士学位论文《〈中国音乐〉研究》对刊物的基本概况做梳理，注重对刊物的栏目以及编排规范的分析，同时依据期刊的载文量、引文量以及被引量的统计数据说明该刊物的学术价值和文稿质量，也有对该刊的编者以及作者进行详细分析。河南大学马一飞2009年的硕士学位论文《〈音乐研究〉五十年办刊特色研究》，首章"期刊特色的编辑学分析"对音乐编辑学视域下的期刊特色评判标准做说明，同时对音乐编辑学研究中的常用方法——计量统计法所包含的常用统计指标项做总结分析。河南大学陈晶晶2011年的硕士学位论文《歌曲集〈战地新歌〉研究》，是为数不多的对歌曲集进行编辑学研究的文章，从歌曲集的出版和传播角度探索"文化大革命"时期的音乐创作形式，同时通过对歌曲集文本内容进行探析，透视在特殊历史语境中歌曲所蕴含的具有时代特性的文化本质。

以上是关于国内音乐期刊的个案研究，通过对上述文献的分析可知，从音乐编辑学角度对音乐期刊进行研究主要包含以下几个方面的内容:(1)对音乐期刊的时代背景(包括文化生态)以及刊物的基本概况做梳理;(2)对期刊的文本材料做分析,可以根据期刊的不同发展阶段分期论述,再对不同阶段的刊物内容进行对比,也可以采用文献计量法对期刊主体内容做分类统计,最后找出刊物的办刊风格或编排特色;(3)对编辑群体和作者群体的分析;(4)期刊所产生的社会作用和影响。

(二)与《乐风》期刊研究相关的文献

目前国内关于《乐风》期刊的研究较少,笔者共检索到3篇相关文论,其中两篇是期刊文论——《〈乐风〉(1940.1—1944.6)研究》和《江定仙与〈乐风〉月刊停刊风波》;一篇硕士学位论文——《缪天瑞编辑实践与编辑思想研究》。

以音乐编辑学的视角对《乐风》刊物做分析研究的文论是北京师范大学艺术与传媒学院的汤斯惟、张小梅的《〈乐风〉(1940.1—1944.6)研究》。该文发表于《南京艺术学院学报(音乐与表演)》2014年第3期,主要对《乐风》4年的发展情况做了基本的梳理介绍。文章由《乐风》的创刊与停刊风波、《乐风》的编辑与发行、《乐风》主要作者群的分析、《乐风》杂志的内容分析4个部分组成,其中第一部分"《乐风》的创刊与停刊风波"与笔者收集到的另一篇文章《江定仙与〈乐风〉月刊停刊风波》论述的是同一事件。相比之下,虽然两者都是对这一事件做事实陈述,但中国艺术研究院音乐研究所向延生发表于《中国音乐学》2003年第2期的文章《江定仙与〈乐风〉月刊停刊风波》则采用口述文献对这一历史事件进行了史实还原,对停刊风波的个中原委做了具体考证。

最后一篇文章涉及《乐风》期刊的编辑者缪天瑞。2012年西安音乐学院音乐编辑学研究生冯宇的硕士学位论文《缪天瑞编辑实践与编辑思想研究》,从缪天瑞主编的期刊《音乐教育》以及工具书《音乐百科词典》中总结他的编辑思想和编辑实践,但并没有提及任何与《乐风》有关的内容,可以作为辅助性的参考资料。综上所述,目前为止没有对乐风社在1940—1944年5年间发行的25期实体文本资料进行整体研究的论文,因而本文具有写作价值和空间。

第一章 民国时期国内音乐期刊发展概述

第一节 民国时期音乐期刊发展状况

历史是一个时空概念,文字的发明使它不再那么抽象,文本形式的记录是除了具体实物（历史文物）之外对历史最好的呈现。期刊作为一种特殊的文字载体出现于17世纪中叶①，最初是作为学者的通信手段，在后来的发展中期刊开始兼顾报纸和图书的特点，既能较快地传播科学文化信息同时又具备文化积累的作用，因而也成为历史研究的重要材料。对于音乐这样的非语言性、抽象性的文化门类而言，音乐期刊也具有同样的价值。②从1815年中国第一份中文期刊《察世俗每月统记传》诞生到1906年中国最早的音乐期刊《音乐小杂志》的出现，期刊在中国经历了将近一个世纪的发展，其形态已经基本定型。早期的音乐期刊（特指1906年到1945年间）也具备了现代意义上的期刊性质③，整个民国时期可以看作音乐期刊发展的探索阶段，其真正的蓬勃发展阶段是1949年之后。本章内容主要是对民国时期的中国音乐期刊的发展情况做宏观上的概述。

在思想文化相当活跃的民国时期，因文化传播途径的有限性使期刊成为一种重要的文化传播载体，在当时肩负着重要的历史使命。因出版周期短，受众面广泛，可以同时汇聚众多作者的作品等特点，使之成为不可或缺的文化交流平台和舆论宣传窗口以及各党派宣扬各自思想的重要载体。特别是1919年五四运动之后，先进思想寻求更大的传播力度，而战争时局的变化又使原本就不发达的传播通道受阻，此时，期刊以特有的灵活性和时效性在信息交流和传播过程中占据明显的优势，音乐期刊也顺势而起。根据笔者的不完全统计，民国时期的音乐期刊约187种④。五四运动之前的三种音乐期刊《音乐小杂志》《灿花集》《白阳》等虽然都只出版了一期，但作为中国音乐期刊创办的尝试，内容虽不全面却隐约可见国内音乐文化的发展动态。

20世纪20年代，美育思潮以及国乐改进的思想成为主流，音乐社团的成立以及音乐期刊的出版发行日渐增多，对于音乐文化的研究也越来越专业化。除了对音乐理论、音乐基础知识的普及之外，音乐界对受西方文化冲击的日益衰微的国乐感到担忧，纷纷组团办刊，利用音乐期刊和社团演出的方式传播和保护中国传统音乐。关于国乐发展道路的争论从20世纪20年代一直延续到40年代，在不同的时期有不同的

---

① 1665年1月5日，法国人戴·萨罗在巴黎创办了世界上第一种期刊——《学者杂志》。第一份中文期刊是1815年英国人马礼逊·米怜在马六甲创办的《察世俗每月统记传》。
② 相比于其他学科而言，音乐类的文本材料较为稀缺，音乐类期刊作为一个系统的、有历史文化价值的文本材料对于音乐的学术研究来说更显弥足珍贵。
③ 总体而言，可以和报纸、图书在外观和内容上相区别，在内容的选择以及栏目编排上具有现代期刊的编辑特征，具有一定的编辑指导方针和长期出版的选题规划。个别期刊文本可能受环境影响只出版了一期，期刊的连续性特征不明显。
④ 数据统计来源于《二十世纪中国音乐期刊篇目汇编》（李文如、中国艺术研究院音乐研究所编）；《民国时期音乐文献总目》中收入的民国期刊（共88种）（钱仁平主编）。

关注热点和发展道路。但是其间 30 年代的抗战音乐文化具有更为突出的地位和影响，掩盖了国乐思潮的锋芒。

20 世纪 30 年代，音乐期刊的创办出现了两种不尽相同的社会价值观。其一，随着国内战事日益严峻，特别是"九一八事变"之后抗日救亡音乐思潮渐渐掩盖了美育思潮的光辉，成立左翼音乐小组呼吁团结抗日，为抗战音乐的蓬勃发展起到了推波助澜的作用，在专业音乐期刊上发表歌曲的比例明显比 20 年代多，音乐文论的学术性、针对性也较强。其二，30 年代又是流行音乐（包括电影音乐）创作发展的时代，大量刊载流行歌曲的歌刊盛极一时，主要集中在上海，以黎锦晖为代表的音乐家所创作的音乐作品在当时受到音乐界的谴责和批评。

20 世纪 40 年代前期，音乐期刊的发展以西南地区为中心，后期（解放战争时期）出版期刊有 40 余种，呈现出全国性的期刊发展格局。

基于上述文化因素和政治历史因素，笔者对民国时期国内音乐期刊的发展阶段划分如下："五四"以前的音乐期刊发展[①]；20 年代的音乐期刊发展；30 年代的音乐期刊发展；40 年代的音乐期刊发展。这种划分并不是笔者首创，在其他音乐期刊研究的文论中已有先例，如郑晓丹发表在《音乐探索》2013 年第 3 期的《历史的记忆　记忆的历史——建国前我国音乐期刊的发展轨迹与意义评判》一文，将期刊划分为四个阶段："蹒跚起步："五四"前的音乐期刊；初创收获：二十年代的音乐期刊；多样发展：三十年代的音乐期刊；繁荣壮大：四十年代的音乐期刊"。笔者有过参照，但有不同看法。首先，笔者认为民国时期才是音乐期刊的探索时期，也就是所谓的"蹒跚起步"时期。音乐期刊真正的繁荣与国家经济发展有着密切联系，"繁荣壮大"时期是改革开放之后的 21 世纪。其次，笔者对期刊的阶段划分的依据是以文化思潮变化为主线，兼顾政治格局变化。因为音乐期刊是文化思潮影响下的产物，政治中心的转变也带来文化中心的迁移，所以两种影响因素不可完全割裂。此外，笔者采用计量统计法对民国时期音乐期刊做了明确的数据统计[②]，体现出音乐期刊的区域性发展特征。以下是民国时期音乐期刊发展的详细内容。

[①] 严格意义上说，李叔同的《音乐小杂志》和张无为的《灿花集》这两本期刊按照时间界定并不属于民国时期，李叔同 1913 年创办的《白阳》才是真正意义上民国时期的第一本音乐期刊，但由于它们在音乐期刊创刊史上的开创性历史意义，因此将第一阶段定为"五四"以前的音乐期刊发展更为合适。

[②] 在笔者所收集和参考的材料中，并不是每一本音乐刊物都有明确的出版者、出版地、出版时间的标记，部分期刊也并不是完全意义上的音乐期刊，而是文艺类综合刊物。因此在本文的表格统计中并没有将这些有信息残缺的刊物悉数列出。

一、"五四"以前的音乐期刊发展

日本是最早接触西方文化的亚洲国家，清末的留日学潮是当时落后的中国寻求进步和发展的新出路。大批的留日学生在接受教育的同时也受到西方先进文化的熏陶和影响，具有较为激进的思想。大批留学生聚集上海，通过创办刊物、翻译外文著作，宣传新思想，投身于新音乐（指代"学堂乐歌"）的创作和教育。"五四"以前的音乐期刊见表1-1：

表1-1 "五四"以前的音乐期刊统计表

刊名	编辑者	创刊时间	地区
音乐小杂志	李叔同	1906	日本印刷，上海开明书店发行
灿花集	张无为	1908	上海灿花书社发行
白阳	李叔同	1913	浙江师范校友会发行

从当时的音乐期刊发展情况上可以看出以上海为主的沿海地区是接触外界文化最为便利的地方，也是文化环境相对宽松且文化思潮最为活跃的城市之一。这三种期刊都只出版了一期，但却拉开了中国创办音乐期刊的序幕。李叔同在《音乐小杂志》序言（作者按：文章署名李凡）中写到音乐具有"盖琢磨道德，促社会之健全，陶冶性情，感精神之粹美"[①]的作用，强调了音乐的社会作用，音乐在对个人道德教育以及美感教育方面具有特殊效用。这种强调音乐之于德育、美育的影响一直是民国时期较为主流的音乐观念。作为一个喝过"洋墨水"的先进知识分子，他在音乐创作中也吸收了外国音乐曲调并进行依曲填词的模仿性音乐创作，从中可见早期学堂乐歌创作的影子。在介绍外国音乐文化方面，《音乐小杂志》翻译了许多日本学者的音乐文论；1913年创办的《白阳》中亦有文章《西洋器乐种类概说》（李叔同以息霜笔名所作）；此外还有"词集""文库""画稿""诗集"的栏目设置，可见这两本音乐刊物就如李叔同本人一样贯通东西艺术。这一时期的音乐期刊，李叔同的《音乐小杂志》侧重于中西合璧的办刊风格，张无为的《灿花集》则立足于中国传统音乐文化，以刊登具有中国民族特色的小曲为主，旨在以小曲改良旧风俗，影响国人。他们分别代表了民国时期音乐期刊发展的两个方向，之后的音乐期刊的发展则在此基础上演化出更为丰富的音乐文化脉络。

---

① 李凡：《文苑：音乐小杂志序》，《娱闲录（四川公报增刊）》1915年第18期。

二、20 世纪 20 年代的音乐期刊发展

受新文化运动的影响，音乐期刊也获得了相对自由的发展空间，从表 1-2 可以看出，20 世纪 20 年代的音乐期刊以团体为单位，部分以学校为据点，避免了个人创办刊物在人力、财力上面的不足，不仅在期刊种类及其发行量上有所增多，而且在音乐期刊所刊行的内容上也有更大的专业性。根据笔者收集，20 年代的音乐期刊共 9 种，主要分布于北京、上海两个地方：

表 1-2　20 世纪 20 年代的音乐期刊统计表

刊名	编辑者	创刊时间	地区
音乐杂志	北京大学音乐研究会编	1920	北京
新乐潮	北平爱美乐社出版	1927	
音乐杂志	（北平）国乐改进社	1928	
美育	中华美育会美育杂志社编	1920	上海
音乐界	上海音乐学校编	1923	
音乐季刊	上海中华音乐会	1923	
音乐教师的良友	上海美术专门学校音乐教育研究会编	1926	
音乐院院刊	上海国立音乐院编	1928	
国立音乐专科学校校刊·音	国立音乐专科学校编	1929	

这些期刊在内容上主要涉及音乐教育、国乐改良与美育思潮三个方向，其中专业音乐教育机构创办的音乐刊物占有 60%。1912 年，蔡元培担任临时政府教育总长，他在《对新教育之意见》中提出"美感教育""唱歌，美育也"[①]，并将美育与德育联系，从而促进音乐教育的发展。然师资队伍建设一直落后于音乐教育的实际需求，因而 20 世纪 20 年代开始出现专门的音乐教育机构并在师范类院校开设音乐科。其中最

---

① 参见高平叔编《蔡元培全集》(第二卷)，中华书局 1984 年版，第 134 页。

早的音乐教育研究机构就是蔡元培、萧友梅领导的北京大学音乐研究会①。该会简章提出以养成乐学人才为宗旨，一面传习西洋音乐（包括理论与技术），一面保存中国古乐并发扬而光大之。这在其创办的音乐期刊《音乐杂志》上得到具体体现。受当时的科学主义影响，该刊物注重对西方和声学、普通乐理、音乐的物理基础、五线谱的教学法、音乐教授法的介绍和研究，同时兼顾国乐的传播，在面对中西音乐文化问题上走融合路线，其中陈仲子在该刊物上发表文论《欲国乐之复兴宜通西乐说》（1920）与刘天华借西乐改进国乐、以求国乐发展的思想不谋而合。1922年，该会改名为北京大学附设音乐传习所，并在1923年成立北大管弦乐队，是第一支由国人自己组织的具有专业性质的乐队，据萧友梅称，该乐队从1922年至1927年共开过40余场音乐会。②在当时为普及音乐以及进行社会音乐教育和美感教育方面起到了重要作用。

除了北大音乐研究会之外，1927年上海国立音乐院作为第一所专业音乐院校正式成立，是当时唯一一所专门培养专业音乐人才的学校，对于20世纪三四十年代国内音乐事业的发展而言具有重要意义，特别是对抗战时期重庆"陪都"音乐文化圈的建构以及战时音乐事业的持续发展做出了不可磨灭的贡献。1928年5月，上海国立音乐院创办《音乐院院刊》。1929年，上海国立音乐院更名为"国立音乐专科学校"。其出版的校刊《音》发行了60余期，是20年代所发行的音乐期刊中历时最久（时间从1929年5月到1937年3月）且出版期数最多的一本刊物。

受到美育思潮的影响，这一时期出现了许多音乐社团如"北大音乐研究会"（1919）、"大同乐会"（致力于推动国乐改进）；此外还有"上海中华音乐会"（1919—1925）、"乐友社"（1921）、"重庆音乐研究会"（1921）、"中华美育会"（1920）、"北平爱美乐社"（1926），这些社团大多创办了各自的音乐期刊，也参与社会演出。其中国乐改进社社刊《音乐杂志》和上海中华音乐会的《音乐季刊》以及北大音乐研究会的《音乐杂志》也有部分文论涉及国乐改良方面的问题。借助西方作曲技法和记谱法改进国乐，使之符合时代发展，为人们所接受和关注，可以说，刘天华等人的音乐创作是国乐得以延续的重要因素。

总体而言，20世纪20年代的音乐期刊虽然只有9种，内容上以插画、歌曲、文

---

① 1916年蔡元培出任北京大学校长时，成立了"北京大学音乐团"。1919年改组为"北京大学音乐研究会"，1922年8月经萧友梅提议，改组为"北京大学附设音乐传习所"，蔡元培亲任会长，设钢琴、提琴、古琴、琵琶、昆曲五个组。
② 参见冯长春《20世纪上半叶中国音乐思潮研究》，博士学位论文，中国艺术研究院，2005年，第59页。

论相综合，奠定了音乐期刊的基本内容和栏目版块。而这一时期的音乐文化受到美育思潮的影响最大，主要表现在学校音乐教育和社会音乐教育两个方面。一是通过大量的社团演出使民众直接接受音乐的美感教育，达到普及音乐的目的，同时通过办学，培养师资队伍，为学校音乐教育的长远发展提供人才支持；二是由于国乐改进思潮受西方文化的影响在记谱法和作曲法等多个方面均有创新，促进了旧剧改良、乐器改良、乐曲改良，为30年代的音乐文化发展打下了坚实的基础。

三、20世纪30年代的音乐期刊发展

1931年"九一八事变"之后，人民高举新音乐运动的旗帜，抗日救亡思潮成为新的时代主题。1932年，"聂耳、王丹东、李元庆等人在北平组织成立的'左翼音乐家联盟'，这是最早成立的一个左翼音乐组织。此后，1933年春，任光、安娥、聂耳、张曙等在上海发起成立了'苏联之友社'音乐小组；1934年春，田汉、任光、张曙、安娥、吕骥等又正式发起成立了'左翼戏剧家联盟音乐小组'"[1]。1935年年初，左翼音乐工作者开始组织抗日救亡歌咏运动，"左联"音乐战线的建立为左翼文学、戏剧、电影工作的开展提供了音乐，也为革命音乐、抗日救亡音乐的发展提供据点。[2]左翼音乐工作者组织领导的新音乐运动不仅仅是歌咏运动，音乐教育、音乐创作也是其重要组成部分。另外随着抗日统一战线的建立，1937年8月25日通过的《中国共产党抗日救国十大纲领》中表示"全国人民除汉奸外，皆有抗日救国的言论、出版、集会、结社及武装抗敌之自由"[3]。由于文化环境较为自由使以各党派为代表的出版活动得以合法化，社会音乐活动也随之活跃。

在这样的社会文化环境下音乐期刊的发展特征表现为：（1）期刊出版范围逐步扩大，除了上海、北京之外还有天津、四川、广州、桂林、山东等地相继出版了音乐期刊。（2）期刊种类更为多样，出现了专门的音乐教育期刊，以及上海地区首先发起专门刊载口琴音乐的刊物。抗战全面爆发之后，为了配合左翼组织的歌咏运动出现了第一本专门的歌刊《战歌》，之后1938年四川地区出版了《每月新歌选》。笔者共收集到20世纪30年代的音乐期刊28种，其中7种娱乐性音乐期刊，3种歌刊，其余是

---

① 冯长春：《20世纪上半叶中国音乐思潮研究》，博士学位论文，中国艺术研究院，2005年，第180—181页。
② 参见冯长春《20世纪上半叶中国音乐思潮研究》，博士学位论文，中国艺术研究院，2005年，第181页。
③ 《中国共产党抗日救国十大纲领》，载中央档案馆《中共中央文件选集》（第11卷），中共中央党校出版社1991年版，第328页。

歌曲与文论的综合期刊。(3) 区域分布不均，从地区分布上来看，上海地区共有音乐期刊 18 种。具体期刊情况见表 1-3：

表 1-3　20 世纪 30 年代的音乐期刊统计表

刊名	编辑者	创刊时间	地区	备注
乐艺	上海国立音乐专科学校乐艺社编，青主	1930	上海	
戏剧与音乐	郑导乐、谢韵心	1931		
中华口琴界	上海中华口琴会编辑出版	1931		
音乐杂志	上海音乐艺文社编	1934		
电声	梁心玺	1934		收有关聂耳、黎锦晖的文章
中国口琴界	贾昕、影翔	1935		1947 年在南京复刊
艺声	安娥、任光等	1935		
战歌周刊	中华全国音乐界抗敌协会编	1937		
音乐月刊	陈洪	1937		
音乐世界	上海新兴音乐社编	1938		
上海口琴界	上海口琴会编	1939		
林钟	上海音乐学院编，陈洪	1939		
沙仑	沈端先	1930		音乐、戏剧、美术、电影、文学为一体的综合杂志
娱乐周刊	梁桐	1935		播音、体育、戏剧、歌舞、音乐、文艺、电影
夜城	紫婴	1935		音乐、电影、文艺、歌星
电影新歌	周维新编译	1934		介绍好莱坞电影插曲，刊载完整的歌谱
星歌集	曼曼出版社编	1935		黎锦晖、聂耳、安娥等人创作的电影、流行歌曲
银坛名歌	宋斌	1936		电影歌曲，简谱加英文歌词

（续表）

刊名	编辑者	创刊时间	地区	备注
音乐周刊	北京美术学院编	1932	北京	
圣歌与圣乐	北京真理与生命月刊社	1934		
中国教育音乐促进会会报	江汉生	1936		
魔笛	天津音乐学会编	1931	天津	
音乐教育	江西省推行音乐教育委员会编	1933	江西	
广州音乐	广州音乐院编	1933	广州	
乐剧月刊	汕头公益社编	1933	汕头	
舞台艺术	上东省立剧院编译处	1935	山东	
救亡歌声	四川救亡音乐促进会	1938	四川	
每月新歌选	林路	1939	桂林	

这类音乐期刊通常是集音乐、戏剧、电影、文学为一体的综合性杂志，它是随着电影产业、唱片产业的兴起以及受到外国乐剧的影响而进行本土戏剧改革创作的发展所产生的。然而以黎锦晖为首的"流行音乐"（也叫中国歌舞艺术）创作者与当时唱片公司合作，创作和发行了大量的"家庭爱情歌曲"，而这与当时抗战主流思潮相悖，因此受到音乐界的批评和抵制。究其原因，笔者认为，其一，上海作为租界地区，商业贸易发达，经济实力雄厚，歌舞厅、影院等娱乐场所较为完善，唱片产业也较为发达，为这类歌曲的发展和传播提供条件；其二，国人对于西方文化艺术的吸收没有做到去粗取精，并不是所有的西方艺术都适合当时的中国；其三，爱情主题的流行歌曲、电影音乐的轻松氛围让长期处于战乱和精神压迫的民众找到了暂时的"避难所"能够逃离现实，寻找到精神慰藉；其四，以黎锦晖为代表的流行歌曲创作者对于音乐的社会功能的认识侧重于音乐的娱乐功能而淡化音乐的社会教化功能。冼星海在《现阶段中国音乐运动的几个问题》中写道："在革命低潮的时候，黎锦晖，他代表着小资产阶级小市民的音乐出现，写作许多备受当时社会人士欢迎的桃色作品……颓废的畸形的歌曲，麻醉了不少当时的市民，但黎氏的聪明和大胆利用了许多旧形式中的民间小调，不是完全没有贡献于中国新音乐的。可惜他的私生活和环境决定了他的创作内容。但黎氏在'八一三'以后也注意救亡歌曲了，并创作了一本歌集。这证明了艺

术是一点也不能离开社会现实的。"①

笔者认为，以黎锦晖为代表的流行音乐的兴起说明了不同社会阶层对音乐的不同追求，也符合音乐发展的多样性规律。从20世纪30年代的社会环境和时代发展来看，主张抗战歌曲高于一切，这种较为激进的认识，具有历史局限性。以今天来看，音乐文化的多样化发展是客观规律，并无对错之分。30年代的音乐期刊虽然出现了一些音乐、戏剧、美术、文艺的综合杂志和刊载流行歌曲、电影歌曲的歌刊，但与专业的音乐学术期刊相比，以及在主流抗战音乐思潮影响下，这类期刊和歌曲在发行范围和发行力度上是有限的，并未对抗日救亡的主流文化造成冲击。另外，还有部分的电影产业、唱片产业以及本土化戏剧改革紧扣抵御外辱、团结抗战的时代精神，特别是在戏剧改革运动中，先进的爱国分子用不同的艺术形式，以更具有感染力的视听结合方式宣扬抗日，宣扬爱国情感。1936年，"国防音乐"② 口号的提出，音乐被赋予了为抗战和民族解放服务的功用，"战时音乐"作为一种特殊时期的精神武器登上历史舞台。

四、20世纪40年代的音乐期刊发展

1940年9月6日，《国民政府令》颁"明定重庆为陪都"③，重庆陪都地位的正式确立，形成了以重庆为中心的西南地区文化圈，以抗战救亡为主题的音乐期刊文化记录了中华人民浴血抗日获得民族独立的艰难历程。经过了前面三个阶段的发展，20世纪40年代的音乐期刊迎来了百花齐放的繁荣景象。在期刊种类、发行期数、质量上跨越了一个新台阶。出版范围随着政治、经济、文化中心的迁移，在30年代的基础上进一步扩大到全国范围，涵盖了革命边区、西南国统区以及香港、台湾等地，整体上呈现出良好的发展趋势。值得注意的是，这时期的音乐期刊因受战争、政治的影响，有许多刊物在被迫停刊之后，又以另外的刊名继续出版，其主办、发行单位也基本上随之改变，但刊物主编人员不变。这就使得这一时期的期刊单从数量上看多于30年代，实际上有可能是一种期刊的另外"面孔"。笔者收集到40年代国内发行的

---

① 冼星海：《现阶段中国音乐运动的几个问题》，《新音乐月刊》1942年第5卷第3期。
② 黄旭东：《我们要有与国立音专共存亡的决心——记抗战前期萧友梅的得力助手陈洪先生》，载俞玉姿、李岩主编《中国现代音乐教育的开拓者——陈洪文选》，南京师范大学出版社2008年版，第334页。
③ "陪都"是指首都以外另设的辅都。陪都文化历史悠久，从周朝完善的"两京制"沿袭发展而来，后世从之。重庆因其具有"易守难攻"的军事战略地理优势在抗战期间是"战时首都"。

音乐期刊多达95种，从期刊的内容性质上说，歌曲和文论综合型音乐期刊仍旧占有大部分比重。娱乐性质的艺术综合期刊和专门的歌曲集占比较少。整体而言，与30年代的音乐期刊相比，娱乐性音乐期刊的比重有所下降，歌曲集出现大幅度攀升。

从期刊的地域性出版情况可以看出，上海（18种）、重庆（13种）、延安（8种）位列前三，广东、福建、南京、四川各5种，其他地区发行期刊1至3种不等。从数量上看上海仍是全国出版音乐期刊最多的城市，艺术综合期刊达到10种；重庆共有音乐期刊13种。若仅从专业音乐期刊（不包含艺术综合期刊）的发行情况上来看，重庆地区占有最大比例（具体情况将在第二节做详细论述），其次才是上海和延安。

20世纪40年代的音乐期刊的特点如下：首先，在音乐理论方面专题性、学术性更强。期刊内容谈论的主题既包括新音乐思潮的发展、音乐民族化问题，也包括对音乐教育以及美育问题的思考。其次，在歌曲创作领域，因歌曲相比其他器乐曲具有学习时间短、流传快、受益面广泛并且不受传播媒介、时间、场合等外在因素的限制，可以在短时间内举行群众性演唱，具有便于战时音乐统战工作的开展等优势，这一时期的歌曲创作比之前更为活跃，不论是儿童歌曲还是抗战歌曲均有专门的刊物发行。再次，这一时期的音乐期刊还产生了延安边区、陕甘宁边区、华东军区政治部、晋察冀边区等各地边区、音协主编出版的期刊。最后，40年代仍有对艺术综合类期刊的出版发行。据笔者统计有11种，其中上海地区10种，其他地区如天津、重庆、广州等地占少数，从其内容上看，刊物性质和内容设置基本无太大的变化，但偏向于电影艺术，较多刊登电影音乐、影视评论等内容。可以说，这一时期音乐期刊发展的根脉更深、更广，期刊的种类、刊物内容的持续性、系统性以及刊物的编辑特色都更为完善。编辑者的编辑意识，精益求精的编辑精神以及在特殊情况下采用的编辑方法都具有可借鉴性和创新性，对于1949年之后的音乐期刊的发展和音乐期刊文化的建构方面均具有重要的奠基和引导作用。40年代国内音乐期刊发展状况见表1-4：

表1-4　20世纪40年代音乐期刊统计表

刊名	编辑者	创刊时间	地区	备注
新音乐（月刊）	李凌、林路	1940	重庆	不同地区分社以及同质异名的共15种
乐风	乐风社编	1940		

（续表）

刊名	编辑者	创刊时间	地区	备注
歌曲创作月刊	革命乐社编	1941	重庆	
新音乐	上海新音乐社	1940		
乐风副本	乐风月刊社编	1941		
音乐月刊	缪天瑞	1942		
青年音乐	三民主义青年团青年音乐月刊社	1942		
音乐导报	中华交响乐团音乐导报社编	1943		
音乐艺术	李凌、赵渢	1944		
音乐艺术丛刊副辑	李凌、赵渢	1945		
乐坛	乐坛月刊社编	1946		
音乐教育	波浪	1946		
新音乐丛刊（渝版）	重庆新音乐社编	1947		
音乐与美术	广西音乐与美术月刊社编	1940	广西	
人民歌声	百色人民歌声社编	1946		
音乐阵线	桂林音乐阵线编辑部编	1940	桂林	
音乐知识	音乐知识社编	1942		
乐坛歌选	乐坛歌选社编	1947		
岭东音乐	林克辉	1941	广东	
青年音乐	广州基督教青年会合唱团编	1949		
新音乐月刊（粤中版）	新音乐社粤中分社编	1949		
乐艺	金莺	1942		音乐、电影、戏剧
影剧艺术	梁翰尼	1946		影星讯息
鲁艺校刊	鲁迅艺术学校编委会编	1940	延安	

（续表）

刊名	编辑者	创刊时间	地区	备注
歌曲旬刊	延安作曲者协会编	1940	延安	
歌曲月刊	陕甘宁边区音乐协会编	1940		
歌曲半月刊	延安作曲者协会编	1941		
星期音乐	延安星期音乐学校编	1941		
民族音乐	延安边区音协、边区作曲家协会	1942		
中国民间音乐研究	中国民间音乐研究会编	1942		
七七活页歌选·群众歌曲	群众歌曲社编	1944		
音专通讯月刊	福建省立音乐专科学校编译室编印	1940	福建	1942年省立升为国立，实际上是同一本刊物
福建省立音乐专科学校创立周年纪念刊	福建省立音乐专科学校编	1941		
国立福建音乐专科学校校刊	国立福建音乐专科学校编	1942		
音乐学习	国立福建音乐专科学校音乐学习社编	1946		
乐报	乐报社编	1947		校内
歌咏岗位	云南省歌咏协会编	1940	云南	
歌岗副刊	徐守廉、李仁荪选编	1942		
礼乐	国立礼乐馆	1940	南京	
礼乐半月刊	国立礼乐馆礼乐半月刊编辑部编	1947		
歌曲月刊	南京音乐教育研究社编	1948		
山歌通讯	山歌社编	1946		
歌曲新集	南京音乐教育研究社编	1948		

（续表）

刊名	编辑者	创刊时间	地区	备注
银幕名歌	王英	1940	上海	主要内容为刊登电影歌曲的曲谱，发表影剧评论，艺人生活逸事，影剧资讯等内容
艺声	余增镛	1944		
艺声	国风出版社编	1947		
中联新歌	陈歌辛	1944		
大都会	上海民营广播电台编	1946		
剧影春秋	魏照风、沙坪	1948		
上海游艺	谭雪莱	1946		
星象	盛佩玉	1946		
音乐风	陈曼鹤、孔德扬、皮作玖编	1946		
音乐杂志	丁善德、陈洪	1946		
新音乐（上海版）	上海新音乐社编	1946		
音乐与教育	钱仁康主编	1947		
音乐评论	上海音乐教育协进会编	1948		
音艺新辑	上海时代音乐社编	1948		歌集
歌选	上海华东人民广播电台广播乐团编	1949		
业余歌咏	上海业余歌咏社	1949		
人民歌选	任策、苏珊、曾林编	1949		
音协通讯	中华全国音乐工作者协会上海分会编	1949		
解放歌声	解放歌声社编	1949	北京	
中华口琴界（纪念特刊）	王庆勋	1943		
戏剧与音乐	《戏剧与音乐》社编	1946		韬奋书店出版
乐教	乐教月刊社编	1943	陕西	
歌与诗	石林、孙尊武	1944	西安	
新歌曲	许庆民	1941	贵阳	

（续表）

刊名	编辑者	创刊时间	地区	备注
新音乐	平津唐新音乐社	1941	平津唐地区	
综艺：美术戏剧电影音乐半月刊	高扬等	1948	天津	音乐、美术、戏剧、电影
儿童音乐	宋文焕、苏世克主编	1941	香港	
新音乐月刊（华南版）	《新音乐》粤港分社李凌、赵沨主编	1946	香港	
香岛音乐	香岛歌咏团编	1948	香港	
歌讯	中华全国新音乐工作者联谊会香港分会编	1947	香港	
乐学	台湾交响乐团编	1947	台湾	
歌与剧（河间）	冀中文协编	1947	河北	
儿歌新歌	四川省教育厅国民教育辅导团编	1949	四川	
音乐与戏剧	（内江）教育部川康社教队二支队音乐与戏剧社编	1943	四川	内江
诗与音乐	诗与音乐社编、陆弦主编	1945	四川	成都
歌剧艺术	成都歌剧艺术社编、王余主编	1945	四川	成都
歌剧通讯	中国歌剧艺术学会编	1943	四川	成都
中原歌声·人民歌声	中原大学文艺研究室编	1949	武汉	
战火歌声	苏北第六军分区政治部战火剧社编	1948	江苏	
连队歌唱	晋察冀边区政治部抗敌剧社编	1944	张家口	
群众歌曲	华北联大文艺工作团编	1946	张家口	
解放歌声	晋察冀边区音乐界协会编	1945	张家口	

（续表）

刊名	编辑者	创刊时间	地区	备注
军大歌选	华北军政大学政治部编	1949	石家庄	
大家唱	丰镇县大家唱编辑室编	1946	内蒙古	
戏剧与音乐	东北文艺工作团编	1946	大连	
体育与音乐	江西省体育师范专科学校出版委员会编	1946	江西	
人民音乐	向隅、吕骥	1946	沈阳	
战斗歌声	晋绥军区政治部战斗剧社	1947	不详	
战时歌集	山东文协	1943	山东	
大众歌选·大众歌声	山东文协	1943		
滨海歌集	滨海军区政治宣传队编	1946	不详	
音乐·戏剧·诗歌月刊	杨嘉、李定、张碧夫主编	1947	不详	
群众歌曲	平原文工团	1946		
音乐报	新音乐社昆明分社	1946	昆明	
南方音乐	南方音乐社编	1948	长沙	
伊江歌声·伊江歌选	伊江合唱团编	1948	仰光（缅甸）	歌集

民国时期的音乐期刊因受到军阀割据和政局跌宕的影响，其总体特征如下：

（1）期刊发行周期变化不定，常在旬刊、双月刊、半月刊、周刊间转换，部分期刊仅出版了创刊号便停刊了，如1940年9月延安陕甘宁边区音协编的《歌曲月刊》在出版3期之后，于1941年4月改为延安作曲者协会编《歌曲旬刊》，该刊在一个月内连续出版发行3期之后再次改为《歌曲半月刊》，出版6期之后停刊。这种不定期的期刊发行方式以及常见的合刊情况是民国期刊发展的重要特征之一。

（2）报纸和期刊混淆不清，音乐期刊发展具有不成熟性。民国时期除了音乐期刊之外，报纸也有开辟专版刊登相关的音乐事项，甚至以报社为单位发行专刊①，这种专刊一般是报纸名称与专刊名称合二为一，并以报社为发行单位，如《新闻报·艺海》（周刊）、《北平民治报·戏剧周刊》（每周四出版，1932年9月创刊到1933年7月20日共出版40期）。另外还有部分期刊在最初几期以报纸的形式出版，后又改为期刊的装订形式发行，如《音乐导报》第一期为4开报纸，一张4版，后改为期刊形式装订。民国时期并未出现真正的音乐报纸，这种报纸和期刊界限模糊的状态体现了早期音乐期刊发展的不成熟性。

（3）音乐期刊发展经过从国外到国内，由个人到团体的发展道路，形成了以民办为主、官办为辅的发展格局。首先，期刊本就是外来文化产物，国内的音乐期刊也成为学习西方先进音乐文化之窗口。其次，20世纪20年代教育部提倡组建音乐研究会，让更多的人加入音乐事业的建设中，依靠集体力量发展近代音乐文化，一时间社会上的音乐团体犹如雨后春笋般涌现，团体办刊也蔚然成风。再次，民国时期的音乐期刊大多是民办刊物，官办刊物屈指可数。相较而言，民办刊物更容易秉持编辑主体的艺术追求，政治干预相对较少，能够让编辑者更好地发挥主观能动性，而官办刊物则受制于它的政治立场和政治思想。

（4）音乐教育相关内容一直受到社会关注。大部分音乐期刊均有涉及音乐教育的内容，如1933年江西省推行音乐教育委员会会刊《音乐教育》则是最早的官办音乐教育类专刊。

社会环境的变化促使个体思想的变化从而影响到个体行为，近代中国音乐期刊紧跟时代步伐，具有开启民智、革新社会风气，促进道德教育、美感教育以及宣扬团结抗战等作用。20世纪30年代的流行音乐歌刊的发行虽然受到音乐界批判，但却是中国流行音乐的开端。可以说音乐期刊是一个民族精神的寄托，是对民族文化的记录和民族思想的折射，更是中国音乐文化发展的重要组成部分。

第二节　20世纪40年代重庆"陪都"的音乐期刊发展

因抗战时局的变动，1940年，国民政府将重庆定为"陪都"。政治中心的迁移必然伴随着文化中心的变动，抗战时期大规模的高校西迁，使重庆在短时间内成为文化中心。据相关材料记载，战时"内迁西南的高校有61所，其中有48所集中在四川约

---

① 这类期刊不在本次论述范围之内，笔者只是将其作为民国音乐期刊发展特征之一稍作提及。

占78%的比重，而重庆连同本地高校，一度多达39所，占全国之冠"[①]。重庆成为抗战时期中国高等教育的中心，也是思想文化最活跃的地方。依笔者收集的期刊材料可知，战时重庆地区的音乐期刊发行主要集中于1940年之后，原因在于，大规模的高校、企业、工厂的西迁，使重庆成为经济、政治、文化的中心，人才聚集，为期刊的发展提供必要条件。另外，社会对文化的需求缺口较大，文化发展迫切需要图书、期刊、报纸等文本资料。1940年1月至1946年6月，重庆的音乐期刊发行情况见表1-5：

表1-5 重庆"陪都"音乐期刊统计表

刊名	编辑者	创刊时间	地区	现存期数
新音乐月刊	新音乐社	1940—1950	重庆、桂林、上海等地	50
乐风	乐风社	1940—1944.6	重庆	18
乐风副本	乐风月刊社	1941.4—1943.5	重庆	4
青年音乐	三民主义青年团青年音乐月刊社	1942.3—1942.12	重庆	10
歌曲创作月刊	革命乐社、乐艺社（1942年11月后）	1941.1—1942.11	重庆	7
音乐月刊	音乐月刊社	1942.3—1943.5	重庆	7
音乐导报	中华交响乐团音乐导报社	1943.10—1944.4	重庆	4
音乐导报（副刊）	中华交响乐团音乐导报社	1943.4—1944.6	重庆	7
音乐艺术（不定期）	中华音乐教育社、重庆艺术出版社	1944.8—1946.10	重庆、上海	13
音乐艺术丛刊副辑	重庆新知书店发行	1945	重庆	4
音艺通讯	重庆音乐艺术社	1945.3—1946.7	重庆	13
影剧论坛	张尧军	1945	重庆	不详

注：更为具体的内容参见20世纪40年代音乐期刊发行情况。另，关于娱乐性质的艺术综合期刊笔者在前文中已经做过相关论述，因此本节中不对《影剧论坛》再做阐释。

[①] 参见韩子渝编著《学界拾遗》，重庆出版社2006年版，第6页。

从表 1-5 中我们可以看出，在 20 世纪 40 年代重庆地区的音乐期刊中，《新音乐月刊》和《乐风》在出版期数和出版历时上都比其他期刊高出许多，所包含的内容更全面，社会影响力也更深远。下面笔者将对这两本刊物进行对比分析。

从刊物的内容性质上看，《新音乐月刊》基本属于音乐综合类刊物，既有对新音乐运动、简谱系统等方面问题的讨论，也涉及音乐美学、音乐教育、音乐创作、外国歌剧研究、音乐史、和声学等方面的内容。《乐风》则以音乐教育内容为中心，兼顾对国乐的复兴以及对抗战歌曲、儿童歌曲作品的刊登。

从刊物的隶属关系上看，两种期刊分别隶属于两个不同政党。《新音乐月刊》以中国共产党为领导核心，由李凌、赵渢负责，借助抗日民族统一战线的建立，得以在国统区发行。《乐风》则是由国民党政府教育部音乐教育委员会组织隶属的乐风社负责编辑创办的官方音乐刊物。

从办刊目的上看，两种期刊具有一定的相似之处，都与当时的新音乐运动[①]有密切关系。《新音乐月刊》1940 年 3 月第 1 卷第 3 期编前语记载"因为新音乐运动基础太浅，于是发展到一定时间，就呈着停滞状态，这现状的基本主因，不外是人才缺乏"。人才缺乏的原因在于"中国过去没有很好的实施音乐教育的制度和组织，虽然有不少学过音乐的人，但多半去做不十分重要的工作了"，虽然音乐教育在进入 20 世纪 40 年代之后处于停滞状态，但 40 年代需要抗战歌曲、革命音乐来鼓舞民心、团结抗日，因此，共产党人看到新音乐仍具有社会意义和时代价值，希望通过《新音乐月刊》的创办，联络国统区的音乐工作者推动新音乐运动，建立群众歌咏团体，通过成立通讯研究部以函授的方式培养音乐干部。[②] 让更多人参与到中国新音乐建设队伍中，这本刊物也成为音乐工作者和爱好者探讨中国新音乐发展的理想阵地。而《乐风》最初的办刊目的是"要使音乐运动能不断地蓬勃地发展，必须使音乐事业做全面的发动。音乐刊物是整个音乐运动中的一支生力军，没有它，音乐运动会失掉了重要的推动力。为适应这种需要，我们遂来编行这个刊物"[③]。由此可见，两本刊物的办刊目的均是为了促进音乐运动的发展、为了抗战而创办的，体现了当时"一切为了抗战"的

---

① 参见中国艺术研究院音乐研究所《中国音乐词典》编辑部编《中国音乐词典》，人民音乐出版社 2012 年版。书中对"新音乐运动"条目的定义是："通常是指 20 世纪 30 年代兴起的，由中国共产党领导的左翼音乐运动，以及抗日战争、解放战争时期的革命音乐运动。"参见中国大百科全书总编辑委员会编《中国大百科全书·音乐舞蹈》，中国大百科全书出版社 2002 年版，第 759 页。书中对"新音乐运动"条目的定义是："1935 年以来国民党统治区内由中国共产党领导的革命音乐运动，是左翼音乐运动的继续和更广阔的发展。"

② 参见向延生《音乐辞书条目"新音乐运动"释义的再思考》，《音乐研究》2004 年第 1 期。

③ 乐风社：《编辑杂谈》，《乐风》1940 年第 1 卷第 1 期。

国家集体意识，是民心所向，是时代的标志。

从政治指导思想和文艺政策角度看，《新音乐月刊》指导思想是团结一切可以团结的力量，做好文艺统战工作；文艺政策是文艺为人民大众服务。文艺工作者必须与民众相结合，音乐贴近民众生活。《新音乐月刊》在创办过程中虽于1944年5月被迫停刊，但于1946年10月在上海复刊《新音乐（上海版）》，并且先后在各地建立新音乐社分社，各地分社在抗战胜利之后仍然继续发行《新音乐》，使该刊物成为全国各地音乐工作者的通讯联络平台。据相关资料记载，《新音乐》发行量最多时候曾经有3万多份，建立了600多个联络点。如此巨大的发行量和影响力在当时首屈一指，这些分社和联络点的建立也为中国共产党政权的最后胜利提供了舆论阵地和支持。

《乐风》的指导思想是"三民主义"，"三民主义最高原则，就是'忠、孝、仁、爱、信、义、和、平'，加上'礼、义、廉、耻'"①。《乐风》（1940年1月）中陈立夫的文章《乐教之复兴》依据周朝礼乐推行乐教，宣扬道德教育。《民族至上》歌词如"要发挥固有的精神，保护民族生命万世无疆"等均是国民党指导思想"三民主义"的体现。通过借助官方力量扩大其影响力和辐射面，使之与《新音乐月刊》相抗衡；通过音乐的力量为其政治专制的"合理性"服务，因此，在某种程度上可以说《乐风》是政党竞争的产物，也是这种竞争推动着《乐风》的生存与发展。

需要注意的是，以上例子只是在《乐风》期刊中存在的部分内容。《乐风》作为官办的具有教育性质的刊物，在中小学音乐教育以及社会民众教育方面有重要的意义和价值。

第二章　《乐风》的办刊缘起

从第一章的论述中，我们可以看到，民国时期的音乐期刊发展呈现出"民办为主、官办为辅"的发展格局，大多数音乐期刊是由社会人士自发组织、团体创办的，如1928年刘天华等人组织国乐改进社并出版期刊《音乐杂志》；也有以教育机构为主体创办的校刊，如北京大学音乐研究会主办的《音乐杂志》（1920年），上海国立音乐专科学校的校刊《音》等。由政府主导，具有官办性质的音乐刊物较有影响力的有两种：一是江西省推行音乐教育委员会于1933年4月创办的期刊《音乐教育》。该刊物是抗战全面爆发之前唯一的音乐教育类期刊，一直延续到1937年12月停刊，共出版了57期。主要栏目有歌曲、论著、本会工作报告和要闻，特色栏目有调查、音乐常

---

① 张志伟：《抗战时期国共两党文化政策研究》，博士学位论文，东北师范大学，2012年，第21页。

识讲座、教师论坛、音乐问答、字典、音乐简讯等；还有两期专号，分别是1937年7月出版的"苏联音乐专号"以及12月的终刊号"音乐教育情况专号"。二是本文研究的音乐期刊《乐风》（1940.1—1944.6）。《乐风》作为全面抗战时期唯一的官办音乐期刊，是国民政府教育部音乐教育委员会1939年在重庆重组之后于1940年1月创办的。该刊物终刊号发表于1944年6月，4年期间一共出版了25期刊物文本，其中有统一出版期数的共19期。另外2期特刊不在正刊系列中，没有期数标记；4期《乐风副本》属于五线谱歌刊。《乐风》正刊在栏目划分方面，采用半隐栏形式，仅标记出乐曲栏目，文字部分则不做栏目划分。

《音乐教育》相比《乐风》而言，其期刊的内容选择在深度和广度上略胜一筹，在刊物内部的栏目设计上也更为清晰，整体而言偏重于对论著内容的刊登，歌曲部分占比相对较少，其文论部分具有更深的研究性和学术性。《乐风》则由于所处时期的特殊性要求，更加侧重于歌曲、乐谱的刊登，论述文字也多是刊登与歌曲以及社会音乐实践有关的内容，如音乐创作、歌咏指挥、论唱名法等。其中，对音乐教材的连载是其最大的创新点，因为面对的读者群体不同，所以文论内容较为浅显，以音乐普及性内容为主。两种官办期刊虽都有政治背景，但级别不同，前者是地方性教育组织机构创办，后者是国家级教育组织机构创办。两者在政治等级上的差异也对刊物有着间接影响，主要表现在期刊的辐射面和社会影响力方面，这一点将在后文中详细论述。

无论如何，国家和地方政府都将音乐教育作为国内音乐建设的重点，在此之前的音乐期刊虽然也涉及音乐教育方面的内容，但以普及音乐为己任、真正注重学校音乐教育的刊物则为数不多。这两本期刊先后诞生于不同时期，在编辑群体和作者群体方面却有所交集。如缪天瑞曾先后担任过这两种刊物的主编，江定仙、刘雪庵、陈田鹤、贺绿汀等人不仅为两本刊物提供稿源，而且前三者还是《乐风》的编辑者。萧而化作为《音乐教育》的编辑者之一，也在《乐风》上发表过名为《关于固定唱名法》的文章。

刊物的质量高低与编辑者的能力、作者文化修养、印刷制作有着密切联系。稿源优良，加之编辑者的匠心独运，才能做出高质量的期刊。音乐期刊作为文化传播的媒介、历史的承载物，记载了这些音乐工作者们对于民国时期的音乐文化发展所做出的贡献。本章主要对《乐风》期刊的创办缘起及其"官办"身份对期刊本身发展的影响做简要分析。

第一节 《乐风》的"官办"身份

一、乐风社隶属关系梳理

1934年5月，国民政府为统筹全国音乐教育工作，专设"教育部音乐教育委员会"（以下简称"音教委"），聘请萧友梅、赵元任、黄自、赵梅伯、马思聪等13人为音教委委员并订立公布《教育部音乐教育委员会章程》。抗战全面爆发后因人员分散，工作一度停顿，音教委于1938年6月进行重新改组，聘请应尚能、李抱忱、郑颖荪为音教委常驻委员，应尚能继任秘书，同年7月李抱忱[①]被聘为音教委的常驻委员。国民政府迁都重庆之后，为了完善音教委职能，更好地统筹音乐教育工作，音教委于1939年4月在重庆进行再次改组，主任委员由张道藩兼任（9月张离部，由陈立夫继任），胡彦久任秘书，陈礼江任副主任委员。委员会下设教育、研究、社会、编订四组，各组组长分别由李抱忱、郑颖荪、应尚能、杨仲子担任。[②]同时在编订组设"乐风社"负责音乐刊物《乐风》的编辑出版工作，并添聘陈田鹤、江定仙、缪天瑞、熊乐忱、张洪岛诸位从事歌曲和杂志的编辑。1940年1月《乐风》正式创刊，作为此次改组之后专门以音乐教育为内容的一份学术刊物。[③]音教委的第三次改组以及《乐风》期刊的诞生与李抱忱有着密切的联系。李抱忱向教育部递送了他的《抗战时期音乐教育工作计划书》[④]。这份方案构想既符合实际国情又向世界看齐，既指引了音教委

[①] 李抱忱1938年7月任音乐教育委员会委员，1939年4月至1940年11月兼任音乐教育委员会教育组组长。参见徐友春主编《民国人物大辞典》，河北人民出版社1991年版，第277页。

[②] 研究组的任务为：（1）整理中国音乐史料；（2）调查民间音乐；（3）研究音律音阶；（4）整理及改编历代乐曲；（5）改良乐器；（6）介绍西洋音乐学术。编订组的任务为：（1）会同有关机关编订国家典礼音乐；（2）编订民间典礼音乐；（3）规定音律音阶；（4）编审音乐名词标记；（5）编制及选刊优良抗战乐曲。社会组的任务为：（1）审查已出版之各种乐谱唱片及歌词之内容；（2）改善及推广音乐广播事业；（3）研究并改善军乐军歌；（4）奖励创作乐曲；（5）指导社会歌咏团体；（6）供给及教导民众音乐娱乐。教育组的任务为：（1）审查、草拟音乐教育方针及制度；（2）审查、编制音乐教材；（3）甄别、训练音乐师资；（4）音乐教育之推广及实验；（5）推行学校课外音乐活动；（6）视察各地音乐教育。

[③] 参见孙继南编著《中国近代音乐教育史纪年：1840—2000》，上海音乐学院出版社2012年版，第91页。

[④] 李抱忱：《抗战时期音乐教育工作计划书》，载孙继南编著《中国近代音乐教育史纪年：1840—2000》，上海音乐学院出版社2012年版，第350页。

教育组战时工作方向，也推动了全国音乐教育，极具前瞻性。①对比这份计划书和改组后的音教委内部机构的设置及其职能分配发现，这份"计划书"中所列举的建议和措施基本上都经音教委决议推行，其中包括发行"音乐教育刊物"的建议，提出："这也是推行音教的一个好工具，交换各地心得，发表私人言论，供给新的音乐材料，讲解音乐理论等等，都是这个刊物的责任。"②因此，在1939年音教委改组时就设立了编订组，杨仲子任组长，而乐风社隶属于编订组，负责《乐风》的编辑出版工作。

音教委在1939年5月正式工作。半年来的工作是拟定新的音乐编制，修订中小学音乐课程标准，调查全国中小学校校歌及教学情形等，此外还尚有播音教唱，每星期三、星期日两天晚五时由蔡绍序先生在中央广播电台播教各种歌曲。还包括组建学校巡回歌咏团，由应尚能先生任团长，这是一个高水准的男女混声唱四部合唱的团体，经常到小县城去开音乐会，所到之处无不引人关注。在重庆举办了中小学生歌咏比赛，试验性地开办音乐短期训练班。③此外，还刊登了李抱忱的《战时全国中小学音乐教学情形调查摘要》、陈田鹤的《播音教唱的理论与实施》等相关文章。

音教委第三次改组之后，其职能越来越全面，涵盖的范围也越来越宽泛，对于抗战时期的音乐教育发展做了良好开端。《乐风》期刊秉承了李抱忱所提及的办刊初衷，担起探讨音乐教育问题、供给音乐材料的历史使命。毫无疑问，在音教委的改组以及《乐风》的诞生过程中，李抱忱扮演了重要的角色。

为了响应国民政府倡导的复兴中国传统道德，1943年5月，国民党教育部正式设立国立礼乐馆，下设"礼制组"和"乐典组"推行礼制。其中"乐典组"取代音教委"编订组"之职务，负责掌管乐典之编订及音乐教育事项。而音教委其他大部分常务工作也基本上移归该馆办理，其内部机构裁并，职员并入礼乐馆。④之前隶属于音教委编订组的乐风社此时自然也转移到国立礼乐馆乐典组的工作范围中。1943—1944年乐风社的编辑成员基本固定，编辑委员由多人同时担任。

---

① 参见冯雷《陪都重庆三个音乐教育机构之研究》，博士学位论文，上海音乐学院，2010年，第60—61页。
② 李抱忱：《抗战时期音乐教育工作计划书》，载孙继南编著《中国近代音乐教育史纪年：1840—2000》，上海音乐学院出版社2012年版，第351页。
③ 参见鲁之翰《一年来乐坛回顾》，《乐风》1940年第1卷第1期。
④ 参见教育部教育年鉴编纂委员会编《第二次中国教育年鉴》，转引自冯雷《陪都重庆三个音乐教育机构之研究》，博士学位论文，上海音乐学院，2010年，第17页。

二、乐风社对《乐风》办刊的影响

乐风社对《乐风》期刊的影响主要表现在编辑成员对期刊发展的影响。乐风社作为"音教委"组织下的一个职能部门，主要负责音乐期刊《乐风》的编辑和发行。由于乐风社编辑部成员与期刊的部分作者是音教委委员，加之战争时期委员职位的调动较为灵活，这直接影响了期刊编辑成员、作者的稳定性和期刊办刊风格的统一性。

表 2-1 1940—1944 年乐风社成员的变动一览表

职务＼时间	1940 年	1941 年	1942 年	1943—1944 年
社长	胡彦久	熊乐忱	熊乐忱	熊乐忱
编辑主任或编辑委员	缪天瑞、江定仙	缪天瑞、陈田鹤（10 月加入）	陈田鹤、顾梁	江定仙、段天炯、陈田鹤、张洪岛、段熙仲、杨荫浏
发行主任	陈田鹤	陈振铎		
顾问		陈礼江、郑颖荪、李抱忱、金律声、杨荫浏、张洪岛		

《乐风》编辑成员及其作者群体的职位变动与音教委内部成员变动有关联。在 1940—1944 年乐风社共出现 4 次编辑组成员变动，其中最大的一次变动是 1941 年《乐风》期刊复刊时。1940 年 1 月《乐风》创刊，胡彦久任社长，编辑主任由缪天瑞和江定仙两人担任，发行主任是陈田鹤。刊物由乐风社编定，大东书局发行。然而，仅出版了一期就停刊了，原因在于刊物刊登了一篇论述共产党创办的鲁艺音乐系发展现状和成就的文章《鲁艺音乐系近况》，江定仙因此离开了编辑组。1941 年《乐风》复刊后，教育部调整编辑组，胡彦久辞去音教委秘书职务，同时也不再负责期刊的编辑发行统筹工作。后期刊改名《乐风（月刊）》，乐风社社长以及音教委秘书长的工作分别由熊乐忱和查镇湖继任。缪天瑞一人担任编辑主任工作直到 10 月陈田鹤的加入，两人合作编辑了两期之后，缪天瑞也离开乐风社。另外，复刊后的《乐风（月刊）》还设了顾问，由陈礼江、郑颖荪、李抱忱、金律声、杨荫浏、张洪岛等人担任。这些期刊顾问人员多是音教委内部成员（具体职务参照表 2-1）。在乐风社成员的努力下连续出版了 12 期（其中 7—8 月、11—12 月

是合刊）。

此外，乐风社还编辑出版了《乐风副本》五线谱歌集4期，歌曲选自1941年出版的12期《乐风》正刊。总体而言，期刊的发展并未偏离复刊后制定的为中小学音乐教育服务的办刊宗旨。

乐风社第三次成员变动是1942年，熊乐忱任社长，陈田鹤、顾梁任编辑主任。刊物出版周期改为双月刊。由于种种原因于1942年7月出版了《乐风》第2卷第4期之后就脱期了。1942年正是刘天华先生逝世10周年，因而这期刊物办刊风格主要偏向于呼吁复兴中国传统音乐，刊登了杨荫浏、储师竹、曹安和等国乐大师的作品和文章。与1941年相比并未有太多实质性的内容涉及中小学音乐教育。因此笔者将这一期视作"专刊"。

1943年，国立礼乐馆乐典组成为乐风社新的领导机构，《乐风》期刊共出版了5期正刊，编辑者基本固定。根据5期正刊材料来看，刊物仍旧保持中小学音乐教育的办刊路线，但编者在歌曲和文论的选择上缩减了关于中小学音乐教育的内容，加入了传统国乐研究，对于外国作品的翻译也比之前多。这与当时教育部推行的礼乐制度以及中国与美国、英国、苏联的外交局势有密切联系。1943年2月5日，发行了2期特刊，分别是《乐风特刊》以及五线谱刊印的陈田鹤歌曲集《剑声集》（笔者只收集到目录，没有实际文本材料）。《乐风特刊》是为庆祝中英、中美订立平等新约，中国收回被列强占领的租界主权而创办的。

总体而言，客体总是受制于主体，音教委、乐风社、《乐风》期刊三者之间表面上由于其政治隶属关系而出现自上而下的单向制约，《乐风》期刊作为官办刊物容易受制于政治需求，国民政府也影响了刊物内容的选择和刊载。乐风社编辑成员的变动影响了期刊的发展倾向，一方面不同的内容有助于满足不同读者群体的需求，从而吸引更多读者关注；另一方面期刊脱期严重，内容上的变动也会影响刊物风格的统一，同时改变刊物的读者阶层。

三、《乐风》期刊"官办"身份的优势与局限

《乐风》的官办性质在刊物的印制、发行和影响范围等方面具有优势，但从编辑主体发挥能动性的角度来说，则处于劣势。

《乐风》作为当时唯一的由国家教育部组织的音乐期刊，首先在期刊的外部装帧和制作上比一般的刊物要精良。在《乐风》期刊创刊号的《编辑杂谈》中说："本期

承陈立夫①先生题字,承钱君匋②先生设计封面,承沈士庄③、王琦、洪瑞轩诸先生制作书头眉画及木刻,为本书增色不少。"④陈立夫时任教育部部长,钱君匋是当时国内顶尖的装帧艺术家和书法篆刻家,沈士庄、王琦、洪瑞轩等也是当时行业内最为出众的人物。由这些名人、艺术家参与这本期刊的创办既增加了刊物外部设计的艺术性,同时也为刊物的发行打造了最为理想的"公关宣传"。如此制作精良的刊物在当时仅从外观上便比其他音乐期刊更为突出,视觉上更为吸引读者眼球。在战争年代,精于外部设计的期刊在当时并不多见,从某种程度上说,只有官办刊物才具备财力、人力以及这样的号召力,能够吸引众多艺术家、音乐家参与这本刊物的创办和出版制作。

另外作为官办刊物,为了进一步扩大它的影响力,教育部要求学校订阅《乐风》。1941年《广西教育通讯》第2卷第3、4期(合刊)第37页的"教育文化消息"栏目就发布订阅《乐风(月刊)》的内容:"现新一卷一期业经出版,教部(教育部)为便各中小学校研讨,特通令各省教厅(教育厅)转饬各中小学校均应订阅,以期音乐教育之发展,省府教厅接悉后,业经转饬本省公私立中小学校遵照。遥函该社订阅云。"虽然国民政府提倡"三民主义",但仍旧以"命令"的方式发行通告,并且推行"一个政党和一个领袖"思想,因此这种"命令"很大程度上具有一定的强制性。从这则消息中还可以看出,官方销售渠道的范围是各省中小学校,以此为期刊的主要服务对象,从文化水平和受教育程度上对读者群体做了界定,可以说《乐风》期刊作为官办刊物其独具的"官方销售渠道"使得该刊物在销售和影响力上比一般刊物更具有竞争优势。由于这本刊物汇聚了许多知名艺术家、音乐家的心血,与期刊有关的"人物关系网"也随之建立,无形中也增加了期刊的销售量和知名度。官方渠道与坊间渠道双管齐下使得期刊具有了与《新音乐月刊》相竞争的实力。

作为官办期刊,其局限也同样源于其政治的强制特性。作为一本官办期刊,它有一定的政治意图,不能仅凭编辑者个人的艺术追求来编辑刊物。1940年《乐风》的创刊号因为刊出向隅、唐荣枚夫妇用"荣森"的笔名写的《鲁艺音乐系近况》一文而被迫停刊。⑤不仅如此,复刊之后的《乐风》期刊的稿件还要求送审,并且要详细填

---

① 陈立夫(1900—2001),1938—1944年任教育部部长,1939年9月兼任音教委主任委员。
② 钱君匋(1907—1998),浙江桐乡屠甸镇人,他既是鲁迅先生的学生,装帧艺术的开拓者,也是中国当代"一身精三艺,九十臻高峰"的著名篆刻书画家。
③ 沈士庄(1905—1986),原名高庄,上海宝山人。擅长工艺美术、美术教育。1927年毕业于上海中华艺术大学。抗战期间参加全国木刻界抗敌协会。1946年后在北平艺专陶瓷系任教,曾任华北联大鲁迅艺术学院美术系主任。
④ 乐风社:《编辑杂谈》,《乐风》1940年第1卷第1期。
⑤ 参见向延生《江定仙与〈乐风〉月刊停刊风波》,《中国音乐学》2003年第2期。

写作者的家庭住址、就职单位等个人信息。国共两党间的文化摩擦使得编辑主体的能动性得不到发挥，编辑者不能够完全按照自己的编辑原则和方法进行期刊编辑，特别是在稿件选择和期刊发行计划等方面受到严重限制。编辑者个人的艺术追求与教育部政策的冲突是造成这本期刊发行不稳定的因素之一，乐风社编辑成员的频繁变动以及战争因素是另外两个重要原因。

1943年，国民政府为了庆祝中英、中美订立平等新约而"特约"乐风社编订了一期《乐风特刊》并在《四川省政府公报》第381期发布"命令"："所载自由中华（编者按《自由中华》）等歌曲三首均属宣扬平等之至意，除通令全国各教育机关学校习唱宣传外，合行检发特刊十份到府，令四川省中心学校、民乐教育部一体遵照习唱为要。"[①] 这本特刊的发行与当时的国际政治格局有密切关联，因此，该特刊在歌曲和文论的选择上留给乐风社编辑成员的操作空间很小。

《乐风》期刊作为官办刊物而诞生，有其特殊的历史使命和政治贡献。抗战时期的音乐艺术具有为抗战服务的使命，对于当时的社会环境而言是不可缺少的精神武器。音乐不仅能够提供物质支持（如音乐工作者通过演出为军队募捐），还能从精神上鼓舞士气增强抗战决心，传递抗日救亡思想，团结一切可以团结的力量，动员全民抗日，巩固抗日民族统一战线。基于此，国民政府在迁都重庆之后依旧关注音乐教育事业的发展，借助社会歌咏运动的潮流，《乐风》期刊一方面充当政治性舆论宣传的喉舌，推行国民政府的教育理念，宣扬抗战的同时也向民众传播依附于传统伦理道德的"民族主义""国家至上、民族至上"之精神思想，体现了音乐的政治功能。另一方面它也是国共之间文化竞争的产物。中国共产党组织的《新音乐月刊》期刊在重庆、桂林等地相继创办联络点，刊物发行量惊人，国民政府除了暗中进行破坏之外，也创办《乐风》欲与《新音乐月刊》进行文化抗衡，企图占领民众的"思想高地"。

第二节 《乐风》创刊的文化基点

一、音乐文献供不应求

《乐风》期刊的诞生除了上文中提到的政治因素之外，还受到当时国内音乐教育实际情况的影响，主要表现在学校音乐教育缺乏教师，社会音乐教育缺乏教材。

从1921年开始，音乐教育问题一直受到音乐界以及政府的关注，音乐师资的缺

---

① 参见四川省政府秘书处《四川省政府公报》，第381期"命令"。

乏是阻碍音乐事业尤其是音乐教育事业发展的最主要因素。在李抱忱发表的《中国音乐师资训练之急需及一个训练机关之组织的建议》一文中，对抗战以前国内学校音乐教育状况做了统计，"全国110个专科以上学校里，只有11校有音乐系或副系，11校里只有3校的音乐教育课程还算稍具规模，然而我们重要的音乐教育课程仍是'尚付阙如'。以全国每年平均只有三四十个音乐毕业生来应付全国三千多中学及训练小学师资的师范学校里的音乐，怎能不敷衍了事"[①]。由此可见，抗战之前学校音乐教育确实得到了发展，但师资队伍跟不上音乐学校的大规模扩张，导致音乐教学课程和音乐这个学科本身没有发挥出应有的价值。因此从社会层面来说，音乐教育问题是音乐发展的首要问题。

随着战争而兴起的抗日救亡歌咏运动为全民抗战提供了精神武器。全面抗战之后歌咏团体、歌咏比赛更是有增无减，这个可以从音教委第三次改革之后制定的决议案中找到依据。新音乐运动依旧在进行，音乐教材的需求缺口仍旧存在。但在战火纷飞、交通闭塞的情况下大部分音乐作品无法邮寄，许多重要的音乐作品均是音乐工作者随身携带并寻找机会在期刊上发表的。《乐风》期刊的诞生其初衷是为了推行音乐教育，提供音乐发展交流平台，"供给音乐教材"是它的使命之一。《乐风》1940年1月创刊号的《编辑杂谈》中有这样记载："抗战起后，歌咏在前线与后方尽了很大的任务，音乐得到了普遍的认识，音乐事业大体上也不算没有发展。独有音乐期刊方面，却正相反：非但没有发展，却反消沉下去。江西的《音乐教育》停刊，上海的《音乐月刊》到第四期后便停止了，就是适应战时需要的《战歌》，虽经努力支撑也中断了好久。"[②] 在1941年1月《乐风》的卷首语中也有记载："自从《乐风》双月刊停刊以来，许多人来信询问，希望早日复刊；尤以中小学音乐教师与一般音乐工作者为最多，他们迫切地需要新的教材与理论文字。这种热望的催促，证明了音乐刊物的重要。"[③]

由此可见，音乐教材的供不应求是民国时期音乐教育的常态也是阻碍音乐发展的因素之一。因此，民国时期的各类音乐期刊在内容上都或多或少地涉及音乐教育方面的知识，旨在普及音乐知识，提供学习资料。正规的关于音乐教育的刊物相比其他音乐期刊而言，具有一定的针对性和系统性，在当时无疑更受欢迎，并且以时局来看这类刊物应该越多越好，这就是为何《乐风》在仅发行了一期的情况下仍然有许多读者来信希望复刊的原因之一。

---

① 参见孙继南编著《中国近代音乐教育史纪年：1840—2000》，上海音乐学院出版社2012年版，第350页。
② 乐风社：《编辑杂谈》，《乐风》1940年第1卷第1期。
③ 乐风社：《卷首语》，《乐风》1941年新1卷第1期。

虽然民国时期也有专门的音乐教材出版，但相比正规出版的音乐教科书，期刊的出版时间要短得多，内容更为通俗浅显而且价格便宜。期刊具有的能够同时汇集全国各地的音乐爱好者、音乐工作者的不同作品和论著的这种特性，对于在当时不成体系，甚至处于摸索时期的音乐教育事业而言具有不可替代的作用。音乐教育期刊无疑为全国各地的音乐教育工作者提供了一个不可多得的教学经验交流平台，通过期刊的发行使全国各地的音乐教育工作者们相聚于期刊这一交流媒介，集思广益，共同探讨音乐教育问题，并针对当下亟待解决的音乐问题发表各自的看法和意见。这种教学经验交流方式在当时的社会环境下充当的角色相当于现在的教学研讨会。另外，期刊周期发行的特性不仅给予作者较多的时间进行文章和作品的构思，也给予读者一定的时间进行相关内容的学习，这样既不耽误教学，又能够保证文章的质量，可谓一举两得。

由于期刊的这种特性，也使得部分音乐教材先在期刊上发表，在连载结束之后再重新整理出版成书，如陈振铎在1941年出版的12期《乐风》中就连载了名为《怎样习奏二胡》的文章，弥补了当时二胡入门教材的空白。1945年7月，陈振铎将这些材料重新整理出版了二胡教科书《怎样练习二胡》，在当时具有里程碑式的作用，对近代二胡艺术的发展具有重要意义。另外，在《乐风》中还连载了缪天瑞的7篇《作曲练习》、张洪岛的7篇《练耳》、李抱忱的《歌咏指挥法的应用》等相关教材。这些教材如果按照著作形式出版恐怕是需要一些时日的，采用期刊连载的方式，可以同时进行多种教材的发行，既丰富了《乐风》的内容，同时也尽最大努力满足了音乐教材的供给和使用。

二、新音乐运动的影响

《乐风》的诞生与新音乐运动也有着密切的联系。1940年1月《乐风》创刊号的《编辑杂谈》中论述了音乐刊物与音乐运动的相互关系："音乐刊物是整个音乐运动中的一支生力军，没有它，音乐运动会失掉了重要的推动力。"[①] 新音乐运动带来了全国性的歌咏高潮和相应的抗战歌曲的创作盛极一时，人们对音乐有了基本的认识。20世纪30年代末，人们开始消极看待抗战音乐的发展前景，音乐界开始关注新音乐运动发展方向和道路。"去年（编者按：1939年）整年来歌咏运动的进度，似乎赶不上前一年。这也许是歌咏运动没有充分的发展，也许是大家听成习惯了，反而感不到

---

① 乐风社：《编辑杂谈》，《乐风》1940年第1卷第1期。

有何种的进步；于是一班人对于音乐的前途，又怀疑起来。"① 对于新音乐的建设问题，有人提出"需要新的抗战歌曲"，李凌（李绿永）的文章《新音乐运动到低潮吗？》对于新音乐的发展道路提出："新音乐运动只有能配合抗战才能成为大众解放的武器，才能有发展，否则便是死路。"②

新音乐运动的功能和目的在于使新音乐成为革命救亡的武器，音乐与现实相结合，成为人民大众争取民族解放、民族独立和生存的有力武器，历史证明依靠群众的力量团结抗敌是正确的。《乐风》期刊对于新音乐运动的推动作用主要在于提供社会需要的歌咏材料，指导抗战歌咏。如创刊号发表的 4 首乐曲中就包含了不同的演唱形式，有齐唱、独唱以及合唱，此外还有 1 首钢琴曲（独奏）。在音乐理论方面发表了相关的实用性知识如《歌咏指挥法的应用》（李抱忱）、《播音教唱的理论与实施》（陈田鹤）、《怎样普及民众歌咏》（刘雪庵），此外还有对于唱名法相关问题的讨论。一方面音乐期刊利用其自身的传播特性，在音乐事业的勃发和民族解放历程中担任了重要角色；另一方面新音乐运动也带动了歌咏运动以及相关的音乐创作、音乐教育、音乐理论研究等事项的繁荣，对音乐期刊的内容性质和办刊宗旨均产生了影响。

第三章　《乐风》的编辑实践和编辑特色分析

第一节　《乐风》的编辑实践分析

对于期刊研究来说，刊物文本是最重要的分析材料，一切的结论都以此为依据。乐风社从 1940 年到 1944 年 6 月，4 年共出版刊物 25 期，其中有统一出版期数的刊物 19 期，在这 19 期正刊中有两本合刊和一本专刊；另外乐风社还出版了 2 期特刊，无期数标记；4 期《乐风副本》，刊物有期数标记，但内容摘自 19 期正刊的"乐曲"部分。在资料的收集过程中，笔者共收集到 23 期刊物文本材料，缺少正刊"新 1 卷 3 期"和特刊《剑声集》（只有目录）；《乐风副本》由于是正刊歌曲部分的五线谱翻印，在笔者实际文本分析中也将其排除，而以 18 期正刊、1 期特刊为主要分析对象。本章立足于所得文本材料，对其做微观的统计、分析，再从编辑学的角度探索刊物的编辑特色。

---

① 颜：《社谈：新音乐的建立》，《乐风》1940 年第 1 卷第 1 期。
② 李绿永：《新音乐运动到低潮吗？》，《新音乐》1940 年第 1 卷创刊号。

一、编辑对象分析[①]

根据期刊内容，笔者粗略地将其分为"乐曲""音乐文论""音乐消息""音乐问答"四个大类。《乐风》19期刊物共发表乐曲151首，音乐文论152篇，音乐消息179则（每则消息10~200字不等），其他内容包括音乐问答21则，编者的话10篇，征稿启事或者本社启事若干篇。刊物每期的平均页数是30页。具体篇幅占用以《乐风》1941年2月新1卷2期为例进行简要说明，在该期中乐曲占10页，文论占18页，音乐问答（3则）和音乐消息（10则）以及编辑后记共占2页。整个刊物基本上以乐曲和文论两大内容为主，且占比不相上下。音乐消息作为第三大编辑版块也是受编辑和读者关注的重要内容之一，当时大多数音乐期刊都有"音乐消息"或者"乐讯"方面的内容。以上三个编辑版块是构成这本音乐期刊最重要的组成部分。

（一）乐曲分析

《乐风》中所刊登的歌曲在题材、体裁、演唱形式、适用场合、适用对象、歌曲风格等方面表现出它的多样性。这与刊物的办刊宗旨和服务对象有密切联系，也表现出20世纪40年代音乐工作者们在音乐创作方面取得的成就。在《乐风》创刊时就注重曲目的多样性，发表了包括器乐曲、独唱曲、合唱曲等不同形式的音乐作品，以期满足不同读者要求。

从《乐风》中刊登的歌曲来看，不管是声乐曲还是器乐曲，儿童歌曲抑或一般民众歌曲，其宣传的思想主题都是团结抗战、消灭敌人、取得抗战胜利；儿童歌曲的歌词内容表现出对新一代主人翁民族精神、爱国精神的灌输，激励他们立志保家卫国，打倒日本侵略者的民族气节。民国时期口号式的音乐反映了政治性、民族性第一位的思想。

国共建立抗日民族统一战线，提倡全民抗战。基于此，《乐风》期刊编辑者在音乐作品的选择方面无不表现出这样的思想倾向。例如，根据《国民精神总动员纲领》所论述的"救国之道德"即"忠、孝、仁、爱、信、义、和、平"谓之"八德"，1940年1月《乐风》创刊号中宣扬这一救国道德的歌曲有《乐教歌》（陈立夫词、杨仲子曲）。另外，这类作品还有《民族至上》（吕庠词、钱仁康曲）、《拥护领袖歌》（王平凌词、金律声曲）、《精神改造歌》（熊英词、杨荫浏曲）等。

国内、国际战争局势的阶段性变化，从《乐风》期刊所刊载的乐曲内容上均有反

[①] 即"期刊文本材料分析"。

映。例如，1941年1月《乐风》复刊后便刊登了大量鼓舞空军士气的作品，如《歌勉空军》（刘雪庵词曲）、《空军颂》（常任侠词、陈田鹤曲）、《保卫领空》（杨真达词、刘已明曲）等。对这些作品的刊载与日军在1940年1—9月对重庆等西南地区实施大规模"疲劳轰炸"事件有密切联系。又如，1942年太平洋战争爆发，中国作为反法西斯同盟国，于1月派中国远征军入缅与日军交战，1942年7月《乐风》第2卷第4期刊载歌曲《缅甸行》（江兆虎词、郝路义英文译词、杨荫浏曲），从音乐上表达中缅建交之意愿。1943年2月5日，为庆祝中英、中美订立平等新约，中国从列强手中收回主权，特版《乐风特刊》刊载歌曲《平等颂》（段天炯词、江定仙曲）、《自由中华》（顾樵词、陈田鹤曲）等系列作品。刊物中出现外国音乐作品的篇幅比重也略微加大，如1944年出版的《乐风》刊物中刊载了《菩提树》（Schubert曲、Muller诗、张洪岛译）、《驰向春天的海洋》（邹狄帆词、董兼济曲）、《旅人的心》（方殷词、李抱忱曲）等相关作品。

　　1941年《乐风》复刊之后，服务对象以中小学音乐教师为主，在乐曲的刊登上加入了儿童歌曲，根据笔者的统计，歌曲总体比重从创刊时的30%上升到50%并一直保持到最后停刊。大多数儿童歌曲编辑者都有对其适用年级或演唱形式做说明。最值得注意的是，《乐风》在新1卷第9期刊登了儿童歌剧《玩具抗日》（王光莹、王光瑜编剧作词）、在新1卷第10期刊载《玩具抗日（续）》（王光莹、王光瑜编剧作词，吴研因改词、陆华柏曲），前者是文字解说，对剧情、人物、舞台布置的介绍；后者是简谱歌曲，该剧在编剧和歌曲创作上较为完整，内容紧扣抗战主题，以先抑后扬的剧情宣扬抗战最终胜利的信念，是抗战音乐文化教育不可多得的教材。刊载儿童歌舞剧对于音乐教育类期刊来说是一个闪光点，因为当时音乐期刊中对儿童歌舞剧相关内容的刊登屈指可数。《玩具抗日》和《玩具抗日（续）》是《乐风》登载的唯一一部儿童歌舞剧，从编辑角度而言具有很强的独创性，在带给读者新鲜感的同时保持刊物内容的丰富性，既达到了为学校音乐教育提供教材的办刊目的，也提供了以学生为主体的新的音乐教学方法，对于广大音乐教师而言可谓如获至宝，有助于期刊销量和订阅数的增加。1944年之后，儿童歌曲创作在题材上出现了很大的反差，开始还原童真，以1944年4月出版的第17号为例，该期刊载的《绿衣人》（词作者不详、陈田鹤曲）、《梅花》（词作者不详、陈田鹤曲）、《四季太阳》（魏冰心词、陈田鹤曲）三首儿童歌曲，将儿歌创作从艰苦的民族战争中解放出来，回归到儿童善良纯真的世界，培养儿童发现美、感受美、欣赏美的心灵。

　　"因抗战的内容，使新文艺消失了过去与大众间的隔阂"[①]，音乐得以深入群众，

---

① 参见中国文艺社编《文艺月刊·战时特刊》，1938年第4卷第9期。

与民众生活紧密结合。1941年《乐风》中刊登了一般民众歌曲[①]，许多具有生活气息的歌曲如《大麦黄》（方殷词、胡敬熙曲）、《农歌》（田汉词、李抱忱曲）、《摘豆角》（王洛宾配词）等，歌词内容与人民的日常劳作相关，深层含义是号召群众为战争准备充足的物资，做好后勤工作，为打倒日寇、保家卫国贡献力量。而1944年之后出版的《乐风》歌曲的题材内容与民族仇恨、抗战之结合不似之前那般紧密，国内的音乐创作也出现了表达个人内在情感的作品，如《呦呦鹿鸣》（江定仙编曲）、《江城子》（秦观词、陈田鹤曲）、《百灵庙》（卢冀野词、刘天浪曲）、《掀起你的盖头来》（王洛宾记谱译词），传统曲目有昆曲《扫花》（曹安和校译、杨荫浏述三弦谱）等。在刊物中乐曲部分主要以声乐作品为主，兼顾器乐作品（占11%）。如通过连载方式发行了陈振铎编写的《二胡练习曲》（总共连载11期）；金律声编写的《童子军军号练习曲》（连载两期）。对器乐教材的连载能够使读者对刊物持续关注，而将文字说明与练习曲相结合的方式，使得普通民众进行器乐自学具有更高的可行性。由于器乐作品的非语言性，对于一般社会大众而言具有一定难度，因此在创作中部分作品会注明创作背景或者练习说明，如第1卷第1期的钢琴曲《血债》（陈田鹤曲）就注明了该曲表达受敌机轰炸情况下对同胞流离的愤慨之情。《乐风》中刊登的器乐曲以二胡曲、钢琴曲为主，也涉及军号曲、鼓乐、三弦谱、丝竹合奏曲等，为有音乐基础的民众或社团提供演出曲谱。

从上述乐曲分析中可以看出，音乐作品的创作紧随着政策的变化，是政治思想的一种宣传方式，体现了音乐为抗战服务的宗旨。中华全国文艺界抗敌协会的《发起趣旨》称"用我们的笔来发动民众，捍卫祖国，粉碎寇敌，争取胜利。民族的命运也将是文艺的命运"[②]。从一个侧面反映了文艺工作者虽不上战场，但是也发挥了不可或缺的社会作用，用他们的智慧、文字和音乐的感召力为民族、为抗战服务。《乐风》中所刊登的音乐作品大致是围绕着《国民精神总动员纲领》的三个共同目标，发挥文艺为抗战服务的作用，体现了民众集中意志和力量共同抗日的决心。

《乐风》共刊载了多声部作品40首，平均每期有2首；儿童歌曲36首；一般民众歌曲115首。乐风社编辑者在乐曲部分的编辑和策划上秉持一贯的多样性特点。以声乐曲为主兼顾器乐作品，同时注重刊登不同演唱形式的作品，确保体裁的广泛性以满足不同音乐水平的读者之需求。在经费短缺，印刷困难的情况下，随机应变，采用不同的记谱方式，简谱、五线谱或五线谱附注简谱三个版本夹杂出现。

---

① 笔者认为除了儿童歌曲以外，适合社会大众演唱的歌曲都可以称为一般民众歌曲，包括文本中有"民众歌曲""一般歌曲"标记的作品，也包括没有标记的作品。
② 参见中国文艺社编《文艺月刊·战时特刊》，1938年第4卷第9期。

（二）音乐文论

音乐文论的发表与歌曲一样受时代背景的影响，同时也与服务对象有很大关系。歌曲可以传唱，音乐文论却是为具有音乐教育背景和音乐知识的读者服务的。其所刊载的文论较为浅显，属于基础知识的普及，学术研究类的较少。《乐风》共载文章152 篇，内容涵盖的范围较为广泛，涉及音乐基础理论研究、音乐实践技能研究、中外音乐史研究、音乐评论以及音乐随笔等方面。

1. 音乐基础理论知识研究

音乐基础理论知识研究主要包括音阶、变化音、唱名法等乐理知识以及和声方面的内容，一共 13 篇文章，含乐理与和声 6 篇，其中 4 篇是缪天瑞翻译的外国音乐家该丘斯[①]的文章，如《天然音阶的构成》《音程的故事》《变化音的构成》《和弦的构成及其连接》，此外还有李抱忱编写的《音阶的科学》。7 篇唱名法文章分别发表于 1941 年新 1 卷第 2 期、第 10 期、第 12 期各 1 篇，1944 年第 3 卷第 2 期集中发表 4 篇。具体文章有《论唱名法》（该丘斯著、张洪岛译）、《固定唱名法与移动唱名法的难易问题》（陈洪）、《唱名法检讨》（李抱忱）、《唱名法的检讨》（应尚能）、《关于固定唱名法》（萧而化）、《固定唱名法之我见》（赵梅伯）、《固定唱名法在现时中小学中的应用问题》（王宗虞）。《乐风》1940 年创刊号在《编辑杂谈》中提出了设立"唱名法讨论专号"的内容规划："许多人对于这个问题，议论纷纷，莫衷一是，所以我们出这么一个专号，希望给这个问题，有某种程度的解决，并使一般读者对于各项唱名法有一个明确的概念。"[②] 笔者在阅读了 1944 年的几篇文章后，发现大部分文章都是对两种唱名法（固定唱名法、首调唱名法）的优劣利弊做比较，对采用哪种唱名法的问题做了相关论述。大体上多篇文章赞成应该根据具体的情况，不同的音乐作品灵活应用两种唱名法，例如应尚能发表于《乐风》1944 年 1 月第 3 卷第 2 期的《唱名法的检讨》中写道："关于唱名法问题，我以为我们首先应该认识，无论哪一种唱名法，都是一种达到目的的方法，我们的目的是在养成学习者读谱的迅速（编者按：速度）与唱音的正确。所以只要这两个目的能达到，我以为我们不必计较用的是哪一种唱名法的。"[③]

---

① 柏西·该丘斯（Percy Goetschius，1853—1943）在《乐风》中多为音译，有该修斯、该舒斯、该邱斯等，现统一翻译成"该丘斯"，系美国现代音乐理论家。1873 年进德国斯图加特音乐学院学习钢琴与理论作曲，1876 年任教母校并常为德国各种音乐杂志撰稿。以后受纽约叙拉古大学、纽约音乐艺术学院、波士顿新英格兰音乐学院之聘，任和声学、钢琴、音乐史、作曲法等教授。其和声学、曲式学著作在我国早期音乐教育中具有重要影响。

② 乐风社：《编辑杂谈》，《乐风》1940 年第 1 卷第 1 期。

③ 应尚能：《唱名法的检讨》，《乐风》1944 年第 3 卷第 2 期。

2. 音乐实践技能研究

在无法进行一对一教学的情况下，通过文本形式教授这些重要的音乐技能对于普及音乐文化而言，是较为快捷的途径。音乐实践技能研究的文章在音乐期刊中常有涉及，因为在抗战时期歌咏运动兴盛的情况下唱歌法和指挥法、音乐创作等实用性技能尤为重要。主要包括唱歌法、指挥法、乐器演奏法、管弦乐队组织等内容。

《乐风》期刊中对于唱歌法研究的相关文章有5篇，基本以儿童唱歌法为研究主体，其中，《幼童与唱歌》《儿童唱歌法》《变声期与不入调儿童的处理》《习唱漫谈》具有一定的普适性。对于指挥法的论述主要有6篇，其中5篇李抱忱的《歌咏指挥法的应用》，1篇赵梅伯的《论指挥法》。器乐演奏法研究共12篇，9篇陈振铎的《二胡练习曲》[①]和3篇金律声的《童子军军号吹奏法》，另有2篇《管弦乐队组织》。

音乐发展离不开创作，20世纪40年代的音乐创作大多以抗战为主题，尤为重视歌曲创作。《乐风》刊登的《作曲练习》《作曲初阶》属于音乐创作教材，其他单篇音乐创作相关文论有陈洪的《谈诗词入谱》以及董任坚的《王瑞娴制古诗新曲序》。

3. 中国传统音乐和外国音乐研究

国乐的改进与发展问题一直受到关注，将中国传统民歌曲调结合西方创作技法进行音乐创作，使传统国乐更加贴近群众。如1942年6月是刘天华逝世十周年纪念，7月《乐风》第2卷第4期出版了以"国乐"为主题的专刊。又如杨荫浏创作的歌曲《缅甸行》且发表《缅甸行后记》，结合中国远征军入缅抗日之事实，从传统音乐中溯源中缅在古代之音乐文化交流，号召建立中缅音乐外交关系，体现了国乐为抗战服务的思想。

据笔者统计，《乐风》刊物共发表了9篇论述中国传统音乐的相关文章，其中有胡彦久的《乐器改良漫谈》，曹安和的《琵琶柱位定法》(三分损益律和自然律两种柱位定法介绍，共3篇)，顾毓琇的《黄钟定音记》，杨荫浏的《国乐前途及其研究》(上、中、下)，常任侠的《西域琵琶东传源流考辨：中国音乐史稿之一节》。有关外国作品的研究文论11篇，大多集中在1943年1月第3卷第1期以及之后的刊物中，这与杨荫浏等编辑者的知识涉猎和学术倾向有密切联系。

4. 音乐评论

音乐评论性文章是对音乐领域发生的某一问题发表评论，如对新音乐运动、对社会教育和学校教育问题发表评论，也包括书评、音乐会评论。《乐风》中刊载的评论性文章有20篇，其中有10篇是关于音乐教育情况的研究，大部分集中对当下学校音乐师资和课程设置、学校发展状况调查等方面，也包括对社会音乐教育的探讨，如《如何解决中小学音乐师资问题》(熊乐忱)、《改进师范学校音乐课程的我见》(王宗

---

① 参见杨华丹《陈振铎与〈怎样习奏二胡〉》，《交响（西安音乐学院学报）》2016年第4期。

虞)、《推进社会音乐教育的探讨》(康讴)、《音乐与习俗之关系》(陈果夫)、《建国的乐教》(李抱忱)以及唯一一篇书评《评顾岱毓译〈音乐概论〉》。其中熊乐忱1941年发表在《乐风》刊物中的文章《如何解决中小学音乐师资问题》针对中小学音乐教育的师资在数量和质量上的缺陷,提出相应的策略和方法,对于学校音乐教育的发展具有重要意义。

5. 音乐随笔

个人音乐随笔,主要记录个人音乐学习经历,对音乐教学方面的经验分享或建议,对音乐的感悟,也包括对音乐会的观后感等。《乐风》中共有12篇。如《小学音乐教育杂谈》(白叔)、《关于节奏乐队》(茂雨)、《教新课的一课》(黄迎春)、《从教杂记》(学渊)、《一个师范生的自述(自由谈论)》(焦日)、《音乐在我的童年》(郭揽青)等。这些文章既记述了音乐教师的教学经验总结和教育感想,也是音乐教学过程的记录,如《教新课的一课》就相当于一篇教案,论述了整个课堂教学过程。《一个师范生的自述(自由谈论)》通过A先生和B先生的教学方式的对比,提出教育者对学习者的影响,认为:"教人者须有认真的精神,并能启发学习者的学习兴趣;否则必会将学习者的学习兴趣完全掩灭掉呢!"[①] 总的来说,音乐随笔的自由式谈论,对于我们了解民国时期音乐教师的工作状态和教育生活,乃至音乐教育经验的历史传承都具有重要参考价值。

(三) 音乐消息

刊登音乐消息是期刊必不可少的一部分,特别是在通讯传播渠道受阻的时候,有些报纸虽也有开辟音乐专栏,但篇幅有限,对于重要音乐事项的报道较为简略。如何让更多的人系统地了解到音乐界的发展趋势和动态,对于期刊编辑者而言是值得思考的问题。《乐风》在4年的发展中多次报道国内外音乐事项和活动,尤为注重国内音乐通讯内容的刊登,曾多次刊发征文启事向全国各地征集地方音乐信息类稿件,招募地方通讯员。因其官办性质,在音乐新闻中刊登的内容包括音教委8次会议记录,音教委人事、机构变动以及相关政策宣传,教育部的最新通知以及业内新出版的音乐期刊,各大院校建立音乐系或设立音乐专科的情况,或者是音乐会消息、音乐家周年纪念会,甚至是各大高校招生简介和试卷等方面的内容。通过特约通讯员和征稿的方式,尽可能多地汇集多方音乐动态。编排方式有按照时间记录音乐事件,如《每月乐记》,更多的是随机依次排序。

---

① 焦日:《一个师范生的自述(自由谈论)》,《乐风》1941年新1卷第4期。

以 1944 年 2 月发行的《乐风》第 16 号乐坛动态为例，具体内容摘要如下：（1）音乐教育委会召开第七届会议的会议记录，详细记录了会议时间、地点，参会人员，决议要案，会议共通过 20 余项提案。（2）教育部创设国立礼乐馆，内容大致是"教育部遵奉总裁指示，创设国立礼乐馆一所，于 4 月间正式成立，馆址设在四川北碚中山路二十三号，由顾次长毓琇兼任馆长，内分礼制、乐典、总务三组，聘卢前、郑颖荪、王唱汝分任三组主任"。（3）中国音乐协会举行首届年会的会议记录和人员任免情况，"议决要案有（一）筹划沦陷区音乐人才内选；（二）奖励音乐技术人才；（三）筹设音乐会堂；（四）筹设乐器制造厂；（五）协会邀请音乐团体经常举行露天音乐演奏等案"。（4）国民精神总动员四周年分十区举行音乐大会，报道 10 个区的音乐会地点和音乐表演项，该音乐会的内容有军乐、管弦乐、歌咏、国乐 4 项，其中军乐在每个区都有表演，可见军乐在这一时期的重要性，也反映了抗战歌咏除了广大群众之外，对于军队的精神建设起到了很大的鼓舞和动员作用。这篇乐坛动态可以看作官方的音乐宣传栏，公示了一系列音乐机构的人员任免和相关决议要案的内容，是对当时音乐文化发展和建设的具体规划。与此类似还有 1944 年 4 月《乐风》第 17 号乐坛动态，记载了音乐教育委员会第八届会议的重要内容。

同样设有音乐消息栏目的《新音乐月刊》，更大地发挥了这个平台的作用。通过这个窗口在全国建立起 600 多个音乐工作者联络网站，在获取音乐界信息的第一手资料的同时，有力地维持了该音乐刊物的地方性分社的建立，使刊物深入民众，发挥更大的传播力度和影响力。《乐风》的地方工作者联络网相比于《新音乐月刊》而言相对狭窄，但从刊登的征文启事中可见，编辑者们在努力提高期刊对音乐消息的关注度，同时注重对音乐通讯员的培养，吸引更多的人加入音乐工作中，以期发展和壮大音乐工作者队伍。

笔者认为刊物重视音乐消息的收集和刊载，除了上述影响之外还具有以下两个方面的优势。首先，期刊上刊登的音乐消息与报纸相比虽然缺乏一定的时效性，但是却将零散的内容进行归纳、整理，使之具有条理性和系统性特征。这对于读者而言可以传达"音乐事业的发展正势头良好"的信息，较为全面地掌握当下音乐界所发生和关注的热点。其次，这些零散的音乐消息是当时为数不多的、普通民众可见的消息，其反映当时民众的社会音乐生活和音乐的发展，对于音乐史学研究者来说具有重要参考价值。期刊是一本历史记录，对当时人们的音乐生活、社会的音乐环境、相应的音乐政策等方面都做了真实记录，是我们了解抗战时期音乐文化的渠道之一，也为近代音乐史的研究提供了重要参考材料。

（四）音乐问答

音乐问答栏目的设置出现在1941年《乐风》复刊后发行的12期中，这一期间由缪天瑞担任《乐风》编辑，在缪天瑞担任《音乐教育》（1933年3月江西省推行音乐教育委员会会刊）编辑时也设立了问答栏，与之相比，《乐风》音乐问答栏目的设置基本上是缪天瑞在担任《音乐教育》编辑者时积累的编辑经验的产物。栏目旨在提供读者沟通交流的重要平台，解答教师及音乐爱好者在音乐教育和学习中出现的问题。所刊载的问题都具有一定的普适性，部分由缪天瑞回答，也有请相应专业的音乐家、音乐教育者回答，在答疑解惑的同时追求正确性和专业性。

《乐风》作为官办音乐教育期刊，既能满足学校教育所要求的专业性，同时对于具有音乐基础的社会人士而言也可以作为获取参考资料和提升个人音乐素养的窗口。在笔者的分析中，发现对音乐教材的连载是该刊物的闪光点。主要的教材有《怎样习奏二胡》（陈振铎），被誉为"第一本二胡入门教材"。《童子军军号吹奏法》（金律声）、《论音势》（李元庆）共连载5篇，主要对音的强弱关系做实际说明和练习。《作曲练习》（缪天瑞）共连载7篇，属于音乐创作性教材，内容取材于该丘斯的《曲调制作练习》与塔帕（Tapper）的《曲调作法初步》；此外属于音乐创作的还有《作曲初阶》由格涅新（M.F.Gnesin）原著，张洪岛译，发表于1944年2月第16号，共连载3篇。《练耳》（张洪岛）相当于听音练习，连载8篇。《歌咏指挥法的应用》（李抱忱）介绍指挥的基本技巧和应用，共连载5篇。另外，《乐风》期刊中还刊登了儿童唱歌表演教材说明相关文章共7篇，主要是对刊登的部分儿童歌曲做详细的表演舞蹈动作说明，相当于表演课。

以上刊载的音乐教材，大多数发表于1941年刊物发展较为稳定的时段，主要涉及音乐创作、音乐表演和舞蹈、乐器演奏、指挥法等方面。其他具有教材性质的单篇文论有《怎样普及民众歌咏》《播音教唱的理论与实施》、初中女生舞蹈教材《复兴舞》以及赵梅伯的《论指挥法》。这些文论对于当时的学校音乐教育和社会音乐教育具有重要作用，也成为了《乐风》的主要卖点之一。对于《乐风》的再版情况虽然没有确切的统计数据，但是从期刊文本的相关记载中可以推断，期刊一直是处于供不应求的状态。可以说，对音乐教育问题的重视是该刊物发展的核心和总的编辑方针，而刊物编辑者也很好地践行和贯彻了它。

通过上述梳理不难看出《乐风》期刊的编辑具有这样一些特点：

（1）内容丰富，涉及面广泛，保持期刊内容的多样性，有利于吸引更多的读者，并培养出相应的常规读者群和固定订户。

（2）作为国民政府的舆论工具，内容与政治思想、军事外交相关联。体现出文化与政治、经济、社会发展、军事外交的相互影响。

（3）刊物遵循最初的办刊宗旨和目的，为音乐教育事业提供了大量可操作的教学方法和教材，尤为注重音乐实践。

这份刊物的价值和意义是不言而喻的，但由于当时社会制度和文化、经济等因素的制约，它并不完善。表现在以下几个方面：

（1）程度较深的学术性、研究性文章刊载比重较少。国内学者在音乐理论研究方面较为欠缺，特别是在作曲、乐理、和声等方面基本上都是学习西方的音乐理论，处于文化输入的状态。因此，引用和翻译了大量外国作品和音乐理论文献。

（2）音乐文论部分采用半隐栏的形式。除了乐曲栏目有明确标出之外，剩余部分没有明确的栏目名称，但从目录中可以大体进行分类，如新1卷第4期中的《一个师范生的自述（自由谈论）》，编辑者在原文标题之后做了"（自由谈论）"的标注，这样的文章共有11篇，笔者认为这些标注可以作为栏目划分的依据。其余没有标记的文章只能从内容上进行大致归类。

（3）从刊物中也反映出当时国内音乐人才处于严重匮乏状态，特别是音乐师资问题，这是阻碍音乐发展的主要问题。高等音乐院校的音乐课程设置与实际音乐教学中所需技能不相符，没有发挥其最大的价值。虽然政府重视音乐教育，倡导各大高校开办音乐系，音乐事业表面上蓬勃发展，实际上并没有发挥最大效能。

（4）刊物篇幅有限，字迹模糊，存在错字。《乐风》虽是官办刊物，但受战争影响较大，物资供不应求，因此期刊版面可谓"寸土寸金"。刊物侧重于音乐教育，但这一方面所包含的内容是极为复杂和庞大的。五线谱刊印难度较大，受印刷技术、物资和经费等因素影响，存在一些字体错误、字迹模糊等问题。

二、编辑主体分析

在那个战争的号角响彻华夏大地的年代，期刊作为一种文化载体不仅演绎着期刊自身的发展历程，同时也承载了每一种期刊的时代信息。翻阅、研究民国时期的音乐刊物，仍旧能够体会那个时代人们的思想、编辑主体的思想和编辑实践行为在刊物中得到完整的保留和体现，并且在今天看来仍具有重要的借鉴和学习价值。

编辑主体狭义上指编辑者，广义上指代文化的记录、整理与传播者，他们的贡献在于收集资料、编订成册，使文化得以保存和传播。现在的编辑者由于社会分工不同，古代的"编著合一"现象已经不复存在，编辑工作在职能上更加细化，除了传统的收集资料、加工整理、编订成册之外，还有信息收集、分析文化市场舆情、负责选题策划和内容宣传等多方面的事项，工序比以前更为复杂。编辑者构建的是作者与读者、古人与今人、外域与本土、历史与今时之间的桥梁，如果没有编辑者和编辑行为，或许那些散落的文化瑰宝便无人知晓，难逃遗失的命运；如果没有编辑者和编辑行为，作者的知识文稿就无法走向社会层面进而发挥出更大、更广泛的社会影响力，民众的知识水平提升将更为缓慢。

音乐期刊的编辑与出版对于音乐文化而言，具有重要作用。民国时期作为中国音乐期刊发展的奠基阶段，当时的刊物编辑实践行为以及编辑者的个人修养、职业精神在今天看来仍具有借鉴作用，一些好的编辑方法对于当代的编辑工作者来说是值得学习和传承的。

在《乐风》的发展历程中，李抱忱作为音教委常驻委员提出《抗战时期音乐教育工作计划书》，对于该刊的诞生充当了"产婆"的角色；熊乐忱作为乐风社的社长，对于《乐风》期刊编辑方针的制定和内容策划等方面起到了"一把手"的作用。乐风社的编辑成员很多，从参与《乐风》编辑的期数来看，其中缪天瑞、陈田鹤、江定仙对期刊编辑产生的影响较大。

（一）缪天瑞与《乐风》

在《乐风》的编辑人员中，缪天瑞是唯一有过音乐期刊编辑经验的编辑者，他在1933年9月受邀参与江西省推行音乐教育委员会主办的《音乐教育》的编辑工作，由此开始了他的编辑生涯，《乐风》是他参与编辑的第二本官办期刊。由于《音乐教育》和《乐风》都属于官办的教育类刊物，因此对于具备音乐教学经历和音乐期刊编辑经验的缪天瑞而言，如何办好《乐风》，他比任何人都具有发言权，也正是因为如此，音教委才会委托他来创办这本刊物。

《乐风》正刊总共出版了19期，缪天瑞主编13期（1940—1941），其中有10期是他自己一人主编，其余3期分别与江定仙、陈田鹤两人共同编辑。可以说，缪天瑞的编辑思想和行为，对于该刊物办刊风格的奠定具有重要意义。1940年，《乐风》创刊号的《编辑杂谈》交代了《乐风》的办刊目的、编辑方针以及内容规划、装帧设计等方面的内容，对期刊的发展做了长远规划。虽然《乐风》经历过停刊、脱刊，但这篇内容规划在之后3年的刊物发行中仍然产生着影响。1941年1月，《乐风》刊物复刊，期数另起"新1卷第1期"，一直到"新1卷第9期"均是缪天瑞一人担任编辑工作。在"新1卷第10期"和"新1卷第11、12期合刊"中陈田鹤参与了编辑工作，12期刊物在风格和内容编排上保持高度一致。

虽然说缪天瑞参与了1940年和1941年的期刊编辑，但两个时段的刊物风格出现转变，笔者认为原因有两个方面。首先，1940年的停刊风波之后，教育部加大对刊物的控制，对编辑部门进行重组并要求稿件交教育部次长陈立夫审阅，作者必须注明供职单位和详细住址以备考察。[①] 其次，因服务对象的不同，刊物在编辑风格和内容选择上出现差异。1940 年办刊目的是促进中国音乐事业发展，为歌咏团体提供音乐教材；1941 年之后刊物收到音乐教师以及一般音乐工作者的来信，希望复刊，因此复刊后侧重于中小学音乐教育及一般社会音乐教育，读者定位更加明确、集中。在具体的内容选择上也给出了明确的规划。《乐风》在缪天瑞的编辑实践中没有偏离普及音乐、促进音乐教育事业发展的理念。

编辑者对期刊的影响是多方面的，主要在于编辑方针、宗旨的制定和策划选题以及栏目的优化和选择。缪天瑞是编辑群体中唯一编过两种官办音乐期刊的编辑人才，过去的经验对于《乐风》的编辑具有重要指导作用。现将两种音乐教育期刊的编辑体例列举如下，并做简要分析，以期对《乐风》的编辑特征做微观剖析，同时对缪天瑞的编辑经验做些总结。

表 3-1 《音乐教育》和《乐风》的编辑体例分析表

《音乐教育》		《乐风》	
常规栏目	歌曲	常规栏目	乐曲
	论著		社谈或论著（隐形栏目）
	本会要闻、本省要闻		自由谈论
常规栏目	本会工作报告	常规栏目	音乐问答
特色栏目	讲座		音乐消息或乐坛动态
	读者之页		编者按
	漫谈		
	字典		
	编者按		
封面——钱君匋		封面——钱君匋	
开设专号（多期）		开设专号（1 期）	
办刊宗旨和读者对象		办刊宗旨和读者对象	

注：《音乐教育》从 1933 年第 1 卷第 6、7 期合刊起由缪天瑞主编，《乐风》1941 年由缪天瑞主编。

---

① 参见向延生《江定仙与〈乐风〉月刊停刊风波》，《中国音乐学》2003 年第 2 期。

以上表3-1反映出《乐风》的编辑体例从经验上沿袭了《音乐教育》的编辑特色。从栏目上看，《乐风》保留了《音乐教育》的常规栏目设置，但由于条件限制，在内容深度、广度与期刊整体篇幅上比后者略微欠缺。在办刊方针和读者对象的定位上，《音乐教育》提出"普及音乐知识，提高欣赏程度，纠正错误观念，供给适用作品"的宗旨。《乐风》"普及音乐知识，供给音乐作品"的办刊宗旨显然与之具有重合之处。在书刊美术设计方面，《乐风》同样请钱君匋先生做封面的木刻。开设专号是期刊编辑的宝贵经验之一，在《乐风》的创办中缪天瑞出版了3期《乐风副本》，将《乐风》正刊中的部分歌曲用五线谱的形式再次刊登，以满足读者的不同需求。这种开设特殊形态期刊的编辑思想，对于音乐期刊的多样化发展具有重要意义。在《乐风》中依稀可见缪天瑞对音乐教育类期刊的框架制定，其所不同的是在《乐风》中缪天瑞将期刊定位在中小学音乐教育和为一般社会音乐团体以及个人学习提供教材和正确指导。在对期刊的编辑中，缪天瑞更加注重与读者的交流、互动，以及对国内外音乐动态的传播。本着为读者服务的理念，每一期的"编者按"都对相关事项做了交代。另外，对于歌曲的选择，基本上会明确标记某一首作品适合哪个学段的学生演出，并给出创作背景的提示或讲解，这种对作品使用范围的界定，加强了作品的针对性，也容易产生固定的读者群。

总体来说，在当时的环境下编辑者能够坚持不懈地履行对读者的承诺，一期不落地让《乐风》与读者见面，除了读者给予的鼓励之外，更多的是缪天瑞作为该刊主编辑的责任心，即对编辑产品的责任、对读者的责任以及对前来投稿的作者群体的责任。在此阶段的编辑中，缪天瑞的编辑思想比之前更为成熟和进步，通过对办刊经验的积累，形成了音乐期刊发展的基础模式，同时结合刊物自身的特点，更加灵活地发挥了期刊作为一个音乐文化交流和学习平台的特性。

（二）陈田鹤与《乐风》

陈田鹤同样是《乐风》创刊元老之一，在1940年与缪天瑞、江定仙一起参与了期刊的创办。1941年1月《乐风》复刊之后，同年10月陈田鹤再次回到乐风社编辑组与缪天瑞共同参与刊物编辑工作，直到刊物停办（1942年缪天瑞被调往福建省立音专任职）。可以说陈田鹤是继缪天瑞之后，参与期刊编辑期数最多，时间最长的一位编辑者。1942年7月《乐风》第2卷第4期以纪念刘天华逝世10周年为主题，笔者将它看作一期专号。从编辑角度来看，刘天华逝世10周年纪念会是1942年6月的乐坛动态，但《乐风》改为双月刊后，在1942年仅出了这一期，编辑者紧扣乐坛发展，抓住尚有余温的国乐主题，并将其发展成专号，表面看似乎暂时偏离了缪天瑞制定的音乐教育办刊路径，但进一步分析，对国乐的关注实际上是音乐教育与文化传承更为重要的一个方面。在编辑约稿方面，刊载了刘天华的学生杨荫浏、储师竹、曹安和等人的乐曲和论著，他们作为国乐发展的骨干，有力地支撑了这期刊物的权威性和可读性。

可以说，陈田鹤参与了《乐风》期刊发展变化的整个过程。在1943年之后的5期刊物创办中，他作为该刊的编辑委员会成员之一，在第3卷第2期（1944年1月）和第17期（1944年4月）内容上明显延续缪天瑞担任主编时期的期刊定位。另外在1943年5月陈田鹤作为编辑主任，编辑了一期《乐风副本》。

（三）江定仙等人与《乐风》

江定仙，1912年出生于湖北省汉口。1930年考入国立上海音专，师从黄自学习作曲理论。1934年，商务印书馆请黄自主编一部《复兴初级中学音乐教科书》，江定仙也参与了编辑工作。同年秋，江定仙到陕西教育厅任编辑，编过一些中、小学教材。有了之前编辑音乐教材的经验，江定仙于1939年到重庆教育部音乐教育委员会当编辑。

1940年，江定仙参与了《乐风》的创刊工作，算是编辑部元老之一，先后参与了《乐风》6期的编辑工作。创刊初期，本着办好刊物、约到好稿的意愿，江定仙向向隅夫妇约稿，在《乐风》创刊号上刊载了《鲁艺音乐系近况》一文，与刊物的政治指导思想相左，使刊物停办一年，江定仙因此也离开了乐风社。在向延生的《江定仙与〈乐风〉月刊停刊风波》一文中记载了当时事情的经过："据江定仙亲口对我说，这个突发事件完全是由他引起的：抗日战争全面爆发后，他途经武汉辗转来到重庆，经友人介绍在教育部音乐教育委员会工作。1940年教育部创办《乐风》时，就由缪天瑞、陈田鹤和他担任编辑。他们作为无党派人士并没有贯彻主办者的政治意图，完全从艺术性的办刊立场和原则出发广为约稿，希望全面反映中国音乐生活的面貌，使《乐风》能达到较高的学术水平。"[①]1943年1月，江定仙再次回到《乐风》编辑部，与陈田鹤、杨荫浏、段仲熙、张洪岛等人一起担任刊物编辑，并在《乐风》期刊上刊载了《国殇》《碧血》《呦呦鹿鸣》等作品。

国共合作时期，两党分歧一直存在，期刊编辑者的思想和实践行为受到很大的制约。编辑者在这个有限的空间范围内，不断地探寻着自己期刊的办刊路径。1943年之后，由于编辑委员会并入国立礼乐馆，期刊编辑者人数增加，在期刊内容的编选上

---

① 向延生：《江定仙与〈乐风〉月刊停刊风波》，《中国音乐学》2003年第2期。

有较大变化，尤其是音乐论著部分更多地刊载与西方音乐相关的内容，明显减少了对中小学音乐教学内容的刊载。这种整体的变化和转型，不能说是由哪位编辑者个人所左右，而是编辑委员会共同合作的结果。也就是说，许多编辑委员会成员事实上也是期刊文稿的创作者，稿源的内容影响到了期刊内容的组织与编辑，而期刊的发展和变化通过他们所发表的文章得以体现。

三、作者群体的分析

从前文的分析中我们发现，《乐风》的作者绝大部分是国民党音乐教育委员会成员。抗战时期对音乐人才的培养还处于起步阶段，因此一个音乐工作者往往身兼多职，他们既是作者、编辑、委员又是活跃在教学一线的音乐教师，参与音乐教学和音乐教材的编写，还负责社会音乐活动的指挥和音乐创作，几乎涵盖了所有与音乐相关的事项。《乐风》办刊的特殊性体现为"编著合一"，编辑者同时也是期刊文章的作者，为刊物提供稿源；但与古代的"编著合一"不同，编辑者并不是唯一作者。根据《乐风》的作者情况，可将作者群分为两大类，即专业的音乐工作者和具有政治背景的作者。

1. 专业的音乐工作者

这类作者多是具有院校专业训练和学习经历的音乐家，如陈田鹤、江定仙、刘雪庵、贺绿汀、储师竹、应尚能、陈振铎、曹安和、缪天瑞、陆华柏、李抱忱、王洛宾、向隅、王云阶、李元庆、姚以让、张定和、萧而化、高梓、沙梅、刘天浪、钱仁康、刘已明、陈洪、赵梅伯等。有些人虽不是"科班"出身，但由于自身追求，曾跟随专门的音乐老师进行系统的音乐学习，如杨仲子、杨荫浏、张洪岛等。

当时，大多数音乐家在决定学习音乐并以音乐为事业时，多会受到家人反对，但出于对音乐的热爱，依旧投身于中国音乐事业的建设中去。还有一些留学音乐家，在学有所成之后又回到学校执教，并通过编撰音乐教材，支撑和发展学校音乐教学。他们对中国音乐事业的贡献并不仅仅是作为《乐风》或其他音乐期刊的作者群体为期刊提供稿源，还在于他们作为中国音乐事业发展的重要有生力量，在中国20世纪早期音乐发展的困难时期，对音乐文化事业的重组、建构做出了不可磨灭的贡献。他们将外国音乐理论与中国音乐传统相结合，结合实际创作属于自己的民族音乐，既保留中国音乐的民族个性，也使中国音乐能够跟上时代进程，为后来我国音乐文化事业的发展奠定了坚实的基础。

2. 作者群的政治背景

《乐风》的大部分作者是专业音乐工作者，即使一些人是音乐教育委员会的成员，也并无真正的政治实权和担任官职。期刊中也收录时任教育部部长陈立夫、教育部次长顾毓琇以及陈果夫等人的相关文论，这些作为国民党政府官员所发表的文章多具有一定的政治号召性。但在期刊中所占比例很少，主要有《乐教之复兴》《平等自由之保持》《音乐与习俗之关系》《中国音乐学会成立大会训词》等。

优秀的教育产生优秀的音乐家，优秀的稿源又是刊物成功的基础。重庆"陪都"时期大量的人才聚集到西南地区，形成了《乐风》刊物的优秀作者群，并在《乐风》上发表了大量有学术价值的文论和优秀的乐曲，是该刊得以形成较高学术质量的生命源泉。

第二节 《乐风》的编辑特色分析

一、《乐风》的类型

在1940年1月至1944年6月的办刊过程中，为了更好地满足广大读者群体的需求，也为了将《乐风》的期刊内容打造得更为丰富和全面，乐风社编辑部将这25期《乐风》以三种不同的形式出版——正刊、副本、特刊。

从目前笔者收集到的文本材料可见，《乐风》正刊共19期，《乐风副本》4期，《乐风特刊》2期。期刊的相关内容前文已经做了微观的介绍和分析，本节主要从宏观的编辑学角度论述期刊分类的原因和这种分类对期刊自身发展的意义以及笔者将这种分类看作期刊编辑特色的理由。

笔者将《乐风》的期刊类型作为其编辑特色的原因之一，主要在于这种分类方式在民国时期的官办刊物甚至在民办刊物中都具有一定的创新性和独特性。江西省教育委员会创办的《音乐教育》曾出版过5期专号，它们作为该刊系统内部的组成部分与前后期出版的期刊有着文本内容上的连续性，专号与正刊之间的期数编订上是连续的。而《乐风》期刊的分类独特性在于，《乐风副本》和《乐风特刊》以及《乐风》之间在期数上并不是统一连续的。《乐风副本》期数另起，可以作为专门的五线谱歌刊独立发行。所谓特刊，是乐风社针对某一事件、人物或节日专门出版的一期，一般来说在名称上要与正刊一致，但乐风社编订的两期特刊，没有期数设定，甚至名称也不同，其中特刊《剑声集》则是歌曲集，收录了陈田鹤创作的部分歌曲且用五线谱刊印。《乐风特刊》则是为了庆祝中英、中美订立平等新约，在内容上与正刊有较大差异，并不是现代意义上的特刊。这三者之间的联系在于编辑部门和出版单位以及发行单位都完全一致，是乐风社主导编辑发行的三种不同形式的刊物。

20世纪40年代，由于国民党政府对于言论自由的控制，许多刊物在出版不久之后受到破坏而停办，特别是共产党人创办的刊物。编辑者面对这种情况通常采用换汤不换药的形式继续出版，起新的刊名，换不同的主办单位，但细看它们的主要编辑者却是一样的。在《二十世纪中国音乐期刊篇目汇编》一书中常将具有相同编辑者的两种或多种期刊，看作前身与后续的关系。笔者认为，《乐风》期刊的三种不同形态与这种延续性的出刊方式不同，应看作《乐风》刊物系统中的派生形式或许更为合适。

　　关于编辑者进行期刊分类的缘由，笔者认为，这是在当时的客观环境影响下编辑主体采取较为变通的编辑方法。在1941年《乐风》新1卷第1期"本刊为改用简谱并添印五线谱副本启事"中记载："本刊自出版以来，订数激增，外埠纷纷要求航空纸型，以便翻印……惟本刊乐谱采用石印，翻印不易，如改用锌版，转打纸型，则每期须增加制版费千余元，又非本刊经济能力所能负担，故自第四期起乐谱采用简谱排印……此外出五线谱副本三期，专载有伴奏之歌曲和一部分器乐曲……"由此可见，《乐风副本》的出现一方面受制于当时不成熟的出版印刷工艺和乐风编辑部经费问题；另一方面，是为了满足部分读者对于五线谱歌曲和器乐曲的翻印需求。从编辑学的角度来看，作为编辑主体应该以服务读者为最终目的，《乐风副本》的出现可以视为主编缪天瑞做出的出版策略上的调整。既克服印刷和经费问题带来的困扰，同时又能满足读者需求，有助于增加乐风社的社会影响和办刊收入。

　　为庆祝平等新约的签订而创办的《乐风特刊》是受政治、外交因素影响的结果。在这期特刊的编辑过程中，编辑主体的主观能动性受到较大的限制，对期刊内容的选择上基本没有主动权，唯一可做的就是从外在保持期刊良好的印刷质量。但乐风社仍旧从这期特刊的发行中得到了经济报酬，"中央宣传部以乐风社对新约宣扬甚力，特奖该社二千元"[①]。

　　该社发行的另一本特刊——陈田鹤的五线谱歌集《剑声集》，颇有宣传和营销策略。在当时的文化环境下，能够发行个人歌集，说明这个音乐家本人具备极高的音乐素养，并且具有一定的社会地位和知名度，陈田鹤无疑具备这样的条件。在该特刊的发行启示上，强调所载内容是陈田鹤的"最新作品"，说明这些歌曲并没有在之前的《乐风》期刊中出现过。陈田鹤作为期刊编辑成员的同时也为刊物提供稿源，可以说，乐风社最先拿到这本《剑声集》的优先出版权是顺理成章的事情。这个"最新作品"的宣传也说明了不仅《乐风》期刊没有出现过相应歌曲，其他出版社能够发行的可能性也是极小的。在当时歌曲教材较为匮乏的时期，乐风社不仅强调"有"而且还强调"只有我有"。这种期刊宣传不仅具有很大的吸引力，而且这种销售战略也具有

---

① 乐风社：《乐坛动态》，《乐风》1944年第3卷第2期。

前瞻性。编辑者对于优质稿源的寻求是期刊取得成果的关键，这本特刊实际上不仅为乐风社赢得了经济效益，也提高了乐风社以及《乐风》期刊的知名度和市场竞争力。

从编辑学的角度来说，刊物要为读者服务，具有引导读者思想、满足读者精神需求的作用。《乐风》这种正刊、副本、特刊的不同办刊类型的意义在于，其不仅为乐风社增加了经济收入，也让期刊变得更加完善、丰富，更好地满足服务对象的需求。副本和特刊采用五线谱形式刊登歌曲，正刊则是乐曲（简谱）和音乐文论综合的形式，期刊的这种多样性，是吸引读者的重要原因。对于任何一个编辑者而言，期刊的社会效益和经济效益都是并重的，在发挥期刊最大范围的社会效益的同时，能够取得一定的经济效益，是期刊办刊的追求。《乐风》经过加印可以满足更多人的需求并最大限度地发挥影响力，这就是为什么乐风社编辑成员尽可能地满足读者加印需求的原因。

二、《乐风》的期刊定位和读者群体

在期刊 4 年的发展中，乐风社编辑成员虽经过多次变动，但实际上仍坚持致力于发展音乐教育事业的办刊目的。不同的编辑者在有限的自主范围内根据读者群体的不同为期刊做了更为具体的定位。

1940 年的创刊号，以社会大众为主要服务对象，从刊物内容上看，歌曲的选择涵盖四种不同的演唱形式（独唱、齐唱、二声部合唱、混声四部合唱）；文论方面致力于对某一时期的音乐社会思潮、音乐发展情况进行总结、评论；以及通过期刊这个窗口真实反映当时音乐教育的发展境况。笔者认为，创刊号具有总结过去、展望未来的作用，通过强调乐教对人和社会发展的重要意义，从而让社会大众关注音乐教育事业，为期刊后续发展做好铺垫并吸引读者。

1941 年复刊之后，刊物明确提出以中小学音乐教师和社会歌唱团体为服务对象，其期刊定位是为中小学音乐教育提供教材和教学问题指导；为社会歌咏团体和音乐爱好者提供歌唱材料和音乐入门指导。期刊在创刊时一般是有宏观的出版规划或者选题规划的，《乐风》创刊号的《编辑余谈》中明确列举了编辑方针（实际上是刊物编辑内容的规划），在复刊之后得到具体实施，因此复刊之后的期刊定位是对前者的延续，服务对象主要以音乐教师、音乐爱好者、歌咏团体成员为主，有利于固定读者群的形成。

1942 年出版了一期国乐专刊，从民族至上的角度对中国的音乐事业做了新的谋划，即民族音乐也可以为国家抗战服务。专刊以专业音乐家为服务对象，将期刊作为交流国乐的平台，刊登了杨荫浏、曹安和、储师竹等人的文章和作品，为中国未来的发展寻找同盟者和新的出路。在期刊定位上意义更为深远，体现了国乐大师们高尚的爱国情怀。同时还刊登了院校考试章程和试题，兼顾专业院校中有志于考音乐科的考生。

  1943年共出版《乐风》(正刊)5期，取消了音乐问答栏目，由于外交和军事上的影响，内容上也偏向于中西兼容，增加了对外国作品的翻译。1943年第3卷第1期和第17号刊物刊登了关于"唱名法"的讨论专页以及"技术讲解"如《论指挥法》《作曲初阶》等内容。这些内容与1940年、1941年出版的《乐风》期刊内容相呼应。另外，1943年5月出版的《乐风副本》主要面向学校音乐教育，其他3期《乐风》正刊和1期《乐风特刊》则面向社会大众，具有普及性。

  刊物的定位与读者群体两者互相影响。一般来说，期刊的定位具有一定的稳定性，并直接影响消费者群体的形成，进而影响刊物社会效益的传递及其生产运作。《乐风》的刊物定位虽是音乐教育类期刊，但受文艺统战思想的影响，又具有了第二层普遍意义上的定位——为抗战服务。

三、《乐风》的整体设计

  书籍整体设计分为外部装帧设计和内部版式设计。《乐风》期刊在整体设计上达到了整体性、艺术性、实用性、经济性的设计要求，在物资尤为稀缺的时期，编辑者、设计者尽最大努力实现刊物艺术性和实用性的统一。

  1940—1943年，日军开始集中对重庆施行轰炸，出版纸张等相应的印刷物资紧张，导致部分刊物未能按时出版。如何在有限的版面空间中容纳更多的内容，是编辑者要注意的。在《乐风》期刊的内文版式设计上，大多采用多栏版面，因为多栏版面的字形长度相对较短，段末留白减少，字号和行距也都稍小一些，可以容纳的字数相比通栏版面要多。另外，同一页面上安排两篇或多篇文章的复合分栏版面也是该刊物中常见的形式。期刊的目录页设计就采用这种版面类型，书眉位置标出卷数和期数，目录部分只单独列出了"乐曲"栏目，在目录下方用线隔开分别列出本社负责人和"本刊乐曲文字未经同意不得转载"的版权标识、期刊出版发行单位相关信息以及刊物价格。

  歌曲部分则使用通栏版面，字行与版心的宽相等，因歌谱用字不宜太小，应保持在适当范围内清晰可辨，所以一页中刊登2~3首作品，在乐曲部分之后如进入论著部分则不留白，直接接排文字（如图3-1所示）。

  由于是官办期刊，具有一定的财政支持，所以期刊在装帧设计和外观质量方面较为精良，请钱君匋设计封面。钱君匋与缪天瑞是老相识，也为《音乐教育》做过多年的封面设计，同时他又是一个在篆刻、书法、美术、音乐上均有造诣的人才，因此由他担任期刊的封面设计是再合适不过的。另外，书头、眉画及木刻则交由同样擅长工艺美术的沈士庄、王琦和洪瑞轩来制作。

《乐风》第1卷第1期（1940年发行）的封面样式如图3-2所示，距离书根三分之二处在褐色底纹上书"乐风"二字（陈立夫题），下方是期数，接近书根部分是出版社信息为"乐风社编印"。

1941年复刊之后，卷数重新计算改为"新1卷"。由于笔者没有找到《乐风》1941年"新1卷第1—3期的封面图，但根据之后新1卷第4—12期刊物封面的稳定性推测，新1卷第1—12期的封面设计应该是一样的（图3-3《乐风》新1卷第4期）。封面图案由钱君匋设计，卷数标在左侧，出版信息改为乐风月刊社编印，位于右下角，书头和书根的图案类似陶器，错落分布。

1942年第2卷第1期书头部分图案改为人物，蓝白黑三色相间，人物裙裾飘逸似舞蹈状，书根部分基本保持不变，出版信息改为乐风社编印（图3-4《乐风》第2卷第1期）。

《乐风副本》的封面设计是随着正刊的变动而变动的，总体来说，1941年出版的《乐风》不管是正刊还是副本，封面设计相同，1942年之后出版的《乐风》正刊与副本封面相同（图3-5《乐风》第1卷副本封面）。

图3-1 《乐风》新1卷第4期目录　　图3-2 《乐风》第1卷第1期封面

从封面外观质量上来看，每期设计和印制比其他同类刊物要精良，颜色鲜艳。16开本、普通平装，是常用的期刊形态，书刊结构除了必备的封面、目次页和正文书页之外基本上没有插页。

外部封面的设计是从刊物形象上给予读者视觉上的吸引，而内部版式设计对于更好地呈现内容起到了重要作用。期刊的精神内容是其价值所在，要求发挥最大化的受众价值和社会效用。编辑者通过对期刊内容的选择、丰富和完善，扩充其内涵，提高期刊的效用，满足广大读者群体的文化需求，这样才能让读者有强烈的购买欲望，以成为期刊固定的读者群体。

四、《乐风》的办刊理念和编辑风格的形成

办刊理念、办刊宗旨是刊物的内在精神和准则，关系期刊发展的长远规划，指导期刊发展的方向。笔者认为，《乐风》的办刊理念或宗旨可以归结为两个方面：一是推动略显低迷的音乐运动的发展、促进音乐教育发展、宣传国民党的教育思想、传播先进的音乐文化；二是发挥以音乐推动抗战救国的精神与力量，通过文艺统战，实现民族复兴。

编辑风格的形成同样也是一个长期持续的过程，它与刊物的栏目设定、内容编排、出版的周期以及编辑者的思想等方面有着密切的联系，是多方面因素共同作用的结果。

（一）内容为王

编辑风格的形成以具体内容为依据，内容决定了编辑风格、体现了办刊理念。在《乐风》的整个发展时期，三个方面的因素对刊物内容产生着影响。首先，熊乐忱作为乐风社社长，根据期刊的教育性质对复刊之后的《乐风》的期刊任务提出建议和要求。熊乐忱的《如何解决中小学音乐师资问题》提出采用函授的形式提高师资水平，音乐期刊应成为音乐教育问题的交流与研讨的平台并承担教材的责任。其次，1943年

图3-3 《乐风》新1卷封面

图3-4 《乐风》第2卷第1期封面

图3-5 《乐风》第1卷副本封面

后国乐礼乐馆"乐典组"接管期刊的编撰工作加之音教委相关职能的兼并，致使音乐期刊的内容倾向于国乐研究和礼乐教育等方面。再次，乐风社的编辑成员以及刊物主编的多次变动，也使期刊办刊主旨发生相应的变化。

另外，笔者认为，内容的组合形式对于期刊风格同样有影响。抗战全面爆发后，全国性的歌咏运动增加了音乐作品的需求量，歌刊日益兴盛，乐风社虽有感于歌唱材料的稀缺，却并没有将《乐风》办成一本纯粹的歌刊，而是将其设定为文论与歌曲相结合的综合性刊物。音乐教育是多方面的，不仅要会唱歌，还要掌握相应的基础理论。纵观民国音乐的发展，由于西洋音乐对中国传统音乐造成的冲击，一方面让音乐工作者、音乐教育者们意识到中国音乐的发展需要先进的音乐理论支持，而音乐的学习也不仅限于唱歌，还需要记谱法、歌咏指挥法、唱歌法等教学理论的辅助。因此，要想使音乐事业能够发展，学习先进的音乐理论是十分必要的。另一方面，一些音乐界关注的、有争议的音乐问题也需要通过文论形式进行交流。文论与歌曲并重的综合性音乐期刊更符合音乐教育的期刊定位，也是期刊风格的一种外在表现。

（二）出版周期

《乐风》的期刊周期在1940年设定的是双月刊的形式，1941年复刊之后改为月刊，1942年又改为双月刊，1944年是先月刊后双月刊。由此来看，乐风社对于期刊出版周期的设定是以定期出版为标准的，但实际出版却并不顺利，1940年、1942年、1943年每年各发行1期，属于不定期出版，能够定期出版的只有1941年发行的12期和1944年发行的4期。1943年1月，发行的《乐风》第3卷第1期在"本社启事"中有这样的解释："本刊过去因刊印等种种问题，致脱期颇久，对作者与读者，深致歉忱。现各项困难均逐步解决，为求迎头赶上计，除第三卷按期顺序出版外，第二卷不足各期，决在一年之内补足。"然而事与愿违，乐风社的编辑计划并未如约兑现，不仅第2卷的没有补齐，就连第3卷的按顺序出版也没有做到，《乐风》第3卷第2期在1944年1月才与读者见面，整整脱期1年。自1944年2月起出版周期为双月，不再分卷而改称第16号，出到第18号后停刊。

《乐风》的出版周期在月刊与双月刊、定期与不定期之间变动，编辑者也许制订了相应的出版计划，但因为战争、印刷条件受限等外部因素的影响而一再脱期，未实现预期的出版规划。期刊的脱期现象直接影响了刊物内容的连贯性，对于期刊编辑风格的形成十分不利；而期刊在作出承诺后又失信于读者，同样影响了读者对刊物本身的印象，不利于期刊的长远发展。

（三）编辑方针与栏目设定

在《乐风》创刊号中的"编辑方针"大体规定为以下几个方面：（1）大量发表创作乐曲，包括抗战歌曲、器乐曲、改编曲；（2）介绍理论方面的文字，包括操作性理论和学术性理论；（3）评论和讨论，包括短评社论和讨论专页；（4）技术讲解，包括演出法方面的文论如指挥法、唱歌法、乐器演奏法等；（5）关于音乐教育的改进意见与方法；（6）设音乐问答栏；（7）其他，包括音乐事业实施情形的报告、各处音乐动态的报道，以及音乐从业者的经验谈。

1941年复刊之后的内容设定包括：（1）乐曲，包括适合中小学音乐教育的音乐、填配新词的民歌、译词的外国歌曲、器乐齐奏等；（2）评论，包括对于改进某项问题的商讨；（3）音乐教育，包括音乐教学法、课外活动组织法；（4）音乐理论，包括记谱法、练耳法、音乐史；（5）演出技法，包括指挥法、唱歌法等；（6）中西简易乐器制造法，包括钢琴、风琴修理调音法；（7）其他，如音乐问答、音乐消息、歌曲习作修改、自由论坛。可以发现，复刊之后的刊物在内容规划上大部分保留了创刊时的设定，同时增加了儿童音乐教育以及器乐制造方面的相关内容，之后期刊的发展基本上以此为依据。

在栏目设定上，《乐风》刊物采用半隐栏的方式。在1940年创刊时目录中有标注"乐曲"和"社谈"两个显性栏目；在1941年复刊之后目录中只有"乐曲"是显性栏目，其他文字部分归为一类。内容选择多注重实用性强的技术讲解、基础理论知识的普及，以为学校和一般社会团体提供音乐教材为目的，浅显易懂的内容同样也适合一般民众学习。

关于音乐问答栏的栏目设定，在1940年就已经提出，但是并没有在当期实行，直到1941年复刊之后，才由缪天瑞推行了这个栏目，旨在帮助解决音乐爱好者以及学校音乐教师在音乐学习和教育过程存在的困惑。通过音乐问答与读者建立良好的沟通，接收读者的反馈信息，使编辑者能够及时了解读者的实际需求，以便有的放矢地做好刊物内容规划和选择。

可以说，《乐风》尽管在创刊与复刊之间存在断层，但编辑方针和内容编排却有一定的承接性，在1941年复刊后制定的编辑方针，实际上一直潜在地影响着该刊物之后几年的栏目设定和内容选择，引导着该刊物的基本编辑走向。

（四）编辑者与编辑风格

《乐风》的期刊编辑者虽然在不断变动，但是每个阶段均有一定的承接性。如

1941年由缪天瑞、江定仙、陈田鹤主编；1942年由缪天瑞、陈田鹤主编；1943年由陈田鹤、顾梁主编；1944年由江定仙、陈田鹤、杨荫浏等人主编。编辑者的延续性很大程度上保证了这个"编辑方针"的延续性。由此看来，缪天瑞、陈田鹤、江定仙是期刊各个阶段承接的主要编辑人物。在遵守编辑方针的同时，也尽可能地保持刊物的编辑风格。

一本期刊是否出彩很大程度上与刊物的编辑风格有关。以今天来看，在激烈的文化竞争中，期刊风格的转变或许是期刊发展过程中的一种编辑手段或者经营手段。一本期刊在保持了长久的统一风格之后往往缺乏新鲜感，编辑者通过转变刊物风格再次吸引读者眼球，这一做法在现代期刊（本文特指改革开放之后或者市场经济主导下的音乐期刊）中较为常见，但这对于一种无法长期稳定出版的期刊而言却是不适用的。

《乐风》的编辑风格一直受到出版周期的影响，无法保持一定的连贯性和整体性，但不能说它不存在编辑风格。对于传统媒介来说，应永远秉持内容为先的原则，因为这是期刊精神属性的体现。在《乐风》断断续续的发展过程中，始终紧扣音乐教育和歌咏抗战两大主题，并且一直保持着文论和歌曲综合的内容形式；对于办刊理念的坚守以及期刊在物质属性（主要指封面外观）上也保持高度的统一，这些因素都是在编辑主体的作用下相互糅合，共同促成了期刊的整体风格。

第四章 《乐风》的历史作用与意义

第一节 对中国早期音乐教育体系的贡献

1940年3月，国民政府颁布的《国民教育实施纲领》中则将国民基础教育分为"小学义务教育和失学民众补习教育[①]两部分"。在教育内容上提出"注重民族意识、国家观念、国民道德之培养及身心健康之训练，并切合实际需要养成自卫自治之能力，授以生活必须之技能"[②]。同时在教育系统内增加国防知识课程。在这样的背景下，

[①] 国民教育指代的是失学民众补习教育，一般在小学设立"民教部"。1940年《国民教育实施纲领》颁布以前是属于社会教育的范畴，之后则与小学教育合并为国民基础教育，与当时政党的"新县制"（保甲制）配套施行，以达到对地方施行党化教育。正规学校设立社教科兼办社教，国民教育也是在学校设立"民教部"。

[②] 中国第二历史档案馆：《教育部订定之国民教育实施纲领（1940年3月21日）》，载《中华民国史档案资料汇编 第五辑 第二编教育》，江苏古籍出版社1997年版，第421页。

教育应服务于抗战的实际需要①,"政教合一"的指导方针在教育领域特别是基础教育中得到体现和贯彻。

一、学校音乐教育

在音乐教育领域中,音乐被赋予了培养人的道德修养、进行社会教化和促社会之健全的使命。梁启超曾提出:"盖欲改造国民之品质,则诗歌音乐为精神教育之一要件。"②民国建立之后"唱歌"被列为中小学教学的必修科目之一。抗战时期,诞生的《乐风》作为早期音乐教育体系的组成部分,充当了中小学音乐教育的辅助教材和中小学音乐教师函授进修的主要平台,发挥着重要作用,同时也体现了政府对音乐教育发展的重视,特别是在音乐类师资的培养方面。

在当时培养音乐人才的高等音乐教育机构布局上,国民政府教育部于1940年在重庆设立国立音乐院;原上海国立音乐专科学校于1941年迁入四川璧山为国立音乐分院;福建省立音乐专科学校1942年升为国立。"国立"的身份意味着由国家财政支持也意味着国家对教育的把控,不管政治目的为何,国民政府在一定程度上使音乐教育得到延续,也使教育资源在战时得到重组,在西南地区形成了专业音乐教育文化圈,为战后中国音乐的平衡、稳步发展做出了一定的贡献。除了设立高等音乐院校之外,还开设各种音乐训练班,成立地方性的音乐委员会,实行音乐教育的普及化发展。

《乐风》作为宣传平台,作为教育部直属的音乐教育刊物,亦尤为重视当时的音乐教育状况,发表了以关注音乐师资、音乐教学发展情形以及高等院校音乐课程设置为主要内容的文章,既具有对当时音乐教育发展的引导作用,也客观地构成了对当时音乐教育状况的历史记录。

1940年,《乐风》第1卷第1期刊载了李抱忱《战时全国中小学音乐教学情形调查摘要》一文,对全国1000余所学校分别进行调查,统计各省市学校数量、教师的学历和性别比例以及专任与兼任教员的比例等,较为客观且全面地反映了当时音乐教育存在的问题。1941年,《乐风》新1卷第1期刊载熊乐忱的《如何解决中小学音乐师资问题》一文,结合当下的社会环境和办学条件,其认为最可行的办法就是采用函授的形式帮助音乐教师进修并供给教材,同时指出"今后的音乐刊物,应负起这使命来,即使不完全采用函授的形式,也可与中小学的教师们共同研讨,为他们解决教材方面以及各种音乐问题的困难,则对于整个中小学音乐师资问题的解决或不无帮助

---

① 参见余子侠、冉春《抗日战争时期中国教育研究》,团结出版社2015年版,第94页。
② 梁启超:《饮冰室诗话》,人民文学出版社1959年版,第58页。

吧"①。《乐风》在1941年复刊之后一直由熊乐忱担任乐风社社长，从刊物整体内容分析中可见，在1941年的12期《乐风》音乐文本中，确实是以熊乐忱先生提出的这些建议作为刊物的内容选择以及栏目设置的依据，具体的操作执行则是由缪天瑞主持。根据第三章对编辑对象的论述，这一方针明确了《乐风》音乐教育期刊的定位，也为当时的中小学音乐教育提供了教材支撑，其所开设的音乐问答也成为教师们共同探讨音乐教学的主要平台，一定程度上起到教育训导的辅助作用。

1940年《乐风》新1卷第1期还刊载有王宗虞的《改进师范学校音乐课程的我见》，对当时师范院校的音乐教育提出六点建议："师范学校的入学试验应加试音乐；师范学校的音乐教师应该是研究过师范教育的；师范学校的音乐课程，应该切实依照部颁（编者按：指教育部颁布）课程标准所定的教材大纲教学；师范学校音乐教学时数应增加；师范学校应规定音乐科成绩不及格不得毕业；各省市应添设艺术师范科。"②这些建议针对小学音乐教育师资队伍的建设而提出，具有一定的可行性。从上述材料中可以看出，《乐风》成为探讨如何发展乐教、如何解决当时师资教学问题的重要平台，它的开放性也让更多的人关注并参与到这些问题的探讨中，这对于学校音乐教育的发展具有重要意义。

二、社会音乐教育

民国时期的社会音乐教育实施一般是在学校设立社教科，进行统一管理，其表现形式主要在于社会实践，通过歌咏运动、音乐会公开演出、广播电台播放音乐教育节目、设立地方性音乐委员会、开设音乐教导人员训练班等方式共同普及和管理各地的音乐教育，其中歌咏运动和音乐会演出作为建设新音乐的基石和音乐普及手段，发挥着重要的作用。

歌咏运动本身就是音乐宣传活动。1940年并入国立音乐院的实验巡回歌咏团，"以提高音乐教育，普及良好歌乐，推进抗战宣传，并陶冶艺术情绪为宗旨"③。1940年，创刊号《教部巡回歌咏团在贵阳》报道了该音乐团体在贵阳的歌咏活动，并且列出了相应的表演曲目、曲作者、作品表演形式。在城市中的歌咏团体通过举办音乐会，参加宣传、募捐活动间接为抗战出力；在战区的歌咏团体通过举行慰劳音乐会的

---

① 熊乐忱：《如何解决中小学音乐师资问题》，《乐风》1941年新1卷第1期。
② 王宗虞：《改进师范学校音乐课程的我见》，《乐风》1941年新1卷第1期。
③ 参见教育部教育年鉴编纂委员会编《第二次中国教育年鉴四》，商务印书馆1948年版，第1139页。

方式鼓舞士气，训练有素的歌咏团体担负了教导社会民众和军人歌咏的任务。熊乐忱的《到军队里去》(《乐风》16号）提出"发挥音乐的功用，完成伟大的使命"，呼吁音乐界的同志快到军队去，领导他们（军人）歌咏，充分发挥音乐的功用，必要时这些军人歌咏团则直接作为游击军参与作战。音乐对于抗战和国防的重要性在于用音乐凝聚同胞、鼓舞士气并动员全民团结抗战，同时普及音乐文化，这也是歌咏团体的作用所在。

教育部为了推进社会音乐教育，1942年音教委第五届全体会议将3月5日至4月5日定为"音乐月"，并将4月5日定为音乐节。1942年的音乐月，重庆学术机构和音乐团体全力投入，举行了10余场音乐演奏会，有独唱、个人作品演奏会、室内音乐会、交响乐演奏会、群众性露天音乐会等，演奏内容丰富，观众达10万人次。①《乐风》出现了大量报道音乐歌咏活动、音乐会宣传活动的信息。

1941年，教育部与中央广播电台合作，联合推出音乐教育节目和播放音乐会相关曲目。1941年1月，《乐风》新1卷第1期音乐新闻栏目《中央广播电台举行国乐演奏》列出了演出曲目、表演形式以及列席的政府领导，起到了宣传作用，并且真实记录了当时的音乐演出活动，对于了解抗战时期民众的音乐生活具有重要的参考价值。同时，对这些具有新闻价值的社会音乐活动的报道也是民众了解社会音乐资讯的途径之一，知晓演出资讯才能把握机会积极主动地参与到音乐活动中。

《乐风》也刊载音乐书讯，如国民党宣传部国际宣传处委托李抱忱编译《英译中国抗战歌曲选》，并在欧美各大期刊刊登，使得中国抗战歌曲在海外传播。1941年1月，"应尚能做《荆轲》插曲"的报道宣传了应尚能为《荆轲》一剧创作的数首插曲，同时列出价格和刊印发行情况。除了《乐风》所刊载的歌曲之外，对音乐书讯和电影歌曲的宣传，为民众提供了延伸性的歌咏材料，一定程度上有利于歌咏团体的发展。

关于歌咏活动，除了提供学习材料之外还提供指挥方法。李抱忱结合自身的经验编写了《歌咏指挥的应用》，共5篇分5期连载于《乐风》，其初衷在于为歌咏工作者提供正确的指挥方法。赵梅伯的《论指挥法》则是列举国外音乐指挥家的指挥方法，从更高层面论述了一个合格的指挥者，应该具备哪些音乐素养和品质。文章中提到的指挥方法不仅针对歌咏运动也适用于乐队指挥。

"歌咏是建立新音乐基础工作中一块坚固的基石，但是更需要若干其他的基石，才能树立一个新音乐的基础。"②在《乐风》中除了歌咏音乐的宣传之外也有对器乐曲的

---

① 参见段润涵《抗战时期重庆市民众教育研究》，硕士学位论文，西南大学，2014年，第24页。
② 颜：《新音乐的建立》，《乐风》1940年第1卷第1期。

普及和传播,特别是二胡和钢琴曲。二胡是具有一定普及性的民族乐器,因此成为艰苦环境下进行器乐曲普及的首选乐器。《乐风》刊登了大量的二胡曲,连载9期陈振铎的《怎样习奏二胡》,作为入门教材从最基础的乐器构造、音位讲解到空弦练习再到完整的练习曲训练,一气呵成,打破了中国传统音乐口传心授的局限。相比于二胡曲而言,钢琴曲则少得多,其原因与钢琴这一乐器的普及程度有密切关系。另外,外国艺术歌曲、中国传统昆曲、宗教音乐在《乐风》中也有出现,这些不同类型的音乐种类相比于歌咏音乐占比很小,但是新音乐的建设需要有"百花齐放"的意识,在这本小小的音乐期刊中得到了体现。

《乐风》中还报道了全国各地的音乐训练班的发展状况。全国大范围内推行训练班为当时音乐教育的师资问题提供了解决途径。音乐训练班虽然不如专业音乐院校或者高校的音乐科系统全面,但对于普及歌咏是较有成效的。由于专业音乐机构和团体培养的专业音乐师资短缺,所以通过音乐训练班发展可用的人才,完全有能力带动一般的民众歌咏团体并进行基础音乐教学。

综上所述,《乐风》刊载的音乐教育文论具有一定的道统性和强制性特征,道统性指音乐教育文论反映出政党的政治思想和伦理道德思想,在期刊中倡导礼乐和伦理道德,如《乐教之复兴》(陈立夫)、《音乐与习俗之关系》(陈果夫)等文章以及歌曲《乐教歌》(陈立夫词、杨仲子曲)等都反映了对礼乐的推崇。强制性则主要表现在对教育内容的强制推行上,例如饬令中小学教唱《平等颂》以庆祝平等新约签订。《乐风》创刊于20世纪40年代,作为早期音乐教育体系构建的一个环节,其作用并不局限于提供音乐教材、演唱材料和探讨音乐教学问题,而是作为大众了解国内音乐文化建设现状、音乐教育政策和境况的平台,学习国外先进音乐理论和音乐思潮的窗口,从多角度、多层次表现出它对于音乐文化的影响。诚然,音乐体系的构建并非一本音乐期刊所能完成,它很大程度上也依赖于文化环境的支持。

《乐风》作为政府教育理念的宣传载体,一方面政府借助期刊的舆论性质呼吁音乐界同人参与到国防音乐的建设中;另一方面通过论述音乐对于国防和抗战的重要意义,表现出这一时期政府对音乐的重视。而音乐新闻栏目对各地音乐训练班、全国音乐院校、音乐科、音乐系、各地音乐委员会的设立情况以及对音乐会表演情况的报道,侧面地反映了国家对于构建音乐教育体系、普及音乐教育的战略、力度和决心。另外,刊物的"官办"特性则使其在这个体系的构建中起到了舆论宣传和领导的作用。

值得注意的是,民国时期的音乐教育在学校教育和社会教育两方面并没有完全分离,歌咏运动作为社会普及音乐的重要手段,在学校教育中也同样存在。而《乐风》作为文化交流的开放性平台,它刊载的适合社会大众的音乐教材,同样也可应用到学校教育中。如《怎样习奏二胡》作为社会音乐爱好者学习二胡的音乐教材，也可以在中小学音乐教育中或者高等师范音乐教育中使用；适合中小学生使用的音乐教材对于那些完全没有音乐基础的社会民众而言也是适用的。因此，仅从期刊角度来看，学校音乐教育和社会音乐教育不是完全割裂的，二者是相辅相成的，应该从整体上、宏观上判断它对于音乐教育发展的价值。

第二节　对中国近代音乐文化的支撑

一、西方进步音乐思想的宣传和普及

新音乐在创作之初，我国不少音乐家取法于近代的西洋音乐，抗战时期的音乐作品在音阶调式、和弦、节奏、乐句构成等方面均效仿西洋音乐，既有简洁的节奏、明朗的乐句，同时又保留中国民族的气息。[①]可以说要发展新音乐，学习西方音乐是一个必然过程。《乐风》作为文化传播平台，对于西方音乐思想的传入和各种音乐文化的普及起到了桥梁作用。该刊物对于西方音乐的传播表现在两个方面：一是翻译了大量的外国音乐教材。如缪天瑞编写的音乐创作教材《作曲练习》，大多取材于该丘斯的《曲调制作练习》与塔帕的《曲调作法初步》，当中实例也多从这些著作中转引，一共连载了6期。1944年2月第16号刊印了张洪岛翻译的格涅新[②]原著的《作曲初阶》（连载3期），1941年由苏联国家音乐刊印社出版，以古典音乐为实例教学。张洪岛在序言中提到编印本书的原因：" 对于未来的作曲家，在他开始学习的第一年就给以实用的教程，这实是苏联音乐教学的重要改革之一。本书的著者就是极端赞成这种改革运动的一人。"[③]显然张洪岛作为当时《乐风》的编辑者之一，同样认为这本教材适用于初学作曲的人。除了直接从原著翻译之外，部分文论是参考外国著作写作而成的或是对著作的摘要性编译。

从表4-1可见，《乐风》中的翻译文章大部分是基础乐理知识和音乐创作理论，如音阶、音程、和弦、变化音、音势等以及《作曲练习》《作曲初阶》两本音乐创作教材。究其原因，笔者认为，结合当时的社会环境以及音乐工作者的整体音乐水平，

---

① 参见缪天瑞译《作曲练习（1）》，《乐风》1941年新1卷第1期。
② 应为俄罗斯作曲家、音乐学家、教育家米哈伊尔·法比安诺维奇·格涅新（M. F. Gnesin，1883—1957），里姆斯基·科萨科夫等人的学生，晚年主要从事作曲教学活动，哈卡图良出自其门下。
③ 张洪岛译：《作曲初阶（1）》，《乐风》1944年第16号。

改编或直接翻译外国的音乐教材是学习西方基础音乐理论最快的方法。另外，当时学习西方音乐的主要目的是进行音乐创作，一方面中国音乐发展需要新的音乐作品来推动，另一方面学习西方音乐基础理论是音乐创作的基石。

表 4-1 《乐风》翻译作品汇总表

译者	名称	原著者或参考文献
缪天瑞	《天然音阶的形成》《作曲练习》（6 期）《音程的故事》《和弦的构成及其连接》《变化音的构成》	原作者：该丘斯（Goetschius）
张洪岛	《论唱名法》《幼童与唱歌》（2 期）	原作者：该丘斯（K.W.Gehrkens）原作者：托伦（A.G.Thorn）
	《作曲初阶》（3 期）	格湟新或格涅新（M.F.Gnesin）
	《儿童唱歌法》	参考：该丘斯（K.W.Gehrkens）《小学音乐》；草川宣雄《儿童发声法》；岐丁斯（T.P.Giddings）《小学音乐教学》；美国教育研究协会年鉴第 55 期，第二部，唱歌法一章，格楞（Glenn）著；谟塞尔（J. L. Muesell）和格楞《学校音乐教育心理学》
	歌曲《菩提树》	舒伯特（Schubert）
	歌曲《钟》	Lowe 曲，张译词
	《节译贝多芬遗嘱》	贝多芬
李元庆	《德国闪击战中的音乐》	原作者：斯托（Leland Stowe）
	《论音势》	参考：敦斯坦（Dunstan）的音乐百科全书中关于论音势的理论体系跟瑞士的音乐理论家卢西（Lussy）的《音乐的表情》
杨荫浏	《灵感的解剖》	哈定（E.M.Harding）
康讴	《读贝多芬作曲随录》	J. Klein
马葆炼	《谈莫扎特的风格》	文章摘自革普（H.Goepp）《怎样欣赏莫扎特之朱庇特交响曲》
李嘉	《现代欧洲音乐思潮》	盐入龟辅

除了上述翻译教材、音乐理论基础知识、音乐歌唱之外，其他的文论翻译也涉及对西方作曲家、西方音乐思潮的介绍。国内音乐家也根据自己的理解发表了相

关文论如陈洪对《贝多芬第六交响曲》的介绍；杨荫浏《素歌》介绍了基督教的圣咏；姜希的《巴赫与复音音乐》对巴赫的创意曲、赋格曲做了介绍；张洪岛的《记瓦格那与巴维利亚王卢得维格二世之奇缘》（上、下）、方伦的《司克里亚宾与司特拉文斯基》，这些文论涉及西方音乐史、艺术歌曲以及西方宗教音乐文化等多个方面。另外，1944年2月中英、中美订立平等新约之后，李抱忱写的《海外乐闻》（2期连载）也成为了解当时美、英等国的音乐家、指挥家以及顶级的交响乐团演出活动的历史资料。

从某种程度上说，《乐风》对西方音乐文化的介绍与传播十分有限，一方面国内音乐家能够精通外语并有机会出国学习音乐的只有小部分人，并且对外国音乐作品和著作的翻译也是少量的；另一方面对外国音乐文化的主动性研究较少，处于模仿、学习的阶段。由于期刊定位为音乐教育刊物，因此也更为侧重于对音乐教材的刊载，出于对当时国内歌咏运动的考虑尤为重视作曲和歌唱方法的理论译著。

二、中国早期传统音乐文化的革新

外来音乐文化的传入，不仅带来了新鲜血液也有着对本土传统音乐的冲击。新的挑战也促进了中国传统音乐文化的革新。20世纪二三十年代的国乐改进思潮到了40年代被慢慢淡化，融入无产阶级革命音乐（新音乐）的创作中，它运用西方作曲技法，但内容涉及抗战主题，如陈田鹤的钢琴曲《血债》，也包括抗战音乐之外的其他音乐[①]，如贺绿汀的《二部创意曲》、江定仙的《sonatina》、邓尔敬的《赋格曲》、李抱忱的《旅人的心》。

西方音乐带来的革新，除了表现在传统音乐（如二胡曲）的创作之外，在声乐曲的创作中也较为明显。如在声乐曲中引进卡农的创作手法，采用二部合唱、混声合唱、轮唱、重唱、齐唱等多种演唱方式，丰富了中国歌曲的创作和表演形式，使单声部旋律音乐加入纵向的和声效果，音乐更饱满。另外，多声部器乐曲的创作和管弦乐队、民乐团的组建为中国传统音乐带来了新的生机。不少民乐团中也融入了西洋弦乐器，这种中西乐器的融合，产生新的音响效果，打开了新音乐的发展局面。

20世纪40年代的音乐思想是将音乐作为精神武器，为政治服务。音乐必须符合广大人民群众的情感需求，即音乐创作成为了集体意志的表现，过于强调共性而失去了音乐创作中个人情感的表达。另外，以歌曲为中心的音乐创作格局使器乐曲、管弦

---

① 这是20世纪40年代新音乐进入低潮期时音乐界提出的新的想法，认为新音乐除了抗战音乐这块基石之外还包含其他音乐。前文已有论述。

乐的发展受到限制，特别是在歌咏运动中出现大量的无伴奏的乐曲，未能充分考量音乐的个性、艺术性、多样性。在当时的社会思想下，《乐风》作为时代产物，对于近代音乐文化的支撑表现为对西方先进音乐理论的传播，对中国传统音乐的认同，也表现为它作为音乐教育平台对民众音乐素养的影响。

第三节　历史影响和社会意义

一、对战时重庆音乐文化的影响

战时重庆的音乐文化得到了空前的发展，大批人才的涌入，在一定程度上实现了国家对教育发展不平衡的调控。随着国立音乐院分院的设立，更多西南地区高校师范院校开始设立音乐系、音乐科，还有大学歌咏团体和民众歌咏团体悄然兴起。在这个相对稳定的大后方积蓄着国家建设可使用的文化力量。

《乐风》对于战时重庆地区甚至整个西南地区的音乐教育影响是深远的。作为教育部的官办刊物，教育部明文规定："现新一卷一期也已出版，教育部为便各地中小学校研讨，特通令各省教厅转饬各中小学校，均应订阅……省府教厅接悉后也转饬本省公私立小学遵照，遥函该社订阅云。"[①] 教育部管理着国统区庞大的教育体系，虽是一条简短的通令，仅涉及中小学范围，但若执行起来《乐风》的辐射面积和影响力将大大超过同一时期的其他音乐刊物。基础教育是音乐文化发展的基石，《乐风》作为政府推行"教育立国"的理念载体，具体的发行总量无准确的数据，但在无法严格贯彻教育部课程教学标准的时期，其内容具有一定的权威性和标准性以及较高的教学参考价值。

1943 年 2 月 5 日，《乐风特刊》成为政府推行自由、平等的阵地，《平等颂》（段天炯词、江定仙曲）、《自由中华》（顾一樵词、陈田鹤曲）等歌曲也在学校、音乐委员会等社会团体中传唱。《乐风》对重庆地区音乐文化的影响，是政治舆论性质的影响，也是思想的影响。团结抗战的音乐文化主题在歌声中得到最大化的传播，大量革命歌曲以及政府设立的音乐节、音乐月、社会教育运动周等不同形式的音乐活动丰富了民众的生活，也展现了这一时期社会生活的变迁。

---

① 广西省教育厅编审室编：《广西教育通讯》，1939 年第 1 卷第 3 期。

二、"文艺统战、音乐救国"的时代标志

国共统一战线的建立，在文艺工作上表现为文艺统战。1936年，左翼音乐工作者提出的"国防音乐"号召全国音乐工作者联合起来为抗战服务。20世纪40年代，国民党在西南大后方也提倡发挥音乐的功能，实现伟大的历史使命；倡导音乐为抗战、音乐为政治服务的方针政策，"国防音乐"成为特定时期的时代标志。这在《乐风》中也有所体现。

翻译自《音乐学习》月刊1941年第7期的《国防需要音乐〈美国大总统罗斯福向全国音乐界呼吁〉》的报道具有海报宣传的性质，学习英、美两国利用音乐支持国防的经验，倡导中国国防也应该效仿。提出音乐界同志"出动，挨家挨户训练这些老百姓，老老小小学习一切种类的音乐"。"增加你们的活动，你们的班次，为老百姓组织新的音乐事业、新的音乐俱乐部、新的音乐会，为了建造一个坚定而大无畏的意志，支持国防。"在这篇报道的文末标出了醒目的大字"中国国防更需要音乐！"。

《到军队里去》（熊乐忱）提出音乐对于战争胜利的作用，呼吁音乐工作者到军队中帮助军人建立歌咏团体，借助音乐的力量鼓舞士气。陈立夫的《乐教之复兴》强调借用孔子的教育体系进行中国传统道德教育，加强国民的素质教育和道德教育以及爱国教育。在《乐风》中刊登了大量政治性主题歌曲，团结和动员民众入伍，如《壮丁入伍歌》（刘雪庵曲）、《精神改造歌》（熊英词、杨荫浏曲）等。

从上述内容中可以看出，音乐对于国防建设，对于民众的民族认同感和爱国精神的培养具有不可替代的作用。通过文章表达音乐教育的重要性，通过这些歌曲潜移默化地影响民众对国家、对民族、对领袖的认同，动员民众从军抗战。

三、音乐历史的记录

《乐风》是20世纪40年代初期具有影响力的一份音乐教育期刊，凝聚了编辑者、作者、音乐家、广大读者的思想和情怀，以及他们对中国音乐教育事业的关注和贡献。期刊不仅记录了战时重庆民众的音乐生活、政府对音乐发展的决策，同时也记录了1940—1944年中国音乐发展和建设的基本情况以及海外音乐活动、音乐理念的相关内容，具有重要的史料价值。

重庆聚集了音乐人才和团体，再加上政府的支持和推广，使得重庆地区的音乐文化迅速发展。通过《乐风》中刊载的音乐消息和音乐新闻，可以看到当时社会音乐活动的盛况和人们在特殊环境下的音乐生活。"教育部于1942年11月12日起至18日止，在陪都举行盛大社会教育扩大运动周，参加团体计有中央电台国乐组、大同乐

会……国立中央图书馆……二十余单位。举行项目除国乐西乐演奏及国乐器材展览外，尚有歌剧、汉剧、平剧、川剧、楚剧、话剧。大鼓、电影、民间艺术、体育表演等，以及各种展览会。"[1]宗教团体和电影院也纷纷响应这次音乐活动。这样的记载还有很多，尽管历史已经在尘埃中消逝，我们仍可以从文字中去想象当时的社会音乐活动。

礼乐制度的推行在于以礼补法，借用孔子的礼乐制度，从道德上约束民众服从社会秩序。《乐风》记录着民国时期推荐和倡导礼乐的历程。1939年国民党在教育部下设立乐典组，名义上负责这一事宜，但在1943年5月国立礼乐馆正式成立之前，其乐典的编订事项基本由音教委代行。如1942年，教育部拨出大量经费饬令"音教委"负责推行礼乐，并短时期内，大量礼乐作品问世。音教委制定了作品收录的评判标准，礼乐使用的场合如国家纪念日、革命先烈纪念歌、丧葬、婚假、授勋等多个方面，并对不同场合使用古词古乐还是今乐今词均有规定。国立礼乐馆成立之后，《乐风》的编订工作则移交给国立礼乐馆。

1944年，《乐风》第17号刊载"典礼乐"的征集启事。教育部推行礼乐制度，在当时宫廷音乐尚未泯灭、彻底被人遗忘之前，可以看作对传统音乐的一次大规模的记录。

《乐风》作为一本音乐刊物，它是那个时代的标本和烙印，在它所扮演的社会角色中正确地发挥了自身的作用，影响着人们对音乐的态度，激发了人们团结、奋斗、爱国的民族精神。作为一本音乐刊物，它尽可能地为后人展现了那个时代的音乐影像——人们在炮火中歌唱，没有伴奏，枪声、炮声、飞机的引擎声就是伴奏。那是一个特殊的年代，亦是一段值得后辈缅怀和追忆的历史。

（本文被评为西安音乐学院2017届硕士研究生优秀学位论文）

---

[1] 乐风社：《乐坛动态》，《乐风》1943年第3卷第1期。

李宝杰

男，艺术学博士、二级教授，陕西省"特支计划"哲学社会科学领军人才。现任西安音乐学院党委副书记，音乐学、艺术民俗学双方向硕士研究生导师，南京师范大学音乐与舞蹈学博士研究生导师。兼任教育部高等教育艺术学理论教学指导委员会委员、中国传统音乐学会常务理事、陕西省高等学校教学指导委员会音乐学类工作委员会主任、陕西省音乐家协会理论委员会主任。长期从事中国音乐文化、艺术民俗学、音乐编辑学等领域的教学与研究工作。发表研究成果数十万字，撰、编著作8部。承担有国家艺术基金、教育部、陕西省人文社科等研究项目。先后获得国家科技进步二等奖，陕西省第十二、第十三次哲学社会科学优秀成果著作类二等奖和论文类三等奖，陕西省新闻出版局、陕西省教育厅高等社科学报优秀编辑学论著一等奖、二等奖，陕西省教育厅人文社科研究成果三等奖，陕西省高校优秀教材一等奖。

王 青

女，1975年出生，哲学博士、副教授。现就职于西安音乐学院音乐教育学院。近年来公开发表论文十余篇，代表作有《从〈古乐的沉浮〉看修海林中国古代音乐史研究》《论贝多芬与维也纳贵族的关系》《论20世纪20年代中国音乐期刊的发展》《人民是艺术创作的源泉——重温毛泽东〈在延安文艺座谈会上的讲话〉》《音乐商品价值的再反思》等，参与国家级、省部级项目各1项，主持省教育厅重点项目1项，参与编写《音乐鉴赏》教材1部。

民国音乐月刊《歌与诗》办刊探析

如果说1943年由留美博士、声乐教育家赵梅伯在西安创办的西北音乐院是西北大地上第一所具有专业建制的音乐院校的话，那么，由张光祖等人于1944年创办的音乐月刊《歌与诗》，则是以西安市为根据地，在西北大地上进行音乐信息发布与交流传播的重要理论平台。①无论是西北音乐院的创建还是《歌与诗》期刊的创办，发展历程都不长，前者持续三年后者仅仅一年，但处在一个特殊的历史进程中，能够面对动荡的政治、贫瘠的经济、落后的文化艺术这样一个窘迫的西北人文生态环境，克服各种困难，致力于音乐艺术的教育与传播，在中国近现代音乐史上留下一笔，其所作所为以及影响值得后人探析。本文将对《歌与诗》的办刊情况进行梳理、分析。

一、缘起与主旨

《歌与诗》创刊于1944年9月，由歌与诗杂志社编辑出版，社长张光祖，编辑石林、孙尊武，美术设计由西安菊林中学周克难担任。《歌与诗》创刊初期为半月刊，从第3期改为月刊。根据现存材料看，从1944年9月至1945年9月共出有8期（1944年9、11、12月共出3期，1945年1、3、5、7、9月共出5期②）。最初杂志社办公地点在西安市东大街菊花园公字2号，1945年3月迁址到西安市城南兴国寺一带。

《歌与诗》的办刊主旨非常清楚，社长张光祖在《创刊词》中写道：

久在希望着一个定期的音乐刊物，如今已送到各位面前。我们很希望这个刊物的产生能永远和大家的需要密切的吻合着。我们更希望它能够得到全国尤其是西北音乐家和音乐爱好者们的扶植，共同步入音乐的乐园，它热望为此目的，力尽绵薄。

希望每个朋友，能把音乐上的心得研究和工作上所遭遇的困难，随时传递给

---

① 在《歌与诗》创办以前，李世权于1943年1月在西安创办《乐教》杂志，仅出2期后停刊。
② 中国艺术研究院音乐研究所资料室现珍藏有8期，西安音乐学院图书馆现藏有第1—7期，其中第1期缺第15—17页、第3期缺第33—34页。

本刊，除尽量登载外，我们希望能因此沟通音乐界的意见，并提供各种理论与实际问题以有效的解决方案。

敝社全体人员，以最高热诚，在这物质条件坚困下，为着西北文化艺术的需要，不惜任何牺牲，尽到我们最大的努力。尚望爱好音乐的朋友们对这正在成长的幼苗，给与多方面的扶植和润泽，我们除竭诚接受外，并向诸位致建立中国新音乐最崇高的敬礼。①

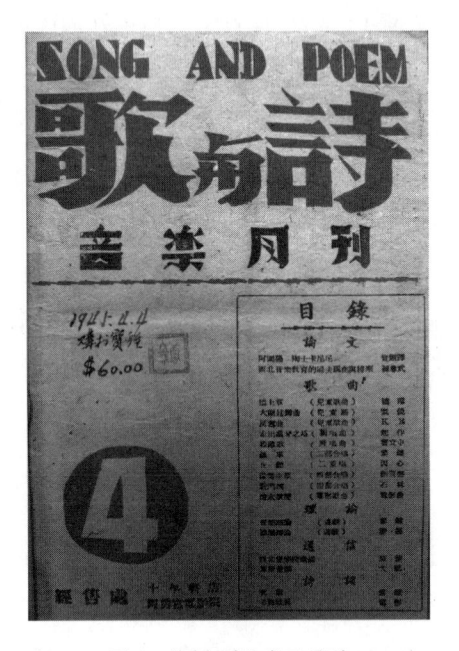

图1 《歌与诗》音乐月刊

在办刊目标上，《歌与诗》是力图服务于西北各地；在服务对象上，要为各层次音乐同人提供交流平台，展示"心得研究"和"工作困难"，并"提供各种理论与实际问题以有效的解决方案"；在办刊决心上，"为着西北文化艺术的需要，不惜任何牺牲，尽到我们最大的努力"。从中不难见出一干编辑者们改变西北音乐文化落后局面的宏伟志向。

西北音乐院院长赵梅伯在第1期的《卷头语》里写道：

一年前我经过此地，尝感西北需要音乐之紧切，遂赤手空拳大胆的创设西北音乐院以求亡羊补牢之用。然而，顾此失彼，鞭长莫及，所以复感于音乐教育出版物的缺乏，不能集思广益，普遍传播。石林先生能本着数年来，努力音乐教育运动

---

① 张光祖：《创刊词》，《歌与诗》1944年第1期。

的精神，突破困难，刊印《歌与诗》给我们文化界淋洒了甘露，给有志音乐艺术者一盏明灯，这种精神，确实令人钦佩与赞颂！

《歌与诗》诞生于西北，希望它的力量将广播于全国，它自然有它公正立场和正确认识，能使一般研究学术者，得到切实的根据，造成音乐艺术高的价值，以完成我们乐界重大的使命，是有赖于创者的继续努力。①

其中，寥寥数语不仅道出了他本人创办西北音乐院的初衷，也把对《歌与诗》音乐月刊的作用与期许表明了出来。他认为"刊印《歌与诗》给我们文化界淋洒了甘露，给有志音乐艺术者一盏明灯"，反映出期刊所具有的广泛社会影响力，以及"能使一般研究学术者，得到切实的根据，造成音乐艺术高的价值，以完成我们乐界重大的使命"的重要社会文化价值。

二、栏目与内容

《歌与诗》从一开始就立足于实际的社会音乐文化需要，开辟有论文、歌曲、理论、通信、诗词等重要栏目。其中论文栏主要刊登研究性成果，歌曲栏刊登歌曲曲谱，理论栏关注音乐的相关基础知识，通信栏解决读者来信提出的问题，诗词栏刊登诗词新作。

"论文"栏目中虽然刊登的篇目不多，每期仅安排两篇（第6期"歌诗专号"除外），但其中一些文章所涉及的问题却很有价值，如第1期刊登的王绍先撰写的《新国乐之建设》，从研究的出发点，"国乐"称谓产生的缘由，对待国乐、西洋音乐的态度，以及新国乐发展的出路等方面进行了很好的分析与阐述。其中他写道："自从西洋文化侵入中国以来，中国文化整个起了变质的作用，为了区别这意义之不同，于是才有所谓'国医''国术''国画''国学'等等书'国'的名词……这'国乐'二字，就随着时代与所谓'西乐'二字，划成了两大鸿沟……"② 以此反映出20世纪早期中西文化碰撞下，不同音乐观念形成的文化历史背景与事实。"新国乐"观念的兴起正是基于中西音乐文化碰撞、兼收的过程中，一方面如何认识和保存民族文化传统，另一方面如何汲取外来文化精髓，走出一条兼收并蓄的既有自己的民族特色又能让世界接受的"新国乐"之路。相比于此前刘天华提出的"在中西调和中打出一条通道来"的基本主张，王绍先的认识是建立在"学术的立场，以研究的态度去衡量中国固有国

---

① 赵梅伯：《卷头语》，《歌与诗》1944年第1期。
② 王绍先：《新国乐之建设》，《歌与诗》1944年第1期。

乐的价值"①的，因此，他才会进一步表明："研究国乐，必须尽心研究西洋音乐，了解西乐，认识西乐。研究西乐，更要真实认识国乐。没有研究到国乐之深处，不能谈到国乐之光大，没有彻底认识西乐之高度，以谋新建国乐，必至片面的设施，而无国乐世界性的情趣，取长补短，当是从事国乐的人们，正当态度。"②

第4期刊登的孙尊武的《西北音乐教育的过去现在与将来》一文，从音乐教师的缺乏、乐器的缺乏、音乐教材的缺乏三个方面，反映出20世纪三四十年代西北音乐教育贫瘠与落后的真实面貌。最后作者把问题引申到抗战音乐在特殊的政治环境条件中所发挥的积极作用以及对当局管理层的影响上，认为："西北音乐受了'抗战歌曲'的影响，走上了新的阶段，于是西安小学教师训练所增设了音乐组，专门造就小学音乐师资。实之当时的教育厅长，对于音乐也很爱好，在教育厅内设音乐编辑室，当时负责者为上海国立音专高材生江定仙君，且每年都举行全省音乐比赛会，在西北干燥的空气中，音乐的氛围渐渐地在起着润泽的作用。"③

另外还有第3期刊登的丰子恺的《尼采与托尔斯泰的音乐观》、第8期刊登的宁放的《人民与音乐谁迁就谁呢？》、嵇振民的《作曲者之修养》等都具有一定的理论价值，值得今人品读与学习。

"理论"栏目刊登的文章虽然也属于学术类成果，但栏目设置的目的显然与论文栏目有所不同，主要以音乐基础理论的普及与教育为目的，因此，从一开始编辑者就编选了两个大部头的基础理论文本进行分期刊登，一篇是黎钟的《音乐理论》，另一篇是陆铿的《乐器学》，先后连续刊登有5期之多。

黎钟的《音乐理论》所涉内容属于基本乐科范畴，连载了四期，登载有三讲。第1期中的第一讲，主要介绍乐音、音名与阶名；第二讲分登在第2、3期中，分别介绍了各种记谱法，包括工尺谱、文字谱④、数字谱（简谱）、五线谱；第4期中的第三讲，主要介绍音符及近代音符之组织。尽管在文后标有"未完"字样，但不知何故从第4期之后再没有刊登后续内容，显然前几期刊登的只是该文本的部分内容。

陆铿的《乐器学》共刊载了5期也只有三章，第一、二章从乐音的产生谈起，涉及音的高低、音的强弱、弦乐器的发音、吹乐器的发音、击乐器的发音、键盘乐器的发音等方面内容；第三章主要介绍了弦乐器的简史、吹乐器的简史、击乐器的简史、

---

① 王绍先：《新国乐之建设》，《歌与诗》1944年第1期。
② 王绍先：《新国乐之建设》，《歌与诗》1944年第1期。
③ 孙尊武：《西北音乐教育的过去现在与将来》，《歌与诗》1945年第4期。
④ 1812年，英国东部小城诺里奇（Norwich）小学女教师格罗威尔（Sarchann Grover）发明的唱名谱。

键盘乐器的简史。遗憾的是,该文本也没有全部介绍完毕而在第5期草草收场,连个"未完"的字样都没有留下来。作者陆铿当时为西安东南中学音乐教员,上海国立音专肄业,曾在中央军校第七分校(西安王曲镇)工作过。① 以其就学经历、工作背景以及前几章所涉猎的内容来看,应该有能力完成这篇乐器学的论作。

在《歌与诗》中,"歌曲"栏目理所当然地在每期中都占据着最大的篇幅,各期刊登的歌曲在七首以上,不包括第6期的"歌诗专号",包括独唱、齐唱、合唱、儿童歌曲、电影插曲等不同形式题材。其中,抒情性的曲目在第1、2期刊登的比重较大,包括徐苏灵作词、刘雪庵谱曲的《海天情意》;杨天芫作词、翟立中谱曲的《你在那里》;韦瀚章作词、达琳谱曲的《白云故乡》;(唐)孟郊诗、余朋谱曲的《游子吟》以及美国民谣作曲家斯蒂芬·柯林斯·福斯特(Stephen Collins Foster)作曲的《思故乡》(现译作《故乡的亲人》)等。第3期开始加大儿童歌曲的分量,刊登有敷仁·慨锐的《蔓青菜》;陈果夫词、江定仙谱曲的《儿童节歌》;老舍词、石林谱曲的《轻舞曲》;天授词、达琳谱曲的《墙上草》;曼青词、慨锐谱曲的《大头娃舞曲》等。涉及抗战内容的齐唱、合唱也不在少数,如刊登在第4期上由赵受之作词、翟立中谱曲的《杀敌歌》;关筑声作词作曲的《保卫中华》;盛芳作词、石林谱曲的《战斗颂》;刊登在第5期上的高兰词、达琳谱曲的《反侵略进行曲》;常任侠词、黎钟谱曲的《走向光明曲》;以及第7期上刊登的塞克词、嵇振民谱曲的《中华民族的复兴》等。其他诸如表现节庆活动、农村生活的歌曲也有发表,如第5期中张吾词、朱德铭谱曲的《庆新年》;第7期中常任侠词、慨锐谱曲的《农村之歌》;以及第8期中高星岗曲、石林配和声的《农牧歌》。另有表现学生生活的诸如第7期刊登的由公政谱曲的《青年进行曲》;第8期刊登的慨锐谱曲的《毕业歌》;以及第8期中石林词曲的《运动会歌》等。

既然期刊以"歌与诗"命名,也就少不了对新诗的刊登,在期刊共8期的"诗词"栏目中共刊登有17篇诗作,其中除了2首翻译诗作和1首歌剧唱词外,其他14首均为原创诗词,署名曼青的有6首、黎钟有4首。这些新诗具有很浓的时代气息,多以褒贬时事、讴歌理想为创作立意。如黎钟的《思念》中写道:"当那虚伪代替了真诚,当那残酷上伪装了良善,当饥饿与死亡占据了大地,当慈爱的献血染成了红的江山。啊!我的灵魂呀,像似一缕轻烟,奔向着那遥远的遥远。在那遥远的天边,啊……我怎能不思念,那遥远的天边,我怎能不思念。"诗人的美好思念面对的是国破山河在的悲惨景象,巨大的心理反差激发起诗人对远方亲人的惦念。另一首曼青的《城市之声》中则留下了这样的诗句:"轰!轰!轰!黑烟向上冲,我们的呼吸在律

---

① 参见《西北各学校音乐先生们的阵容》,《歌与诗》1944年第1期。

动。鸣！鸣！鸣！汽笛在长鸣，天空震荡着我们的声。铿！铿！铿！机轮在旋转，我们的精神在奔腾。咚！咚！咚！铁锤扬起了，我们的力量在跳动。"力图改造旧世界的抗争之情跃然笔端，很容易让人感到那个时代青年人充满活力的精神气概。

其他一些栏目，如"通信"等也留下了一些具有历史价值的信息，如第1期以"杂文"为栏目名刊登的《西北音乐家介绍（一）》《西北音乐家介绍（二）》《西北各学校音乐先生们的阵容》；第2期"通信"栏目中周沛霖撰写的《陕西省教育厅音乐教育之实施》；第3期中秋作的《沦陷后的北平音乐概况》；第4期中潘亚怀的《西北音乐院素描》和弋记的《重庆音乐》；第5期中衣谷的《重庆国立音乐院教授的阵容及学习生活的情形》；第7期中李士钊的《论刘雪庵》；第8期中阙仲瑶的《关于训练团设施音乐教育的我见》。在此略析一二，如《西北各学校音乐先生们的阵容》虽然以当时西安市及其周边县为范围进行统计，冠之于"西北"二字显得牵强，但从当时所收集到的各层次从事音乐教育工作的人数来看，却也反映出当时以西安为中心的西北音乐教育的师资实情。其中涉及西北音乐院、儿童保育院以及省教育厅、各地师范和西安各区县中学音乐老师的情况。第3期中秋作撰写的《沦陷后的北平音乐概况》一文，就沦陷后的北平音乐情况进行了分析，其中既有介绍在当时日本侵略统治下各音乐机构存在的情况，也有不同音乐家面对日本人的侵略统治所持有的不同态度。他最后写道："沦陷后的北平，音乐似乎是较战前兴盛了许多，但是多偏重宣传（由此可以知道，日本从各方面下手来侵略我国），真正供人欣赏的寥寥可数，许多本国音乐家不愿在敌寇压迫下生活着，愿意回归到祖国来，但都受到严重的监视，逃不出他们的虎口，例如老志诚先后被捕有三次之多。"①

其他诸如潘亚怀的《西北音乐院素描》，从学生的角度充满感情地介绍了西北音乐院的基本情况；弋记的《重庆音乐》以新闻消息的形式分演奏会、音乐刊物、音乐作家三个方面记录了1944年重庆的音乐情况；衣谷的《重庆国立音乐院教授的阵容及学习生活的情形》从该院建立的起始、建制、专业、教授、学生以至乐器设备等方面进行了详细的介绍；李士钊的《论刘雪庵》从1945年三四月间的重庆抗战公演谈起，就刘雪庵的创作实践经历、音乐会内容以及其诗意的歌曲特征进行了评述。尽管"通信"栏目刊登的文稿信息性更明显一些，但作为那个缺少信息交流手段的时代，在期刊上辟出一角用以进行必要的信息传递与交流，实乃办刊者的聪明之举。

除此之外，《歌与诗》还充分利用期刊的传播阵地，见缝插针地进行着各方面的信息交流，如几乎每期都发布有各地音乐会的消息，以及各地音乐期刊、音乐书籍出版的广告信息等，实实在在地把期刊的信息平台作用发挥得淋漓尽致。

---

① 秋作：《沦陷后的北平音乐概况》，《歌与诗》1944年第3期。

三、作用与意义

综上来看,《歌与诗》尽管只延续了一年,先后共出了 8 期,但在以西安为中心的西北,缺少专业音乐文化建设的情况下,其进行专业音乐文化传播的平台作用显而易见,重要意义归纳起来有如下几点:

一是开辟了专业音乐文化传播的有效窗口。《歌与诗》的开办不仅让西安之外的音乐界同人了解到,在以西安为中心的西北大地上的专业音乐的发展情况,而且也通过各地相关信息的汇聚,让西安以及西北各地的专业音乐工作者及其爱好者了解到全国各地的音乐信息。

二是提供了专业音乐学习的有效通道。在当时西北各方面音乐学习条件非常有限的情况下,在期刊上开辟一定的专栏,聘请专家进行音乐学习的交流和疑难解答,不失为一种有效地推动音乐学习的办法。《歌与诗》除了编辑人员外,专门聘请当时西北音乐院的教授如赵梅伯、王绍先、何其超、韩悠韩、关筑声、马思琚等担任各专业领域顾问,以解答读者的学习问题。

三是为音乐原创(音乐创作、理论研究)提供展示、交流的平台。当时的中国尽管政治环境不稳定、经济文化条件十分有限,但仍然有相当一批有担当责任的音乐工作者为了艺术的理想而奋斗。他们的创作、他们的思考都需要有展示的条件,《歌与诗》的创办迎合了这方面的需要,填补了以西安为中心的西北地区在这方面的文化空白。

四是《歌与诗》的办刊期限尽管短暂,但其影响深远,并且真实地记录了那个时代发生在这片土地上的专业音乐情况,具有历史的见证意义。

本文仅就《歌与诗》的办刊情况、栏目设置、内容安排为侧重点进行了粗略分析。对期刊的办刊研究还包括期刊的形式问题以及对办刊者编辑思想的梳理与剖析等方面,鉴于篇幅所限,在此不再赘言,留待以后再行研究。

(原载《音乐天地》2016 年第 6 期)

《人民音乐》
1950—1965 年办刊研究

徐 星

女，1990年出生。2009—2013年就读于西安音乐学院音乐教育学院本科；2013—2016年在西安音乐学院攻读音乐编辑学方向硕士研究生，师从李宝杰教授。近年来主要从事青少年音乐教育培训与辅导工作。

导　论

一、选题缘由

《人民音乐》是新中国成立之后创刊最早的音乐理论、评论刊物，是中国音乐家协会的机关刊物。1950年9月，《人民音乐》一经创刊就成为解读党和国家文艺政策方针、艺术理论讨论与探索、交流社会音乐活动信息的重要阵地，是我们研究新中国音乐的重要凭证和根据，具有很高的历史地位和学术地位。作为评论性的刊物，《人民音乐》早期依托中央音乐学院的学术背景和中国音乐家协会的文化环境，发掘和培养了许多的创作者，聚集了一批优秀的音乐评论家，推动了新中国音乐创作和思想的发展。除了1967—1975年停刊9年外，一直延续发展至今。《人民音乐》在发展的过程中先后两次改版，1986年在李西安担任主编时，为了响应改革开放的号召对刊物进行了第一次改版，改版后的刊物紧跟时代步伐、积极组织评论、活跃学术氛围，是《人民音乐》发展进程中的辉煌期；2006年，在张弦担任主编期间为了扩大刊物的影响力进行了第二次改版，改版后的刊物学术性与普及性共存，更接近人民大众。《人民音乐》秉承着"在音乐领域中贯彻中国共产党的文艺方针政策，研究和评论音乐工作中的现实问题，开展学术理论活动，联系音乐工作者和广大音乐爱好者，促进社会主义音乐文化的发展"[①]的办刊宗旨，在新中国音乐史上占据着重要位置，对新中国音乐事业发展产生了极大影响。

由于刊物出刊时间跨度长，刊载文章篇幅多，因此对《人民音乐》进行研究需要先进行阶段划分。以往的研究多以历史阶段划分为界，如东北师范大学张雯雯的博士学位论文《〈人民音乐〉与中国当代音乐批评（1950—2010）》，以历史为参考将《人民音乐》划分为三个阶段，第一个阶段为1950—1965年，第二个阶段为1976—2000

[①] 《中国大百科全书》总编辑委员会：《中国大百科全书·音乐舞蹈卷》，中国大百科全书出版社2004年版，第544页。

年，第三个阶段为2000—2010年。而对《人民音乐》发展的阶段划分，前主编李西安有其独到的见解。2015年5月29日，笔者采访了李西安，他认为1950—1986年为《人民音乐》的第一个阶段。在1986年改版之前刊物的政治面貌、期刊风格、栏目设置、内容编排等没有太大变化，因此，李西安认为第一阶段和第二阶段的划分应以1986年的改版为界。两种划分有着不同的思考角度，前者多从政治史学、音乐史学等宏观的角度进行划分，后者着重以刊物发展中的重大转型为依据进行划分。笔者认为，作为新中国成立后创办的第一本音乐刊物，本身的发展自然离不开政治环境、历史环境的影响。同时本文以期刊文本为对象，透过历史的视角，从编辑的行为中解读《人民音乐》，剖析历史背景、政治环境与刊物之间的相互作用。因此，以历史发展为线索进行划分，将1950—1965年划分为《人民音乐》早期发展阶段，这一阶段刊物紧跟国家形势政策、推动生产建设、组织创作评论，是刊物发挥作用的第一个高潮期，也为刊物之后的发展奠定了良好的基础。第二阶段是1976—2000年，80年代是这一阶段的鼎盛期，在良好的政治氛围下，刊物对前一阶段进行了回顾与反思，紧跟时代话题，积极组织评论。第三阶段是2000年至今，作为主流音乐评论刊物报道学术动态、社会音乐活动等。

我国的音乐杂志发端于1906年李叔同在日本创办的《音乐小杂志》，之后音乐类杂志陆续出版发行，尽管杂志编辑不遗余力地坚持办刊思想、编辑方针，倾其全力传播、发展音乐文化，但无奈受到外界因素如社会环境、经济状况等影响，20世纪上半叶大多数音乐期刊出刊时间都较短，对社会产生的影响也随杂志的停刊而消失殆尽。《人民音乐》早期在汲取前人办刊经验的同时，不断开拓创新、摸索前进，从期刊的编排、设置中不难发现编辑的良苦用心。《人民音乐》的发刊词中强调说："本刊，作为全国音协的机关刊物，它的基本任务，就是在全国音协领导之下，发表各种音乐创作、音乐论著，以及各种与音乐运动有关的经验、报道，协助各地音乐工作者，通过创作、演出、研究以及音乐教育等工作，广泛地展开人民音乐运动，使这个运动在经济建设中发挥它应有的配合作用，使这个运动成为文化建设高潮中重要的一环。"[1] 正如发刊词中所说，《人民音乐》早期积极响应国家号召、贯彻文艺方针、普及与发展音乐文化、传递音乐消息，通过设立选题"中心"在每一期里集中讨论、组织音乐评论、开展音乐讲座等方式，与专业音乐院校、各地音乐院团、广大音乐爱好者等交流探讨，推动新中国音乐创作和思想的发展，成为《人民音乐》发展过程中的第一个辉煌期。

---

[1] 《人民音乐》编辑部：《发刊词》，《人民音乐》1950年第1期创刊号。

二、研究 1946—1949 年《人民音乐》缘由

1946 年 12 月在黑龙江省佳木斯市创办的《人民音乐》在历史舞台上出现的时间很短，它与 1950 年创刊的《人民音乐》是恰巧同名，还是同一刊物的延续，《人民音乐》的创刊时间从何时算起，至今在音乐史学界仍没有明确定论。2015 年 5 月末，笔者在北京采访了于庆新（《人民音乐》编委）、孙慎（原《人民音乐》主编）、李西安（原《人民音乐》主编）、张萌（现《人民音乐》编辑室主任），2015 年 10 月在西安音乐学院又采访了乔建中（《人民音乐》编委），他们对这一问题都有自己的看法，归纳起来无外乎两种意见，一种认为应从新中国成立之后的办刊时间算起，一种认为应从 1946 年《人民音乐》的办刊时间算起。如于庆新、孙慎及张弦都认为这是两种不同的期刊，期刊的办刊缘由、办刊宗旨、刊物性质、所属单位等都不同，以相同的名字在历史上先后出现只是恰巧而已，《人民音乐》的创刊应从 1950 年算起。而乔建中、李西安、张萌则认为两本刊物虽然出现在不同的政治格局中，但因两种刊物的编辑人员大部分一致，存在历史承袭的因素，创刊时间应追溯到 1946 年。笔者同意后一种观点，认为这两种刊物不仅有关联，而且有着密不可分的关系。一是二者都是在中国共产党领导下而产生的音乐刊物，在不同的历史时期依据不同的社会需要、政治需要进而提出不同的办刊方针、办刊宗旨、编辑计划等。二是两种刊物的主创人员大多一致，因此编辑思想、编辑视角也有许多相通之处，只是新中国成立之后产生的刊物肩负了更多的责任和任务，在音乐文化界发挥了更重要的社会作用、政治作用。

现在少有人了解 1946—1949 年出刊的《人民音乐》，更无须说进行分析解读，各研究性论著、专著中也很少涉及，仅在伍雍谊《人民音乐家——吕骥传》、汪毓和《音乐史学研究与音乐史学批评》、凌瑞兰《东北现代音乐史》等书中对 1946—1949 年的《人民音乐》稍作介绍，从中大体得知办刊、出刊情况，但并未做详细说明。如今从《中国大百科全书》中关于《人民音乐》词条的定义、《人民音乐》刊物介绍等得到的都是 1950 年后创办的《人民音乐》的信息。因此，本文以早期《人民音乐》发展为研究对象，有必要对 1946—1949 年的《人民音乐》作以梳理、介绍。本文将对搜集到的 1946—1949 年出刊的《人民音乐》资料进行分析研究，通过对发刊词、编后、编辑计划、征稿、编辑等对比分析，以便弄清两种刊物的关系。

三、国内研究状况

《人民音乐》编委石惟正曾总结《人民音乐》说："它是中国音乐界的旗帜，它是

音乐评论百花盛开的园地，它是我国音乐历史的万年历。"①《人民音乐》作为真实存在的文字载体，将新中国音乐史以文本的方式忠实呈现（正面的经验和反面的教训），见证了新中国音乐事业的发展，是新中国音乐史的缩影。参考《人民音乐》上刊载的文章、观点来进行音乐史学研究类的著作有：汪毓和《中国现代音乐史纲》、居其宏《共和国音乐史》、李焕之《当代中国·音乐卷》、梁茂春《中国当代音乐》、凌瑞兰《东北现代音乐史》等。人物传记类著作有：李业道《吕骥评传》、伍雍谊《人民音乐家——吕骥传》等。音乐评论类著作有：汪毓和《音乐史学研究与音乐史学批评》、明言《20世纪中国音乐批评导论》等。

目前以音乐编辑学的视角对《人民音乐》刊物做分析研究的成果较少，但从其他角度解读《人民音乐》的文章却不少。东北师范大学张雯雯从音乐史学、音乐美学等角度对《人民音乐》做了深入的研究并发表了一些论文，有《〈人民音乐〉与中国当代音乐批评（1950—2010）》（博士学位论文）、《从历史深处走来——关于〈人民音乐〉发展轨迹的研究》（张雯雯、王确）、《〈人民音乐〉对新中国交响事业发展贡献的历史回顾——写在纪念创刊60周年之际》（张慧、张雯雯）等。以其他刊物为视角涉及《人民音乐》的文论，如河南大学马一飞的硕士学位论文《〈音乐研究〉五十年办刊特色研究》，对《人民音乐》早期出刊情况做了简单的分析。

四、研究方法及理论意义

本文以《人民音乐》的出刊文本资料为主要对象，从编辑学的角度出发，运用归类、统计、比较的方法对刊物早期的发展情况进行梳理，同时将搜集到的与本文相关的资料文献进行分析比对，并通过期刊文本资料进行实证分析，梳理刊物早期发展历程，从中了解新中国建立以后音乐史的发展历程，总结刊物的历史意义，给刊物合理的定位。

尽管社会环境不稳定、编辑人员短缺，《人民音乐》还是坚守阵地，良性发展。1950—1965年《人民音乐》共出刊148期，其中有9期为双月合刊。在外在和内在条件都不尽完善的情况下，刊物能基本按时出刊是很不容易的，从《人民音乐》的出刊状况可以看出编辑的一番苦心，他们的精神值得学习。今天，《人民音乐》在万象丛生的期刊丛林中，仍处于无法替代的重要地位，以不同于大众音乐刊物、音乐院校学报的特殊身份存在，它的发展趋向没有太多经验可参考借鉴，总结自身的发展经

---

① 荣英涛、张萌：《新中国音乐事业风雨历程的见证者——纪念〈人民音乐〉创刊60周年》，《人民音乐》2011年第1期。

验，取其精华，是非常必要的。笔者对《人民音乐》1946—1965年的发展从编辑学的角度分析，为编辑主客体的关系研究及期刊编辑工艺研究提供了丰富的理论依据。通过总结《人民音乐》的办刊经历，向音乐刊物提供了如何在日新月异的时代中把刊物越办越好的经验。

第一章　1946—1949年《人民音乐》的编辑实践分析

第一节　1946—1949年《人民音乐》办刊情况

一、创刊背景

"杂志往往是社会、时代前进的号手、尖兵。杂志往往是呐喊着时代的最强音。"[①]1946年，为了发展东北、华北的革命根据地，党中央从延安调派了一批干部北上支援根据地的建设，其中包括由吕骥、张庚带领的鲁艺师生，他们负责在东北开展创作与演出活动，以此来推动群众生产运动、土地改革运动等。在《人民音乐》的《发刊词》中对当时的社会背景、时代呼声做了说明："在解放了的东北土地上，千千万万的人民像巨人一般站起来，推翻了几千年来压在他们头上的封建势力。他们得到了土地，得到了自由，开始以无比的热情建立自己的家园和幸福生活。在这翻天覆地的斗争里面暴露了封建压迫的种种罪恶，也出现了许多新的英雄。农村在改变面貌，人民的力量开始表现出来，这许多生动的现实该是新音乐多么丰富的内容啊！"[②]刚刚结束抗日战争又进入解放战争，社会环境急需指引、鼓舞人民进入生产、战斗的精神食粮，《人民音乐》便是时代的号手、尖兵，是音乐界为提高群众觉悟、激发斗争情绪而出版的刊物。所以，《人民音乐》的办刊目的是团结解放区的音乐工作者，使工作经验得到交换、意见得到交流、成绩得到介绍、创作得到发表，是作为各地音乐工作者交换意见、经验与总结的展示平台。

二、出刊情况

1946年12月，《人民音乐》在黑龙江省佳木斯市创刊，是中华全国文艺协会东

---

① 徐柏容：《杂志编辑学》，中国书籍出版社1991年版，第43页。
② 《人民音乐》编辑部：《发刊词》，《人民音乐》1946年第1期创刊号。

北总分会的音乐会刊,由向隅、何士德、吕骥、任虹、王一丁等人担任编辑工作。

《人民音乐》创刊号标注的出版时间为"中华民国三十六年十二月二十五日",照此推论《人民音乐》的创刊号用公元纪年应为 1947 年 12 月 25 日,然而第 1 卷第 2 期、第 3 期的出刊时间却为"中华民国三十六年二月二十五日"和"中华民国三十六年三月二十五日",由此判断创刊号标注的出版时间有误。李文如、中国艺术研究院音乐研究所编《二十世纪中国音乐期刊篇目汇编》(上)第 186 页有这样的一段文字:"该刊系中华全国文艺协会东北总分会音乐会刊,创刊于佳木斯,曾停刊。1948 年 10 月在哈尔滨复刊,卷期另起。后又迁沈阳出版。存见第 1 卷 1 至 3 期、复刊第 1 卷 1 至 4 期。"表明《人民音乐》从 1946 年 12 月 25 日到 1949 年 7 月 20 日共出刊 7 期,刊物受战时因素影响出刊极不稳定,在 1947 年 3 月 25 日出刊 3 期后停刊,于 1948 年 10 月 25 日复刊,出刊 4 期后不再出刊。刊物仅发行于东北解放区,并未向全国发行。

如表 1-1 所示,1948 年 10 月 25 日复刊后出版的 4 期与之前出版的 3 期有较大的不同。复刊后的刊物页数相较之前有很大的增加,第 1 卷出刊的 3 期页数平均为 30 页左右,复刊后出刊的 4 期页数依编排内容而定,没有固定要求。同时编辑也由原来的 5 人发展壮大到复刊后的 9 人。

表 1-1　1946—1949 年《人民音乐》出刊统计表

出刊时间	出刊编号	页数	出版社	印刷	发行	编辑
1946.12.25	创刊号	32	《人民音乐》社	东北书报社	东北书店总经售	王一丁、任虹、吕骥、何士德、向隅
1947.2.25	第 1 卷第 2 期	28	《人民音乐》社	东北书报社	东北书店总经售	王一丁、任虹、吕骥、何士德、向隅
1947.3.25	第 1 卷第 3 期	28	《人民音乐》社	东北书报社	东北书店总经售	王一丁、任虹、吕骥、何士德、向隅
1948.10.25	新 1 卷第 1 期	40	无	东北书店印刷厂	东北书店	吕骥、何士德、向隅、任虹、安波、李劫夫、庄映、李鹰航、张一鸣
1949.3.25	新 1 卷第 2、3 期合刊	73	无	东北书店印刷厂	东北书店	吕骥、何士德、向隅、任虹、安波、李劫夫、庄映、李鹰航、张一鸣
1949.7.20	新 1 卷第 4 期	65	《人民音乐》社	东北新华书店印刷厂	东北新华书店	吕骥、何士德、向隅、任虹、安波、李劫夫、庄映、李鹰航、张一鸣

第二节　1946—1949年《人民音乐》的办刊内容

一、刊物定位

《人民音乐》是战时创办的音乐刊物并仅仅流传于东北地区，刊物最主要的目的就是团结当地的音乐工作者一起歌颂新英雄的事迹，反映战争的场面，为更快取得全国和平民主独立的胜利而努力。因此刊物的内容反映就必须具有一定的倾向性、普及性，以反映战争、生活为主要题材，以简单、易学的内容为主要方向，这样才能发挥刊物最大的价值，激励战斗、鼓励生产。同时从创刊号的征稿简约和新1卷第1期的征稿简约中对比发现，从创刊号上的"本刊文字歌曲均欢迎投稿"发展到新1卷第1期上的"本刊文字、歌曲、消息、音乐活动、照片均欢迎投稿"，征稿简约的变化说明刊物在辅助战争、生产的同时，作为中华全国文艺协会东北总分会的音乐会刊，《人民音乐》也在尽力发挥音乐刊物本身的作用，在配合战事之余积极发展音乐事业，促进音乐文化交流。

二、内容介绍

《人民音乐》在1948年10月25日出版的新1卷第1期的《编后记》中，对刊物的读者对象、主要内容、定位做了简要说明："本刊文字求主要适合一般音乐工作者，也以少量篇幅登载比较带专门性的文章；歌曲以供各方面群众演唱为主，合唱及乐器曲为辅。"① 《人民音乐》主要是发表歌曲、评论的刊物，但并没有固定的栏目设置，按性质和体裁归纳梳理，将期刊内容划分为如表1-2所示的几类。从表1-2中可以发现《人民音乐》刊载内容主要包括"歌曲""技术讲座、评论""通讯、报导"三类，另有少数器乐曲和编辑部发文。

---

① 《人民音乐》编辑部：《编后记》，《人民音乐》1948年新1卷第1期。

表 1-2　1946—1949 年《人民音乐》文论统计表

类别 期数	歌曲 （首）	器乐曲 （首）	技术讲座、评论 （篇）	通讯、报导 （篇）	编辑部 （篇）
第 1 期	17	1（五线谱）	7	7	1
第 2 期	20	0	7	5	0
第 3 期	20	2（简谱）	6	5	1
新 1 期	27	0	8	4	1
新 2、3 期	33	1（编译、简谱）	7	7	2
新 4 期	32	0	6	9	0

在出版的 7 期《人民音乐》中共发表歌曲 149 首，歌曲形式多样，包括合唱、儿童歌舞表演、先领后合、先齐后合等，如儿童歌舞合唱《秋收歌舞》包括"一片好庄稼""收割""五谷杂粮往回拉""捏谷""压场""扬场""过斗歌""送公粮""欢乐歌"9 首（新 1 卷第 2、3 期合刊），先领后合歌曲《送公粮》（新 1 卷第 1 期），先齐后合歌曲《全中国人民就要解放》（新 1 卷第 2、3 期合刊）；包含由东北秧歌调、东北小调、说唱音乐改编的歌曲，如东北秧歌调改编歌曲《翻身秧歌》（第 1 卷第 2 期），东北小调改编歌曲《团结起来争取民主》（创刊号），说唱音乐改编歌曲《常家庄的故事》（新 1 卷第 4 期）；涉及战争歌曲、儿童歌曲、生产劳动歌曲、东北民歌等题材，同时专门设出工人创作歌曲辑、张曙歌曲选录等。刊物编选的歌曲除合唱、儿童歌舞表演、先领后合、先齐后合歌曲篇幅较长外，其余歌曲大多是分节歌的结构，以短小、精悍见长，儿童歌曲更是如此。所有歌曲采用简谱形式编排，歌曲名字居中，歌曲左上角标记拍号、音乐风格，右上角标注创作者名字。如有需要，也可在歌曲结束后标记演唱提示、演唱说明、歌曲出处、编者按等。从《人民音乐》中的歌曲编排上可以看出编者的良苦用心，歌曲不但类型丰富、涉及面广，而且重视歌曲的版权、出处等，采用简谱编排更容易被广大群众接受，使刊物的价值得到最大发挥。在《人民音乐》7 期刊物中，除新 1 卷第 2、3 期合刊中没有"技术讲座"一栏，其他几期都编排有 2~4 篇涉及声乐、器乐、作曲、指挥等方向的研究性理论文章，如《演唱上的几个问题》（唐荣枚）、《谈指挥》（陈紫）、《怎样学习二胡》（程光华，第 1 卷第 3 期）等。贺绿汀的《和声学》、潘奇的《识谱法》等均连载 3 期，李焕之的《歌词创作上的几个技术问题》连载 4 期，分别讨论了"曲调的构成""节奏的性质"等相关问题。音乐创作（特别是歌曲创作）、歌曲演唱、合唱指挥等都是当时音乐工作者在实际工作中

经常涉及的几个方面，理论知识的欠缺势必会影响音乐工作的进行，"技术讲座"一栏便很好地向东北地区文艺工作者提供了一个学习专业音乐知识、交流学习经验的平台。

由于《人民音乐》只在解放区发行，因此"通讯、报导"的内容主要反映东北文艺演出、音乐文化研究、东北鲁艺音乐活动等方面以及少量延安文艺活动，如"佳木斯齐齐哈尔纪念冼星海逝世一周年"（创刊号）、"东北文艺工作团民间音乐研究简讯"（第1卷第2期）、"音乐出版物近讯"（新1卷第1期）、"最近一个时期的鲁艺音乐创作"（新1卷第2、3期合刊）等。新1卷的4期中"通讯、报导"涉及的层面更多，第1期发表"部队音乐工作者来信"；第2、3期合刊编排了"通讯讨论"，读者提出音乐学习上的问题如"关于学习民间""我们学习上的改变"等，编者给读者回复解答；第4期发表"沈阳市中等学校音乐教学研究小组活动概况"。"通讯、报导"不但向读者介绍音乐文化活动，也发表音乐教育、民间音乐等方面的状况以供参考学习，同时开始注重与读者的沟通、交流。

第三节　编者与《人民音乐》

一、编委与《人民音乐》

《人民音乐》第1卷出刊的3期只有王一丁、任虹、吕骥、何士德、向隅5人负责编辑工作，复刊后出版的4期是由吕骥、何士德、向隅、任虹、安波、李劫夫、庄映、李鹰航、张一鸣等9人组成的编辑委员会来组织工作。这些编委大多接受过延安时期鲁迅艺术学院的政治和艺术学习，并承续了延安时期的优良传统，主张教学相长、鼓励创作、重视实践。在鲁迅艺术学院成立之初的宣言中谈道："我们不仅为了服务于目前的抗战而工作，更进一步，我们还要为抗战胜利以后建立独立自由幸福的新中国而工作。一方面，我们的一切工作是为了抗战，另一方面，我们要在这些工作中创造新中国的艺术。我们要接受新时代的中国的和外国的艺术遗产，使新的中华民族的艺术更迅速的成长。"[①] 从抗日战争时期到国内战争时期，虽然斗争的矛盾发生了变化，但希望在战时环境下持续性发展音乐事业的决心和方向没有改变。新1卷第2、3期合刊上发表的《〈人民音乐〉编辑计划（草）》一文，正是编委们在新时期、新情况下对音乐发展做出的思考。

---

① 李业道：《吕骥评传》，人民音乐出版社2001年版，第57—58页。

《人民音乐》编辑计划（草）[1]

前言

为加强今后本刊工作，特拟订一计划，请大家提出意见为盼！

本计划，系根据我们少数人考虑到实际力量，就可能实现的范围而提出的，很不完全，希望大家提出意见，以便补充。

计划

一、建立研究与批评

A. 介绍各种切合实际专门研究，如关于创作的演唱的，演奏的，历史的和民间音乐的。

B. 组织对这一时期被大家注意的作品的研究和讨论，并请专人写批评文字。

C. 在今年内有计划的研究几个问题，并就研究中所发现的问题，分别写成评论。根据目前情况，拟在今后几个月内研究下列几个问题：

（1）电影音乐问题

（2）群众歌曲问题

（3）歌剧音乐问题

（4）小学音乐教育问题

办法：按期公开征集各方面及读者对某某问题的意见，由编委会召集研究会（少数人的）或座谈会（多数人的）研究讨论，同时请多方面创作者发表意见，选择其中之一部分发表于本刊，或请专人写成专门研究或评论发表于本刊。

二、建立通讯报导，交换经验

希望各音乐工作组织（如文工团宣传队中的音乐组乐队，各单位的歌咏队合唱队等）及各人有计划的报导自己的具体活动情况，工作经验，以便推广经验，互相学习，改进工作。

办法：由各方面各单位组织写稿，个人亦可投稿，最好由各方面各单位行政上指定专人负责写稿，本社得斟酌情形，聘请为定期的通讯员。除稿酬外，并定期赠送杂志一份。

三、组织学习讨论

根据各方面音乐工作者的需要，计划分别讨论下列几个问题：

（1）关于群众音乐运动问题

（2）关于提高问题（包括学习西洋音乐，学习音乐技术，学习民间音乐，接触

---

[1]《人民音乐》编辑部：《〈人民音乐〉编辑计划（草）》，《人民音乐》1949年新1卷第2、3期合刊。

生活等问题）

（3）关于学习方法问题

办法：先由各方面的音乐工作者书面提出具体问题，具体困难，和自己的看法和意见。讨论时间及顺序，视所收到的书面材料多少而定先后，然后由编委会召开研究会（少数人的）或座谈会（多数人的）然后将大家所提出的问题困难意见以及研究会所得出初步结果或座谈会的主要发言汇集发表于本刊。

四、其他问题

创作，仍按过去方针，以群众所能唱的歌曲（包括合唱）为主，亦以少数篇幅发表群众（工农兵及初学创作的）自己所创作的作品。器乐曲以群众性的管弦乐队所能演奏的作品为主，亦以少数篇幅发表群众所能接受的独奏与小合奏的作品。

文字以切合目前实际需要的文字为主，某些有价值的较短小的专门著作，虽不一定是目前所急切需要的，也拟选出少数或择其重要部分予以介绍。

（编委会）

从《人民音乐》的7期刊物来看，较多体现的是与音乐服务战争、服务群众生产有很大关联的部分，而对音乐事业的发展、文艺工作者专业技能的提高方面并未给太多的篇幅刊载。1948年11月全东北解放，东北从战时状态进入恢复生产状态，音乐界也进入新的形势。随着1949年年初"东北鲁迅文艺学院"的建立，根据新的历史条件，《人民音乐》发表了《〈人民音乐〉编辑计划（草）》一文，这篇文章较全面地分析了当时音乐面临的问题及未来发展方向，并提出了具体的解决办法。其中，"建立通讯报导，交换经验"和"其他问题"的编辑计划主要从音乐社会学的角度提出问题并寻求解决办法，促进音乐事业繁荣发展。而计划中提出的"建立研究与批评"和"组织学习讨论"是从音乐本体出发，全方位、多角度地探索发展方向、提升音乐技能，以学术的角度提出学术性、专业性的问题。

《〈人民音乐〉编辑计划（草）》更像是音乐界提出的音乐发展规划，具有先进性和引导性。1950年出刊的《人民音乐》编辑计划、编后语、本刊征稿等多与《〈人民音乐〉编辑计划（草）》一文所提出的各项计划吻合，在新中国成立之前《人民音乐》主创对刊物的发展方向做了思考、研究，但是并没有时间去实现。新中国成立之后出版的《人民音乐》对《〈人民音乐〉编辑计划（草）》一文提出的群众歌曲问题、小学音乐教育问题、电影音乐问题、歌剧音乐问题等都积极组织讨论，建立通讯报道体系，多次组织召开研讨会、座谈会等，并在长期的办刊过程中将这些编辑计划一一实现。

二、吕骥与《人民音乐》

1946年，吕骥作为主持音乐工作的领导人，在发动群众土改、号召青年参军任务的号召下，组织出版了《人民音乐》。《人民音乐》成为解放战争时期开展文艺宣传活动的载体，同时也为音乐文化事业建设做出了贡献。作为《人民音乐》的主编，吕骥的音乐思想影响着《人民音乐》的发展。

1909年4月23日，吕骥出生于湖南湘潭，身处由旧社会向新社会过渡的特殊时期，经历了文学、政治、社会现实等方面的革新，又有着学堂乐歌时期群众化的歌唱传统以及受到五四新文化运动时引进西方音乐技术的影响，使吕骥的音乐思想基于政治思想而形成，并融入社会学、历史学、文化人类学等理论修养。从1930年左翼作家联盟成立到1937年进入延安参加工作，吕骥一直参与、领导左翼戏剧、音乐运动，推行无产阶级音乐，"深入社会，了解和运用包括民间音乐形式在内的各种传统艺术形式"①。1937年10月，吕骥到达延安，是进入延安的第一个专业音乐工作者。吕骥领导了延安时期所有的音乐活动，如开展歌咏运动、组织创作歌剧问题讨论、参与戏剧运动、发起成立民歌研究会、领导新秧歌运动等。在担任音乐行政领导工作时，参与筹备了鲁迅艺术学院。作为鲁迅艺术学院音乐系主任，吕骥将关注视角延伸到了艺术教育领域。在延安时期，吕骥的政治思想更加成熟，音乐思想也进一步明确，"研究进步的理论与技术；推动抗战音乐的发展，培养抗战音乐干部；研究中国音乐遗产，接受并发挥之，组织、领导一般音乐工作"②是鲁艺音乐系的教育方针，其中提高理论与技术、发展抗战音乐、加强对民间音乐的学习研究等都是吕骥音乐思想的体现。

战时特殊时期，文艺作为意识形态领域的主力，一直发挥着巨大的社会作用。1936年4月，在《生活知识》杂志的"国防音乐"专辑中发表了吕骥的《论国防音乐》一文，这篇文章对"新音乐"做了系统的理论说明，提出"新"的核心是"为大众服务"，提出国防音乐和新音乐要"以歌曲为中心"同时"要尽可能的民歌化"。1945年抗战结束后吕骥总结道："抗战歌曲的伟大的爱国主义精神，民族文化精神，艺术创造精神和斗争精神将继续下去。"③《人民音乐》集中体现了从社会学角度出发提出的"以歌曲为中心"的思想，以刊载新创作的歌曲为主，平均每期发表21首歌曲，在《人民音乐》不明确分设栏目的情况下编排了"战争歌曲特辑""儿童歌曲特

---

① 明言：《20世纪中国音乐批评导论》，人民音乐出版社2002年版，第159页。
② 伍雍谊：《人民音乐家——吕骥传》，中国文联出版社2005年版，第36页。
③ 伍雍谊：《人民音乐家——吕骥传》，中国文联出版社2005年版，第187页。

辑""工人创作歌曲辑"等。

除了重视歌曲的创作，吕骥主张在抗战的同时开展各个方面的文艺活动，认为学习音乐理论、普及音乐知识、推进音乐运动三者是相辅相成的，需要同时进行。因此电影音乐、群众歌曲、歌剧、小学音乐教育等都是吕骥十分关心的领域，并在《〈人民音乐〉编辑计划（草）》中逐一体现，是期刊编委对当时音乐状况的思考，也体现出作为主编的吕骥音乐思想的前瞻性。在新中国成立之前，吕骥作为音乐界的主要领导人对音乐事业的发展产生了巨大的影响，作为1946年《人民音乐》的主创者他重视歌曲创作、主张搜集整理民间音乐、鼓励电影音乐的创作等音乐思想直接体现在刊物的编辑实践、编辑计划中。新中国成立之后出刊的《人民音乐》延续了刊物的办刊风格，在歌曲创作、音乐教育、部队音乐等方面都有了全新的发展。

作为中华全国文艺协会东北总分会的音乐会刊，1946—1949年的《人民音乐》积极团结东北解放区的音乐工作者，以激励战斗、鼓励生产、反映生活为目的进行音乐创作（主要是歌曲创作），同时普及音乐创作所需的专业基本技法，收集、整理民间音乐等。《人民音乐》在战时坚守音乐阵地，为解放战争做出了贡献，为新中国音乐事业的发展做了准备和铺垫。正如《人民音乐》创刊号《发刊词》中说的："通过这样的歌曲来更加提高群众的觉悟，激发斗争的情绪，以取得全国和平民主独立的胜利更早的到来，这是一个艰巨的任务，没有东北音乐界的共同努力是一定难以实现的。"[①] 从1946—1949年的《人民音乐》发表的文论内容及编辑编排思考中可以看出，刊物积极响应中国共产党的政策号召、努力发展音乐事业、重视与读者的交流，具有政治性、学术性和社会性等多重属性。

第二章　1950—1965年《人民音乐》的编辑实践

第一节　《人民音乐》缘起

《人民音乐》是连接中国音乐家协会和社会音乐各界的桥梁，它的思想、内容主要体现中国音乐家协会所提倡、坚守的方向。作为中国音乐家协会的机关刊物，《人民音乐》集中传递党和国家的文艺方针、政策，组织学术交流、社会音乐活动，介绍外国音乐文化，普及、发展音乐事业。因此，中国音乐家协会以《人民音乐》为主要平台，在新中国文化建设的早期发挥着巨大的作用，引导、促进了我国音乐事业在专业音乐领域、社会音乐文化等方面的发展。

---

① 《人民音乐》编辑部：《发刊词》，《人民音乐》1946年第1期创刊号。

一、《人民音乐》创刊背景

1950年9月创刊的《人民音乐》在《发刊词》中提出:"音乐工作者必须以无限热情来展开人民音乐运动,迎接这个即将到来的伟大的经济建设与文化建设的高潮。"[①] 中华全国音乐工作者协会作为音乐事业的领导团体,开始探索新中国音乐事业的发展问题。在新的政治形势下,音乐工作的政治方向、音乐创作方向都发生了变化,新的社会环境对音乐的需求也发生了变化,同时音乐事业的开展也急需深入。从纵向上,提高音乐工作者基本技术能力,学习古今中外的优秀音乐文化;从横向上,普及音乐知识、音乐教育,扩大音乐的社会影响力。这些都是当时音乐领导人关注并提出的问题,对这些问题的认识需要有"媒介"作为传递工具,下达音乐思想,传播音乐学术动态、音乐社会活动、音乐文化交流等信息。1950年春,中国音协已经开始策划、筹备出版刊物,并开展了征稿、编排等工作,但由于受到稿件数量、内容等制约,决定将两种刊物合二为一,出版一本综合性的定期刊物。《人民音乐》于1950年10月创刊,缪天瑞首任主编,刊物以月刊的形式面向全国出版,涉及音乐的多个领域,主要发表歌曲创作及评论,同时根据音乐发展的需要组织出版"专号"。

二、1950—1965年《人民音乐》基本情况

(一)出刊情况

《人民音乐》从1950年9月创刊到1965年停刊,共出版刊物148期(其中双月合刊按两期计算)。早期的出刊情况受到社会环境、政治氛围的影响,刊物的发展在性质、编排主题上都有较明显的变化。1950—1954年受社会运动的影响,刊物发展波动较大。从1950年10月创刊到1951年12月共出15期(1951年9月未出刊),在1951年12月举办的全国文联第八次常务委员会扩大会议上,对当时的文艺工作和文艺刊物进行了批评,并提出调整全国性文艺刊物,于是刊物在1951年第12期第23页发表了《停刊启事》。[②] 经过整顿的《人民音乐》在1953年12月复刊,复刊后刊物发表内容由歌曲创作、评论转变为反映音乐现实问题的综合性评论刊物。1954

---

① 《人民音乐》编辑部:《发刊词》,《人民音乐》1950年第1期创刊号。
② 参见《人民音乐》编辑部《停刊启事》,《人民音乐》1951年第12期。

年，刊物以双月刊的形式出刊一年，1955年及其之后，刊物的出刊情况逐渐稳定，每年都出刊12期。1965年以双月刊的形式出刊6期后停刊。1950—1965年各年度刊物出刊详情见表2-1：

表2-1　1950—1965年《人民音乐》出刊统计表

时间	出刊数	性质	类别	年均页数	主编	编辑
1950年	4	月刊	创作性	68	缪天瑞	张文纲、黎章民
1951年	11	月刊	创作性	64	缪天瑞	张文纲、黎章民
1952年	停刊					
1953年	1（12月18日）	月刊	评论性	74	吕骥	副主编：孙慎
1954年	6	双月刊	评论性	64	吕骥	副主编：孙慎
1955年	12（11、12月合刊）	月刊	评论性	40	无①	无
1956年	12	月刊	评论性	48	无	无
1957年	12	月刊	评论性	45	无	无
1958年	12	月刊	评论性	40	无	无
1959年	12（10、11月合刊）	月刊	评论性	41	无	无
1960年	12（7、8月，11、12月合刊）	月刊	评论性	38	无	无
1961年	12（7、8月合刊）	月刊	评论性	33	无	无
1962年	12（5、6月合刊）	月刊	评论性	32	无	无
1963年	12（8、9月合刊）	月刊	评论性	32	无	无
1964年	12（8、9月，10、11月合刊）	月刊	评论性	40	无	无
1965年	6	双月刊	评论性	40	无	无

（二）出版、发行情况

新中国成立初期百废待兴，各机构、部门正处于建设、并联阶段，负责《人民

---

① 1956—1965年，因主张集体创作、集体研究，所以在刊物上没有标明主编、副主编及编委人员姓名，这一阶段主编的工作由李凌、孙慎先后担任。

音乐》的编辑、出版、发行、印刷机构也处于经常变更状态。早期负责编辑的机构发生过三次变化，创刊时由中华全国音乐工作者协会负责编辑，1953年复刊后编辑者变为中华全国音乐工作者协会《人民音乐》编辑部，1958—1965年编辑者为《人民音乐》编辑部。出版单位1950年由新华书店承担，1951年由人民出版社承担，1953年和1954年由艺术出版社承担，1955—1965年一直由音乐出版社承担。发行在1950年和1951年由新华书店承担，1953年由中国图书发行公司承担，1954—1958年由邮电部北京邮局承担，1959—1965年由北京市邮局承担。印刷在1950年前3期由北京解放印刷厂负责，1950年第4期至1951年由京华印书局承印，1953年由北京日报印刷厂承印，1954年由光明日报印刷厂和京华印书局共同承印，1955—1965年由京华印书局承印。从以上内容可以看出，以1955年作为分水岭，1955年之前的编辑、出版、发行、印刷都极不稳定，1956年之后刊物发展进入正轨，制作部门相对稳定。

从《人民音乐》早期的出刊、出版发行中可以看出，社会因素、政治因素、文化因素等对刊物的发展产生了巨大的影响。编辑素质的高低影响刊物的质量，从而间接影响刊物的发展前景，而出刊的客观环境却可以直接影响出刊的连续性。期刊的专业性和时效性居于书籍和报纸之间，最大的优势就是出版的连续性，经常性的停刊不利于刊物的长期发展。

第二节　1950—1965年《人民音乐》编排介绍

《人民音乐》为16开本，封面设计随刊物的发展有较明显的变化，从创刊号起到1955年第1期的封面大多简单地标明刊物名称、年份、出版期号，有时标明发行单位、编辑单位。从1955年第2期起封面开始插入图片并在目录最后标注封面的出处等，最初图片占据封面约一半的比例，且摆放位置不定。图片的选择多以音乐表演为主，有群众歌曲演唱、乐器演奏图片等，偶尔还以音乐家的画像作封面，如1957年第12期封面是刘天华的画像。封面也对国家大事作以反映，如1957年第10期封面图片为欢度国庆。1959—1965年刊物的封面设计又从简洁到设有插图重新过渡了一次。从1955年第3期开始在刊物的最后几页以及封三（底封面的背面）编排演出、音乐活动的照片。1956年第7期在封二（封面的背面）编排了4幅纪念奥地利作曲家莫扎特诞生200周年的图片，从这一期起封二开始编排图片。期刊文章中也经常有插画和插图，在涉及国外民族音乐的文论中常配以体现音乐表演状态的插画给读者以直观的感受和了解，如1961年第10期在《埃塞俄比亚人民的心声》（李尼）一文中配以题为"美好世界"和"哈拉——古图舞"两幅插画（李克瑜速写）；在有关音乐活动、研究会等文论中常加入插图，如1961年第6期《乐器改良座谈会上展出的几种新的改良乐器》（毛继增）一文配图"陆春龄在乐器改良座谈会上演奏自己设计的塑料笛"。个别合刊号还设置了中页编排与本期内容相关的图片，如1960年第11、12期第37—40页均为"纪念聂耳逝世二十五周年""冼星海逝世十五周年"的相关图片。

从创刊号至1958年6月《人民音乐》目录一直设置在首篇文论之前，1958年第7期目录被安排在最后，之后目录的安排就具有很强的不确定性，有时在前有时在后。期刊的文字编排多以横排为主，包括分左右栏和不分左右栏两种。少数涉及民族音乐或古代音乐的文论偶尔有纵排设计，如1961年11月的《戏曲音乐谚语注释》（苏移）一文。刊物中出现的乐谱涉及歌曲的多用简谱呈现，器乐曲、曲式、和声等多用五线谱呈现。

一、稿件来源

《人民音乐》稿件来源方式多样，在对刊物进行分析后提炼出稿件来源有以下几种方式：

1. 面向社会征稿

从创刊号开始《人民音乐》就发表《本刊约稿》公告，"本刊欢迎音乐各方面的文稿，不论批评、研究、技术、介绍、报道……长稿、短稿均所欢迎"[1]，同时征集歌曲、器乐曲、相关照片等。如遇到重大的纪念日，编辑部会提前发表征稿启事，向社会各界征稿以示音乐界对此事的重视。如1961年7月，值党的40周年诞辰之际编辑部特发声明："我们音乐工作者在我国革命的各个历史时期，在党的领导下以自己的工作配合各个阶段的革命斗争发挥有力的作用。欢迎大家就自己的体会写出回忆文章寄本刊发表（六月中旬集稿），以表示我们对这个伟大的节日的祝贺。"[2]

2. 向音乐相关单位征稿

在创刊号的《本刊编辑计划》一文中对刊物的内容"建立通讯报道"方面做了说明："约请各地音乐工作团体（如各地音协、各学校音乐系、各文工团、各宣传队之音乐队），有计划地经常报道各自的工作情况、工作经验，以便推广交流，互相学习。"[3]因此刊物在1950—1951年多次发表《本刊征求特约通讯员》《〈人民音乐〉征求特约通讯员》等通告，面向"各地文联、音协、文化局、音乐工作组、音乐演出团

---

[1] 《人民音乐》编辑部：《本刊约稿》，《人民音乐》1950年第1期创刊号。
[2] 《人民音乐》编辑部：《编后记》，《人民音乐》1961年第5期。
[3] 《人民音乐》编辑部：《本刊编辑计划》，《人民音乐》1950年第1期创刊号。

体、文化馆、文化宫、俱乐部及业余艺术团体的音乐工作者、各级音乐专门学校的师生，及中小学音乐教师"①征求特约通讯员，1951年第1期编辑部发表的《"人民音乐"月刊半年编辑工作小结》中提到目前已征集到120位特约通讯员。特约通讯员主要协助编辑提供所在单位、所在地区的音乐活动及问题，收集读者意见、音乐资料，提供优秀的音乐创作等，刊物设置的"音乐消息""音乐动态"等栏目的稿件主要由特约通讯员提供，使《人民音乐》具有社会音乐学的性质，真实地向音协反馈各地音乐事业发展动态。随着刊物的发展，本刊评论员、本刊记者等也为刊物提供了不少稿约，如《常香玉、袁雪芬谈戏曲音乐问题》（1957年第5期）就是本刊记者向两位表演艺术家约稿而来的。《交响音乐创作的技巧》（1961年第11期）是本刊记者就交响音乐创作的技巧问题采访马思聪而获得的稿件。

3. 结合政治事件、相关会议组稿

《人民音乐》编辑部主要在两个方面组稿：

第一，重大政治事件。在庆祝中华人民共和国成立10周年之际，编辑部在1959年第10、11期发文《鼓足干劲，把我国的音乐事业推向新的高峰》。总结10年来音乐事业取得的成绩、经验，展望新的发展。同期发表关于音乐创作、音乐表演、交响音乐、音乐教育等总结性的文论，如《社会主义的民族的新音乐的成长》（吕骥）、《部队音乐工作的十年》（李伟）、《歌曲为社会主义的政治服务》（李焕之）、《新中国交响乐艺术的发展》（涵滋）、《漫谈十年来的音乐表演艺术》（李凌）、《音乐教育事业的辉煌成就》（丁善德）等15篇，并设置"庆祝与回忆"和"献礼作品演出评述"两栏。1959年第12期延续设置"各地庆祝建国十周年献礼作品述评"一栏，公开交流各地的献礼活动。1963年响应"艺术要更好地为农村服务"政治号召在第3期和第6期共发表有关文论12篇，主要从创作、演出、理论等角度展开讨论。

第二，相关重要大会。作为会刊对中国音协组织的音乐创作、评论、表演等座谈会的内容予以发表，为音乐团体、学校等相关单位和个人指明方向，使广大音乐界跟紧步伐。1963年2月，中国音协召开了独唱独奏座谈会，《人民音乐》发表了一系列文论，如《让独唱独奏艺术更好地反映时代精神》（本刊评论员）、《提高独唱独奏水平问题的我见》（马思聪）等，并在1963年第6期发表了李焕之《谈谈民族演唱艺术的发展和提高——在独唱独奏音乐座谈会上的发言》一文。1960年召开中国文学艺术工作者第三次代表大会，对此《人民音乐》在1960年第7、8期合刊以《陆定一同志代表中共中央和国务院在全国文学艺术工作者第三次代表大会上的祝词》一文作为开篇，共发表17篇相关文论，并在1960年第9期继续发表相关文论7篇，从各个

---

① 《人民音乐》编辑部：《本刊征求特约通讯员》，《人民音乐》1953年第12期。

角度阐释大会的要点、任务等。除此之外，中国音协还组织了"戏曲音乐工作座谈会""川剧音乐问题座谈会""独唱独奏音乐座谈会""京剧革命现代戏座谈会"等，将相关讨论组稿发表。

4. 组织专题讨论

1963年3月《光明日报》发起音乐舞蹈"革命化、民族化、群众化"的问题讨论后，在1963年第3期专门设置"音乐艺术要更好地为农村服务"一栏展开讨论，"三月一日，本刊编辑部邀请在京部分音乐家座谈音乐艺术如何更好地为农村服务的问题"①，共发文8篇如《要创造出一套为农村服务的新经验》（马可）、《更深入，更经常》（刘淑芳）、《重要的问题是用什么去教育农民》（方晓天）等。

5. 信件往来

1962年第10期发表的《致刘淑芳同志》（周畅）一文，是周畅在观看了刘淑芳的独唱音乐会后对她的演唱技术、艺术处理、表演等方面进行探讨的信件。1963年第8、9期合刊发表的《歌唱家要担负起表演新作品的光荣责任》（刘淑芳）一文，编者对文稿的来源专门做了说明："这里发表的是从刘淑芳同志给朱践耳同志的一封信中摘出来的。因为信中所谈到的问题是许多表演家经常碰到而又没有很好解决的问题，刘淑芳同志在信中提出了值得重视的意见，对许多歌唱家解决这类问题是有帮助的。"②

6. 转载

《人民音乐》转载的文论大多来自《文汇报》《人民日报》等。对于发表在其他报纸、刊物上的党中央下发的重要文论以及与音乐相关的问题讨论文章，《人民音乐》会将其转载并作说明，如1963年第3期中的《独唱独奏音乐的创作和表演问题》一文就是转载自《文汇报》的文论。在文章开篇编辑专门写道："《文汇报》1962年11月3日发表了丁善德的《独唱独奏音乐的创作和表演问题》一文，摘要转载如下……"③ 同时刊物也转载其他刊物发表的有关音乐问题的评论文章，如1958年第5期发表了其他报刊上有关《九九艳阳天》的评论文章。

二、栏目设置情况

《人民音乐》的栏目设置是在刊物的发展中逐渐形成的，随着刊物的办刊性质、办刊宗旨等的变化而发展变化。在1950—1951年除了"专号"有清晰的中心、明确

---

① 《人民音乐》编辑部：《支援农业，首先要为农民服务》，《人民音乐》1963年第3期。
② 刘淑芳：《歌唱家要担负起表演新作品的光荣责任》，《人民音乐》1963年第8、9期合刊。
③ 丁善德：《独唱独奏音乐的创作和表演问题》，《人民音乐》1963年第3期。

的栏目分设外,其他几期多为"隐栏",将相关内容依次编排,不同的内容之前用空行隔开以便区分。1953年复刊后,重要的文论还是采用"隐栏"的方式编排,但是清晰地设置了"通讯与报导""读者来信""音乐问答"栏目,三个栏目名字用不同于文章篇名的字体书写并居中编排。1954年之后,刊物多以提出中心问题并讨论的形式为主,并把中心问题设为栏目名称。

发表评论曾设置过的栏目有"批评与研究""问题讨论""短评""书刊评介""短评·杂感·随笔""批评与建议""新歌评介"、1956年第6期"关于歌曲《远航归来》的讨论""音乐随谈""和声外音""短论·杂谈""创作述评""大家谈群众歌曲"、1958年第4至6期"关于歌曲'九九艳阳天'的讨论""大家谈音乐工作""中小音教""我们喜欢这样的歌"、1959年第4期"关于抒情歌曲问题的讨论"、1959年第5期"关于音乐表演节目问题的讨论""短评与杂谈""乐谈""音乐厅""电影歌曲也要反映时代精神,抒情歌曲必须抒发革命之情""笔谈芭蕾舞剧《红色娘子军》""谈歌剧《江姐》"。

《人民音乐》紧跟时事政治,将政治与音乐创作、研究相互融合,曾专门设置过的栏目有1950年第3期"纪念十月革命专页",1956年第4期和第5期"展开社会主义的歌咏运动",1956年第8期"谈百花齐放,百家争鸣",1957年第5期"继续放手,坚持贯彻'百花齐放、百家争鸣'的方针",1957年第11期"庆祝伟大的十月社会主义革命四十周年",1958年第1期"在反右派战线上",1958年第3期"乘风破浪气吞山河,思想、创作、工作齐头飞跃",1958年第4期"在我们祖国到处是革命歌声",1959年第8期"响应伟大号召、争做跃进号手",1959年第10、11期合刊"庆祝与回忆""献礼作品演出述评",1959年第12期"各地庆祝建国十周年献礼作品述评",1960年第6期"反对美帝侵略、坚持解放台湾、保卫世界和平""高举毛泽东思想红旗,掀起文化革命的新高潮!",1960年第10期"纪念中国人民志愿军抗美援朝出国作战十周年",1963年第3期"音乐艺术要更好地为农村服务",1963年第6期和第11期"音乐为农村服务",1964年第3至第5期"创作和发展社会主义的民族的新音乐",1964年第8、9期合刊和第10、11期合刊"为工农兵服务,与工农兵相结合",1964年第10、11期合刊"毛泽东思想的颂歌中国革命的史诗",1965年第4期"坚决支援越南人民的抗美救国斗争",1965年第6期"美帝国主义从越南滚出去",1965年第10期"音乐工作者深入农村面向农村为五亿农民服务""庆祝越南民主共和国成立二十周年"。

根据音协、文联相关会议,为大型音乐活动、纪念等设置的栏目有1950年第10期"人民作曲家冼星海同志逝世五周年纪念专页",1950年第3期"三野评奖介绍专页",1956年第8期"第一届全国音乐周演出的作品评介",1956年第9期"中国音乐家协会第二次理事会（扩大）会议上的发言"，1957年第3期和第4期"全国声乐教学会议专辑"和"新歌剧问题讨论"，1957年第7期和第8期"戏曲音乐工作座谈会专辑"，1958年第9期"社会主义歌唱运动现场会议特辑"、1958年第10期"为声乐的民族化而努力"，1959年第2期"首都音乐界举行座谈会批判钱仁康的资产阶级学术思想"，1960年第5期"职工会演期中的职工评论"，1960年第6期"欢呼职工音乐活动空前繁荣的新时代"，1961年第9期"欢迎日本合唱团"，1964年第6期"为中国人民解放军第三届文艺会演欢呼"，1964年第7期和第8、9期合刊"革命的京剧现代戏好得很"。

与理论建设相关的栏目有"音乐小讲座""近代音乐史料""小讲座""民族音乐传统的新探索""百花园中评弹争妍""学术动态"。

通讯报道设置的栏目有"音乐消息""通讯与讨论""音乐动态""简讯""国外乐讯""花苑""群众音乐活动近事综述"。

第三节　1950—1965年《人民音乐》主要内容分析

一、歌曲创作

在《人民音乐》创刊号发表的《本刊编辑计划》一文中对刊物内容做了详尽说明，指出要"经常征选切合当前各方面需要的创作（主要是歌曲）"[①]，因此刊物前15期均以发表歌曲创作为主，每期平均发表20首歌曲，均以简谱记谱，方便传唱。根据编辑计划中提出的歌曲内容要"以适合工、农、兵、学生、青年机关团队的各种齐唱、对唱、合唱为主"[②]。将发表的歌曲按传唱人群进行划分，主要包括部队歌曲、工人歌曲、农民歌曲、儿童歌曲、青年歌曲等。部队歌曲的内容以歌颂战士、鼓舞军队士气、描写部队生活等为主，如《迎英雄》（四十六军文工团创作组）；工人歌曲主要歌颂工人劳动、生产中乐观的精神，鼓励加快生产、提高生产速度，如《工地如战场（成渝铁路战士筑路谣之一）》（盛雨辰）；农民歌曲主要表现新时代农民的生活、劳作状态，如《王小五翻身》（张振亚）；儿童歌曲以表现孩童的生活为主，具有短小、易唱、朗朗上口的特点，如《和平花》（沈震亚、善同）；青年歌曲主要表现新青年的精神，激发新青年积极投入战争、生产当中，如《我们是新生的力量》（柯仲平、老

---

① 《人民音乐》编辑部：《本刊编辑计划》，《人民音乐》1950年第1期创刊号。
② 《人民音乐》编辑部：《本刊编辑计划》，《人民音乐》1950年第1期创刊号。

平）。此外根据歌曲演唱内容的特殊性，还设置了保卫和平抗美援朝歌曲、歌颂领袖歌曲两类。保卫和平抗美援朝歌曲如《前进！光荣的朝鲜人民军》（艾青、左江），歌颂领袖歌曲如《看到了毛主席》（王犁、牛畅）。

从刊物发表的歌曲可以看出，这一时期歌曲的创作多从实用、教育功能出发，发表的歌曲多以鼓励生产劳动、激发战士作战以及与时事、政治等相关为主，歌曲的其他功能、艺术价值等被弱化。

二、专号

《人民音乐》的编辑方针提出要"密切注意各地音乐运动中所发生的新情况，通过对具体问题的批评，使运动的道路和方向明确化。以适应工厂、部队中音乐工作者，及城市农村的中小学音乐教师之实际需要为主。发表理论与介绍创作并重"①。从1950年第4期开始在刊物中设置问题讨论，1950年第4期以唱法问题为中心展开讨论，1951年第1期集中讨论了创作方面的问题，1951年第2期配合政治任务批判了美国音乐。在刊物1951年第2期发表的《本刊第二卷各期研究中心预告》明确说明了1951年3月至8月的研究中心，分别为中小学音乐教育研究、部队音乐研究、工厂音乐研究、民间音乐研究、广播音乐研究、高等学校音乐教育研究，但在实际出刊中第7期和第8期没有按照原计划展开。刊物发表的7期专号多对当时音乐界面临的亟待提高的问题展开讨论。唱法问题主要讨论了声乐艺术是否需要民族形式，是否需要建立中国的新唱法及如何建立，民族声乐与西洋声乐的练声、咬字、共鸣之间的异同以及声乐艺术的科学性等问题。唱法问题的讨论从1950年第4期开始陆续开展，直到1956年编辑部才发文总结这一问题"西洋传统唱法和中国传统唱法都受到了人民的欢迎，它们都是人民所需要的"②，至此唱法问题的讨论才完全结束。所有的专号在通过文论展开讨论的同时发表相关歌曲，从理论建设与实际创作两个方面进行探讨，总结当前工作中的经验和不足。

专号讨论从实际需要出发，解决音乐文化发展中遇到的问题，在早期的音乐文化建设中起到了很好的作用，活跃了音乐各个方面的创作和研究。

---

① 《人民音乐》编辑部：《本刊编辑计划》，《人民音乐》1950年第1期创刊号。
② 《人民音乐》编辑部：《为了更旺盛，更繁荣——谈百花齐放，百家争鸣》，《人民音乐》1956年第7期。

三、政策、社会运动文论

早期的《人民音乐》一直以来都积极配合政治活动发表相关文论，在创刊号上发表了《全国音协致朝鲜艺术工作者协会的信》一文，表达了中华全国音乐工作者协会支持朝鲜的决心，并持续发表相关论文。如说道："我们音乐工作者也立即参加了这一如火如荼的抗美援朝的伟大的有世界意义的革命行动，我们正大量地写作抗美援朝战歌，我们要深入到各阶层群众中去，到前线去……我们更时时刻刻地准备着，当祖国需要我们的时候，我们将英勇地走上保卫祖国的战场，我们要用直接武器，用我们的枪弹与刺刀，狠狠地射击与刺杀这些丑恶的侵略者，他们在哪里进攻，就把他消灭在哪里！"①

1956年第1期刊发毛泽东的《"中国农村的社会主义高潮"序言》一文，提出现在党和人民面临的问题是"农业的生产，工业（包括国营、公私合营和合作社营）和手工业的生产，工业和交通运输的基本建设的规模和速度，商业同其他经济部门的配合，科学、文化、教育、卫生等项工作同各种经济事业的配合等等方面"②。1956年第4期和第5期设置"展开社会主义的歌咏运动"一栏发表8篇文论，有《下乡有感》（刘亚）、《唱出幸福的歌声来》（王福昌）、《江陵民歌合唱队》（何良佑、赵诚艺）、《百花齐放的群众业余艺术会演》、《旅大市的业余歌舞活动》（王石路）、《我们是如何开展社会主义歌咏运动的》（杭县文化馆）、《四川省今年来的群众音乐活动》（四川省文化局音乐工作组）、《一支农村妇女合唱队》（章文琦）。

1956年，在中共中央政治局扩大会议上，毛泽东提出了"百花齐放，百家争鸣"的方针，《人民音乐》在1956年第8期设置"谈百花齐放，百家争鸣"一栏，发文7篇，有《作曲家要有自己的个性和独特的风格》（马思聪）、《要让大家把话讲出来》（吉联抗）、《总得先有种子、土壤和肥料》（郭乃安）、《希望在〈人民音乐〉上充分展开"争鸣"》（李巨川）、《要有相应的具体措施来促其实现》（李元庆）、《要更多地关心创作》（姚牧）、《音乐理论科学工作应大力改进》（缪天瑞）。1957年2月吕骥提出音乐上也要坚持"百花齐放，百家争鸣"的方针，刊物在1957年第5期再次响应政策号召设置"继续放手，坚持贯彻'百花齐放、百家争鸣'的方针"一栏，发文5篇，包括《"不怕跟内行吵架"——谈创作与批评》（刘雪庵）、《不是无所"放"，而是"放"不开》（巩志伟）、《仅仅喊"你放吧"，这是不够的》（黄源洛）、《铜管乐这朵花有谁关怀》（欧阳枫）、《音乐家 座谈 "鸣""放"》。

---

① 中华全国音乐工作者协会：《我们的宣言》，《人民音乐》1950年第4期。
② 毛泽东：《"中国农村的社会主义高潮"序言》，《人民音乐》1956年第1期。

为了响应政治上"党中央和毛泽东同志提出的以农业为基础,以工业为主导的发展国民经济的总方针"[①]号召,《人民音乐》编辑部在1963年第3期设置了"音乐艺术要更好地为农村服务"一栏,由编辑部带头共发文8篇。有《支援农业,首先要为农民服务》(本刊编辑部)、《要创作出一套为农村服务的新经验》(马可)、《更深入,更经常》(刘淑芳)、《重要的问题是用什么去教育农民》(方晓天)、《下乡的一点体会》(张利娟)、《一个值得深思的问题》(李幻)、《深入生活,更好地为农村服务》(李焕之)、《春节前夕访农村》(汪明征、王苓君、孙幼兰)等,从各个角度展开讨论并提出"要很好地为千百万这样的创造者服务,不是一件轻而易举的事,而需要我们大家虚心地学习。学习马克思列宁主义,学习毛泽东同志的思想,同时还得虚心地向农民学习,虚心地学习农民所热爱的民间音乐和民间艺术。经验已经证明、也将继续证明;谁学习得好,谁就能更好地为农业建设服务"[②]。《人民音乐》编辑部在1963年第6期设置相关栏目"音乐为农村服务",发文4篇,包括《山沟里的音乐活动》(史掌元)、《在龙亢公社的一次演出》(杜锦玉)、《为农民创作更多更好的歌曲——记音协武汉分会农村歌曲创作座谈会》(曾代程)、《下乡前后》(陈文安),从这些文论中可以看出音乐工作者已经积极投身农村参加工作,且工作初有成效。1963年第11期继续设置"音乐为农村服务"一栏,发文3篇,有《一个面向农村的歌剧团——陕西省汉中歌剧团访问记》(宋扬)、《凉山上的一朵花》、《中国音协与农村工作队同志座谈农村音乐工作》(咏红),交流总结音乐工作者的成绩。

　　在1964年第1期的本刊编辑部发文《向新的胜利前进》中提出新的一年要"大力地发展我国民族音乐艺术的传统包括聂耳以来革命音乐传统"[③],在1964年连续设置了相关栏目进行探讨。在1964年第3期、第4期、第5期连续设置"创作和发展社会主义的民族的新音乐"一栏,共发文14篇,有《试论音乐革命化和民族化、群众化的关系》(赵沨)、《社会主义声乐表演艺术的时代精神》(汤雪耕)、《为革命而歌唱,为群众而歌唱》(罗荣钜)、《走出音乐厅,为农民歌唱》(郭淑珍)、《向传统学习,向生活学习》(王玉珍)、《欧洲唱法的民族化问题》(舒模)、《加强音乐艺术的革命化、民族化、大众化》(周国瑾)、《关于"老虎"的借喻及其他》(安波)、《我对作曲教学中若干问题的看法》(刘庄)、《严肃地区分民族音乐遗产中的糟粕与精华——从几首民歌改编曲谈起》(郑伯农)、《声乐科学研究工作中一个值得注意的问题》(歌弋)、《在民族曲式结构研究中如何对待西洋音乐理论——与罗传开同志商榷》(陈应

---

① 《人民音乐》编辑部:《支援农业,首先要为农民服务》,《人民音乐》1963年第3期。
② 《人民音乐》编辑部:《支援农业,首先要为农民服务》,《人民音乐》1963年第3期。
③ 《人民音乐》编辑部:《向新的胜利前进》,《人民音乐》1964年第1期。

时）、《民族歌舞团的民族化问题》（陈德英）、《就瞿希贤同志反映农业的歌曲杂谈歌曲音调的民族化》（何振京）。1964年第7期、第C1期设置"革命的京剧现代戏好得很"一栏，围绕京剧现代戏观摩大会、中国音乐家协会组织的京剧革命座谈会进行探讨，共发文12篇，有《戏曲史上划时代的大事》（赵沨）、《为了更高的理想》（李元庆）、《要碰硬钉子、大胆突破》（刘吉典）、《京剧艺术的革命》（舒模）、《坚持正确方向，继续精益求精》（金紫光）、《社会主义思想的新的胜利》（杨荫浏）、《在京剧现代戏观摩演出大会上的讲话》（彭真）、《京剧音乐更好地为社会主义服务》（舒模）、《浅谈京剧〈箭杆河边〉中老庆奎的唱腔设计》（徐兰沅）、《关于黛婼的唱腔创作》（关鹔鹴）、《京剧现代戏观摩演出大会闭幕》（新华社讯）、《中国音协座谈京剧革命现代戏音乐问题》（壁）。

在1964年第C1期和第C2期设置"为工农兵服务，和工农兵相结合"一栏，共发文10篇，《在火热斗争中改造思想——记上海音乐学院参加农村社会主义教育运动的收获》（本刊记者）、《必须与群众结合》（司徒华城）、《在大寨生活的日子》（巩志伟）、《艰苦锻炼　心红志坚——音乐工作者在大寨》（老舟）、《在农村教歌》（丹敏）、《在农民中演唱〈八月十五月儿明〉》（李桄）、《在革命的熔炉里》（瞿维）、《向石油工人学习》（王铁锤）、《到群众火热的斗争中去》（何占豪）、《我的初步体会》（周碧珍）。

1960年前后《人民音乐》编辑部为了响应党和政府的号召开展了一系列相关的音乐活动，组织编发了与社会运动相关的较多文论，在专业音乐建设方向如音乐教育、作曲理论、民族民间音乐等方面涉及较少，使音乐事业的发展有些偏离主方向。

四、评论

俄国著名诗人普希金曾指出："批评是揭示文学艺术作品的美和缺点的科学。"[①]新中国成立后为加快发展文化建设，在艺术文化领域经常开展激烈的评论。1951年展开对电影《武训传》的资产阶级唯心主义的批判，1952年开始对红楼梦研究中的主观唯心主义展开批判，1954年对京剧小生唱法问题展开评论，1954年对贺绿汀的《论音乐的创作与批评》一文展开评论，1955年对抒情歌曲《告诉我，来自祖国的风》展开评论、对胡风文艺思想的批判，1956年对歌曲《远航归来》进行评论，1956年在毛泽东提出"百花齐放，百家争鸣"后讨论新歌剧的创作问题，1958年展开对《九九艳阳天》的批判，1963年在革命化、民族化、群众化的号召下开展对马思聪音乐会曲目的讨论、对德彪西的批判等。

---

① 彭吉象：《艺术学概论》精编本，北京大学出版社2019年版，第257页。

从创刊号开始《人民音乐》就作为评论阵地，关心评论热点、组织创作评论。1951年参与对电影《武训传》的评论，发表了文论《不应该用歌曲来歌颂武训》（张寿安）、《电影"武训传"的音乐同样应受批评》（何士德）来进行批判。

1954—1955年展开对京剧小生唱法问题的评论，发表文章《我对京剧小生唱法问题的一些意见》（龚允怡）、《京戏小生唱法可不必发展》（吴晓报）、《对京戏小生唱法的我见》（陈陶）、《京戏小生应从唱腔上发展》（卢榮）、《京戏小生唱法的商讨》（石韧）、《对京戏小生唱法问题的补充说明》（龚允怡）、《在佛子岭水库的工农兵对京戏小生唱法的意见》（罗丁）、《目前京戏小生唱法需要改进》（白云生）、《萧长华先生对京戏小生唱法的意见》（记者）、《京戏小生唱法应如何发展》（王震亚）、《对京戏小生唱法的意见》（舒模）。

在1954年第6期中刊载了贺绿汀的《论音乐的创作与批评》一文，之后有不少对此发表评论的文章，如《对贺绿汀〈论音乐的创作与批评〉一文的商榷》（马紫晨）、《阻碍音乐创作发展的主要原因究竟是什么》（王百乡）、《"论音乐的创作与批评"读后》（杜矣之）、《我的看法》（张洪岛）、《我对贺绿汀同志"论音乐的创作与批评"基本精神的理解》（老志诚）、《一点刍见》（黄克勤）、《更深入更全面地联系实际，对音乐领域中的资产阶级唯心论思想展开彻底的批判》、《对贺绿汀同志"论音乐的创作与批评"的意见》（邢仪光）、《论有关当前音乐创作的几个问题——"论音乐的创作与批评"读后记》（程云）、《关于创作和批评的几点意见》（咏群）、《论贺绿汀同志对音乐艺术几个基本问题的形式主义观点》（夏白）、《论贺绿汀同志的技术至上主义的思想实质》（杨琦）。

在1955年第1期中刊载泽民的文章《对〈告诉我，来自祖国的风〉的意见》之后开始对歌曲进行讨论，发文《"告诉我，来自祖国的风"不是一首好歌》（戈风）、《关于戈风同志对〈告诉我，来自祖国的风〉的批评的几点意见》（管平）、《对泽民同志意见的商榷（谈歌曲"告诉我，来自祖国的风"）》（王福焜）、《对泽民同志文章的几点意见》（黄震）、《读者对"告诉我，来自祖国的风"的意见》（本社编辑部）、《谈谈"告诉我，来自祖国的风"的歌词》（艾克恩）、《谈"告诉我，来自祖国的风"的歌词及其有关的评论》（荒草）、《我对"告诉我，来自祖国的风"的意见》（刘兆江）、《音协理论创作委员会组织抒情歌曲问题讨论》（记者）。

对于红楼梦研究的批判，刊物也刊载相关文论，如《关于"红楼梦研究"的讨论和我们关系不大吗？》（王肯）、《反对音乐工作中的唯心主义思想》（王晋）。

1956年，在读者中展开对歌曲《远航归来》的讨论，刊载文章《我对"远航归来"一歌的意见》（石雨）、《关于歌曲"远航归来"的讨论》（读者之页）。1956年第6期设置专栏"关于歌曲《远航归来》的讨论"刊发《谈谈远航归来的风格》（广源）、

《我对〈远航归来〉歌词的看法》（毛西旁）、《关于曲调创作的民族风格的问题——从歌曲"远航归来"谈起》（高鲁生）、《对如何发展民族风格的一点意见》（高音）。1956年第10期发表《关于歌曲〈远航归来〉》（秦海）批判毛西旁对歌曲的意见。

1957年2月，由中国剧协和中国音协共同召开新歌剧讨论会，刊物在第3期设置专栏"新歌剧问题讨论"，刊载《试论新歌剧音乐创作的道路》（庄映）、《从"新歌剧音乐创作的三条原则"谈起》（刘烽）、《我对戏曲与新歌剧的理解》（林缘）、《从新歌剧〈迎春花开了〉的音乐创作谈起》（杜宇）。评论文章有1957年第4期的《为新歌剧艺术的进一步繁荣而努力》（本刊编辑部）、《繁荣与发展新歌剧》（刘芝明）、《新歌剧也要百花齐放》（马可）、《新歌剧的音乐创作》（王震亚）总结歌剧的发展历史，讨论新歌剧的发展方向。

1958年展开对黄色歌曲的批判，之后转向对歌曲《九九艳阳天》的讨论。刊有文章《在黄色歌曲问题上驳对"百花齐放"的曲解》（艾克恩）、《革命青年唱什么歌》（项南）、《我们需要时代的声音》（丰楼）、《黄色歌曲是毒草，必须铲除！》（王云阶）、《正确地对待周璇的歌唱艺术》（肖晴）、《电台在播送旧歌曲上的一些问题》（康普）、《修正主义观点是黄色音乐的支持者——驳李溪、蓝大名的论点》（李凌）、《首先应从政治上与黄色歌曲划清界限》（程云）、《从电台工作中的错误谈到怎样对待"旧歌"的问题》（向隅）、《斩断毒根彻底消灭黄色歌曲》（黎锦晖）、《让黄色歌曲粉身碎骨、让人民歌声到处响亮》（吴村）。1958年第4期、第5期和第6期集中刊载"关于歌曲'九九艳阳天'的讨论"，第4期刊发《关于歌曲"九九艳阳天"的讨论：我们应当把什么样的歌曲给青年》（邓映易）、《驳李桂芬的"唱'九九艳阳天'有感"》（孙世琦）、《我喜欢"九九艳阳天"》（沈宝泰），第5期刊发《抒情歌曲的创作要不要继承与发扬"五四"以来的优秀传统？——对李焕之同志关于"九九艳阳天"一文的商榷》（伍雍谊）、《不应该过分推崇"九九艳阳天"》（瞿自新）、《战士喜爱"九九艳阳天"》（振法）、《我们这里不喜欢"九九艳阳天"》（胡明）、《"九九艳阳天"过于缠绵》（郑周）、《"九九艳阳天"是一首很健康的歌曲》（范西姆）、《"九九艳阳天"的创作方向值得研究》（李辛）、《不能同意邓映易的意见》（胡国强）、《这不是一首好的爱情歌曲》（竹兰）、《"九九艳阳天"不适宜给青年人唱》（过友桂）、《"九九艳阳天"唱起来劲头不对》（韩敏）、《其他报刊上对"九九艳阳天"的评论》（本刊编辑部）。第6期刊发《创作反映我们时代精神的抒情歌曲》（谭冰若）、《从群众歌咏活动看"九九艳阳天"》（赵地）、《从"九九艳阳天"看它与影片的关系》（金砂、李伟才）、《从"九九艳阳天"所想起的》（童永良、黄明）、《怎样对待抒情歌曲》（冯灿文）。

1959年第2期刊发《评马思聪先生的独奏音乐会》（董大勇）一文，之后对马思聪独奏作品音乐会的曲目展开讨论，刊发《演出节目要满足群众多方面的需要》（徐南平）、1959年第3期《对"评马思聪先生的独奏音乐会"一文的意见》（陈元杰）、《对〈演出节目要满足群众多方面的需要〉一文的意见》（林红）。1959年第4期和第5期展开"关于音乐表演节目问题的讨论"，刊发《要为无产阶级政治服务，也要批判地接受世界音乐文化遗产》（李刚）、《应该从群众原来的基础出发》（郑冶）、《两点意见》（韩里）、《一个演奏工作者的体会》（司徒华城）、《演员的热情也是重要问题》（朱崇懋）、《音乐工作和文字改革工作》（郑木彬）。1959年第7期本刊编辑部发文《让音乐表演艺术的百花灿烂开放！——关于音乐表演节目问题讨论的小结》对这一问题的讨论作以总结，1961年第4期刊发郑伯农的《让音乐表演艺术的百花在为社会主义服务的方向下灿烂开放——和〈人民音乐〉编辑部商榷》对编辑部的总结提出批评。1964年第12期《人民音乐》编辑部发文《音乐表演艺术必须为工农兵服务——关于〈让音乐表演艺术的百花灿烂开放〉一文的检查》作以检讨。

　　1963年，音乐界对德彪西的批判从姚文元对《克罗士先生》一书的思想内容的批判开始，逐渐引起对德彪西音乐创作的讨论热潮。1963年第8至9期、第10期、第11期和第12期，本刊编辑部集中总结了大家"关于德彪西的讨论"，对这一问题连续发文《必须加强的战斗——关于对待欧洲古典音乐的一些问题》（陈婴）、《"革新家"的悲剧——试论法国音乐家德彪西的理论与实践》（郑蓉）、《正确对待德彪西》（王震亚）、《在技巧手法上从德彪西能学到什么》（王一亭）、《评价德彪西不应脱离具体的历史条件》（吉木）。

　　1950—1965年开展的音乐方面的评论受当时的政治因素影响，大多数问题在评论的过程中容易发生倾斜，由正常的学术讨论演变成带有政治立场的批判。如1954年贺绿汀的《论音乐的创作与批评》一文发表后，在《人民音乐》上展开了为期两年的讨论，由最初对贺绿汀提出的创作观点的评论上升为阶级斗争之间的评论，将正常的学术性讨论发展成政治思想的批判。但是也有短时期的相对正常的阶段，1956年在文艺界贯彻"百花齐放，百家争鸣"方针时出现短暂的活跃、轻松的氛围。这时期的艺术评论走向解放思想、大胆探索的道路，尊重艺术规律的同时结合实际创作中的问题进行探索。具体体现在继承民间音乐并对传统音乐作适当的改革，学习西方作曲技法、演奏方法，鼓励创作举办全国音乐周活动，对唱法问题作理性的总结，反省了对贺绿汀《论音乐的创作与批评》一文提出的错误的批评等，发掘、吸收了古今中外优秀的音乐成果，在音乐理论建设、音乐创作和音乐表演等方面都有了很大的收获。

五、理论建设

（一）民族民间音乐

1950年第2期刊发吕骥的《新情况，新问题》一文，他对新中国的音乐工作提出了要积极向中国民间音乐学习的要求，提出要学习和继承民间音乐的优秀传统。1950—1965年对民族音乐的研究较全面，涉及民歌、戏曲、歌舞、说唱、民族器乐，以及古琴音乐等，其中对民歌、戏曲、传统音乐的研究较为深入，刊载相关文论最多。多次在刊物"音乐小讲座""学术动态""民族音乐传统的新探索"等栏目中介绍民族音乐研究成果、普及民族音乐。

1. 民间歌曲

研究介绍各地的民间歌曲包括山歌、小调、号子等。主要文论有：1950年第1期和第2期《苏南松江分区一带的小调民谣研究》（叶林）、1954年第4期《江苏南部的山歌》（路行）、1956年第2期《我对"新疆民歌记谱问题"的看法》（万桐书）、1956年第3期《与劳动紧密结合的"川江号子"》（朱中庆、田霁明）、1959年第2期《江陵的五句子歌和号子》（胡曼）、1959年第9期《介绍"苗族民歌"》（王一亭）、1960年第10期《侗族民歌》（念一）、1961年第4期《土族花儿曲调结构的特点》（张谷密）。

2. 戏曲音乐

中国音协曾多次组织戏曲工作座谈会，与地方音协联合组织地区戏曲音乐研究座谈会，继承、改革戏曲音乐，介绍戏曲音乐家等。主要文论有：1951年第12期《越剧"梁山伯与祝英台"中的音乐问题》（陈捷）、1954年第5期《试论戏曲音乐的"牌子音乐"及"板子音乐"——戏曲音乐散论之一章》（程云）、1955年第3期《谈戏曲音乐的改革问题》（金紫光）、1955年第9期《对评剧音乐改革的几点意见》（杨露）、1956年第总35期《河南梆子男声唱腔的改革问题》（路继贤）、1956年第5期《昆曲〈十五贯〉的音乐改革》（安娥）、1957年第5期《常香玉、袁雪芬谈戏曲音乐问题》（本刊记者）、1957年第7期《应该让秦腔音乐继续发展》（峥嵘）、1957年第8期《沪剧音乐目前的问题》（朱介生）、1958年第7期《全国热烈纪念我国伟大的戏剧家关汉卿》（式敏）、1959年第4期《京剧的打击乐（武场）》（刘吉典）、1960年第10期《正确对待戏曲音乐的推陈出新》（马可）、1961年第1期《关于京剧中的幕间曲》（苏移）、1961年第11期《梅兰芳的演唱艺术》（肖晴）、1962年第1期《从戏曲艺术的特点看戏曲音乐工作》（马可）、1963年第4期《看川戏和听川戏》（李业道）、1964

年第3期《评剧〈夺印〉中何文进唱腔的创作》(刘汉章)。

此外,还涉及乐器演奏、古曲、乐谱、音乐家以及对宫廷音乐的研究,所刊文论以研究专家撰写的为主,包括杨荫浏、曹安和、查阜西、许健等。主要文论有:1953年第12期《怎样克服古琴谱的缺点》(查阜西)、1954年第1期《隋唐燕乐的成立、递变和流传》(潘怀素)、1954年第2期《从〈春江花月夜〉的标题谈起》(杨荫浏)、1954年第5期《漫谈古琴》(查阜西)、1956年第2期《琵琶古曲"夕阳箫鼓"》(杨荫浏、曹安和)、1956年第4期《平沙落雁》(许健)、1956年第12期《弹奏琵琶的基本知识》(俞良模)、1958年第1期《古琴家是怎样"打谱"的》(许健)、1959年第2期《从倒持琵琶谈起》(吉光)、1961年第Z1期《古琴曲〈酒狂〉》(许健)、1962年第2期《徐上瀛与〈溪山琴况〉》(吴钊)、1963年第5期《一千二百年前的器乐表演理论》(周在囿)、1963年第12期《音乐家嵇康》(吉联抗)。

(二)作曲技法

《人民音乐》编辑部刊发的与作曲技法相关的文论主要涉及调式、和声、曲式等方面,这些文章多从普及作曲理论的层面向广大音乐爱好者提供自学方法,以提高作曲、创作技能,从实际运用的角度给广大读者予以帮助。也有少数提供给专业作曲教学的文论,如在1951年第S1期中沈敦行翻译的《谈作曲教学》(保罗·卡丢)。

1950年第2期至第4期连续刊登李焕之的《调式研究》,1954年开始较多地发表与和声相关的文论,从1955年第1期开始陆续刊登刘烈武的《〈和声学实用教程〉自学辅导》一文,至1956年第6期共刊登了14篇。多次在"音乐问答""音乐小讲座"中刊登作曲相关文论,内容涉及歌曲曲调、纯四度音程、歌曲曲调发展手法、大小调式的色彩、民族器乐曲曲式结构等。

1956年第3期的"音乐问答"栏目由赵宋光和孙从音分别回答《什么是和声调式功能体系?》和《纯四度是协和音程还是不协和音程?》。1956年在"音乐小讲座"一栏中由孙从音撰写文论《大调和小调有没有一定的感情色采》(第7期)、《升种调是怎样来的》(第8期)、《降种调是怎样来的》(第9期)、《半音阶》(第11期)。1956年第11期和第12期发表由张悦翻译的苏联作曲家鲍·阿拉波夫的《和声中的调式因素与功能因素的结合以及转调的一些问题》。1958年的"音乐小讲座"一栏发表黄惟真的文论《不同的调是否具有不同的情绪色调或具有不同的表现力?》(第2期),黄祖禧撰写的《从调式谈起——关于"调式""音列""音阶""调"和"调性"》(第6期)、《自然半音和变化半音有什么不同》(第8期),何玲的《定调》(第8期)。

有关歌曲、民族器乐创作问题的研究的文论主要有:1956年第8期《歌曲曲调的发展手法和表现作用》(赵行道)、1956年第10期《歌曲曲调的基本的曲式结构》(赵行道)、1961年第Z1期《从创作实例看一些四度五度结构的和声手法》(肖岚)、1962年第Z1期《民族器乐曲的曲式》(洪波)、1963年第7期《〈三六〉的曲式结构特点及其他——试谈有关民族器乐曲曲式结构分析的两个问题》(罗传开)、1964年第2期《民族民间器乐曲式研究中的几个问题》(洪波)。

重要文论还有1954年第1期《学习和声学的几个问题》(江定仙)、1954年第2期《推荐〈和声学实用教程〉》(钱仁康)、1956年第5期《"调性""调式"和"调"的意义》(王震亚)、1956年第11期《朱载堉和十二平均律》(陆敏)。

1960年前后由于社会运动较多,对理论建设的影响较大。这几年刊物发表的文论篇幅逐渐减少,在作曲理论方面尤为明显。1956年之后刊物发表的作曲相关文论很少,主要从实际的创作角度出发,不再刊载连续性的作曲教学式的文论。

六、音乐教育

中国音协致力于发展、提高中小学音乐教育,因此《人民音乐》刊发涉及中小学音乐教育的文论较多,主要讨论教学问题、书目推荐、教师的专业素养、教学设备等。主要文论有1951年第1期《中小学音乐书刊介绍》(本刊编辑部)、1954年第1期《关于小学音乐教育的几个问题》(中国音乐家协会普及工作部)、1954年第6期《中小学校应准确地教唱国歌》(刘秉源)、1955年第1期"音乐问答"栏目的《中学音乐教学应该有些什么内容》(北京师范大学音乐系)、1955年第7期《应重视与协助中小学的音乐教育工作》(刘秉林)、1956年第1期《小学音乐教师应具备的专业知识与技能》(胡腾骧)、1956年第4期《评〈初中音乐试用教材〉》(姚思源)、1957年第1期《音乐教学中教具的制作与使用问题》(姚思源)、1957年第9期《谈中学音乐课中的视唱教学问题》(刘已明)、1958年第8期《应该怎样看待初中开设音乐课的问题》(周铭)、1959年第1期《应该关心音乐教师的业务活动》(林委琳)。1959年第4期和第5期专门设置"中小学音乐教育专页",发表文章《发展儿童听力的几点作法》(李克忠)、《对师范学校琴法课如何改进的浅见》(费承铿)、《音乐猜谜和欣赏会》(上海市浦东县东昌一中音乐室)、《要求领导,要求材料》(薛绍文、刘烽)、《民族音乐简介二题》(杨大钧)。

《人民音乐》中刊载了很多与专业音乐学习相关的文论。对中央音乐学院的音乐教学活动、教学探讨会等进行公告,使师资得以共享,为其他专业院校提供学习参考。重要文章有1955年第8期、第9期和第11、12期刊载的由中央音乐学院声乐系整理、汤雪耕执笔的《苏联声乐专家梅德维捷夫声乐教学中的几个重要的教学原则》,1955年第8期《对〈管弦乐法原理〉中译本的几点意见》(王可之)、1955年第 9 期和 1955 年第 10 期发表的《德意志民主共和国的音乐教育》（丁善德）、1955 年第 9 期《对"管弦乐法原理"中译本批评意见的答复》（瞿希贤）、1955 年第 10 期《关于中国合唱指挥人材的培养——中央歌舞团顾问及中央歌舞团合唱指挥》（列·尼·杜马舍夫、马稚甫）、1956 年第 3 期《关于小提琴的教学方法（对中央音乐学院小提琴教学的意见）》（舒尔茨）、1957 年第 3 期《几年来音乐院校声乐教学中的几个问题》（喻宜萱）、1959 年第 3 期《在音乐院校中建立民间演唱专业教学的一些体会》（胡靖舫）。

在继承传统的同时关注外国音乐创作的方法，认识到和声、作曲等音乐学习的重要性，通过自学辅导、音乐讲座等形式发表文论，试图提升广大音乐创作者的基本素养。高度关注音乐教育事业，致力于提高中小学音乐教育、发展专业音乐院校的学科建设，积极组织研讨会、座谈会，探讨创作、表演的发展和革新。对创作评论、理论建设、音乐教育等方面的发展从正面的、积极的角度诠释了"百花齐放，百家争鸣"。

第三章　1950—1965 年《人民音乐》的编者、作者、读者

第一节　编者与《人民音乐》

刊物创办之初人力资源十分有限，在 1951 年第 1 期的《人民音乐》月刊半年编辑工作小结中说道："创办至今，在编辑部的人力方面没有得到适当的补充，专任的目前只有黎章民与沈音同志两人，主编缪天瑞同志虽然参加许多实际的编辑工作，但他是兼任的，在中央音乐学院另有职务；张文纲同志也是兼任的，而且从第一卷第五期起暂时不能参加工作。"[①]虽然编辑人员十分短缺，但是面对大量的来稿，编辑还是十分认真地对待。

由于对 1950—1965 年《人民音乐》的编辑、出版、发行分别由不同机构承担，因此刊物经常出现印刷、编排上的一些小错误，编辑部总是能及时地发现这些问题并发表更正通告。对印刷的错字的更正如在 1957 年第 8 期发表更正：本刊七月号"我们在大连造船公司"一文，左栏第 12 行末的"广"字应为"厂"。右栏第 9 行第 17 字"削"应为"夺"；第 16 行第 3 字"气"应为"乳"；第 22 行第 7 字"能"应为"再"。[②]作者在文章出版之后发现问题并提出的更正，如 1964 年 1 月号第 16 页右

---

① 《人民音乐》编辑部：《〈人民音乐〉月刊半年编辑工作小结》，《人民音乐》1951 年第 1 期。
② 参见《人民音乐》编辑部《更正》，《人民音乐》1957 年第 8 期。

下角发表来函更正：我（龚耀年）写的《谈谈儿童独唱歌曲》一文（本刊1963年第8—9月号发表），其中将《梦见毛主席》作者吴克辛同志误为肖黄同志，特此更正。[①]也有对标点符号提出的更正，如1965年第12期发表的更正：本刊第五期（1965年10月）第四页左栏倒数第五行"任凭风吹浪打"应为"不管风吹浪打"。同期第6页左栏倒数第二段《革命红旗代代传》后多排一问号应删去[②]。翻看期刊文本资料找到很多此类的公告，足以看出编辑部对工作的严谨态度。

作为中国音协的机关刊物《人民音乐》的编辑方针受国家政治、文化政策的影响较大，主编在实际工作中的自主能动性受到一定的限制，但从刊物的文本资料中可以总结出一些主编的编辑思想。《人民音乐》早期经历过四任主编，分别为缪天瑞、吕骥、李凌、孙慎，刊物的出刊状况随主编的改变而发生变化。缪天瑞担任主编时刊物以发表歌曲创作为主，多次提出中心问题进行讨论并出版专号，发表了较多介绍、学习外国音乐的文章来提高音乐工作者的业务技能。刊物编排内容多，册均页数为66页。每期撰写编后交代编辑缘由，重视与读者的沟通交流，缪天瑞的这些做法被《人民音乐》长期采用，在之后出版的刊物中经常发表本刊编辑部的言论文章。吕骥担任主编期间，刊物不再发表创作歌曲，评论主要集中于民族音乐问题及当下创作问题，刊物编排偏重理论，篇幅较长，册均页数为69页。吕骥作为中国音协的领导人重视音乐文化的全面发展，关心广播音乐、电影音乐、新歌剧、乐器改良、民族民间音乐等。1955年到1965年李凌、孙慎担任主编期间刊物发展良好，开展评论较多，主要讨论在国内音乐发展中出现的问题并展开讨论民族音乐、传统音乐问题，册均页数39页。

从缪天瑞担任主编开始，刊物就十分重视普及、发展音乐教育，致力于扩大音乐师生队伍。1951年第1期由编辑部撰写《中小学音乐书刊介绍》，1955年第7期刊载刘友三撰写的《〈中小学唱歌教学法〉是值得我们学习的一本书籍》等，向广大中小学、音乐教育者推荐教材，以便中小学音乐教育向良好的方向发展。1954年第2期发表由中国音乐家协会普及工作部回答的关于"中小学音乐教育的几个问题"，1955年第1期的"音乐问答"一栏请北京师范大学音乐系来解答关于"中学音乐教育内容应该有些什么"，请专家、学者解答实际教学中的问题。1955年第8期刊载汤雪耕的《苏联声乐专家梅德维捷夫声乐教学中的几个重要的教学原则》一文，将苏联声乐艺术家梅德维捷夫在中央音乐学院声乐系进行交流学习的内容发表，并在1955年第Z1期发表《苏联声乐专家梅德维捷夫对于发声技巧训练的基本方法和要求》，通过交流

---

① 参见龚耀年《更正》，《人民音乐》1964年第1期。
② 参见《人民音乐》编辑部《更正》，《人民音乐》1965年第12期。

声乐教学经验提高专业师生教学、演唱技能，与声乐演唱爱好者分享声乐学习中的经验，以提高演唱水平。同时致力于扩大专业音乐教育队伍，关心报考音乐学校的学生所存在的问题，并积极组织解答，1956年第5期发表《关于投考音乐学校的问题解答——答读者来信》（本刊编辑部）。

《人民音乐》办刊中除了有编辑对内容进行把控外，同时还有编辑委员会对刊物进行把关。刊物的编委团队随主编的更换有相应的变化。1950—1951年编委会的成员有"吕骥、向隅、安波、江定仙、李凌、李劫夫、李元庆、李焕之、老志诚、任虹、何士德、沈知白、金紫光、林路、孟波、周巍峙、马可、马思聪、孙慎、章枚、常苏民、舒模、贺绿汀、张非、赵沨、缪天瑞"[①]。1953年刊物公告的特约编辑有"丁善德、王元方、向隅、安波、江定仙、李凌、李劫夫、李元庆、李焕之、李伟、何士德、沈知白、孟波、周巍峙、周小燕、张洪岛、马思聪、马可、姚锦新、黎国荃、夏之秋、贺绿汀、杨荫浏、喻宜萱、萧淑娴、赵沨、缪天瑞"[②]。《人民音乐》的编委大多为中国音协成员或中央音乐学院的领导、老师，都是音乐界的专家、学者，除参与确立编辑方针、计划、编纂体例、编选方向、内容等之外，经常在《人民音乐》上发表重要文章，是体现刊物学术性、权威性的中坚力量，此传统迄今依然在延续。

第二节　作者与《人民音乐》

中国音协与中央音乐学院在创建早期都是由吕骥、马思聪等人领导的，两个机构有着十分密切的关系，中国音协的很多成员同时也担任中央音乐学院的行政、教学工作，如缪天瑞、喻宜萱、萧淑娴、张洪岛、姚锦新等。作为中国音协的机关刊物，在《人民音乐》上发表的音乐理论研究、音乐评论、技术讲座的作者主要来自中国音协及中央音乐学院的教师。1950—1965年在《人民音乐》上发文较多的有吕骥、马可、李焕之、赵沨、杨荫浏等。

吕骥于1949年开始担任中华全国音乐工作者协会主席，新中国成立之后负责筹建中央音乐学院，并担任副院长一职。吕骥一生创作了很多优秀的歌曲，十分重视传统音乐的研究、支持古琴音乐研究、组织古代音乐文物调查、收集整理民族音乐等，为新中国的音乐事业做出了巨大的贡献。1950—1965年，吕骥在《人民音乐》上发表了近30篇文论，有1950年第2期《新情况，新问题》、1953年第00期《为发展和提高人民的音乐文化而努力——在中华全国音乐工作者协会全国委员会扩大会议

---

① 参见《人民音乐》1950年第1期创刊号。
② 参见《人民音乐》1953年第00期。

上的报告》、1954年第2期《为创作更多更好的群众歌曲而努力——关于群众歌曲创作的几个问题》、1956年第9期《为进一步创造多采的人民音乐而努力！——中国音协主席吕骥在音乐周闭幕式上的讲话》、1959年第1期《漫谈音乐创作》、1959年第6期《漫谈电影音乐创作》、1960年第2期《感谢"前进座"带来日本人民的深厚友谊》、1961年第6期《对目前音乐创作中几个问题的理解》、1962年第4期《漫谈"羊城音乐花会"》、1963年第12期《在斗争中产生的歌曲——为劫夫同志歌曲集出版而作》、1964年第5期《高举毛主席文艺思想红旗的又一次辉煌胜利》、1965年第5期《为西北地区歌剧丰收欢呼！——兼谈歌剧创作中的几个问题》。

马可于1975—1976年任《人民音乐》主编，是中国优秀的作曲家、音乐学家，对新中国的新歌剧事业、戏曲音乐研究做出了巨大贡献。1950—1965年，马可在《人民音乐》上发表的文论有1951年第S2期《评歌剧"王贵与李香香"的音乐》、1953年第00期《继承民族音乐遗产问题——在中华全国音乐工作者协会全国委员会扩大会议上的发言》、1955年第7期《对中国戏曲音乐的现实主义传统的一点理解》、1956年第3期《戏曲唱腔改革的几个问题》、1956年第12期《关于隋唐时代吸收西域音乐的历史经验》、1960年第10期《正确对待戏曲音乐的推陈出新》、1962年第1期《从戏曲艺术的特点看戏曲音乐工作》、1962年第8期《对革命文艺工作者的信任、策励和号召》、1963年第5期《深入生活，提高音乐创作质量》、1963年第11期《坚持戏曲音乐为社会主义服务和现实主义的传统》。

李焕之于1976—1980年任《人民音乐》主编，历任中央音乐学院音乐工作团团长，创作领域涉合唱、管弦乐、民乐等，发表了许多音乐理论文论。1950—1965年，李焕之在《人民音乐》上发表的文论有1950年第2期《调式研究》、1951年第A1期《音乐的戏剧，戏剧的音乐》、1951年第1期《谈谈中学的音乐教育》、1951年第3期《论歌曲创作上的"一般化"问题》、1951年第5期《从广播音乐谈到介绍西洋音乐问题》、1954年第3期《生活与创作》、1956年第11期《音乐民族化的理论与实践》、1958年第10期《谈革命浪漫主义》、1960年第4期《"思想性和艺术性"杂谈》、1961年第10期《创作交响乐的一些体会》、1963年第6期《谈谈民族演唱艺术的发展和提高——在独唱独奏音乐座谈会上的发言》。

赵沨于1990—2002年任《人民音乐》主编，1957年任中央音乐学院副院长，在教学工作中坚持中西并重，教学和实践并重，重视音乐理论建设。1950—1965年，赵沨在《人民音乐》上发表的文论有1950年第3期《记苏联的舞剧和歌剧》、1950年第4期《对于唱法问题的意见》、1959年第1期《关于音乐教育工作中的几点情况》、1959年第4期《纪念德国伟大的作曲家乔·弗·亨德尔逝世二百周年》、1959年第11期《苏联音乐专家对我国音乐教育的帮助》、1960年第9期《音乐教育革命的伟大胜利》、1961年第5期《听苏联音乐家演出》、1962年第7期《上海乐坛的春天——管弦乐创作民族化、群众化的一些感想》、1962年第9期《听广东汉乐》、1963年第Z1期《声乐表演的民族形式和外来形式的民族化问题》、1964年第7期《戏曲史上划时代的大事》。

杨荫浏作为中国民族民间音乐研究的奠基人，对民间音乐、戏曲音乐、宗教音乐的研究做出了巨大的贡献，发表、出版了许多文论、专著。1950—1965年，杨荫浏在《人民音乐》上发表的文论有1951年第4期《丝弦老调与评戏的唱法中所涉及的音韵问题》、1951年第5期《程树堂烈士和单弦牌子戏曲》、1953年第00期《对有关器乐问题的几点意见》、1954年第2期《从"春江花月夜"的标题谈起》、1955年第6期《谈谈未被注意的民间音调》、1956年第6期《对古曲〈阳关三叠〉的初步研究》、1956年第10期《对有关民族音乐问题的一些看法》、1960年第10期《民族器乐的新发展》、1961年第10期《琵琶名曲〈海青拿天鹅〉》、1962年第4期《〈霓裳羽衣曲〉考》、1962年第7期《一个音乐史研究者的体会》、1962年第9期《也谈对〈听松〉的理解》、1964年第12期《革命心声鸣管弦——少数民族器乐艺术的新发展》。

第三节　读者与《人民音乐》

在《人民音乐》创刊号的《本刊征求特约通讯员》一文中专门提出特约通讯员的任务是"搜集读者对本刊的意见与建议，并协助推广本刊"①，由此可见编辑部十分重视读者的意见。《人民音乐》的读者包括各地相关机关、学校、音乐团体、部队文工团体的音乐工作者，以及爱好音乐的普通读者等。广大读者迫切希望从刊物中汲取养分，同时刊物也急需读者提出更好的建议以得到更广泛的认可，扩大刊物的影响力以此来推动音乐事业的发展、推进文艺方针政策的实施。

一、刊物对读者的重视

《人民音乐》编辑部愿与读者建立良好的互动、往来关系，"希望大家经常将自己对本刊的意见寄给我们，使本刊日益改进，日益切合实际的需要，更大地发挥它对于人民音乐建设事业的作用，日益有利于新中国伟大的建设事业"②。读者也十分信

---

① 《人民音乐》编辑部：《本刊征求特约通讯员》，《人民音乐》1950年第1期创刊号。
② 《人民音乐》编辑部：《发刊词》，《人民音乐》1950年第1期创刊号。

赖、支持《人民音乐》，1951年第6期刊载的江西抚州艺术专修科胡义先的来信中写道："记得在我下乡参加土改的一个时期，曾在工作紧张的情况下挤出时间赶往城里买《人民音乐》；每到月底就要屈指计算它还有几天就要出刊；到了五号以后便天天跑到书店去问问《人民音乐》来了没有，心里怪日子过得太慢了。"①从《人民音乐》编辑部在1951年第6期发表的《全国音协重要启事》中可以看出，读者因为音乐问题而发来的信件数量十分庞大，在音乐问题通讯部成立仅一年多的时间里"共收到一千三百余封信件，平均每信提出四个问题，统计回答了五千二百多个问题，修改了一千二百多首习作"②。从这些数字可以看出读者对刊物的期待，刊物也不负众望，从1951年第5期设置"读者·作者·编者"一栏开始，关于读者与编辑部的交流以及读者对《人民音乐》意见的反馈一直单独设立栏目。曾设置过的栏目有"读者·作者·编者""音乐问答""读者来信""读者之页""读者中来""读者谈本刊""读者信箱"等。

"读者·作者·编者"一栏是读者、作者、编者三方交流的阵地。将读者提出有关的编辑内容、编辑方向的信件发表后，下面紧接着编排编辑部给予回复的内容；关于读者提出的对某一首歌曲或某一篇文论的建议，由作者专门给予回复讨论，编辑部再发表编者注、编者按等予以说明。"音乐问答"是在读者反馈的信息中归纳涉及作曲技法、演奏方法、演唱技巧等专业方面知识的问题，由中国音乐家协会和中央音乐学院联合设立的音乐问题通讯部来予以解答的栏目。进行解答的都是音乐领域的专家、学者、相关机构，专家、学者如杨荫浏、曹安和、李元庆、舒模等，相关机构有中央音乐学院民族音乐研究所、北京师范大学音乐系等，因此这一栏目具有一定的学术性。"读者来信"和"读者信箱"两栏主要是读者对当时音乐发展中存在的问题、漏洞的评论、说明，希望引发《人民音乐》的重视、思考。在"读者之页"和"读者中来"两栏集中发表读者对音乐创作、音乐表演等方面的评论、意见。这些栏目多以同时设置两种形式搭配出现，如1956年以"音乐问答"和"读者之页"两栏同时设置为主，1959年以"读者中来"和"读者之页"搭配出现为主。在这些栏目之外还刊载了一些读者参与评论和对《人民音乐》的建议，如《对〈人民音乐〉的意见》《读者对〈人民音乐〉的意见》等文章。

读者对《人民音乐》提出的建议和问题，编辑部都及时予以回复，在发表的读者来信后标注编者按、编者注等来回应读者。同时编辑部发表的《给读者的公开信》《编者的话》《编后记》等，对读者提出的共性问题作以回应，同时也对编辑部的编辑

---

① 胡义先：《希望"人民音乐"把问题更深入》，《人民音乐》1951年第6期。
② 参见《人民音乐》编辑部《全国音协重要启事》，《人民音乐》1951年第6期。

计划、编辑缘由作以公示。读者和编者长此以往的交流、沟通，促使了刊物良性健康的发展。

二、读者对刊物的关注

从1950年创刊号开始编辑部就发表了《本刊征求特约通讯员》的通告，之后通讯员的数量随着刊物的出版而发展壮大，为《人民音乐》提供更多的各地音乐活动报道及读者反馈意见，单就1954年"编辑部共收到读者来稿六百六十二件，通讯稿三百八十二件，一般来信近千"①，而且由于刊物发行辐射面广，内容涉及综合、全面，读者的反馈意见也涉及各方各面。

1. 思想政治方面

作为宣传党的文艺方针、政策的音乐刊物，无论音乐文论、音乐创作、音乐表演都要同党和国家的思想建设保持一致。1965年第3期刊载的文章《〈人民音乐〉要大力加强革命性、战斗性》就在思想层面上对《人民音乐》提出批评，指出刊物没有捍卫无产阶级音乐、脱离了音乐为工农兵服务为社会主义服务的方向、盲目推崇西方音乐文化等。

2. 出版内容

由于当时出版的音乐刊物少，人们对音乐的求知欲较高，这就要求刊物必须具备较高的综合性。在《人民音乐》创刊初期无法同时满足不同需求和层次的读者的阅读需要，因此有关刊物内容的争议、评论较多。1955年第1期刊载的《读者对〈人民音乐〉的意见》一文就对刊物发表的内容提出意见，指出刊物的内容缺乏战斗性、缺少组织问题讨论、缺乏对创作演出的报道和介绍、缺少音乐教育方面的文章等。

3. 出版发行

早期由于编辑部的人力资源和物质资源有限，编校工作容易出现一些处理不当的错误，读者常及时指出错误，《人民音乐》也正面回应并改正。在1951年第6期编辑部发表了一篇《给读者的公开信》，对读者提出的有关出版发行等问题进行回应："我们也接受了读者的意见，每篇文章争取不转页刊登。之外，是和出版社的同志分工合作，负责校对，尽量做到减少错误，节省篇幅。关于印刷不清楚，装订未检查好、投递迟缓、发行不普遍等意见，则已转提给印刷所及发行部门，请他们多加注意，着实改善。"②读者对编辑工作提出的建议还包括"文字有的地方欠妥，译名不统一、编排

---

① 《人民音乐》编辑部：《读者对〈人民音乐〉的意见》，《人民音乐》1955年第1期。
② 《人民音乐》编辑部：《给读者的公开信》，《人民音乐》1951年第6期。

上的缺点很突出，校对工作不仔细，排印上有许多错误，封面不够好看，插图不清楚等等"[①]。1959年第1期刊载的文章《校对工作也应来一个跃进》从编辑、校对的视角对刊物的编排、校对工作提出批评，对1958年第12期编排上误字、漏字、词语编排颠倒等具体问题提出改正。

4. 读者响应《人民音乐》号召

读者对《人民音乐》的高度关注和认可还体现在支持《人民音乐》倡导的运动方面，如1951年抗美援朝时期读者积极响应编辑部的号召开展捐献运动，编辑部在1951年第5期发表了一篇《"人民音乐"读者千元捐献运动》的通告，不到1个月的时间共收到捐款1023200元（当时的人民币值），无论是音乐团体、音乐教育者、音乐爱好者都及时响应刊物号召，编辑部在1951年第6期刊载的《〈人民音乐〉读者作者响应千元捐献运动》，1951年11月、12月连续刊载《〈人民音乐〉读者千元捐献运动》，可见读者的反响非同一般。

5. 歌曲创作评论

《人民音乐》从创刊号开始到1951年年底出版的15期均以歌曲创作为主。因为歌曲是当时最能引起普通读者共鸣的内容，所以对歌曲创作从歌词内容、旋律线条、作曲风格、演唱难度等方面都提出了意见。1951年第A1期刊载的《读者评论——评马可与左江的"前进，光荣的朝鲜人民军！"》（乔清、艾青、马可）一文是评论艾青与左江所创作的歌曲《前进，光荣的朝鲜人民军》，从普通歌曲演唱者的角度出发对两首歌曲予以分析评论。1951年第6期发表3篇读者评论文章，《关于介绍"把强盗消灭在太平洋"的讨论》（曲直）、《评"美国兵叹五更"》（二十一军文工团下连小组讨论、王振业执笔）、《要提高作品的思想性》（洲雄、刘培恩等）都是从歌曲创作方面展开的讨论。

6. 器乐曲创作

"百花齐放，百家争鸣"的文艺思想方针提出后，引起了文艺界对以往工作的反思，《人民音乐》在1956年第7期中以本刊编辑部的名义发文对作曲方面的相关工作作以检讨："在音乐表现形式上我们也有一些思想上的束缚，我们曾经简单地理解音乐艺术的群众性和政治性，认为器乐曲不容易表现政治内容，不容易被群众所理解，因而片面地强调群众歌曲而忽视器乐曲。"[②] 在《人民音乐》发文之前读者就对器乐曲的创作问题有了思考，1956年第5期在"读者之页"这一栏目中刊载了两篇相关文论，分别为刘季林的《应当重视民族器乐曲的创作》和邵根宝的《要有更多更好的管弦乐曲》。

---

① 《人民音乐》编辑部：《读者对〈人民音乐〉的意见》，《人民音乐》1955年第1期。
② 《人民音乐》编辑部：《为了更旺盛，更繁荣——谈百花齐放，百家争鸣》，《人民音乐》1956年第7期。

7. 音乐教育

"读者之页"一栏刊载的关于读者对音乐教育的各方面问题的讨论,既包括群众的音乐教育也涉及中小学音乐教育。如《积极地开展群众识谱教育》(原符、乐风)、《也为小学音乐教育讲几句话》(徐汉)、《大家都来关心小学音乐教师的专业知识与技能吧!》(汪青英)、《初中三的学生不需要音乐课吗?》(陈树枫、慧生)等。

8. 传统音乐

"读者中来"一栏曾刊载读者对传统音乐的讨论、学习文论,如《对木偶戏音乐的意见》(任兆学),由舒模回答的读者提出的关于《何谓"阴声"、"阳声"?》等。

9. 音乐表演

读者提出的关于演唱、演奏方面的问题较多,如由纪汉文解答的关于《学习大提琴左手应如何按把位?》,由黎国荃回答的读者提出的有关小提琴的问题等。

第四章　1950—1965年《人民音乐》的历史意义

第一节　宣传文艺方针,紧跟政治运动

新中国成立之初,为了使文艺工作能够协助经济、生产建设的发展,文艺工作受到党和国家高度关注。中国音协领导新中国的音乐事业发展,《人民音乐》又作为其会刊,因此在办刊上具有一定的官方性质,是官方发言的平台。从《人民音乐》上刊载的文章中可以提炼出新中国文艺事业发展中文艺政策方向、目的的改变。文艺工作的任务在1950年《人民音乐》创刊时提出"为工农兵服务",1953年9月,在中国文学艺术工作者第二次代表大会上周扬提出:"为满足群众的日益增长的文化需要,创造优秀的、真实的文学艺术作品,用爱国主义和社会主义的崇高思想教育人民,鼓舞人民向着社会主义社会前进,这就是文学艺术工作方面的庄严的任务。"[①]1960年召开的中国文学艺术工作者第三次代表大会上提出:"在为工农兵服务,为社会主义事业服务的方向下实行百花齐放、百家争鸣和推陈出新,是社会主义文学艺术发展的最正确、最宽广、最富于创造性的道路。"[②]文艺方针的确立以辅助经济发展、稳定政治动向为前提。中国音协领导人在接受党中央下达的任务指令后,在刊物上刊载文论以

[①] 周扬:《为创造更多的优秀的文学艺术作品而奋斗(一九五三年九月二十四日在中国文学艺术工作者第二次代表大会上的报告)》,《人民文学》1953年第11期。

[②] 《人民音乐》编辑部:《中国文学艺术工作者第三次代表大会决议》,《人民音乐》1960年第9期。

便传播，通过刊物的影响力进而向全国范围内辐射。因而《人民音乐》体现出了新中国文艺方针政策的发展、变更。

除了宣传文艺方针政策外，《人民音乐》还紧跟国家的政治运动，有关党和国家建设的相关信息也需要通过刊物来发表。在1954年第4期的开篇编排的是《拥护中华人民共和国宪法草案》一文，由音乐界的领导人和专家如贺绿汀、江定仙、喻宜萱、马可、丁善德、杨荫浏、查阜西等联合署名。新中国成立初期创办的刊物较少，《人民音乐》这一刊物需要肩负国家建设的使命，在今天看来这也成为构成《人民音乐》独特标签的原因之一。从创刊开始《人民音乐》就响应政治、战争、生产建设的号召，刊载中国音协领导人对运动的发言、文论。如在1950—1953年抗美援朝战争期间，中国音协、编辑部多次发表言论支持抗美援朝战争，并组织音乐界的捐款活动。

中国音协赋予了《人民音乐》的政治属性，社会制度变更、经济发展建设、政治运动等也影响了刊物的发展，中国音协在20世纪80年代、90年代曾对刊物历史发展进行了反思与批评。作为一本音乐刊物，从《人民音乐》中也可以窥见新中国政治历史的发展线索，不论是积极的、正确的发展经历，还是受到政治、社会因素影响的消极的、错误的指导经历，这一刊物都如实地记录了下来。

第二节 关注院校建设，促进全面发展

新中国成立初期，中国音协承担新中国音乐各项事业建设，筹办专业院校，聘请专家、学者，积极召开有关创作、表演、戏曲、歌剧等座谈会，发展专业音乐事业。1950—1965年中国音协积极参与新中国各阶段的音乐教育建设，组织了创作研讨会，讨论了戏曲改革问题、歌曲创作问题、传统音乐的继承与发展问题等，此外对电影、广播、舞剧的音乐也开展了讨论。

中国音协配合中央音乐学院全力发展专业音乐事业，中央音乐学院也来帮助《人民音乐》编辑部，共同普及基础音乐知识，提高全民音乐素养。由中国音协和中央音乐学院合办的音乐问题通讯部经常提出问题，以座谈会、笔谈会的形式与各音协分会、地方团体、院校等展开讨论，同时音乐问题通讯部还负责解答读者提出的专业性较强的问题。在1950年第12期的唱法问题专号刊物中就特请了中央音乐学院声乐系汤雪耕同志担任编辑工作，并为唱法问题笔谈做总结。1951年第3期的中小学音乐教育专号的讨论由中国音协与中央音乐学院联合组成的研究部组织展开。中央音乐学院成立新的系、研究组，新的研究成果等均在《人民音乐》上发表通告，如在1954年第2期发表《中央音乐学院民族音乐研究所成立》（方矢）一文，在1955年第Z1

期发表《我们整理中国民间音乐资料的一些体会》一文。在《人民音乐》周围聚集着一批优秀的评论家、表演艺术家、作曲家、音乐学家等，这些人多为专业音乐院校的老师、音乐研究所的专家、中国音协各地分协的学者等，如作曲家李焕之、吴祖强等，声乐教育家周小燕、蒋英等，民族音乐学家杨荫浏、曹安和等，音乐教育家缪天瑞、赵沨等，戏曲表演家梅兰芳等。他们与中国音协一起为新中国的音乐事业发展做出了巨大的贡献。

1950—1965年，《人民音乐》编辑部积极开展评论、组织引导创作、大力普及音乐理论，积极发展新中国的音乐教育事业，搜集、整理民族民间音乐，将艺术创作与理论建设相结合，齐头并进，关注学院音乐建设，密切联系音乐理论家、表演艺术家，使刊物具有较强的学术属性。

第三节　组织音乐活动，报道音乐动态

从《人民音乐》创刊号开始就报道音乐消息，编辑计划一文中写道："约请各地音乐工作团体（如各地音协、各学校音乐系、各文工团、各宣传队之音乐队），有计划地经常报道各自的工作情况、工作经验，以便推广交流，互相学习。"[①] 以1956年为分界线，在1956年之前对国外音乐活动、消息的报道较多。这是由于新中国刚成立不久，各行各业都处于恢复状态，社会发展以经济生产为主，国内音乐活动较少，通过报道国外音乐动态以弥补国内音乐动态的不足，同时可以向国外借鉴学习。1950年对国内外音乐消息分别报道，国内音乐消息多由沈音编辑，国际音乐消息多由石敏编辑。如在创刊号上就有《音乐消息》（沈音）、《国际音乐消息》（石敏）两篇。1951年及之后的音乐消息由"本社"或"编辑部"编辑，1951年第5期发表了《新疆通讯》（陆友、丁辛）、《巴黎通讯》（张昊）两篇文论。1954年第6期有《前进中的北京市职工业余音乐活动》（田耕、王瑛）一文。1956年之后较多介绍国内音乐活动、消息，展现中国社会音乐文化面貌。1956年刊物的封面图以社会音乐活动为主，从这些封面图片中可以看出当时国内举行各种音乐活动的繁盛状况。1956年第8期封面图片为"中国人民解放军政治部文工团歌舞团合唱队演唱《黄河大合唱》"（牛畏予摄），1956年第9期封面图片为"民歌合唱（浙江代表团民歌队演唱《小弟歌》）"（游振国摄），1956年第12期封面图片为"北京市一中的同学与空军战士们在颐和园举行联欢会"（李曙摄）。

在活跃国内音乐创作、繁荣音乐活动方面，中国音协不遗余力地做出了巨大贡

---

① 《人民音乐》编辑部：《本刊编辑计划》，《人民音乐》1950年第1期创刊号。

献，组织、领导了各类音乐活动。1956年，"中华人民共和国文化部和中国音乐家协会将在今年八月间联合举办'音乐周'，这对于"繁荣音乐创作、推广群众音乐活动，检阅各地音乐工作力量、交流工作经验，进一步开展和提高我国的音乐事业，无疑地将起很大作用"[①]。从1956年第3期发表的社论声明开始在全国范围内筹备"音乐周"，到1956年9月"音乐周"闭幕，在全国范围内如火如荼地进行了座谈讨论、节目演出等，刘芝明副部长在闭幕式的致辞中说道："我们的音乐创作活动，几年来有发展、有提高；音乐创作同人民的生活、斗争和思想感情，有了进一步的结合……我们音乐界对于我国民族、民间和古典音乐遗产，对于我国优秀的民族音乐传统，有了更多的注意。在音乐周的演出节目中，民歌、古典乐曲和民族器乐，占了很大的比重，并且在整理、改编的质量上，在演唱、演奏的水平上，有了提高……运用欧洲的音乐形式、技巧和乐器来表现现代中国人民生活的音乐作品，在追求民族风格上，有了明显的进步……这些都是我国音乐工作在这几年间的重要的收获。"[②]在对群众歌曲、独唱及合唱歌曲、儿童歌曲、民间音乐、古典音乐、歌剧、管弦乐曲、各种器乐独奏曲、军乐曲、电影音乐以及其他形式的音乐创作形式进行了总结、会演后，提出了今后的发展规划。除此之外，音乐社会活动还有1958年第6期《中国音协举办歌唱十三陵水库的新作品音乐会》(本刊记者)，1958年第7期《全国热烈纪念我国伟大的戏剧家关汉卿》(式敏)，1958年第10期《河南西平县卫星人民公社文工团》(本刊记者)等。

在中国音协的号召下，国内的社会音乐活动的开展越来越频繁，对音乐工作成果做汇报、会演的同时，提出了要结合社会需要、文艺需要，促使各项音乐事业有新的发展方向。《人民音乐》作为中国音协会刊对各种音乐活动做了报道、记录，使各方交流音乐发展经验，促进社会音乐文化的繁荣，可见刊物具有明显的社会属性。

结　语

1946年12月，在黑龙江省佳木斯市创办的《人民音乐》与1950年9月在北京创办的《人民音乐》有着密不可分的联系。就刊物的性质来说1946年创办的《人民音乐》与1950—1951年的《人民音乐》同为刊载歌曲创作及音乐评论的刊物，参与1946年创办的《人民音乐》的编辑、编委如吕骥、向隅、李劫夫、安波等同时也是

---

① 《人民音乐》编辑部：《迎接音乐周，检阅力量，繁荣创作》，《人民音乐》1956年第3期。
② 刘芝明：《第一届全国音乐周闭幕词——中华人民共和国文化部刘芝明副部长致词》，《人民音乐》1956年第9期。

1950年创办的《人民音乐》的主编、编委，因此两种刊物具有一定的延续性。但是二者又有着较大的差别，两种刊物对社会产生的影响是不同的。1946年创办的《人民音乐》属于地方性的刊物，只面向东北解放区发行，办刊的目的以辅助战事、鼓励生产为主。1950年创办的《人民音乐》是面向全国发行的代表中国音乐家协会的机关刊物，它肩负一定的政治使命，不仅是发展新中国音乐事业的重要载体，而且也需要通过它广泛开展音乐运动来配合经济建设、文化建设，以发展社会音乐文化。1949年新中国成立之后，在中华全国音乐家协会的研究下创办的《人民音乐》更加具有信心、底气，是以"国家主人"的心态来发展自己的音乐事业，发展国民的音乐文化水平，因此在办刊上具有一定的主动性，刊物承载的内容、辐射的地区、涵盖的音乐方向都较全面、周到，发展至今它所承载的历史、政治等因素是任何一本刊物都无法比拟的，它为专业音乐事业、社会音乐文化的发展所做出的贡献也没有任何一本音乐杂志可以相提并论。今天不论通过何种渠道查看《人民音乐》的信息，关于刊物创刊的介绍均从1950年9月开始，笔者认为《人民音乐》编辑部不是不认可1946—1949年的《人民音乐》，而是1950年9月创刊的《人民音乐》较多地受历史、政治的影响，不能单纯把它作为一本普通的音乐刊物看待，而是需要将刊物提升到政治、史学的层面。从与新中国同呼吸、共命运的角度看，《人民音乐》的创刊介绍为1950年9月似乎更适宜。

《人民音乐》1950—1965年配合党和国家的政治建设、经济建设、文化建设，积极参与党和国家倡导的社会运动，在社会建设、经济建设的发展中不断调适新的文艺方针、政策，共同推动文化的发展、社会的进步。作为中国音协的机关刊物，《人民音乐》将触角延伸至与音乐文化相关的每个方向，促进了新中国音乐创作（歌曲创作、器乐曲创作）、音乐表演、作曲理论、歌剧、舞剧音乐、电影音乐、广播音乐、戏曲、民族民间音乐、音乐教育等事业的发展。在20世纪50年代初国内音乐技能、活动、教学相对薄弱的时候，中国音协通过《人民音乐》刊物大力宣传国外的音乐知识以备创作、发展之需，同时积极组织国内的音乐文化活动，加强普及音乐基础知识等。50年代中期随着国内的音乐文化的丰富以及对民族民间音乐的初步挖掘，学习中国音协通过《人民音乐》刊物传播国内音乐文化活动、介绍民族民间优秀的音乐文化，在相对较短的时间内使音乐文化得到全方位发展，这是每个音乐工作者共同努力的结果，是中国音协领导人积极组织建设的成果。可以说《人民音乐》是一本珍贵的新中国音乐史的教材，是新中国音乐史的缩影，它真实地记录了20世纪后半叶的历史，无论是正面经验还是反面经验。在《人民音乐》刊物的发展中，深入贯彻党的文艺方针，倡导音乐发展方向，推进音乐创作、音乐表演、发展音乐教育、音乐社会活动等。作为评论性刊物，《人民音乐》集中关注主流音乐，聚集了一批学院派的音乐评论家如乔建中、李西安、居其宏、王安国等，这是《人民音乐》作为评论性刊物的优势。同时，《人民音乐》编辑部密切关注群众音乐文化活动、报道音乐社会活动等，使刊物不同于其他音乐刊物，具有较强的社会学性质。作为一本音乐刊物同时具有政治性、学术性、社会性，这是《人民音乐》独特的标签，是历史赋予《人民音乐》的责任，更是《人民音乐》需要坚守的信念。

1960年前后，由于开展的社会运动较多，在刊物上设置响应社会运动的相关栏目很多，与作曲技法、演奏方法、民间音乐、音乐史等相关的栏目及评论篇幅大大减少。音乐刊物过多地被政治束缚、干预，发表的政治相关文论过多，影响了音乐事业的良性发展。但是从《人民音乐》的发展实践中，不难看出编辑对音乐事业的坚守，继承优秀的民间音乐的同时倡导学习西方科学的理论技法，促进创作、教学、表演等多方面的发展，为新中国音乐事业的发展贡献力量。《人民音乐》编辑部在1986年进行改版，回归音乐本身促进其全方面的发展。2006年对它的第2次改版加强了刊物的社会属性，使刊物更接近读者、群众。发展到今天，《人民音乐》编辑部还是不断地从历史中总结经验、吸取教训，《人民音乐》的发展历程也为今天的音乐刊物的发展提供了学习和参考的媒介，其中编辑对待工作认真严谨的态度、对读者负责重视的精神都是如今音乐编辑需要效仿和学习的典范。

有一种努力叫"坚守"

——《音乐研究》办刊分析

李宝杰

男,艺术学博士、二级教授,陕西省"特支计划"哲学社会科学领军人才。现任西安音乐学院党委副书记,音乐学、艺术民俗学双方向硕士研究生导师,南京师范大学音乐与舞蹈学博士研究生导师。兼任教育部高等教育艺术学理论教学指导委员会委员、中国传统音乐学会常务理事、陕西省高等学校教学指导委员会音乐学类工作委员会主任、陕西省音乐家协会理论委员会主任。长期从事中国音乐文化、艺术民俗学、音乐编辑学等领域的教学与研究工作。发表研究成果数十万字,撰、编著作8部。承担有国家艺术基金、教育部、陕西省人文社科等研究项目。先后获得国家科技进步二等奖,陕西省第十二、第十三次哲学社会科学优秀成果著作类二等奖和论文类三等奖,陕西省新闻出版局、陕西省教育厅高等社科学报优秀编辑学论著一等奖、二等奖,陕西省教育厅人文社科研究成果三等奖,陕西省高校优秀教材一等奖。

"坚守"一个再直白不过的表述用词，可要做到并不是一件轻而易举的事。因为，"坚守"意味着始终如一；"坚守"意味着与长时间为伍；"坚守"意味着一种信念的存在；"坚守"要能耐得住各种诱惑和干扰……对于办杂志，在几十年的漫长耕耘中，在办刊者不断更迭的过程中，在各种外在因素的不断干涉和掣肘中，要能够在办刊立场上始终如一，做到前后衔接、相互认同，并朝着一个既定的目标前行，没有"坚守"恐怕都是空谈。

有关坚守的例子，在音乐期刊界并不鲜见。维护某种办刊传统是坚守，长期关注某一研究领域是坚守，不断追踪某些学人的研究成果是坚守，持续打造某一特色栏目是坚守，把某一研究领域的问题不断引向深入也是坚守……坚守可以形成办刊特色，可以助推理论高度，更能沉淀出期刊的人文品格。

在音乐期刊界，尽管每一种期刊在发展过程中，都不难找到一两个坚守的例子，但我认为，从整体上看，唯《音乐研究》的坚守做得最足，走的是一条整体上的、前赴后继的坚守之路。以至于《音乐研究》虽然每期的发稿量并不算大，外观颜值也朴实少变，但它的影响却长期居高不下。据中国知网（2017年版）统计，其复合影响因子0.490，综合影响因子0.361，在同类期刊中居于较高位置。为进一步分析判断，可通过下面一组统计数据进行比对（表1）：

表1 《音乐研究》2008年第1期—2018年第3期共63期用稿统计表

发文总量（篇）	中国音乐史	中国传统音乐与民族音乐学	西方音乐研究	音乐分析	音乐表演	音乐美学	会议综述	评论	其他研究
831	205	191	40	137	48	29	30	69	82
占比	24.66%	22.98%	4.81%	16.48%	5.77%	3.48%	3.61%	8.3%	9.86%

此表统计大致以10年为限，主要以学术论文为统计对象，报道、消息、通告类文稿未计入此表。在研究方向归类上以一般的音乐学研究领域为依据，一些较新的、跨领域的或者隶属不够清晰的归入"其他研究"类别，评论类含书评和乐评。

从表1中统计的数据来看，《音乐研究》在几十年的办刊中有以下几个特点，可以反映编辑团队在办刊过程中的坚守。

一、坚守了以反映中国音乐文化研究为主体的办刊路径

在《音乐研究》10年的办刊发稿中，有关中国音乐史相关问题的研究发文共计205篇，占期刊总发稿量的24.66%；有关中国传统音乐与民族音乐学相关问题的研究发文191篇，占总发稿量的22.98%。两者合计发稿396篇，占到总发稿量的47.64%。

（1）从有关中国音乐史相关问题研究的主题看，对古代史方面的研究所占比例较大，共有135篇，涉及乐律学、宫调理论、唐大曲、敦煌遗谱、古琴谱、宫廷音乐、音乐考古、中外音乐交流等方面的问题，核心作者有陈应时、杨善武、陈其射、郭树群、修海林、项阳、方建军、王子初、王小盾、郑祖襄、吴志武等，基本涵盖了10年间在中国古代音乐史研究领域中各个方面的主要学者；近现代音乐史共有70篇，涉及史料挖掘、音乐思潮、民国音乐教育、音乐机构或社团、音乐家贡献、作品评价、不同历史阶段的音乐状况等方面，核心作者包括刘再生、居其宏、冯长春、梁茂春等。与古代史研究有所不同，在近现代音乐史研究中新生代作者占有一定比例，发表的多数文章都与作者的学位论文选题有一定联系。

为推动中国音乐史学研究发展，《音乐研究》编辑部在近10来年的办刊过程中，充分发挥编辑主体的能动作用，结合本领域的学术热点问题，分别于2008年、2009年、2012年、2016年，推出了"中国音乐史学研究的现状及未来趋势""音乐历史分期问题笔谈""音乐考古学：当下境况与未来趋向""曾国墓地音乐考古专栏"四个研究专栏。对这些专栏的积极策划与组织，反映出《音乐研究》编辑团队敏感的学术意识和学术责任，通过开辟专栏让学界同人及时了解到该领域的最新成果，多方面触碰该领域重要学者的认识和思想，也对当时这些领域的学术研究走向深入起到了推波助澜的作用。

比如2009年第4期中的"音乐史历史分期问题笔谈"栏目，其缘由是基于中国音乐学院于当年5月30日与中国音乐史学会联合主办的"文化视野中的音乐历史分期"学术研讨会，《音乐研究》编辑部受邀参加并据会议主要研讨内容组织专栏，对会议中较有分量的发言进行约稿，最终组织了8篇文章公开发表，展现了中国音乐史研究中有关历史分期的新视野。主要观点如以对每个时期社会音乐文化生活的总体，形成决定性影响的特定文化事象进行划分（赵宋光）；以信史作为史前时期的划分依据，以音乐事象与特殊历史事件相结合划分为西周、春秋时期，以音乐的传播交流为战国经秦、西汉至东汉的划分依据（冯文慈）；以社会功能和音乐承载人的变化为划分依据（陈其射）；以从音乐文化内部找寻音乐发展和衍变之理

进行音乐分期（李方元）；以"亚洲文化圈"视角考察音乐历史变迁规律进行时期划分（赵维平）；有关历史分期的认识正在转向多线条、多类别、多层面的研究方法之中（修海林）；等等。有关中国音乐历史分期的认识和见地引人思考、发人深省。此次专题研讨会的召开和对研究专栏的开辟，其重要的学术意义一是"音乐史学界首次将中国音乐通史治史中遇到的分期问题作为会议专题供专家们研讨"①，二是历史分期问题涉及史学研究中的史观、视角、选材等重大问题，此次会议借分期问题掀开了在中国音乐史研究中面对的复杂境况的冰山一角，对于其后学科建设的发展不无借鉴之处。

再如2016年第5期中的"曾国墓地音乐考古专栏"，紧密贴合了当时湖北枣阳郭家庙曾国墓地的考古重大发现，专栏虽只组织了3篇文章，但篇篇分量扎实，对郭家庙曾国墓地的整个挖掘和出土情况、主要出土乐器如编钟簨虡、编磬、瑟、琴、建鼓、铜钮钟等进行了较为全面的介绍，并附有两版彩色出土乐器图片，使读者可以更真切地了解到曾国墓地的音乐考古情况。

（2）从有关中国传统音乐与民族音乐学相关问题研究的主题来看，涉及中国传统音乐的研究所占比例较大，在10年来所发191篇文章中占到了118篇。主要研究问题涉及对不同乐种的调查与研究、民间音乐形态分析、非遗传承与保护、地方戏曲音乐研究、传统音乐教育等诸多领域。而最为重要的是伴随着对西方民族音乐学研究、中国文化学研究等学术领域的相互借鉴，中国传统音乐研究出现了一些新的拓展，如"区域音乐文化""音乐地理学""音乐口述史""音乐叙事"等，将过去偏重于音乐体裁形式、音乐表现形态的微观研究提高到中观、宏观的层面，关注到了传统音乐发生与传播的多文化交织、多方面混融的事实。核心作者有乔建中、王耀华、伍国栋、樊祖荫、袁静芳、张振涛、张君仁、蔡际洲、蓝雪霏等，基本为该研究领域的重要学者与专家。而有关民族音乐学的研究，作为一个舶来品但又与中国传统音乐研究关联紧密的学术研究领域，其活跃度累年提升，不仅催生了许多新的研究论域，而且与国际学术走向渐趋贴近，在仪式音乐、跨界音乐文化、声音生态研究等方面卓有成效，核心作者包括赵塔里木、杨民康、张伯瑜、萧梅、和云峰等。

在上述研究领域中，《音乐研究》编辑部多年来不遗余力地积极追踪，借助各方面组织的学术会议、学术论坛机遇，以配合开辟专栏的形式，将研究推向了一个个高潮。据统计，10余年中编辑部组织的与此相关的研究专栏有10余个，占到了开辟专栏总数的50%，足见其学术活跃度与对专栏的重视程度。在此要特别提到两个专栏的策划与组织，其中一个是从2010年第5期开启的"中国传统音乐研究30

---

① 参见《音乐研究》2009年第4期"音乐历史分期问题笔谈"专栏编者按（陈荃有）。

年"系列专栏，先后连续组织了6期，每期一个主题，涉及学科建设、仪式音乐、传统乐种、传统音乐教育、区域音乐、声音生态6个方面，共刊发文章29篇，其中既有回顾与总结，也有认识与创新，更有新的研究实例涌现，以"中国传统音乐研究30年"总命题为统摄，形成了对该领域研究成果的集中展示。另一个值得提及的是开启于2011年第6期的有关"跨界族群音乐文化研究"的专栏，本专栏基于当时国内音乐学术界逐渐兴起的有关"跨界族群音乐文化研究"热潮①，积极组织有分量的学者撰稿，就相关问题进行了较为深入的探讨，在同栏发表的6篇文论中，有4篇都涉及对跨界民族音乐文化研究的理念、方法、范畴、意义等方面的探讨，对于开启国内音乐学术界对该领域的研究起到了积极的助推作用。笔者以"跨界民族音乐"为关键词，检索中国知网获悉共收录有相关主题文章27篇，最早发表的文章虽在2007年，但研究成果集中涌现却是在2011年之后，并且2011年共有6篇文章被收录，居于累年文章收录之冠，其中5篇来自《音乐研究》。此后，"跨界"研究与思考似乎也启发或带动了其他音乐研究领域，为此《音乐研究》编辑部于2014年第1、2期开辟了"'跨界'的学术内涵及远瞻"这一特殊栏目，两期先后组织15篇文章，从众学者不同的学科专业背景及认识立场看，其关注的各个侧面在论域上早已超越了民族音乐学研究中有关族群、国别的文化跨界问题，而是将问题引申到音乐学研究中存在的不同领域的交叉与跨界问题层面，无疑对于音乐学研究视野的拓展具有深远的意义。

当然有关《音乐研究》编辑部以中国音乐文化研究为主体的办刊坚守远不止于此，仅就研究专栏的不断开辟而言也不止于上述所论及的几个方面，还有诸如紧密结合近年来国家主流文化倡导而开辟的"丝绸之路与当代音乐学术"，已连续组织有3期专栏，编发文稿13篇；也有基于"学科传统与创新"而开辟的专栏，在淡化学科专业界限的基础上，从文化整体性上力图寻找音乐学术研究的共性存在与个别性辨识，截至目前也已组织有2期，编发文稿9篇。总之，《音乐研究》的编辑主体，在坚守以弘扬中国音乐文化为主体的办刊路径上，并非保守一隅，而是有着充满开放与

---

① "2011年8月，中国音乐学院研究团队申报的研究课题——'澜沧江—湄公河流域跨界民族音乐文化实录'成为第一次以跨界民族音乐研究为题被批准立项的国家社会科学基金艺术学重点项目。2011年9月，中央音乐学院音乐学系主办'2011中国少数民族音乐文化学术论坛——中国与周边国家跨界族群音乐文化'，三十余名学者在大会交流了关于跨界民族音乐研究问题。2011年9月24日，哈尔滨师范大学音乐学院又主办了'交流·合作·发展——东北亚区域跨界民族音乐文化交流国际研讨会'，来自各国家和地区的学者一起对跨界民族音乐文化交流的热点问题展开了多种形式的学术交流。"参见赵塔里木《关注跨界民族音乐文化》，《音乐研究》2011年第6期。

活跃的办刊眼界,既注重对传统的学理性关怀,又紧密跟踪学科发展的新动态,把编辑主旨与研究现实紧密结合,以期刊所特有的传播方式积极响应,大力助推音乐学术向前发展。

二、坚守了关注音乐文化现实的办刊路径

在《音乐研究》10年来的办刊发稿中,一是通过"音乐分析"研究聚焦国内外经典作品或对新作品的解析;二是通过对代表性音乐学人的采访、研究,追踪其研究动态,梳理其研究思想,并通过"中国当代音乐学家"专栏,每期介绍2位在不同研究领域卓有成就的音乐学家,配以相应文字和图片,激励同人和后学;三是通过对音乐活动(主要是学术会议)的综述,及时把有关音乐的重要事件梳理总结,以引起业界更多同人的关注和响应;四是每期组织刊发书评(含"'人音社杯'书评征文获奖文章选登"中针对中国学者著述的评论),公布和评介当代音乐学人的新成果。不仅如此,还通过消息、报道、通告等方式,事前事后有序跟踪各地、各机构组织的有关音乐活动事项,据粗略统计10年间共计有上百余条信息发布,几乎期期都有刊登。

表2 《音乐研究》音乐分析、音乐学家研究等栏目用稿情况统计表

刊期	音乐分析	音乐学家研究		会议综述	书评
		音乐学家专论和访谈	中国当代音乐家		
2008年第1期—2018年第3期	137	10	92	30	46

注:此表中出现的"中国当代音乐家"属于介绍性的、非研究类文稿,故在表1中未做统计。该栏目始于《音乐研究》2005年第3期,截止到2015年第6期,历时10年,每期介绍2位音乐家,个别期次由于未知原因未做刊载。本文统计了2008年以后的各期刊载情况,共计94位音乐家,其中有2位的介绍由相应的音乐学家研究专论所替代。

(1)从表2中统计数字可见,有关"音乐分析"的研究成果,在《音乐研究》的发稿量,是继中国音乐史、中国传统音乐与民族音乐学研究之后排在第三位的。其研究类型大致基于三个层面,一是有关当代作曲家新创作作品的研究,涉及作品创作的选材、写作技法、艺术表现等方面,研究者的关注度多和作品的社会传播热度有一定联系,如鲍元恺的《炎黄风情——中国民歌主题24首管弦乐曲》就有多篇文章从不同的角度进行了分析研究。二是有关西方经典作品及现当代作曲技法的分析与探讨,

既包括对古典、浪漫时期经典作品的再认识，也包括通过作品的分析解读西方现代作曲技术的运用与变化。三是涉及对一些改编曲的分析，这类作品尽管在创作内涵上不及原创作品，但一般都有一定的表演实践需求，因此也是社会音乐实践关注的热点。这里借用著名中国艺术史学家方闻先生的一个观点，或可对我们有所启示，他说："我的信念是，不论是当代摄影、装置、表演抑或观念艺术，在后现代世界中，应始终有表达艺术家的思想和情感，也就是'表吾意'的出自于人手的绘画艺术。"① 方先生虽然是拿视觉艺术说事，但笔者认为被包含在整个艺术史中的音乐作品研究，是最能直接反映各时代音乐家创作思想和情感认识的途径，作为一个受众度极高的音乐理论期刊，《音乐研究》编辑部始终不忘记对音乐分析的积极观照，这正是期刊力图与音乐文化现实保持密切联系的办刊思路显现。

（2）有关音乐学家、音乐家研究方面，从发文情况来看，《音乐研究》编辑部在10年间的确做了不少努力，前副主编陈荃有在其编辑有关《潜心学术的音乐大家——杨儒怀教授学术研究与教学成果述评》一文前所写的编者按中有这样的话："我刊2005年第3期为开办'中国当代音乐学家'栏目而配发的编者按曾提出，希望能够不断刊载就当代卓有贡献的音乐学家进行深入研究的专门论文。去年底，恰值中国音协'金钟奖'首次开评理论评论奖，杨儒怀、陈应时两位教授的著作《音乐的分析与创作》《敦煌乐谱解译辨证》共同获得了一等奖。编辑部结合本栏目的要求和是次评奖，约请两位中青年专家对获奖教授其人其著进行专文研究。我们期待能继续收到更多对当代学者及其成果进行深入研究的论文。"② 从中不难见出，编辑部力图通过刊发"就当代卓有贡献的音乐学家进行深入研究的专门论文"，总结经验，获取营养，引导更多的青年人走进学术，关注中国音乐学建设。但遗憾的是，该方面研究的推动并不理想，10年来发文偏少。为了更真实地贴近学者的研究世界，编辑部于2014年第6期开始，另以"学术访谈"的形式组织和编发稿件，尽管目前积累不多，但该思路得到了学界的认可和响应，具有一定的口述史意义，对于真实记录和反映当代学者的思想和成就作用重要。与此相关的"中国当代音乐家"栏目，也做得风生水起，10年间几乎期期不落，基本包括了20世纪下半叶国内音乐学术界的精英、栋梁，通过对这些学人的简明介绍，使广大读者能在很短的时间里了解到他们的个人情况及其学术动向，传递出了不少超乎个人的学术信息。

（3）有关会议综述和书评方面，在《音乐研究》10年的发稿中所占比例也不低，

---

① 方闻：《中国艺术史九讲》，上海书画出版社2016年版，第4页。
② 蔡乔中：《潜心学术的音乐大家——杨儒怀教授学术研究与教学成果述评》，《音乐研究》2008年第3期。

其学术分量尽管与学术专论不在一个层面，但其学术信息传递的含量却巨大。一般而言，期刊在其办刊效应上有其自身的特点，它不同于一般学术文集的相对纯粹，而是显得比较"杂"一些，也正是这种"杂"体现了期刊的本质。编发有一定分量的学术论文是本分，而通过期刊平台发布一定的学术信息同样是本分。如果说学术论文代表着期刊的学术含量的话，那么各类综述、评论、报道与消息则反映了期刊与社会学术界的关联度，营造的是期刊在社会文化现实中赖以存活的信息与文化交流生态。《音乐研究》10年来在这方面做得比较出色，从30篇会议综述传递出的信息看，几乎包括了国内音乐学术界在这一阶段里重要的会议和论坛信息，这在音乐期刊界尚没有哪家期刊能够做得这么全。而对46篇书评的刊发，不仅把10年间的音乐成果推介到大众面前，也使更多的青年学生循着书评所传递的信息，走向了学习阅读、深入阅读的学习境地，对于传递和播撒音乐研究信息发挥了积极作用。不仅如此，书评的累加发表还支撑了国内"音乐评论"学科的发展，对于逐步形成音乐的理性评价奠定了一定基础。

三、坚守了追踪并关切学术热点的办刊路径

《音乐研究》编辑部频繁地策划与推出"专栏"就是坚守了追踪并关切学术热点的办刊路径最好的例证。从2008年第1期统计截止到2018年第3期，《音乐研究》先后推出各种音乐研究专栏21个（相同的连续性专栏不计入），它们包括：第三届"人音社杯"书评征文获奖文章选登（2008年第5期）；中国音乐史学研究的现状及未来趋势（2008年第6期）；音乐历史分期问题笔谈（2009年第4期）；"书写民族音乐文化"笔谈（2009年第6期）；"音乐分析学"学科建设专家谈（2010年第1期）；中国传统音乐研究30年·民族音乐学学科建设（2010年第5期）；中国传统音乐研究30年·仪式音乐研究（2010年第6期）；中国传统音乐研究30年·乐种学研究（2011年第1期）；中国传统音乐研究30年·传统音乐与高校教育（2011年第2期）；中国传统音乐研究30年·区域音乐研究（2011年第3期）；中国传统音乐研究30年·声音生态学（2011年第4期）；跨界族群音乐文化研究（2011年第6期）；音乐考古学：当下境况与未来趋向（2012年第5期）；跨学科视野下的中国当代音乐美学（2012年第6期）；西方音乐史学科在中国的未来之路（2013年第3期）；"跨界"的学术内涵及远瞻（2014年第1期）；"音乐学"的内涵与人才培养（2015年第1期）；丝绸之路与当代音乐学术（2016年第3期）；曾国墓地音乐考古专栏（2016年第5期）；"学科传统与创新"专栏（2017年第6期）；"中国音乐理论话语体系"专栏（2018年第2期）。将专栏平均起来每年2个，一些特殊领域如"中国传统音乐研究"根据不同的子领域连续推出了6期之多。

表3 《音乐研究》"专栏"发文情况统计表

序号	专栏名目	设置期号	发文量（篇）
1	第三届、第四届、第五届、第六届、第七届"人音社杯"书评征文获奖文章选登	2008年第5期、第6期；2010年第5期、第6期；2013年第1期、第2期、第3期；2015年第6期；2016年第1期；2017年第1期、第2期	27
2	中国音乐史学研究的现状及未来趋势	2008年第6期	2
3	音乐历史分期问题笔谈	2009年第4期	8
4	"书写民族音乐文化"笔谈	2009年第6期	9
5	"音乐分析学"学科建设专家谈	2010年第1期	7
6	中国传统音乐研究30年·民族音乐学学科建设	2010年第5期	6
7	中国传统音乐研究30年·仪式音乐研究	2010年第6期	5
8	中国传统音乐研究30年·乐种学研究	2011年第1期	5
9	中国传统音乐研究30年·传统音乐与高校教育	2011年第2期	4
10	中国传统音乐研究30年·区域音乐研究	2011年第3期	5
11	中国传统音乐研究30年·声音生态学	2011年第4期	5
12	跨界族群音乐文化研究	2011年第6期	6
13	音乐考古学：当下境况与未来趋向	2012年第5期	5
14	跨学科视野下的中国当代音乐美学	2012年第6期	6
15	西方音乐史学科在中国的未来之路	2013年第3期、第4期	10
16	"跨界"的学术内涵及远瞻	2014年第1期、第2期	12
17	"音乐学"的内涵与人才培养	2015年第1期	8
18	丝绸之路与当代音乐学术	2016年第3期、第4期；2017年第3期	13
19	曾国墓地音乐考古专栏	2016年第5期	3
20	"学科传统与创新"专栏	2017年第6期、2018年第1期	9
21	"中国音乐理论话语体系"专栏	2018年第2期	4

编辑学研究中有一个衡量学术期刊编辑主体性能动作用的依据，就是通过统计测算某一份期刊在一个框定的历史时段中，除了常规栏目外而开辟有多少个"专栏"、"专栏"开辟的理由是什么、"专栏"主题与当时社会文化或科技研究中的哪些思潮或学术热点相关联等。根据笔者掌握的材料和对《音乐研究》的"专栏"设定分析来看，其10年来的专栏设计与安排，一是基于编辑者主体的办刊意识和需要，落实和发挥期刊作为现实音乐文化最新研究成果和音乐信息发布的平台作用；二是积极介入音乐研究活动，拉近期刊和作者、读者的距离，以学术会议、高端论坛为资源，赢得有质量的好稿件；三是积极进行创新构想，联络和团结作者，形成优势作者群；四是在为作者着想、服务的同时，提高期刊办刊的凝聚力和办刊声誉。毫无疑问，《音乐研究》的做法取得了良好的社会效益，在大量提高参与音乐学术活动幅度的同时，不断争取到有质量的稿件，提高了办刊水准和质量。比如"中国音乐史学研究的现状及未来趋势"专栏之与"中国音乐史学会第十届年会暨第五届高校学生中国音乐史论文评选"（2008年9月21日·苏州大学），"'书写民族音乐文化'笔谈"专栏之与"书写民族音乐文化高级研讨会"（2009年8月20日·秦皇岛市），"'音乐分析学'学科建设专家谈"之与"首届全国音乐分析学学术研讨会"（2009年10月26日·上海音乐学院），还有前文提到的"音乐历史分期问题笔谈"专栏之与"'文化视野中的音乐历史分期'研讨会"、"跨界族群音乐文化研究"专栏之与当年举办相关学术会议等。但最能够显现编辑者创造性思维的是编辑部自主策划的专栏，如"音乐考古学：当下境况与未来趋向""跨学科视野下的中国当代音乐美学""丝绸之路与当代音乐学术"等。其中，最引人注目的就是前文提到的连续推了6期的"中国传统音乐研究30年"专栏，其作用和意义前文已说过无须再赘言，但这里要强调的是这个连续性的专栏策划，显现出了编辑主体对中国传统音乐、民族音乐学研究的持续关怀之情和强烈的学术责任心，具有一种乐于担当的、当代人记录和总结当代学术的反思襟怀，是非常值得肯定的。

四、坚守了培养学术新人的办刊路径

《音乐研究》编辑部通过"'人音社杯'全国高校学生音乐书评征文评比活动"的连续举行和成果刊发，使得许多学术新人脱颖而出，获得历练并走上了坚定的学术研究道路。

《音乐研究》编辑部策划的该项活动起始于2003年，迄今已连续举办了7届，每一届的优秀获奖论文都在《音乐研究》上选登。根据统计，《音乐研究》自开展此项活动以来，从2004年到2017年14年间以专栏的形式共编发了16期，共计44篇书

评文章，占学生获奖论文总数 192 篇的 22.92%。[①] 许多青年人就是借此契机和平台茁壮成长并成为音乐学术研究的新生力量。通过该活动的评奖机制，既锻炼了青年学生的学术评判能力和论文写作能力，激发了他们的学术热情，同时也为《音乐研究》作者队伍建设提供了储备。

无独有偶，在其他一些高校学报中也有为大学生、研究生开辟专栏的，比如西安音乐学院学报《交响》，早在 20 世纪 80 年代后期就尝试以"大学生园地"名目开设展示学生音乐学术能力的栏目，经过几次尝试后，于 1996 年正式推出了"大学生学术园地"，后易名为"大学生研究生学术园地"，每期发表 2~3 篇学生研究习作。从形式和内容上来讲，该栏目与《音乐研究》的专栏有所不同，属于每期都有的常设栏目；稿件产生的过程也不同于《音乐研究》以征文比赛结果为来源，且专职于"评论类"成果发表，而是以学生作者投稿为主，不限研究范围和论文形式，迄今已坚持了 20 余年。但从发表学生论文所产生的作用和意义看，两期刊有着异曲同工之妙，都是致力于调动学生主动学习和参与研究热情为根本，为发现和呵护有创新能力的学术苗子为己任、为新生学术力量进行储备、为学术队伍的持续发展和长久建设而努力。民国时期商务印书馆的开拓者张元济先生曾说过这样一句话："储才之道，登进固宜稍宽，廪饩亦不宜薄。"[②] 这尽管是就出版社编辑队伍建设的出发点而言，但我认为对于期刊作者队伍的发展同样重要，在我们一般多习惯于关注学术研究的核心作者外，如能把眼光向新生学术力量方面做些倾斜，关切富于创新精神的思想萌动的话，那么，这个期刊的办刊发展就一定会呈现出活力、充满开放精神，并且容易形成富于前瞻性的办刊眼界。《音乐研究》所持续开展的"'人音社杯'高校学生音乐书评征文评比活动"及其成果选登，正是这方面的积极尝试，并且取得了良好的效果。

通过上述四个方面的分析梳理，有关《音乐研究》的办刊品格基本已凸显出来。就编辑者主体而言，编辑工作追求的四个方面坚守，很好地体现出其前任副主编黄大岗所说的一贯"主动组稿、主动选稿，尽量做到每期有一个主题"[③] 的编辑传统；就

[①] 《音乐研究》编辑部策划组织的"人音社杯"全国高校学生音乐书评征文活动起始于 2003 年年底，参与对象为全国各高等艺术院校在读的博士生、硕士生和本科生，活动主旨是"倡导青年大学生多读书、勤思考，切实提高音乐理论素养"。从第 4 届开始与中国音乐评论学会奖联合举办，评奖分为"评论学会奖"和"学生音乐书评奖"两类。第 7 届开始两奖彻底合并，统一命名为"'人音社杯'音乐书评征文奖"，除保留原设的"博士生组""硕士生组""本科生组"分组评比外，把原来学会奖的非高校学生参与者单列为"社会人士组"。本文统计数据仅包括高校各类在读学生获奖者。

[②] 转引自姚福申《中国编辑史》（修订本），复旦大学出版社 2004 年版，第 281 页。

[③] 黄大岗：《〈音乐研究〉坚守的十三年》，《音乐研究》2008 年第 1 期。

接受者主体而言，《音乐研究》不仅以其高质量的论文选题赢得了广大读者的青睐，而且期刊所刊载的信息量大，满足了读者掌握信息、利用信息的需求；从作者主体来说，不仅坚持了以积极反映中国音乐文化研究为主体的办刊路径，又及时关注音乐文化现实的发展，同时带动更多的年轻人参与进来，为中国音乐的整体发展提供了充实的理论奠基。而这些都是通过办刊中的一贯"坚守"而经年累月地形成的。

总之，《音乐研究》所具有的这些办刊坚守，正是它办刊特色形成的依赖，也是它始终走在业界前列的保障，更是它具有较高学术担当的最好体现，值得同行们认真学习和研究！

坚守是学术的一种本质；坚守是学术成熟的表现；坚守是追求的韧劲彰显；坚守能够使得一种事业走向深入和繁荣！祝愿《音乐研究》办刊越来越好！

（原载《音乐研究》2019 年第 2 期）

一份不能遗忘的音乐期刊

——记《延安歌声》创刊 33 周年

刘春晓

女，1981年生，副编审职称。2000—2004年就读于西安音乐学院音乐学系本科，2004年获得"陕西省优秀毕业生"称号；2005—2008就读于西安音乐学院音乐编辑学方向硕士研究生，师从李宝杰教授。现供职于西安音乐学院《交响》编辑部。近年来发表论文有《中国当代音乐期刊的分类》《传播载体下的音乐编辑行为探析》《法雅〈西班牙花园之夜〉音乐语言分析》《音乐文化产业的相关概念阐释与理论探究》等，并多次在陕西省高校学报研究会评优活动中获得"优秀青年编辑""优秀社科编辑"称号。

从社会学角度看，一种音乐期刊承载的内容是特定时代文化的缩影，集中反映当时社会的音乐文化信息，并映射出当时社会公众的精神文化需求。20世纪七八十年代，中国的音乐文化产业百废待兴，中国社会公众开始在思想上冲破极左牢笼的束缚，渴望了解新生活、新知识和新观念，社会公众的文化消费需求也发生了觉醒。音乐期刊《延安歌声》便诞生于这个特殊的历史时期。

一、《延安歌声》简介

《延安歌声》是西安音乐学院学报《交响》的前身，创刊于1975年4月，从1976年第1期开始暂定为季刊，是一种面向工农兵、面向基层的通俗音乐刊物。[①]从期刊封面可以获知，西安音乐学院当时的称谓是"陕西艺术学院"。根据《二十世纪中国音乐期刊篇目汇编》的记载：《延安歌声》在1975年出刊4期，1980年出第16期后休刊，同年又出增刊1期（共17期），1982年院名改为西安音乐学院以《交响》刊名出刊。[②]笔者手头仅持有《延安歌声》(1976—1980)共12期：1976年第1期，1977年第1—4期，1978年第1—4期，1979年第1—2期，1980年第1期。1975年出版的4期和1980年的1期增刊目前没有找到纸质版本。本文旨在从音乐编辑学角度对《延安歌声》进行全面的文本分析与研究，根据所刊内容揭示其编辑思想的发展与转变，探析其在当时特定的历史时期和社会背景下所承担和发挥出的音乐文化功能。

（一）从印制技术看

《延安歌声》使用深蓝色的硬板封皮精装，正16开本。1975年第1—4期采用油

---

① 陕西省艺术学院音乐系编辑部：《〈延安歌声〉(1976—1980)》，1975年4月创刊，1980年停刊。
② 参见李文如、中国艺术研究院音乐研究所编《二十世纪中国音乐期刊篇目汇编》（下卷），文化艺术出版社2005年版，第1280页。

印技术，1976年开始改为铅印。期刊内页的用纸重量约为45克，纸质较薄，存在严重的透印现象，部分书页已经泛黄，正常阅读无碍。从1977年第4期开始，纸质有所变化，文字较以前更为明晰，印制技术有所提高。

（二）从装帧设计看

1. 封面设计简洁，内容不受限制

《延安歌声》封面设计简洁明晰，富有强烈的象征和时代意义，能够体现音乐艺术的特色。封二刊登照片、汉文目录或者空白，封三、封底也时有刊登照片、发文、更正信息或空白等，封面设计会根据期刊内容的多少进行适度调整，不受限制。

2. 页码数不等

1976—1980年的12期《延安歌声》，页码数均不等。1977年第1期最多，96个页码；1977年第2期与1978年第2期最少，48个页码；其他期数有50、52、56、64个页码。由此可见，《延安歌声》的页码并没有按照今天的印张计算法，上下浮动一个印张，而是根据内容的变化较为自由地确定页码数。

3. 目录位置较稳定。

除1976年第1期（封二刊登照片）和1977年第1期（封二刊登歌曲《绣金匾》）的封二另有安排，以及在目录前（今天的扉页位置）刊登一则"毛泽东语录"外，其他期数的目录均安排在封二上，位置较为稳定。

4. 字体字号不统一，通栏排式

在字体方面，《延安歌声》中的文章正文使用的是宋体，标题类采用黑体或宋体。整体以宋体的印刷版为主，兼有部分印制的手写版。例如1977年第1期的"音乐知识讲座"栏目，张棣华在《琵琶演奏法基本知识》中介绍琵琶左右手的指法符号和把位时，因为特殊符号的限制和囿于当时排版与印刷技术的落后，所有指法符号和把位图示全为手写体。笔者推测在20世纪70年代，手写体的印制应该是使用照相制版技术进行的。

在字号方面，正文使用的字号应为今天的五号，标题类采用四号或五号，手写版的字号无法判断。

在排式方面，《延安歌声》刊载内容以音乐作品为主，五线谱和简谱占绝大篇幅，采用通栏最为适宜。

5. 照片、图示均为黑白色

《延安歌声》中的照片与图示均为黑白色，正文中的照片与图示多以乐器的运弓、把位、演奏姿势和对乐器的改革等为主，其中的图示多为临摹后照相制版技术生成；

封面刊登的照片多以学院到基层慰问演出为主，如1976年第1期的封二、封四：陈旧褪色的黑白照片虽然已经模糊了人物的面部表情，但从密麻熙攘的围观群众来看，当时的演出现场应该是气氛热烈、掌声雷动，表演亦是精彩纷呈、备受欢迎的。除此，封面也时常会展示一些弓弦乐器的持弓、运弓和按弦的手势，诸如1977年第2期封三、封四刊登的小提琴运弓手势就非常到位。

（三）从编校质量看

《延安歌声》存在的讹误较多，笔者推测原因应是多方面的：

（1）20世纪七八十年代，我国文本期刊的编辑工作尚没有形成一套独立系统且全面的标准作为工作参照；

（2）由于印制技术的局限，不得已改为"手写"的内容，字体随意、简化；

（3）编辑人员在审稿过程中的遗漏与疏忽所致；

（4）拼版过程中出现的错误等。

笔者将其中存在的部分错误进行整理，以此对当下音乐期刊的编校工作提出警示。（表1）

表1 《延安歌声》期刊讹误一览表

序号	期数	位置	错误	应改
1	1977年第3期	最后一页	目录位置错	调至封二
2	1977年第3期	第28页	音乐识知讲座	音乐知识讲座
3	1978年第1期	第6页	连系 予订	联系 预订
4	1978年第1期	第26页	丰富多采	丰富多彩
5	1978年第1期	第27页	姆指（出现8次之多）	拇指
6	1978年第1期	第37页	练习份量	练习分量
7	1978年第1期	第40页	午台进光	舞台近光
8	1978年第2期	第36页	予告	预告
9	1978年第3期	第19页	变征 征	变徵 徵
10	1978年第3期	第28页	皷	鼓
11	1978年第4期	第47页	命革	革命
12	1978年第4期	第48页	窃踞	窃据

除表1中所列错误外，1977年第4期第52页，"（3）"中"3"写错方向、1978年第2期第23页的"注"中有多处错字、第25—29页的图示与谱例的文字说明中有多处错字、1979年第2期封二目录后穿插一页五线谱的谱例，跟正文作品无关，应为多余，等等。

另外，正文行距、字距、同行字号、升降记号、标点符号、数字使用、外文著作标识、表格与图片等都明显存在不统一的现象；部分截取的谱例缺乏调性；表情术语不完整；段落之间的行间距不一致；所有文章没有摘要、关键词、注释和参考文献等，与国家当前的出版要求相差很远。

二、刊载内容的解析

"本刊欢迎广大工农兵业余音乐工作者、广大的基层音乐工作者和专业音乐工作者向本刊投寄下列稿件：一，歌曲、歌词，二，小型器乐曲，三，音乐作品评论短文，四，各种乐器演奏法的初步知识或某种技法上的探讨文字，五，乐器修理、制作的知识，六，各地区、工矿、农村音乐活动情况报导等。"[①] 以上6点揭示的是《延安歌声》的刊载内容，宽泛清晰、有针对性。1976年第1期至1978年第3期有明确的栏目名称，设有歌曲、器乐曲、音乐知识讲座、歌词写作知识、评论、音乐译文等栏目；1978年第4期至1980年第1期，不再标注栏目名称，改为隔行的方式划分栏目。

（一）以音乐作品（声乐和器乐）为主

根据《延安歌声》汉文目录所列标题看，以音乐作品为主，分为声乐和器乐两大类。

声乐作品，如1975年第1期《认真学习无产阶级专政理论》（音乐系作曲班词曲）、《十唱小靳庄》（丹文词、高永谋曲）等；1975年第2期《一枝新花向阳开》（张定亚词、代霖曲）、《茶山新歌》（党永安词、张增抗曲）等；1975年第3期《接过革命的火把》（沈仁康词、郝玉华曲）、《学习理论掀高潮》（党永安词、冯致宝曲）、《学大寨要大干》（李正身词、汪长功曲）等；1975年第4期《大寨路上阔步走》（群戈词曲）、《动员起来　大办农业》（黄玉明词、程鸣曲）、《干部劳动在田间》（刘薇词、代霖曲）等；1977年第1期《赞歌献给华主席》（冯福宽、闻频词，屠冶九曲）、《怀念

---

① 陕西省艺术学院音乐系编辑部：《〈延安歌声〉(1976—1980)》，陕西文化艺术学院，1976—1980年。

敬爱的周总理》(张澄寰词,田光、生茂曲)等。

器乐作品,例如 1975 年第 1 期《大寨红花遍地开》(仲伏)、1975 年第 2 期《地道战》(二胡独奏曲,张玉钦编曲)、1975 年第 3 期《众手浇开幸福花》(小提琴曲,唐诃曲、马绍宽编曲)、1975 年第 4 期《大寨路上唱羊牧》(二胡独奏曲,鲁日融曲)。

(二)"文化大革命"后器乐曲逐渐增多,声乐作品实现人声与器乐的结合

从 1977 年第 2 期开始,器乐作品逐渐增多。1977 年第 2 期 7 首,1977 年第 3 期 1 首,1977 年第 4 期 3 首,1978 年第 1 期 2 首,1978 年第 2 期 3 首,1978 年第 3 期 2 首,1978 年第 4 期 1 首,1979 年第 1 期 3 首,1979 年第 2 期 1 首,1980 年第 1 期 1 首,共计 24 首器乐作品。尤其是 1977 年第 2 期设有 7 首器乐作品,没有刊载声乐作品,这与以往以声乐作品为主(像 1976 年第 1 期无器乐作品;1977 年第 1 期刊载声乐作品 22 首,器乐作品仅 1 首)的栏目设置大有出入。

1978 年第 4 期刊载 5 首声乐作品,其演唱形式发生了根本性变化:其中有 2 首声乐作品采用钢琴伴奏,声乐作品真正实现了"人声与器乐"的结合。在 1979 年第 1、2 期与 1980 年第 1 期中,采用钢琴伴奏的声乐作品依然占据一定的比例,例如张虹鹏词、张谷密曲《高歌猛进向前方》(女声二重唱钢琴伴奏)(1979 年第 1 期);雷达、黎琦词,屠冶九曲《金光大道多宽阔》(独唱钢琴伴奏)(1979 年第 2 期);石祥词、豪夫曲《唱给台湾同胞的歌》(女声独唱钢琴伴奏)(1980 年第 1 期)。可见,"文化大革命"之后出现的声乐作品伴奏形式更为专业化、自由化。

(三)展示学院音乐创作成果

《延安歌声》中对陕西艺术学院部分师生的音乐作品的展示,例如高永谋等作曲、雄飞等作词的组歌《华主席率领我们奋勇前进》(1977 年第 1 期),饶余燕等作曲、高寄明作词的男中音独唱《怀念周总理〈念奴娇〉》(1977 年第 1 期),屠冶九作曲、冯福宽等作词的歌曲《赞歌献给华主席》(1977 年第 1 期),赵震霄、饶余燕作曲的《怀念敬爱的周总理》(大提琴独奏、钢琴伴奏)(1977 年第 2 期),屠冶九作曲、高守信作词的齐唱、二部合唱《攀登者之歌》(1978 年第 3 期),豪夫、刘铮作曲,张东方作词的齐唱《我们是光荣的共青团员》(1978 年第 3 期),饶余燕、陈立群曲《秋收路上》(小提琴独奏、齐奏)(1978 年第 3 期),屠冶九、季平、大兆作曲的合唱《怎能不把您深深地怀念——献给敬爱的周恩来总理》(1979 年第 1 期),作曲系大一学生张大龙作曲的女高音独奏《娟娟》(1978 年第 4 期)等。

民乐系鲁日融改编的《鱼水情》(二胡、笛子、扬琴三重奏)(1977年第2期),王沂甫改编的扬琴独奏《绣金匾》(1977年第2期),关铭作曲的《北京的喜讯》(二胡独奏、扬琴伴奏)(1977年第2期),鲁日融与石夫创作的《胜利秧歌》(二胡独奏、扬琴伴奏)(1979年第1期),胡登跳创作的丝弦五重奏《望北斗》(1979年第1期)等。

仅有的一篇音乐学术性论文是高士杰教授在1977年第1期发表的《一个反对周总理的政治阴谋——揭"关于标题与无标题音乐问题的讨论"真象》。其他一些专业常识性的文论多在"音乐知识讲座"栏目中体现,诸如扬琴、琵琶、小提琴、大提琴等乐器的练习技巧与演奏法。

(四)音乐科普知识

对音乐知识的普及和器乐技巧解说成为每期必不可少的内容,例如1976年第1期"音乐知识写作"栏目、1977年第1期《琵琶演奏法基本知识》、1977年第2期《初学小提琴应该注意的几个问题》、1977年第3期《二部合唱写作浅谈》、1978年第1期《小提琴基本功探索》等。对音乐科普知识的刊载是《延安歌声》重视音乐教育普及的表现。

(五)设置音乐译文栏目

从1978年第2期开始设有音乐译文栏目,但并不是每期都有。1978年第2、第3期连续发表德国音乐理论家B.瓦尔特写作、谌国璋翻译的《论速度(上、下)》、1979年第1期刊载《"我"和"另一个人"谈音乐演奏》([苏] N.科年著、谌国璋译)、1979年第2期与1980年第1期连载谌国璋翻译的《美国专业音乐创作发展的道路(上、下)》。谌国璋是20世纪七八十年代国内著名的音乐翻译家,翻译了大量外来的音乐文献,诸如[匈]莱奥波尔德·奥厄著《小提琴经典作品的演奏解释》、[苏] A.阿列克赛耶夫著《钢琴演奏教学法》等,这些文献为当时西方音乐文化在国内的传播和对西洋乐器的教学均起到了规范的指导作用。

(六)"文化大革命"后歌曲题材逐渐宽泛

"文革"时期,《延安歌声》刊载的歌曲创作题材受到限制,主要还是以歌颂国家领袖与表达人民幸福生活为主。1976年粉碎"四人帮"后,音乐家被"囚禁"的创作思维得到解放,歌曲创作主题逐渐变得宽泛。1977年第2期到1980年第1期,涉及的歌曲题材、音乐论文都逐渐"自由"化，编辑工作者组稿的范围也有所扩大。

综上分析，《延安歌声》刊载的内容以音乐作品展示为主，兼顾文论。声乐和器乐作品均以中国传统内容为主，声乐作品的数量远超于器乐作品。声乐作品以歌曲演唱居多，从标题来看，多以时代主题，如歌颂领袖、共产党、无产阶级；反映人民幸福生活、革命学习、农业劳动；表达粉碎"四人帮"后的激动心情以及部分社会实践活动中的思想收获等为创作题材。"文革"后，声乐作品的题材逐渐多样化。器乐作品，从具体曲目来看，民族器乐作品以二胡、扬琴、琵琶和笛子独奏为主；西洋器乐作品均为大提琴和小提琴独奏作品。从数量上看，民族器乐作品多于西洋器乐作品。从刊载形式看，器乐作品均展示乐谱，其中民族器乐曲采用简谱，西洋器乐曲均采用五线谱。从演奏技巧看，多居于初级和基础练习阶段，比如熟知乐器把位、掌握演奏的基本指法和要领，对于有难度的大型器乐作品缺乏实践上的尝试；在体裁方面，多以小型体裁为主，比如小提琴独奏、笛子独奏、二胡独奏、两种乐器的协奏等，对诸如交响乐、管弦乐、歌剧和清唱剧等大型音乐体裁均未涉猎。

以上音乐作品的主要创作者是陕西艺术学院的在校师生，对学院师生的音乐创作、表演和实践进行展示是《延安歌声》刊载内容的重要组成部分，这对回顾和了解西安音乐学院20世纪七八十年代的教学模式和专业体系均具有实证意义。

《延安歌声》刊载的文论部分包括歌词写作、音乐科普知识、音乐评论和音乐译文，尤其是对音乐译文栏目的设置，表明"文革"后国家文化环境日渐宽泛，顺应国内音乐理论界的文化需求，逐步重视对国外音乐文化的引入。

三、《延安歌声》编辑文化意识的发展与转变

编辑工作者担负着传播优秀文化知识的责任。从编辑学角度看，《延安歌声》内容的呈现与转变，实质上是编辑工作者文化意识的发展与变化，可以从以下三方面理解。

（一）坚定不移的办刊宗旨

从音乐期刊的办刊宗旨来看，"凡为文章，皆须明其宗旨"，音乐期刊的办刊宗旨就是指创办音乐期刊的意图和主旨，它犹如一项纲领，指导、约束着音乐期刊的发展。《延安歌声》是由陕西省艺术学院出版的，作为革命的圣地——延安培育了红色革命精神，具有一定的特殊性，取名为"延安歌声"充分展现了期刊的主题思想和创刊宗旨："以马克思主义关于无产阶级专政的理论为指导，以阶级斗争为纲，坚持毛

主席的革命文艺路线,批判反革命的修正主义路线,坚持文艺为工农兵服务,为社会主义服务,为无产阶级服务的方向,贯彻百花齐放,百家争鸣的方针。"①

(二)深刻的时代烙印

坚持正确的政治导向、思想导向和知识导向是特定时代下创办音乐期刊的基本宗旨。②每一种音乐期刊的风格特色必定会受到政治、经济、文化等社会条件的影响,发挥出与其所处时代相匹配的文化导向功能。《延安歌声》的诞生正值中国近现代最为特殊的"文革"时期,此时社会文化的极端性与偏执性不仅制约了《延安歌声》对音乐文化信息的筛选范围,而且左右了编辑工作者的自主选择,使其风格拘泥,内容较为单一,其突出的政治色彩是特殊时代的文化产物。

(三)寻求革新的编辑意识

在对《延安歌声》的编审过程中,编辑工作者紧依办刊宗旨开展期刊文化工作,这主要体现在选题内容和栏目设置上,二者既要与时代文化并轨,又要顺应社会文化潮流的转变。

1. 自主性

从《延安歌声》的期刊内容趋变可以看出,由于社会环境和文化思想的转变,期刊对于新生事物和西洋文化的追求呈上升趋势。作为编辑工作者,受其自主性的推动,在期刊内容符合社会时代的主题思想基础之上,会努力寻求一定的文化契合点去挖掘社会音乐文化中的隐性因素,迎合读者的阅读兴趣,即使在特殊的历史时期,这种自主性也依然存在。

2. 创新性

"文革"时期,国内对西方音乐文化的研究几乎处于停滞状态。"文革"结束后,随着时代环境、政治经济等因素的变化,思想文化自由度逐步提高,编辑工作者已深刻意识到此时期刊读者的文化需求已不止于国内现有的社会音乐文化,这种市场效应必反作用于编辑文化意识的转变和编辑原则的调整。此时的《延安歌声》的内容能够开始涉猎和引入西方音乐文化,积极推介国外作曲家、引进国外器乐作品、

---

① 张静波:《服务经济时代编辑如何为读者服务》,《编辑之友》2005年第5期。
② 参见陶丽《期刊的内容特色是编辑思想风格的体现》,《河南金融管理干部学院学报》2000年第3期。

设置音乐译文栏目、及时刊登当时国内著名的音乐作品等都是编辑工作者创新性思维的体现。

能够在艰难的历史时期坚定地关注国外音乐文化，把握音乐学术前沿，并积极进行追踪与反馈，不仅及时顺应了国家文化政策的步伐，满足了国内专业音乐工作者和广大音乐爱好者对国外音乐文化的期待，更为重要的是体现出《延安歌声》编辑工作者独到应变的文化意识和强烈的时代责任感。

能够对当时的音乐文化思想体系具有一套独到和整体的认识是《延安歌声》编辑工作者所具有的创新性品质。事实证明，只有不断适应新的社会机制，不断转变编辑思想意识，才能顺应市场文化需求的日新月异，才能创办出鲜明特色的期刊风格。①

3. 立足传统兼顾中西

从音乐作品看，《延安歌声》编辑工作者立足中国传统文化，注重对具有民族风格的音乐作品的展示，不断挖掘、弘扬民族文化精髓，打造全新的民族文化风格。在此基础上，顺应时代，逐步引入西方音乐元素，关注西方作曲家，学习他们的创作方法、体裁形式等来丰富中国新音乐文化的发展。注重中西音乐文化的交融，对多种音乐元素进行合理的建构与整合，促使中国音乐文化走向良性的发展轨迹。这一切都蕴含着独特的编辑文化意识，渗透着编辑工作者对中国新时代音乐文化发展导向的预测。

四、结语

陕西省文化艺术中心编辑部创办的《延安歌声》，是20世纪七八十年代陕西艺术学院教学和科研的窗口，也是无数音乐教育工作者教学实践、音乐创作、文化交流的平台，更是当时中国音乐文化传播的缩影与底本。虽然由于时代原因，它带有浓厚的政治色彩，但不能否定的是西音无数革命音乐前辈、师生和社会上的音乐爱好者通过这份期刊获取了专业音乐知识，并及时了解到国内外的音乐文化动态，在不同程度上满足各类人士的文化需求。《延安歌声》承载的音乐文化信息犹如一股清泉注入干涸的田野，不断刷新着人们对音乐文化的认知，陶养着专业音乐工作者的文化情怀。

真正的期刊文化研究既要立足于期刊诞生的时代，厘清时代所赋予的期刊特殊的文化角色，又要跳出时代对期刊文化的框定和束缚，从期刊刊载的文化本体来探究其

---

① 参见李姝《从社会学视角解读期刊编辑的精品意识》，《四川师范大学学报（社会科学版）》2011年第3期。

对社会文化的导向作用和缔构功能。《延安歌声》承载的文化信息虽不能与今日的期刊同语，但在那个特殊的时代，它能恪守期刊阵地，呼吁音乐学术前沿，为建构中国近现代音乐文化和期刊文化的骨架发挥出与众不同的光彩。

[原载《交响（西安音乐学院学报）》2018年第2期]

《交响》办刊研究

包耘赫

女，1991年出生，现供职于西北大学现代学院，助教职称。2010—2014年就读于西安音乐学院民乐系；2015年考入西安音乐学院音乐学系音乐编辑学方向硕士研究生，师从李宝杰教授。在校学习期间曾多次获得奖学金。作为陕西秦筝协会会员、陕西省音乐家协会会员，多年来主要从事古筝教学，并多次获得国家级、省市级比赛"优秀指导教师""园丁奖"等。

绪　论

一、研究意义

编辑学是一门新兴学科，它的主要研究对象以编辑活动为主。音乐编辑学是音乐学与编辑学的交叉学科，它是对所有与音乐相关的现象及成果进行有目的的整合和再创造的劳动。[①] 音乐编辑学兴起于 20 世纪 80 年代，有关音乐期刊的研究比例在逐年增加。本文从音乐编辑学的角度对西安音乐学院学报《交响》进行研究，探究其历史贡献，总结其办刊经验和不足。本文对《交响》的研究采用跨学科、跨领域的研究方式，借助于历史学研究方法以及社会学、传播学的相关知识，比较分析、相互印证，力图得出较为客观的认识结果。

西安音乐学院学报《交响》前身为创办于 1975 年的《延安歌声》，共出版 17 期，停刊两年后于 1982 年更名为《交响》。《交响》作为西北地区较有影响力的音乐学术理论期刊，从 1982 年到 2017 年年底累计出版了 142 期，登载了诸多优秀的作曲家、音乐家的作品和音乐理论文章以及国内外的音乐资讯，其主要办刊特点：一是作为一所高校的学术窗口，《交响》记录和反映着西安音乐学院改革开放以来在学术上的成就与积累；二是作为一份以弘扬和发展中国传统音乐文化为己任的学术期刊，在几十年的办刊过程中大量地追踪与发表了该领域的研究成果，并由此形成了自己的办刊风格。通过对这本刊物办刊的分析研究，首先，有利于了解 20 世纪八九十年代的社会音乐文化环境，分析期刊对音乐研究和音乐文化发展趋势的影响，以及音乐期刊的生存与发展情况；其次，有利于了解西安音乐学院的音乐工作者们对不同时代的音乐发展问题的思考、对中西音乐文化所采取的态度以及对音乐教育的普及与发展所做的贡献；最后，通过对音乐期刊的研究，有利于我们更准确地把握中国音乐学术期刊的时

[①] 参见张治荣《国乐改进社社刊〈音乐杂志〉研究》，硕士学位论文，西安音乐学院，2008 年，第 1 页。

代变迁。

音乐期刊作为重要的思想、文化记录和传播的载体，具有不可忽视的社会文化价值。以当下的视角来看，音乐期刊的编辑群体既充当了"史官"的职责，通过他们的编辑劳动，忠实地记录了一个时代的音乐文化发展的方方面面；又充当了音乐文化传播"把门人"的职责，正是他们的精挑细选，才使得音乐文化传播的正能得以弘扬，音乐文化的最佳创造得以及时公布并保留下来。研究《交响》的办刊价值，虽是从个案入手，但透过其有助于我们了解21世纪初与20世纪中叶、下叶音乐文化的差异及相互关联，可以窥探中国音乐文化、区域音乐文化的发展动态，了解一定层面上的学术研究发展动向。

二、研究现状

目前，国内关于西安音乐学院学报《交响》的研究并不多，笔者在文献检索过程中获悉，1992年在《交响》创刊10周年之际，曾特辟有纪念专栏，编发了34篇相关文章，内容包括对《交响》的祝福、展望和评价。其中，西安音乐学院原院长刘恒之的《〈交响〉十年》，讲述了从《延安歌声》到《交响》的十几年发展历程。原党委书记梁光撰写的《回顾与展望》一文中，也提到了《交响》10年的发展历程，同时对《交响》的未来发展做出了展望，提出提高刊物的学术地位的观点。

1994年，翟咏发表文章《我院学报今昔谈——为庆祝我院建校四十五周年而写》，从四个阶段详细介绍了《交响》的演变过程。1950年，《艺术生活》问世，当时主持并参加刊物工作的大部分同志都来自革命区，有一部分还是从延安鲁艺毕业的学生，他们秉承对艺术教育事业的初心，积极投身于完善艺术学院的课程建设与提高《艺术生活》的刊物质量工作中。1957年，西北艺术院校开始分校，音乐系开始独立出版《西安音专》，在此刊物上发表的都是音乐批评、政治活动、领导讲话等文章，《西安音专》和1959年创刊的《音乐园地》可以看作学报的过渡期，《音乐园地》主要是介绍中外音乐名作，是当时与苏联协作编印的，直到中苏关系恶化才宣布停刊。1975年，《延安歌声》出版，它为广大专业和业余的音乐爱好者提供了发挥才能的平台，也为广大读者提供了学习音乐理论知识的机会，《延安歌声》最大的特点就是刊登由校内师生创作的声乐曲、器乐曲。1982年，《交响》改版复刊，从创刊它就突出西北区域音乐和中国传统音乐文化的研究，《交响》的栏目设置也是经过多方面考量，不仅有常设的中国传统音乐研究、音乐表演与音乐教育学、作曲技法理论等，还有为了开阔我院师生视野的各国音乐文化之窗、兄弟院校学报偶拾等栏目。

1995年，景月亲发表《关于〈交响〉(1982—1994)论文的引文分析》，对《交响》12年中发表的论文的引文,包括数量、内容、年代分布等指标进行了文献学分析,有助于从科学的评价角度看待《交响》的办刊。

2004年,杨和平撰写的《注重学科建设 推进理论研究——百期〈交响〉音乐美学研究述评》,是从音乐美学的角度分析了某一学科及栏目在《交响》20余年里的发展状况。

通过对上述文献的梳理可见,从音乐编辑学角度出发对《交响》展开研究的文章较少,大部分是侧重学报的某一方面进行研究,例如关于历史渊源的阐述、引文的分析、栏目的研究、编排变化的分析等。到目前为止并没有一篇文章是对《交响》从创刊起至今,共计142期实体刊物进行的整体性研究,因此本论题具有写作空间和价值。

第一章 《交响》的办刊缘起

第一节 《延安歌声》时期

一、《延安歌声》办刊前身及缘由

西安音乐学院(以下简称"西音")的前身是1949年由贺龙在晋绥边区创建的"西北军政大学音乐部",1950年改称为西北艺术学院。在此期间曾创办有供师生学习和参考的校内刊物《艺术生活》,此刊物的创办在国内同类院校中是比较早的。当时主持并参加刊物编辑工作的大部分成员,都来自革命老区,有一部分还是从延安鲁艺毕业的学生,他们秉承对艺术教育事业的衷心和热情,积极投身于艺术学院的课程建设当中,通过《艺术生活》这个平台为教学建设服务。

虽然当时西北艺术学院的办学和办刊模式基本上是效仿鲁艺而来,但处在不同的历史环境下,西北艺术学院与延安鲁艺有着不同的使命。鲁艺所处的抗战时期是历史不可遗忘的特殊年代,在那个战火纷飞的年代里,鲁艺为民众提供了重要的精神支持,为世人留下了许多脍炙人口的优秀抗战作品。西北艺术学院的建立已进入和平发展时期,新中国成立初期,百废待兴,几乎所有的文化艺术教育都处在基础建设时期,西北艺术学院在建院初期就创办了《艺术生活》这样一个教学拓展的窗口与平台,不能不说在当时是具有前瞻性的。因为创建者们知道,艺术教育的首要目的是为人才建设服务,搭建弘扬民族优秀文化的平台,《艺术生活》在其发刊词中明确提出就是要在这一方面助力。遗憾的是,随着学校体制的变化,《艺术生活》并没有延续下来。

《延安歌声》是由"西北艺术学院"更名为"陕西艺术学院"期间创办的期刊，创刊于1975年4月，先后共出版了17期，一般被认为是《交响》的前身。该刊办刊期间正值"文革"结束前期，受到当时政治环境影响，无论在栏目设置上还是刊载内容的选择上，都有不少那个特定时代的影子。在办刊上，坚持毛泽东的革命文艺路线，批判反革命的修正主义路线，坚持文艺为工农兵服务，为社会主义服务，为无产阶级政治服务的方向，贯彻"百花齐放，百家争鸣"的方针等，体现出那个时代所特有的文化特征。该刊从第2年（1976年）第1期开始，将油印本改为铅字印刷本，按季度出版，逐渐走上了公开发行的道路。

《延安歌声》的稿约面向广大工农兵、业余音乐工作者、广大的基层音乐工作者和专业音乐工作者，当时接收的稿件类型有：（1）歌曲、歌词；（2）小型器乐曲；（3）音乐作品评论短文；（4）各种乐器演奏法的初级知识或某种技法上的探讨文字；（5）乐器修理、制作的知识；（6）各地区、工矿、农村音乐活动情况报道等。

《延安歌声》在出版了17期后，于1980年休刊。1980年，经国务院批准，陕西艺术学院音乐系恢复西安音乐学院建制。由于办学需要，《延安歌声》于1982年复刊时正式更名为《交响》。

二、《延安歌声》的编辑特点分析

《交响》的前身《延安歌声》诞生在特殊的社会政治环境下，以弘扬社会主义文化建设为旗帜，服务于社会主义音乐文化需要。从其刊名《延安歌声》的立意，即可看出该刊力图弘扬从延安鲁艺时期积淀下来的为广大群众服务、为社会现实需要服务的基本精神。在刊物的栏目设计上，侧重于各种类型的歌曲发表，刊载有少量的音乐评论短文、小型器乐曲、乐器的修理制作方法以及各种乐器的演奏法或对某种技法的探讨。大部分的内容围绕在歌曲、歌词和各地区、工矿农村音乐活动的情况报道上，文章具有普及性质，缺少理论研究高度，期刊栏目设计和规范意识淡薄。

通过对《延安歌声》实体刊物的分析，不难发现有这样几个特点：（1）每期首页都有刊登一篇《毛主席语录》；（2）1977年第1期刊载的内容最多，主要原因是成功粉碎了"四人帮"，还有对周恩来总理的怀念等内容；（3）刊载的歌曲，词作者和曲作者基本都是西安音乐学院的教师、学生，或者是作曲班、师范系集体署名的创作等。

在刊登的歌曲方面，创作的取材上体现出这一时期国内歌曲创作的基本特点，大多数比较贴合现实需要，如《学大寨要大干》《掀起农业学大寨的新高潮》《周总理视察来垦区》等。在17期的《延安歌声》中，共刊载创作歌曲122首，其中，标明为独唱的曲目48首，分为男生独唱14首，女生独唱23首；齐唱10首，其中包括女生齐唱1首；合唱15首；1部组歌《华主席率领我们奋勇前进》，其中包括5首歌曲；青少年歌曲和儿歌4首；重唱5首。由此可以看出，《延安歌声》刊载的歌曲体裁广泛，包括多数演唱形式和组合。从1978年起刊登的歌曲中，可看到有钢琴伴奏的加入，体现出专业创作的基本要求和教学实践需要。

在刊登的器乐曲方面，有10首是胡琴类的作品，其中包括8首二胡独奏曲；1首二胡、琵琶、扬琴三重奏和1首板胡作品。有提琴类作品12首，包括小提琴作品7首，大提琴作品5首。其他还有几首笛子独奏曲、扬琴独奏曲和琵琶独奏曲，但为数不多。从刊登的器乐曲情况来看，《延安歌声》较为重视对中国民族器乐创作的展示，尤其是更为关注对二胡曲的创作。分析原因，一方面是学校的专业力量影响所致。二胡教学在西音有着较好的传统积累，20世纪五六十年代即已开始在全国产生影响，无论在人才培养、专业实践、作品创作等方面都有一定的积累。另一方面是各时期的专业带头人都能率先垂范，在教学中较为重视新作品的创作。由此不仅影响了二胡教学与创作，而且带动了整个民乐系的教学与创作。所以编辑部接受来稿与选择用稿也是基于当时一定的办学情况而做出的选择。当然在对器乐曲创作的刊登中也不乏西洋乐器作品，但从作品创作的风格来看，受时代文化的影响，与民乐创作保持一致的价值取向，基本上以当时主流文化意识形态要求为背景，关注政治导向，反映集体意志，不太注重个人内心情感的抒发。这一点从这一时期创作的作品取材及名称上即可看出，如根据电影《地道战》主题音乐创作的同名二胡独奏曲《地道战》（张玉钦编曲），有结合中央成功粉碎"四人帮"创作的《北京的喜讯》（关铭作曲）。更多的是根据农业学大寨创作的一系列作品，如鲁日融作曲的《大寨路上唱羊牧》、关铭创作的《大寨红旗漫秦川》等。西洋乐器作品有小提琴曲《众手浇开幸福花》（唐诃曲、马绍宽编曲），小提琴齐奏曲《洪湖水浪打浪》（张敬安、欧阳谦叔曲，丁芷诺改编），小提琴齐奏、钢琴伴奏《纺织女工学大庆》（高永谋改编）等。

在理论研究成果的展示部分，共刊载35篇文章，其中13篇是研究中国民族器乐演奏技巧的，9篇是探讨有关小提琴学习、演奏问题的。其中值得一提的是，在1978年第2期中开始出现了音乐译文，在当时国内音乐教育体系处于恢复时期，理论建设还无暇顾及的情况下，对国外音乐学术信息的引介是非常重要的。《延安歌声》显然走在了各家音乐学院的前列，尽管所选内容主要集中在俄文文献领域，但还是有不少可借鉴的方面，为此后音乐专业教学逐步正规化、教学研究开展积累了一定的学术资源。

在歌曲和器乐曲创作中，有几位作曲家的成果较多，包括饶余燕、高永谋和鲁日融，他们都在西音任专业教师。其中，饶余燕和高永谋作为作曲系专职教师，充分发挥自己的专业所长，创作了多部不同体裁的作品，包括声乐曲和器乐曲。二胡教育家、演奏家鲁日融的创作主要围绕在二胡作品领域，重视对陕西地方音乐资源的吸收和借鉴，倡导秦派风格，创作了多首具有秦风秦韵的二胡作品。

在理论研究方面，张棣华和谌国璋较为突出。张棣华是西音民乐系琵琶教师，著名的琵琶教育家，他的研究主要集中在对琵琶演奏技法的梳理上。学俄语出身的谌国璋，与翟学文、戴明瑜先后为学报翻译了很多俄国学者的文章，无论是在《延安歌声》时期，还是后来的《交响》时期，他们长期进行翻译供稿，通过翻译俄文文献介绍了很多新的研究成果和学术观点。

《延安歌声》的办刊历时 5 年，出版 17 期，且处在历史的变革之中，以今天的眼光来看，无论从办刊主旨、内在质量、编辑规范等方面，都存在较多的缺陷。尤其是它过于紧随政治意识形态化，从而忽略了专业性和学术平台建设的职责，使学术期刊的本质得不到体现，这是受特殊的历史环境的影响，我们无法苛求也没有必要过多指责。从短暂的办刊历程中，我们更应该看到的是它在社会转型的前期，作为一份地方艺术院校的学报，不断积累办刊经验，伴随着高等教育招考制度及其教育体制的恢复，逐渐而来的是对学术的追求。尽管，它无论是在学术论文选题视野还是论文数量、质量上，都无法与《交响》同日而语，但却在学术研究的荒漠中努力走自己的路子，如对俄国音乐理论成果的引介和在民族器乐领域里的探索等，对于后来《交响》的创设与发展应该是弥足珍贵的，在一定程度上具有奠基的意义。

第二节　《交响》时期

一、更名与复刊

《交响》是以《延安歌声》复刊的名义于 1982 年创刊的，1984 年开始在国内外公开发行，全年 4 期（季刊）。早期为普通的 16 开本，从 64 个页码 10 余万字做起，20 世纪 90 年代末期改为国际标准 16 开本，随着容量的不断加大，现在每期基本维持在 20 余万字，迄今为止已有 30 余年的发展历程。

1982 年，在复刊启事中提到《交响》的主要任务是：推动西安音乐学院学术研究、教学研究、繁荣西安音乐学院的音乐创作，并促进和兄弟院校、兄弟艺术单位的学术交流。[①]《交响》创办初期主要以发表本院师生的学术论文、教学经验总结以及师生声乐、器乐曲作品为主，并针对中小学音乐教育工作需要逐步开辟有一些专栏。

---

① 参见《交响》1982 年复刊启事。

从学报更名为"交响",不难看出,办刊者借着"交响"的寓意,不仅力图学术的交流与融合,更要突出"百家争鸣"之含义,从复刊后的期刊栏目设置上就可窥见一斑,比如有"译文""音乐表演艺术学""音乐美学""音乐史学"等新设栏目。1988年又增加了"在兄弟院校上"这一体交流、共享的特色栏目,促进与其他各院校在学术上的交流与互动。另外,截止到1987年第3期,《交响》都保留有《延安歌声》创设的"译文"栏目,引介文献从俄文向英文拓展,可以看出办刊者越来越重视对国外音乐研究信息的介绍,这不仅是国内外文化交流融合需求不断增大的结果,也是西音学报在办刊宗旨上力求体现学术多样化的显著结果。

20世纪80年代以后,伴随着社会转型造成的社会音乐生活环境的急剧变化,音乐期刊也在寻求生存机会[①],《交响》开始逐步涉及更宽泛的音乐学术理论研究。早期的《交响》栏目设置并不清晰,也没有明显划分,直到90年代才逐渐规范起来。对比后来众多的音乐学院学报的创刊,在时间上,《交响》是较早关注音乐理论研究的。尽管它地处西北文化区域,并没有得天独厚的文化环境和大都市学术研究氛围,但办刊者却有着敏锐与开放的学术视野,这使《交响》从一开始就有着不断追踪学术前沿的目标,编发和刊载了不少有影响力的音乐学术文论,引起学术界关注。

二、《交响》办刊三十余年的历史分期

在《交响》创刊10周年纪念专栏中,曾经的《交响》主编梁光是这样描述的:由《延安歌声》到《交响》,"它坚持'百花齐放、百家争鸣'和四项基本原则,为活跃我院学术研究空气,推动理论建设,繁荣艺术创作,提高各学科教学水平,推动各学科的教学经验交流、教学方法的不断改进、教学内容的不断更新和丰富,推动教学质量的不断提高,做出了不可估量的贡献"[②]。这样的评价是中肯的,《交响》在走过的30余年的办刊历程中,始终恪守着这样的办刊追求。笔者根据《交响》主编的更替,结合其办刊发展,可将其大致分为三个时期:80年代早期(1982—1984年),80年代中晚期—90年代初期(1985—1996年),90年代—21世纪(1997—2018年)。《交响》在早中期的办刊中栏目分类并不明显,后来随着办刊发展,逐渐沉淀出常设栏目,包括:民族音乐学、中国音乐史学(分为古代史、近现代史、律学研究等)、西方音乐史学(西方作曲家、作品研究等)、音乐美学、音乐形态学(主要涉及曲式分析研究)、音乐创作(主要是选登作品选,80年代后期取消)、音乐表演学(主要涉及声

---

① 参见韦杰《大众性音乐期刊的更名改版和发展趋势》,《现代出版》2016年第5期。
② 梁光:《回顾与展望》,《交响(西安音乐学院学报)》1992年第3期。

乐和器乐的演奏技巧研究）、音乐教育学、大学生研究生学术园地等。

首先是80年代早期（1982—1984年），在这一办刊阶段，《交响》尚保留着《延安歌声》时期的一些栏目设置特点，比如每期刊载有声乐、器乐作品，在《交响》中，设置为"作品选"栏目，这一栏目在1986年随着《交响》主编的更替被取消。通过对学报目录的整理发现，《交响》现在的特色栏目"大学生研究生学术园地"是由早期"毕业论文选"和"大学生研究园地"栏目演变而来的，在这段时间里共发表有学生文章4篇。从创刊起《交响》就体现出对中国传统音乐研究的重视，其中包括西安鼓乐研究和陕北音乐文化研究，在短短的3年时间里，研究西安鼓乐的论文累计有6篇；关于陕北音乐文化研究的论文累计有8篇。

在音乐史方面，首先是关于西方音乐史的研究共有23篇论文，其中13篇为"译文"栏目中刊载的文章，由此可见，当时我国对于西方音乐的研究还处于劣势，大多是学习外国学者的研究。当时的《交响》除了有对西方音乐的研究外，还有一些关于东南亚、非洲等其他国家音乐领域的研究，曾经设置"各国音乐文化之窗"栏目来专门刊登有关国外音乐文化研究的论文，3年共发表2篇论文。而中国音乐史的研究虽然每年发表的数量并不多，但大多数都是国内学者精心研究的成果，在《交响》的初期有关中国音乐研究的内容还是以唐代音乐为主，3年间发表文章4篇。值得一提的是"译文"栏目的设置是为了介绍外国学者的音乐研究，翻译成中文供读者们参考。

还有一个栏目是"作品选"，该栏目可以看作《延安歌声》的延伸，此栏目选用的都是声乐、器乐作品。笔者整理作品的过程中发现，大多数声乐创作还是以中国作品为主，器乐作品以中国民族乐器为主，3年共刊登27首作品。

其次是80年代中晚期—90年代初期（1985—1996年），现存资料中，这12年间有8期学报实物已经失存，笔者依据中国知网上的目录列表对其进行了一个大致的整理，与早期的《交响》相比，"大学生研究生学术园地"栏目开始逐渐成熟，而且论文涉及多个研究方面，12年间大致刊载37篇论文。

对"敦煌乐舞"的研究在这一阶段也开始增多，发表有16篇文章。"各国音乐文化之窗"栏目所刊载的文章比之前有大幅度的提高，共16篇文章，从这一点可以看出《交响》本时期较为注重与世界各国之间的音乐交流。

同样还是音乐史研究，"中国音乐史"栏目共刊载78篇论文，其中大部分论文侧重于研究唐代音乐与日本音乐之联系。对于"西方音乐史"的研究，"译文"栏目不再单设，而且国内研究西方音乐史的学者越来越多，但是涉及领域较为单一，多数是对曲子做音乐形态学方向的研究，这类文章有74篇。

有关"西安鼓乐"的研究，《交响》陆续刊载34篇文章。研究西安鼓乐的学者一直有很稳定的作者群，所以对于西安鼓乐的研究成果展示，《交响》有着绝对的核心性。"西北区域音乐文化及秦派民乐"栏目名是后来创设的，但有关该领域的研究《交响》一直在跟踪，也是《交响》办刊长期形成的特色。在这一栏目的研究中主要有陕北音乐文化的学术理论研究以及秦派民乐研究。但此时其研究主要集中在陕北音乐层面，而关乎秦派民乐的重点则在秦派二胡与秦筝的发展上。

关于"音乐表演艺术学"方面同样是一个重点栏目，十余年间共刊载文章88篇，主要研究范畴多集中在声乐和器乐的演奏技巧层面。在10年办刊历程中，《交响》还创设了一个特殊的栏目——"兄弟院校学报偶拾"，这是一个文摘加介绍类的栏目，主要执笔者是时任常务副主编翟咏，文章内容主要是摘录兄弟院校学报上刊登的热点话题或者是学者们重点关注的选题，10年总计摘录有86篇。

最后是90年代—21世纪（1997—2018年），与之前的各栏目论文刊载量相比逐年增加。其中有关研究"中国传统音乐"的论文刊载有144篇；"音乐表演艺术学"方面一如既往地被关注，这与《交响》的音乐专业院校办刊背景关系紧密，累计刊载高达301篇；"音乐创作研究"的作者群一直很稳定，基本上都是各音乐专业院校作曲系的老师，先后刊发文章159篇。

在这一阶段中，不断拓宽"中国音乐史"研究领域、研究视野，除了在唐代音乐文化方面，对其他朝代或者代表人物的专门研究时有出现，近现代音乐史研究领域也受到了一定的关注，有关中国音乐史方面的研究成果累计刊载301篇。对"西方音乐史"方面的研究成果的刊载相对要少一些，共计有73篇文章，绝大多数都是有关音乐形态学的研究领域，关注西方作曲家的创作以及乐曲风格、创作手法的探讨层面。但有一个视点值得注意，这就是以高士杰为代表对西方音乐的发展与基督教文化的关系的系列探讨，尽管数量不是很多，但其思考的角度新颖，具有深度。

"西安鼓乐"历来都是《交响》的重要关注领域。相比于前两个时期，这一阶段对其相关成果的刊载有所减少，仅有21篇。而有关"敦煌音乐文化"的研究则有所增加，借助相关专题会议的召开以及核心作者的努力，有22篇论文发表。有关"音乐美学"领域相比之前刊载量幅度较大，可以看出相关学者开始对不同领域的研究对象从美学视角进行不同程度的观照与探讨，由此对美学研究的文论刊载有92篇之多。

"大学生研究生学术园地"保持了一贯的作风，每期都会稳定地选择刊载1~2篇优秀习作，这反映出学报主编有意识地为学术新生代打造一个学术探讨的空间和提升学习的平台，在此期间此栏目也于2008年被陕西省新闻出版局、陕西省教育厅评为"学报优秀栏目"，20年间累计刊载132篇学生论文。每个时期其实都有一定的突破，此阶段也不例外，除了相对固定的栏目外，这20年《交响》还加大了对不同专页（专栏）的涉及与编排，涉及专题研究25个，累计刊载论文145篇，此举不仅反映了《交响》编辑部对学术成果的敏感性与现实性，同时也形成了刊物自身的办刊特点，并吸引了学术界的关注。

《交响》办刊经历了从20世纪50年代建校初期探索创办的《艺术生活》，到70年代续办的内容相对专一的《延安歌声》，再到80年代全面恢复高考后以复刊形式创办的学术气息浓重的音乐理论刊物《交响》。60多年来，伴随着高等专业音乐教学发展，不断探索、更新换代，逐渐沉淀出以积极关注中国音乐文化发展，服务音乐各专业教学研究需要，弘扬中国传统音乐文化，不断吸纳国内外音乐研究优秀成果的办刊特点，在不断的探索中走出了一条属于自己的办刊路线。

无论是《交响》刊物内容的丰富，还是庞大的作者队伍，以及其社会影响力的提升，都反映出《交响》具有较强的社会文化传播力度，以己之微力，在历史的见证下，为西安音乐学院的学科专业建设，为我国音乐文化研究的发展做出了积极的贡献。

第二章　《交响》的编辑实践与特色

第一节　《交响》的编辑实践分析

一、编辑主体的历史更替

《交响》从创刊至今分别由雷家骏、翟咏、李宝杰、罗艺峰和韩兰魁任主编，由于编辑部门的组织结构在高校发展的不同历史时期有着不同的变化，在其特定的文化环境约束下，有时候主编承担的是名誉上的编辑责任，有时候根据高校学术文化环境的变化发展，则由主要的编辑人员承担主编职责。例如《交响》早期，第一任主编是刘恒之先生，但实际负责编辑工作的是编辑部主任雷家骏先生，到了梁光先生做主编时，主要工作则由常务副主编翟咏先生主持，主编实际上承担的是名誉上的责任。到了20世纪90年代末，李宝杰教授担任主编时，正值全国高校学报编辑部组织结构改革时期，根据全国高校学报研究会相关文件统一要求，这时候由实际承担编辑工作的主要编辑者担任主编一职。进入21世纪，学校为了加强编辑部管理，提高学报办刊质量，考虑到学科专业的支撑与把关，于是给学报成立了专门的编辑委员会，并由院长出任编委会主任一职，其中委员会组成人员中有主管科研的副院长如罗艺峰、韩兰魁，他们先后承担起了主编的责任，但实际的编辑工作还是由常务副主编负责。

（一）雷家骐与《交响》

雷家骐生于陕西省渭南市，1944年至1947年先后在渭南、宝鸡的小学任教；1947年至1949年先后担任宝鸡《正义通讯社》记者兼西安《建国日报》驻宝鸡办事处主任、记者；1949年考入西北军政大学艺术学院。雷家骐在校期间曾在音乐系、教务处、学报编辑部工作，也参与了早年的《艺术生活》的编辑工作。就读期间由于工作需要，开始学习各方面音乐理论知识，并与学院的专业教师交流、探索，到了70年代进入学报编辑部，成为《延安歌声》的主力人员。雷家骐在《交响》复刊后，担任编辑部主任一职，领导着编辑部同人为早期的《交响》发展做出了积极贡献，确立了《交响》是西北地区专业音乐理论平台的地位。

雷家骐在主持《交响》早期办刊工作时，学报依然保留着《延安歌声》时期的栏目设置，同时，学报一直都很注重刊载反映教学工作的文章，这也是积极配合提升学院的学科专业建设。但关于西方音乐史、西方音乐家、西方音乐作品等相关的专业研究，且具有一定理论水平的文章数量较少，更多的是通过刊载"译文"类文章来满足这方面的理论研究需要，所关注的作者也大多集中在苏联学者列维克等人身上。有关中国音乐的研究主要以何昌林、李健正等学者为主。

早期的《交响》之所以形成这样的办刊风格，一方面是沿袭《延安歌声》的传统，以汇集教学经验感悟为主，同时刊载声乐、器乐作品；另一方面是由于音乐教学与研究的理论建设不足，学术成果积累有限，学术视野不够开阔，音乐信息来源单一，因此不得不延续向苏联学习的模式，选择翻译的文章作者也主要集中在列维克、达尼列维奇等人身上，其他欧美方面的音乐研究信息基本看不到，由此而造成早期的《交响》办刊，无论在理论范围、发文数量、理论深度等方面都显得较为薄弱。

（二）翟咏与《交响》

《交响》第二任实际负责编辑工作的翟咏，早年学习小提琴，1950年以前在西北青年文工团工作，1950年考入西北艺术学院音乐系，是学校建校以来通过正式招考进校的第一批学生，在校期间学习作曲专业，毕业后留校任教，曾经担任过曲式、音乐欣赏、编辑学等多门课程的教学工作。

翟咏并没有参与过早期的《延安歌声》编辑工作，《交响》创刊后才进入编辑部工作，1988年起担任《交响》责任编辑，1991年晋升为常务副主编，全面负责编辑部工作。在接手《交响》后，翟咏继承了办刊传统，重视对学院教学与科研工作的积极反映，但在栏目设置和内容选择上都有较大幅度的调整与扩充，例如在"音乐表演"栏目中增添了音乐教育内容,专门增设了"外国音乐研究""书评"等新栏目。并且注重对各方面作者资源的挖掘,除了积极联络本校作者外,还有意培养当地作者队伍,如李健正、李石根、李武华、王誉声、高士杰、冯亚兰、焦杰、原作哲、李世斌等都是在这一时期逐渐涌现出来的《交响》核心作者。

回顾翟咏的整个主编时期,他对"音乐表演与音乐教育学"栏目的投入相对较多,从刊载量上看当时每期平均有22篇文章,而该栏目中每期都安排有5篇以上的文章,甚至对一些有关演奏技巧类的文章还进行了连载,如王相乾关于大提琴的教学与研究。

(三)李宝杰与《交响》

李宝杰1990年毕业于西安音乐学院作曲系音乐学专业,1991年调入西安音乐学院学报工作,成为《交响》编辑部的专职编辑人员,历任助理编辑、编辑、副主编、主编等职,1996年正式从翟咏手里接过《交响》全面负责编辑工作。

李宝杰在任期间,一方面紧密结合国内外音乐学术发展趋势,不断开阔学报的办刊视野,积极提升其办刊内涵,如对西方音乐文化研究的持续关注,尤其是对基督教音乐文化研究的关注;另一方面长期追踪国内一些具有潜力的中青年学者的研究,如音乐美学家韩锺恩、宋瑾、杨和平,音乐史学家项阳、徐元勇等人,追踪他们的研究,及时刊载他们的研究成果。他一方面稳定了学报的作者队伍;另一方面也将一些研究专题集中起来,使学报与作者相互影响、相互促进、相得益彰,促进了音乐理论研究的发展。

正是因为持有这样的一个办刊思维,《交响》栏目的设置更加丰富,专题开设有所增多。例如常设的音乐美学、西方音乐文化研究的专题文章的刊载数量逐年上升,与中国传统音乐研究、中国音乐史研究相互补充、中外兼得,形成了较为平衡的办刊效应。这一时期,李宝杰还积极关注大型音乐年会等学术交流活动并及时报道,以其专页(专栏)的形式集中展示,此举不仅为学术活动留下了珍贵的资料,更借助期刊平台的传播作用扩大了学术成果的影响,推进了音乐研究向纵深的发展。进入21世纪,随着保护"非物质文化遗产"活动的广泛兴起,《交响》编辑部借助地域文化优势,不遗余力地对西安鼓乐、敦煌乐谱、长安乐派、陕北区域音乐等研究进行长期追踪与展示,进一步彰显了《交响》的办刊特色。

二、不同时期作者群的形成与发展

笔者根据前文所归纳的三个时期，对《交响》的作者群进行统计分析，将核心作者（出现频次及发刊量较多的作者）做了如下统计：

（1）第一阶段是20世纪80年代早期（1982—1984年），《交响》复刊后的前3年，虽然有很多音乐学术界的泰斗级学者在学报上发表论文，但数量并不多，3年间共出版了10期，论文发表总数为133篇。笔者将平均一年里发表有4篇及4篇以上论文的作者视为核心作者（表2-1），其中发文最多的是翟学文翻译苏联学者列维克的文章。

表2-1 1982—1984年核心作者发表文章数量统计表

序号	作（译）者	发表数量
1	（苏联）列维克著、翟学文译	9
2	李健正	7
3	何昌林	5
4	刘畅标	4
5	王光耀	4

其中，除了翟学文主要对列维克文章进行了翻译外，李健正的研究集中在西安鼓乐（长安古乐）领域，何昌林的研究集中在敦煌乐谱翻译领域，刘畅标的研究集中在钢琴演奏与教学领域，王光耀的研究集中在视唱练耳教学与研究领域。

（2）第二阶段是20世纪80年代中晚期—90年代初期（1985—1996年），历经12年，发文总数为1013篇，平均每期论文发表有近21篇。由于此阶段学报正处于上升期，涉及更多领域的研究，因此同一位作者可能没有更多的机会发表论文达到平均线，在此笔者将发表10篇及以上的作为核心作者（表2-2）。

这个时期学报在对国外研究成果的推介上有了较大幅度的提高，不再局限于苏俄学者，而更多地关注到德国、美国、英国以及日本。涉及的外国学者有5位德国学者，包括S.兰德欧、S.普耶、T.W.阿多尔诺、保罗·兴德米特、米·卡里底斯；14位美国学者，其中有关保罗·亨利·朗的研究译文有2篇；5位英国学者，包括J.布莱金；7位日本学者，其中岸边成雄的文章是翻译重点，他所研究的唐传日本音乐文化，可以为国内学者研究唐代音乐提供丰富的资料佐证。对这些外国学者研究成果的刊载，有两个共同点：一是翻译者相对集中在少数人身上，如翻译岸边成雄的文章以席臻贯居多,说明译者是在研究的基础上逐渐精通被翻译者的研究领域;二是外国学者的文章大多数篇幅较长,多采用连载的形式推介,如翟学文翻译列维克的《斯美塔那》就有上、中、下、续4篇之多。刊载的译文在1990年以前居多,1990年以后就逐渐少了。分析其原因,与中国当时开始加入WTO、著作权法开始施行、版权越来越规范有关。

表2-2 1985—1996年核心作者发表文章数量统计表

序号	作(译)者	发表数量
1	李健正	15
2	李石根	13
3	李武华	13
4	(苏)А.Д.阿列克赛耶夫著、谌国璋译	12
5	王誉声	10

其中,李健正的研究仍然集中在西安鼓乐研究领域,李石根的研究集中在西安鼓乐、中国音乐史研究领域,李武华的研究集中在乐律学领域,王誉声的研究集中在中国古代音乐史领域。

(3)20世纪90年代—21世纪(1997—2018年),这一时段横跨20年,在整理过程中,笔者统计出学报共发文1744篇,与第二阶段的统计标准一样。此阶段核心作者比第二阶段人数有所增多,核心作者发表的论文与其研究方向紧密关联,每位作者发文数量相对于第二阶段都有明显提升,可以看出学报对于作者群体的选择相对稳定下来,介绍了大量的优秀研究成果。笔者将发表10篇及以上的作者作为核心作者(表2-3):

表2-3 1997—2018年核心作者发表数量统计表

序号	作者	发表数量
1	方建军	14
2	王安潮	12
3	李武华	12
4	李西林	12
5	唐继凯	12
6	夏滟洲	11

(续表)

序号	作者	发表数量
7	李宝杰	11
8	程天健	10
9	庄永平	10
10	高士杰	10

其中，方建军的研究主要集中在音乐考古领域，王安潮的研究涉及中国传统音乐与音乐批评，李武华的研究成果仍集中在古代乐律学领域，李西林的研究集中在唐代音乐研究领域，唐继凯的研究集中在古代乐律学领域，夏滟洲的研究主要集中在中国近现代音乐史研究领域，李宝杰的研究主要集中在西北区域音乐文化和长安乐派研究领域，程天健的研究集中在西安鼓乐领域，庄永平的研究集中在敦煌乐谱领域，高士杰的研究主要集中在西方艺术音乐与基督教关系研究领域。

除了笔者整理的核心作者外，多年来还有其他研究成果显著的学者支撑着《交响》的发展：其一，宋瑾自1988年第一次在《交响》上发表文章《音乐的表现机制》以来，持续为音乐美学研究发声，处于研究前沿，其对后现代音乐问题的研究引人关注，35年间在《交响》上发表论文10篇；其二，王光耀和他的基本乐科研究，可以说引领了西安音乐学院视唱练耳专业的发展，作为该领域学科带头人，他1983年第一次在《交响》发表论文《早期教育与成才——从一般早期教育到音乐的早期教育》，截止到目前共发表相关专题研究9篇，全部与视唱练耳教学有关；其三，刘畅标是西安音乐学院杰出的钢琴教育家之一，他早期的研究都是从钢琴教学中有感而发，在1983年第一次发表《具体分析　悉心精选——钢琴教学杂感之一》，此后共发表12篇论文，主要论及钢琴教学中需要注意的问题；其四，高士杰在西方音乐研究领域中耕耘，其研究重点是有关基督教文化与西方艺术音乐的关系研究，先后发表的14篇论文，涉及西方音乐史研究的诸多方面问题。

当然，在《交响》上发表多篇文章的作者并不止于此，这里仅是选择了有代表性的作者简要分析。由此说明，就学报办刊而言，作者群体的构建是其良性发展不可缺少的主体因素之一，作者是学报的学术资料，作者是学报的核心力量。作者所提供的研究成果一方面反映了他们个人的学术精神轨迹，另一方面也映射出学报的办刊质量和风格体现。只有不断强壮和稳定作者群体，办刊资源才能有所保障，办刊质量才能不断提高。

三、专题栏目的内容设置

在《交响》35年的办刊时间里,开设了很多专题讨论栏目,在这些专题讨论研究中,有很多新的领域是学者们积极挖掘的新视点,这些讨论不仅引起了较大的社会反响,同时也激发和带动了许多人的研究参与。《交响》除了单一设置过的专题外,还有西安鼓乐、敦煌乐谱、西北区域音乐及秦派民乐、中国唐代音乐史研究等四类,基本都有固定的作者群体。在整理的过程中,笔者发现《交响》前两个办刊时期,栏目所设置的专题,基本都是围绕实时发生的研讨会议所发表的文章,在第三个办刊时期,主编者有意识地进行了栏目主题设定,如涉及长安乐派各方面研究的情况较多。另外,1996年以后的《交响》加大了对中国传统音乐研究成果的展示。因此笔者将《交响》所开设过的专题和常设栏目也做了如下的归纳整理(表2-4):

表2-4 专题栏目一统计表

专题	作者	篇数
传播与传承:"中国音乐的历史与今天"学术研讨会专页（1999年第4期）	樊祖荫 修海林 罗艺峰 蔡际洲 郭树群　李瑞津 陈其射 李武华 王静怡	8
中国传统音乐前沿课题研讨会专页(2003年第4期)	蒲亨强 甘绍成 杜亚雄 杨善武 蒲亨建 李来璋 吴志武	7

（续表）

专题	作者	篇数
中国传统音乐学会第十七届年会·陕西区域音乐研究（2012年第3期）	乔建中	14
	袁建军	
	李宝杰	
	杨善武	
	王旦	
	曾金寿	
	李村	
	陈慧雯	
	叶明春	
	焦杰	
	牛玉冰	
	程天健　王晓平	
	薛伍利	
	雷华	

《交响》也开设过有关西安鼓乐、长安乐派音乐研究和敦煌乐舞研究的专题栏目，这些研究可以明显地代表《交响》的办刊特色，在此之中也有一些是作者多年来一直在积极追随此主题的研究讨论。（表2-5）

表2-5　专题栏目二统计表

专题	作者	篇数
中国西安鼓乐研讨会专页（2006年第2期）	冯光钰	5
	许德宝　雷达	
	罗艺峰	
	程天健	
	孙婧	
长安乐派研究专页	陈慧雯	21
	王珣	
	孟小师	

(续表)

专题	作者	篇数
长安乐派研究专页	李宝杰　李雄飞	21
	丁静　冯亚兰	
	王沛	
	程天健	
	杨海军	
	杨红光	
	杜丽萍	
	文茹	
	李西林	
	邹丽	
	鲁日融	
	李宝杰	
	夏滟洲	
	张娟	
	唐朴林	
	乔建中	
	程宝华	
	樊艺凤	
陕西区域音乐及长安乐派研究（2013年第1期）	周延甲	6
	陆小璐	
陕西区域音乐及长安乐派研究（2013年第2期）	李宝杰	6
	廖剑冰	
	刘蓉	
	曾金寿	
敦煌乐舞研究专页（2013年第4期）	叶明春	5
	李宏锋	
	曾金寿	

（续表）

专题	作者	篇数
敦煌乐舞研究专页（2013年第4期）	仵埂　王鹏	5
	李超	
敦煌乐舞国际学术研讨会专页（2014年第1期）	李宝杰	6
	程天健	
	李芸　黄勃　夏滟洲	
	刘蓉	
	李村	
	李西林	

在1984年的《交响》办刊中，其结合"视唱练耳教学经验交流会"刊登过论文选，标志着西安音乐学院的视唱练耳教学研究从1984年开始，在王光耀等前辈的带领下，基本乐科的教学逐渐得到了大家的重视，并成就了该专业在全国的领先发展地位。音乐美学的专题开设是根据"第九届全国音乐美学学术研讨会"在西音召开而专门设立的（表2-6）。

表2-6　专题栏目三统计表

专题	作者	篇数
全国高等音乐院校视唱练耳教学经验交流会论文选（1984年第1期）	王光耀	5
	郑敏	
	张在衡	
	金玉华	
	姜夔	
第九届全国音乐美学学术研讨会专页（2011年第3期）	韩锺恩	3
	宋瑾	
	刘承华	
第九届全国音乐美学学术研讨会专页（2011年第3期）	韩锺恩	3
	叶明春	
	李宝杰	

除了有对学术研讨会研究话题的探讨外，学报也根据有着音乐家或音乐事件的纪念活动，及时开设与之相关的纪念学习专页（表2-7）。

表2-7 专题栏目四统计表

专题	作（译）者	篇数
莫扎特逝世200周年纪念专页（1991年第4期）	李秀军	5
	以之	
	崔兵	
	（苏联）B.Л.博布罗夫斯基著　异戈译	5
	张希乾	
刘天华逝世60周年纪念专页（1992年第1期）	鲁日融	4
	王佐世	
	李长春	
刘炽逝世周年祭（1999年第4期）	党永庵	5
	曾刚	
	王焱	
	孙韶	
	李雄飞	
弘扬大冬精神——缅怀与学习专页（2006年第4期）	饶余燕	7
	高士杰	
	鲁日融	
	王光耀	
	李立章	
	罗艺峰	
	黄明智	
饶余燕教授教学与创作成果研讨会专页（2009年第4期）	黄冰漫	4
	龚佩燕	
	吴延	
	郭强	

第二节 《交响》的编辑特色

一、办刊方针的变化与调整

《交响》从创刊以来就秉持着"百花齐放,百家争鸣"的办刊方针,但是从其征稿内容上可以看出一些细微的变化。早期只选择发表一些研究陕西地区音乐、唐代音乐、教学总结、声乐器乐作品类的文章,因其选题的局限性导致学报很难做到"百花齐放,百家争鸣",但从1984年的稿约中可以看到,学报刊登了征集音乐论著、音乐评论、音乐知识、音乐动态的文章信息,此后音乐评论性的论文开始出现。

1986年的稿约提到,期刊"努力发扬陕西及西北地区各民族音乐文化的精华,促进我国社会主义音乐艺术及其理论研究的繁荣是本刊宗旨"[①]。所以学报依旧优先选择刊载反映和研究陕西及西北地区音乐发展历史及现状的稿件,其次是民族音乐、音乐美学、音乐教育以及新型音乐学科诸方面的文章。

作为综合性学术理论季刊,《交响》长期设有民族民间音乐研究、中外音乐史及当代音乐研究、音乐美学、作曲技法及理论研究、音乐教育研究、综合研究等栏目,在重点关注本地区音乐文化发展的同时,还积极接受新思想、新观点、新方法和新成果。

在1990年《交响》征订启事中将办刊宗旨做了一次详细说明:"扎根西北,面向全国、放眼世界,以反映和交流音乐理论研究成果、推动音乐教育改革、繁荣社会主义音乐艺术文化为宗旨。"这一次,学报提出了"放眼世界"的办刊追求和学术视野,欢迎校内外师生、海内学者踊跃投稿,此后《交响》真正地向"百花齐放,百家争鸣"的办刊目标迈进。

二、栏目设计和内容选择变化

在《交响》的栏目设计和内容选择上,笔者根据6个特色栏目每年的发刊量变化做了如下整理:

在中国传统音乐研究方面涉及3个栏目的内容:西安鼓乐、敦煌乐舞和西北区域及秦派民乐研究。首先是西安鼓乐研究,从图2-1中可以看出有关西安鼓乐的研究呈

---

① 参见《交响》1986年第4期,封四"欢迎订阅"。

现出递增—递减的趋势，其研究的黄金阶段是在《交响》办刊的中间10年，如果说早年间的内容选取角度集中在西安鼓乐的演奏形式上，那么到了中期，在研究内容上则扩展到与其他民间音乐形式的比较研究以及对乐曲的分析上。西安鼓乐一直是《交响》的特色栏目，虽然研究一直在不断持续中，但是在2006年才首次开设专题对其进行了集中讨论，这次专题也是结合当年"中国西安鼓乐研讨会"的举行而开设的，在专题研究的内容选择上，笔者认为这是一次对前期学者研究的整理，这次集中讨论中，冯光钰首次提出西安鼓乐的传承保护与生态还原问题。

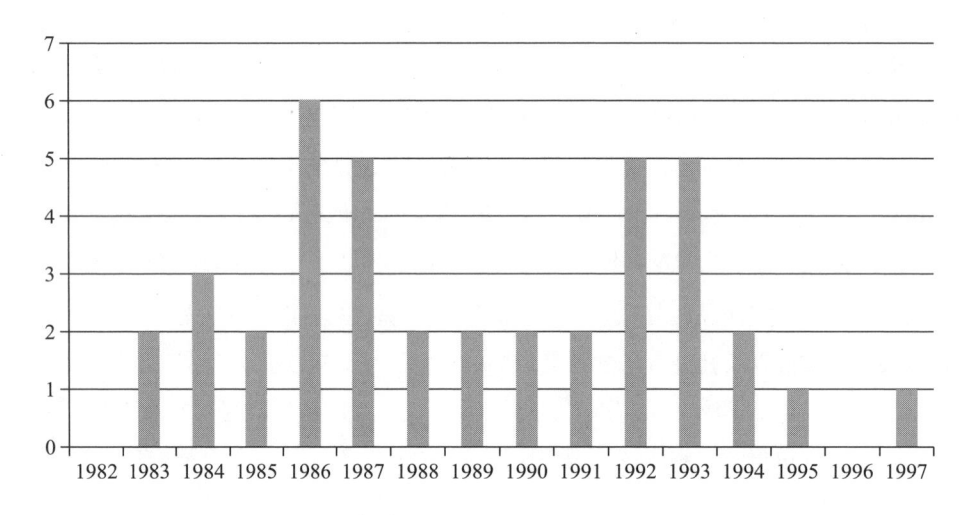

图 2-1-1　1982—1997年《交响》刊登的西安鼓乐研究成果统计柱状图

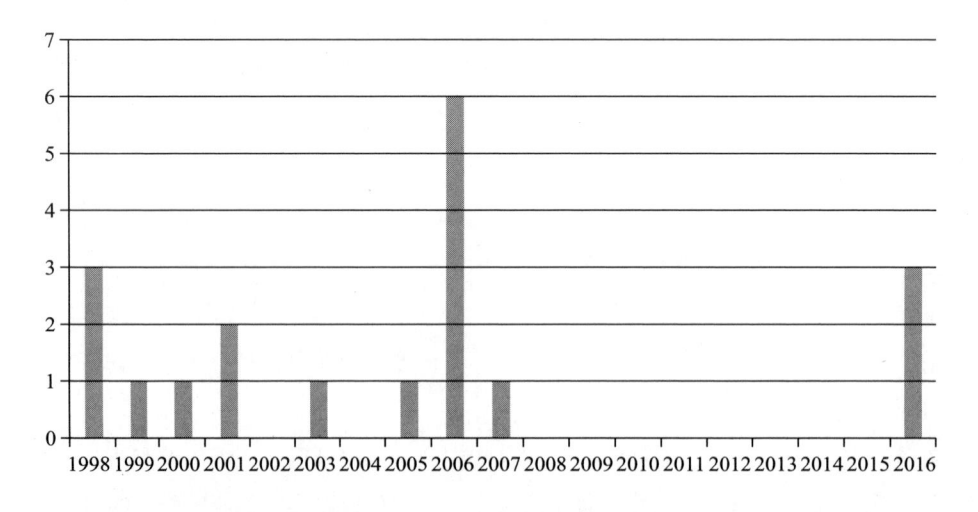

图 2-1-2　1998—2016年《交响》刊登的西安鼓乐研究成果统计柱状图

其次是敦煌乐舞研究，从图 2-2 中可以看出，1993 年基本每期有 1~2 篇文章发表，那个时候的内容选择基本都是与唐代乐舞有联系的研究，甚至还有专门研究乐谱的论文；2013 年和 2014 年开设敦煌乐舞研究专页，这两次专题的设置都将目光聚焦在敦煌壁画的研究上。

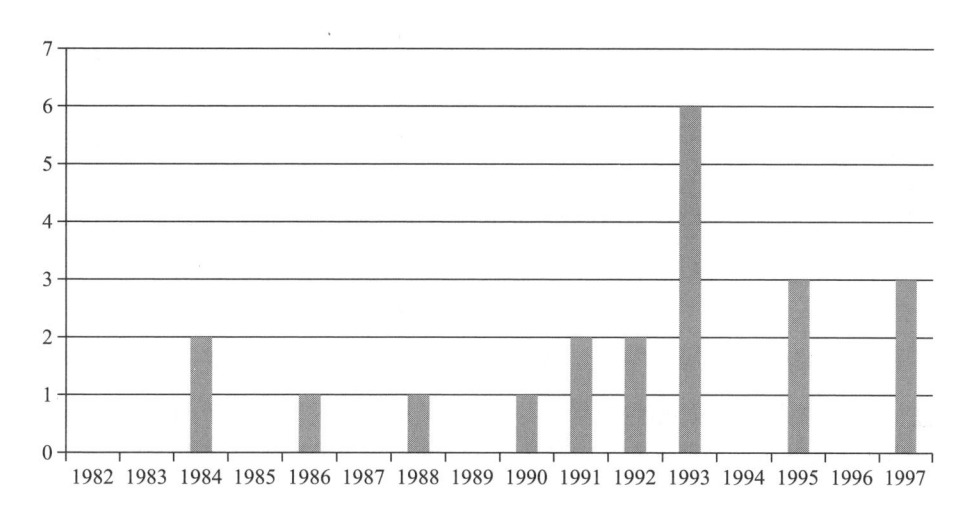

图 2-2-1　1982—1997 年《交响》刊登的敦煌乐舞研究成果统计柱状图

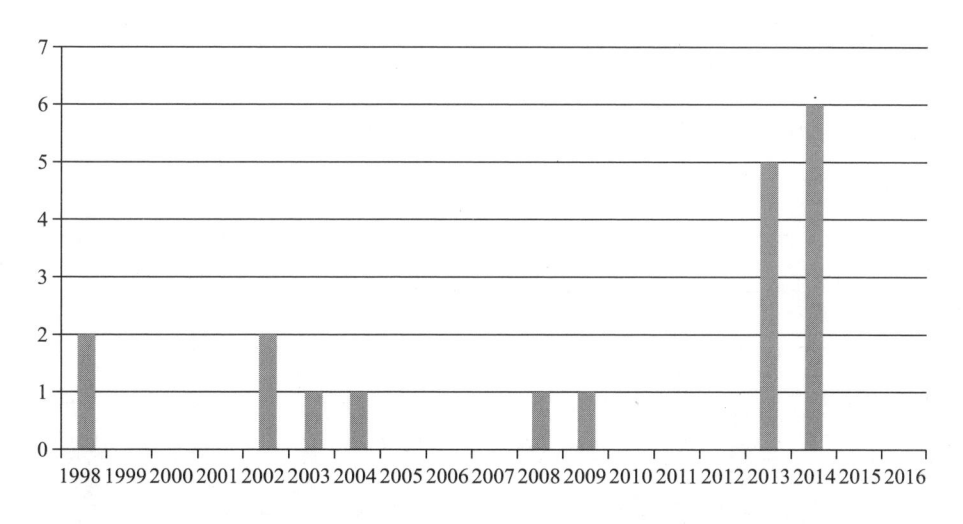

图 2-2-2　1998—2016 年《交响》刊登的敦煌乐舞研究成果统计柱状图

最后是西北区域及秦派民乐研究（图 2-3），对于这方面的研究 35 年来基本保持着平衡状态，但是值得关注的是从 2009 年持续 5 年的长安乐派研究专页，自从开设了专题，此栏目就从关注陕西民间音乐体裁扩展到研究陕北各类音乐艺术形态方面，同时对于秦派民乐（秦派二胡和秦筝）研究的刊载也逐渐增多。

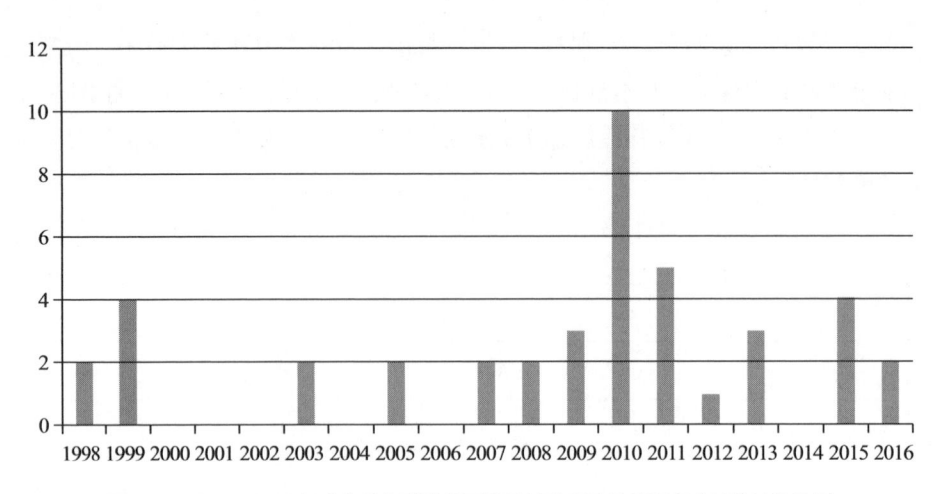

图 2-3　1998—2016 年《交响》刊登的西北区域及秦派民乐研究成果统计柱状图

在音乐史研究栏目中分为中国音乐史和西方音乐史两个方面。在中国音乐史研究（图 2-4）方面，从刊载量上看一直处于相对稳定的状态，但是通过对文论的研读，笔者发现《交响》早期刊登的有关中国音乐史研究的内容多数围绕在唐代音乐研究方面，包括唐代乐舞研究、唐代音乐与日本音乐比较研究、唐传日本的乐谱研究等，唐代音乐研究之所以成为学报选择的重点，是因为处于古长安这个特殊的地理位置，保留着较多的唐代音乐文化遗存，值得学者深入研究；到了 20 世纪 90 年代以后《交响》的刊载范畴开始有所扩展，在这些内容中刊载较多的是中国古代音乐史，例如有楚国音乐研究、明清俗曲研究、春秋战国音乐研究、古谱研究等。

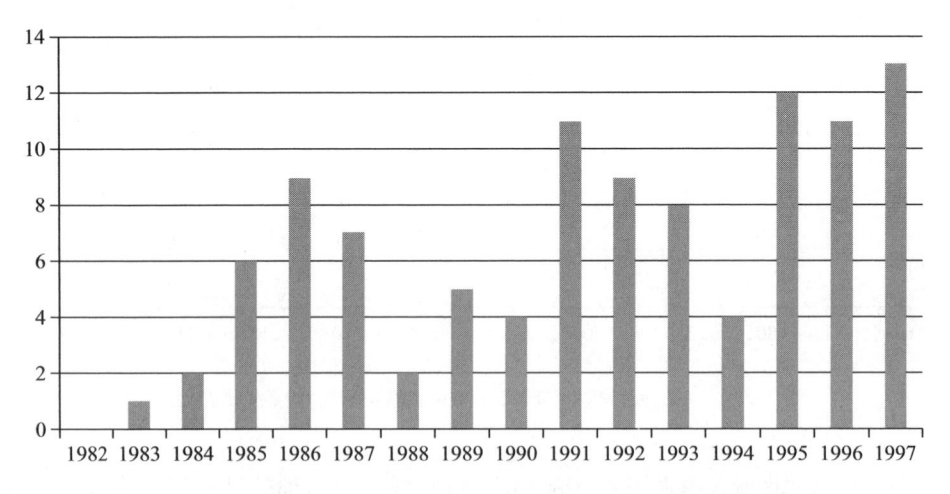

图 2-4-1　1982—1997 年《交响》刊登的中国音乐史研究成果统计柱状图

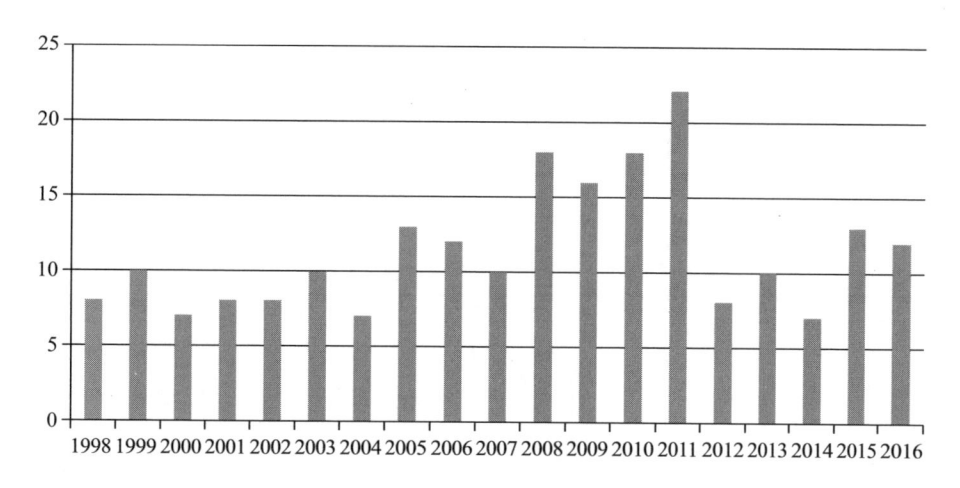

图 2-4-2 1998—2016 年《交响》刊登的中国音乐史研究成果统计柱状图

在西方音乐史研究（图 2-5）方面，其刊载量相对于中国音乐史就稍显逊色。因为年代的关系，在《交响》办刊的前 15 年中，其刊载西方音乐史研究的内容基本都是翻译外国学者的文章，而且当时所翻译的内容都是分析著名作曲家及其各类乐曲、体裁，这些文章也可以被看作音乐形态学研究。发展到后来，在西方音乐史研究领域中，西音资深教授高士杰的基督教与西方艺术音乐研究脱颖而出，是《交响》刊载的有关西方音乐史研究选题中一个比较有深度、有影响的领域。

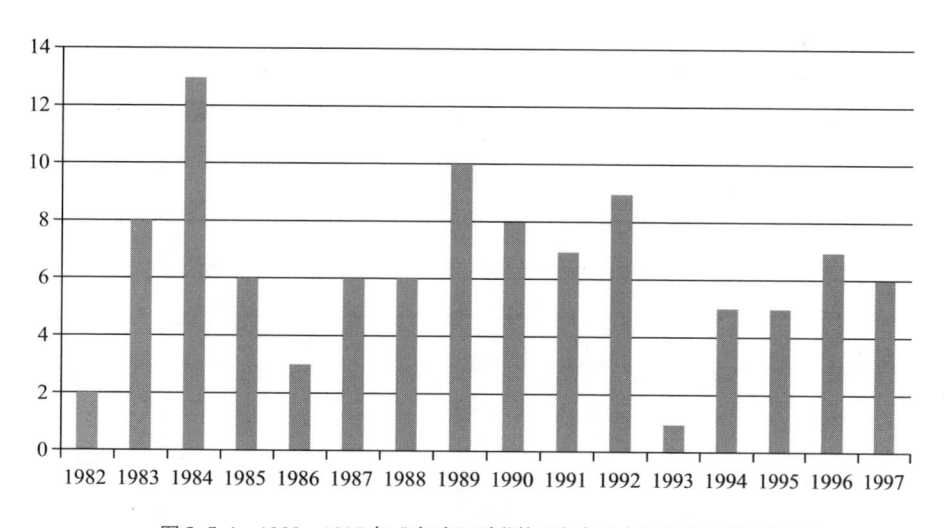

图 2-5-1 1982—1997 年《交响》刊登的西方音乐史研究成果统计柱状图

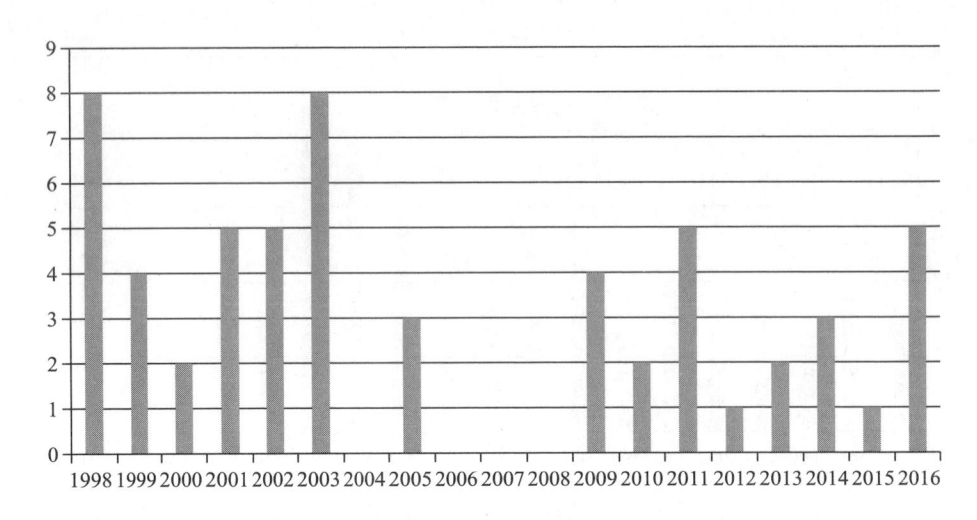

图 2-5-2　1998—2016 年《交响》刊登的西方音乐史研究成果统计柱状图

"大学生研究生学术园地"是《交响》的一个特色栏目（图 2-6），此栏目在 2013 年被评为优秀栏目，从数据统计中可以看出，该栏目的刊载量呈上升趋势。随着西安音乐学院在 1986 年被批准为硕士学位授权单位，1987 年开始招收硕士研究生以来，此栏目的刊载内容有了更大的发展余地，已不仅仅局限于刊载本科生的研究习作，而向硕士研究生不断扩展。从栏目名称的变化即可看出其在不断扩大选择范围，从一开始的"大学生园地"到"毕业论文选"，再到"大学生研究园地"，最终定型为"大学生研究生学术园地"，涵盖了本科生和硕士生的优秀毕业论文。在近 10 余年的发表论文选择上，主要集中在硕士研究生层面，不仅有当年的优秀论文，而且还有一些往届选题比较新颖、研究较有深度的论文，选择范围也超出了本校，专业范围不做限定。"大学生研究生学术园地"栏目的存在，为学生们提供了一个很好的自我发挥和展示学术习作的平台。

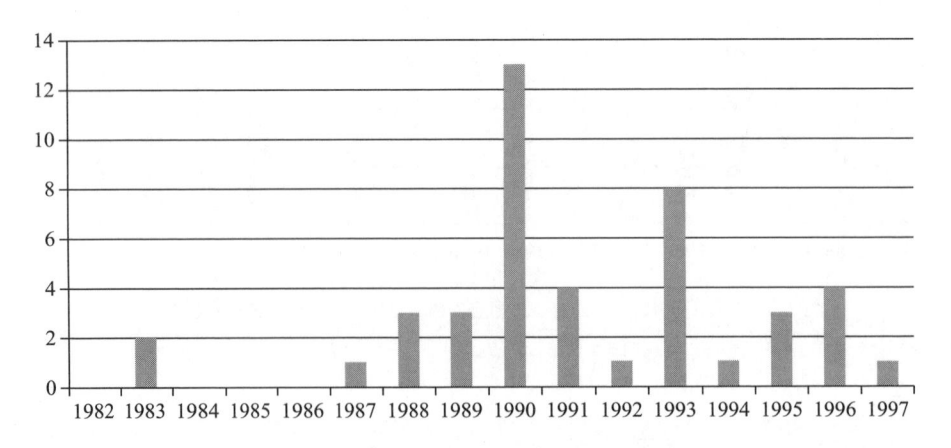

图 2-6-1　1982—1997 年《交响》刊登的"大学生研究生学术园地"论文统计柱状图

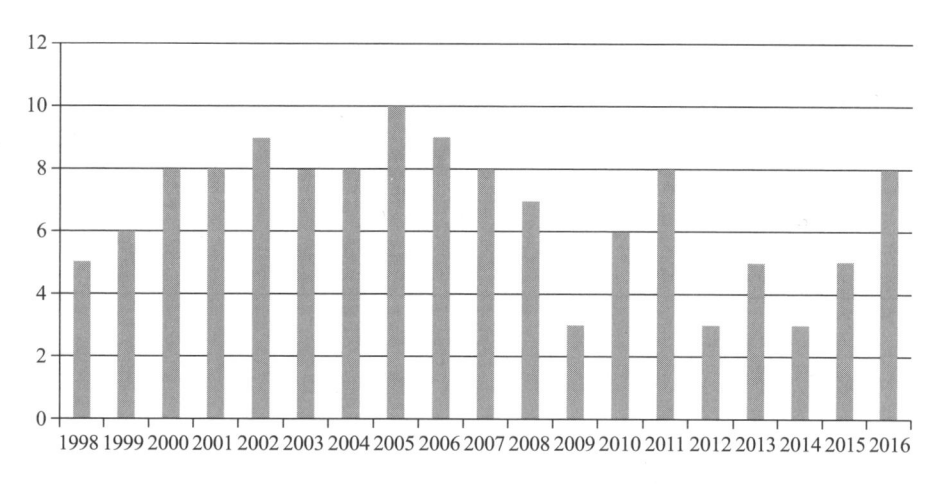

图 2-6-2　1998—2016 年《交响》刊登的"大学生研究生学术园地"论文统计柱状图

三、读者定位及其拓展

在长期出版发行的实践过程中，读者和编辑、作者一样拥有同等重要的地位。"编辑与作者、读者围绕出版物的生产、流通和消费，构成一种相互影响、相互制约、相互促进的关系。"[①] 读者是学报精神文化产品的消费者，读者群体的需求是学报生产的前提，满足读者的需求的同时可以提升学报的办刊质量。那么，《交响》所针对的读者群体是怎样的呢？

《交响》截至 2016 年年底办刊已有 35 年的时间，读者群体在不断拓展，笔者在此是根据期刊内的"编者记""编后语""稿约"和栏目设置的变化来研究读者群体的改变的。从 1982 年的复刊启事中，笔者注意到这样的说法——"兄弟院校、兄弟艺术单位"，再根据早期期刊只在内部发行的现实推断，学报早期的读者群体主要集中在学院内部的师生、与西安音乐学院联合学习交流的单位。

到了 1983 年第 4 期，学报出现了"教学与实践"的报道，此后便有关于"音乐教育学"的文论被长期选入，1984 年第 1 期设有"全国高等音乐院校视唱练耳课教学经验交流会论文选"栏目，此栏目内刊载的文论大部分都是有关音乐教学与训练的文章，因此笔者大胆推测学报的读者群开始拓展至中小学音乐教育行业。

由于西安音乐学院长期与海外音乐家、音乐学者都有交流学习活动，也招收海外留学生，同时在 2000 年学报开设过"留学生之窗"栏目，专门刊载西安音乐学院送出校园、走向国际的留学生在国外的学习生活情况，所以笔者认为学报拥有一部分海

---

① 全国出版专业职业资格考试办公室编：《出版专业基础》，崇文书局 2011 年版，第 76 页。

外读者是有依据的。

1983年,《交响》第一次出现"学生论文选载";自1988年起,"大学生园地"便成为学报常设栏目;1987年,西安音乐学院开始招收硕士研究生,并为他们提供了一个发挥自己实力、展现自我思维的平台,也正是因为"大学生研究生学术园地"的开设,学报的读者群体从兄弟单位、校外音乐爱好者、民族民间音乐家等拓展到校内外大学生、研究生。

《交响》作为大西北唯一的一份音乐学术理论刊物,努力提高刊物质量,突出自己的个性特色,不断开拓理论探索空间,选择刊载的论文大多涉及音乐理论研究成果、教学科研成果等内容。与普及性的音乐期刊不同,其主要读者群包括音乐理论研究工作者、音乐专业院校师生、社会音乐团体、音乐文化机构工作人员、音乐理论爱好者、民族民间音乐家等各个不同阶层,其中,音乐院校师生是《交响》的主体读者群。

四、外部装帧设计的进步

《出版专业实务》中对图书的外部装帧设计这样定义:"外部装帧设计包含书刊的形态设计、美术设计和表面整饰设计。其中,形态设计包括书刊开本的选择与书刊结构状况、装订样式的确定;美术设计以准确反映文本内涵为前提,包括从审美角度对封面、护封、环衬等书刊结构部件进行艺术形式设计和加工;表面整饰设计包括纸张、装帧工艺材料的选用和相应表面整饰工艺方案的选择。"[①]

1982年至1984年的《交响》外部装帧风格较为简洁统一,在封面的正上方有著名音乐史学家蓝玉崧题写的草书"交响"二字,一直沿用至今。封面的颜色选用纯色,没有花样点缀,每一年的4期封面样式一模一样只做颜色区别。封面的正下方印有"西安音院学报"的字样,同时封面还会用"年/期"的格式显示学报的年份期数信息(图2-7)。早期的《交响》由于版面较少,刊载的文章不多,所以采用骑马装订技术;同时目录与版权页合并在一页(图2-8),内容包括编辑主体信息、出版单位信息、印刷厂信息以及学报的定价信息,从1984年第4期起,《交响》开始向全国发行,在此之前版权页明确标有"国内发行"字样(图2-9),由此可见,这是对《交响》在公开发行前所做的微小调整,同时也可以看出学报已开始走向全国发售之路,从封底可以看到学报也刊载了其他兄弟院校、兄弟单位的期刊信息(图2-10),这也说明《交响》编辑部开始注重音乐期刊之间的相互交流。

---

① 全国出版专业职业资格考试办公室编:《出版专业实务》,崇文书局2011年版,第164页。

图 2-7 《交响》封面

图 2-8 《交响》目录

图 2-9 《交响》版权页

图 2-10 封底

1985年至1996年这10年间《交响》办刊的跨度较大，第一个大的变化就是封底开始印有"陕西省期刊登记证一四六号"字样，说明《交响》已获批公开发行；其次是编辑主体信息、出版单位信息和印刷厂信息等，移至封底不再与目录同页；其他如简讯、报道和稿约信息同时呈现在封底。第二个大的变化发生于1988年，学报开始有了自己的国内统一刊号"CN61-1045"[①]，这是期刊的身份证明。1991年《交响》有了自己的第二个刊号标识——国际标准连续出版物号"ISSN1003-1499"，此号被印刷在学报版权页右上角的位置，与年份、期数并排在一起，清晰可见（图2-11）。封面颜色的选择依旧保持前期的朴素，但会有简单大气的花样装饰插入，有时还会出现连续几年封面样式完全相同，只做颜色变化。从1987年开始，封面上的"西安音院学报"简称字样彻底更换为"西安音乐学院学报"，年份、期数的格式也不固定，有时会沿袭早期格式，有时会写成"年，期"。由于刊载内容的逐渐丰富，期刊开始采用平装技术进行装订。

　　1992年的《交响》整体风格较为鲜艳，主要原因是庆祝创刊10周年，从这一年开始学报从正16开本变为大16开本，也就是现在国际标准的16开本。这一年的学报还增加了英文目录，可看作学报创刊以来的一大飞跃，这足以说明学报的受众群体正在扩大。不只是英文目录的出现，1995年《交响》的封面开始设计英文名称"Jiao Xiang Journal of Xi'an Conservatory of Music"。除此之外封面上还有一个信息引起了笔者的注意，就是"川鄂陕（SWX）音乐学院学报联刊"（图2-12），也就是四川、武汉、西安三所音乐学院联合办刊，力图实施稿件互援、信息共享、人员交流等合作办刊，是三院校的联合办学举措之一，尽管至今也没有达到理想的合作模式，但却反映出那个时期，作为地方音乐院校努力在各方面相互拓展、互助发展的美好意愿。体现在办刊层面上，主要成果是三家学报各承担了一次编辑音乐创作增刊的任务。

　　从1995年起，《交响》的封底印有中国标准连续出版物号及条形码，从此开始《交响》的编辑印刷更加规范。继1992年10周年刊庆后，学报的版式、风格在一定时间内没有大的变动，但是在近20年里，封面的整体色彩开始丰富，同时封面也会记录一些关于学院及《交响》较为重要的信息。如1999年第3期在封面正上方用红色字体鲜明地印出"热烈庆祝西安音乐学院建校五十周年"的字样，这样读者就可以明确了解当年学院发生的大事记；再如自2009年起持续5年封面都印有"中文社会

[①] 1988年之前，我国报刊出版管理工作主要由各省、自治区、直辖市宣传部等部门管理，报刊刊号没有统一规定。1987年新闻出版署成立后，报刊出版管理工作由新闻出版署、省级新闻出版行政管理部门管理。1987年5月9日，新闻出版署下发《关于报刊、期刊和出版社重新登记注册的通知》，从1988年起国内实行统一刊号管理制度。

科学引文索引（CSSCI）来源期刊"，也就是说在这5年间《交响》曾入选该核心期刊目录，足以说明学报办刊的质量在逐步提升。从1999年开始，《交响》的封面照片选用彩色印刷。

图2-11 《交响》版板页　　　　　　　　图2-12 《交响》封面

本章针对三个时期编辑主体的更替、作者群的分析、栏目的设置、办刊方针的变化、读者的定位和外部装帧的变化进行研究。第一阶段：主要沿袭《延安歌声》的传统，以汇集教学经验感悟为主，同时刊载声乐、器乐作品；在理论范围、发文数量、理论深度等方面都显得较为薄弱。这一时期的核心栏目主要为翟学文翻译的文章、李健正的西安鼓乐研究、何昌林的敦煌乐谱、刘畅标的钢琴演奏和王光耀的视唱练耳教学，办刊方针则秉持着"百花齐放，百家争鸣"。学报早期的读者群体主要集中在学院内部的师生、与西安音乐学院联合学习交流的单位。外部装帧风格较为简洁统一，封面的颜色选用纯色，没有花样点缀。第二阶段有着承上启下的作用，既是对第一阶段的继承，也是在为第三阶段过渡。在第二阶段中对"音乐表演与音乐教育学"栏目的投入相对较多。作者群主要为李石根、李健正、李武华、王誉声以及日本学者岸边成雄。这一阶段的办刊宗旨有所改变，《交响》编辑部努力发扬陕西及西北地区各民族音乐文化的精华，促进我国社会主义音乐艺术及其理论研究的繁荣。正是因为有这样的办刊宗旨，《交响》编辑部从读者群体到栏目内容的选择都有所拓宽。第三阶段在前一时期的基础上又进一步开阔眼界，秉着"放眼世界"的办刊思维，栏目设置更加丰富，专题开设有所增多。

第三章 《交响》重要栏目的代表性文论评析

第一节 中国传统音乐研究栏目

期刊特点的形成离不开形式和内容两个方面,就学术期刊而言,后者显得更为重要一些。《交响》多年来之所以能够在音乐学术界产生一定的影响,与其在一些研究领域的持续追踪和坚守有关,这不仅反映出这些领域研究的主要信息,而且成就了《交响》的办刊特点,因此,分析这些具有代表性的栏目及其重要成果就显得十分必要。

一、西安鼓乐

西安鼓乐又称"长安古乐",学术界一般认为该乐种源于唐,起于宋,兴于元、明,盛于清。有关西安鼓乐的研究,经历过新中国成立初期的兴盛,"文革"时期的低谷,改革开放后的复苏,时至今日,成为世界级非物质文化遗产并得到政府的关注与扶持。《交响》1983年第3期刊登了由李健正和余铸撰写的《西安"古乐"今昔谈》,文中首次谈及西安鼓乐的相关事宜,从此学者们开始不断探索和研究西安鼓乐,西安音乐学院也成为有关西安鼓乐研究的学术重地。

西安音乐学院研究鼓乐的主要代表人物有冯亚兰、李石根、褚历和程天健,他们在《交响》上发表的研究成果最具代表性,下面择选部分成果进行介绍,以此反映《交响》在该研究领域的推介与宣传作用。

1. 冯亚兰

冯亚兰在《交响》上发表过8篇文章,其中在研究鼓乐方面具有显现度的文章有1987年第1期《婆罗门词曲考》(该文称作"长安古乐")。《婆罗门词曲考》一文主要根据西安鼓乐中的代表乐曲进行史料剖析,从史学的角度研究该乐种的发展历史,重点阐述了《婆罗门》曲的来源。下面是该文章部分内容的节选:

> 三、史载《婆罗门》诸则
> (一)《婆罗门》之来源
> 1.《羯鼓录》列本调于太簇商。《乐苑》云:《婆罗门》商调曲,西凉府节度使杨敬述进,应指大曲言。本调乃大曲中一编,有舞。
> 2."日人狛益贞著《教训抄》,记萧梁所传之伎乐,《婆罗门》调,发源必尤

早。然则上引《唐戏弄》,主张《婆罗门》曲在唐不止一种,益有可能。"

3.《婆罗门引》又名《婆罗门》《望月婆罗门引》。本唐大曲。开元时西凉节度使所进,天宝时曾改名为《霓裳羽衣》。唐教坊曲有《望月婆罗门》及从大曲摘其一遍,后用为词牌。①

其中,冯亚兰还将敦煌曲子词《望月婆罗门》与西安鼓乐曲《婆罗门引》进行了对比研究。冯亚兰《婆罗门词曲考》不仅研究婆罗门的词曲结构,更是在中国古代音乐史、文学史、佛教史籍等文献中早有记载的,但并未见其将曲谱及音响的《婆罗门引》介绍给各位学者与读者。② 在对比研究中作者是这样论述的:

> 敦煌曲子词《望月婆罗门》是一首佛曲。"望月"是众婆罗门之一项功课,它告诫比丘要经常望月,以月之初生时,光明渐增,象征进学渐满之意。而以皎月圆满为戒行。借《千秋乐》《万秋乐》颂祝唐玄宗游月宫之成功。更为祝愿众僧修道成仙之意。……
>
> 长安古乐《婆罗门引》虽长期流传在长安民间,旋律已基本器乐化了,但填入属西北方音的敦煌曲子词《望月婆罗门》后,其词、曲结合仍很贴切,情绪亦甚吻合。歌词启示着音乐形象的渲染,旋律烘托着意境的描绘。是一首音调起伏不大,诵经式的赞颂佛的形象与赞美仙境的具有一定浪漫色彩的佛曲。咏诵音调贯穿全曲。表现了众僧尊佛和幻想神游和平仙境的虔诚心情。③

在《交响》2005年第2期上,冯亚兰又发表了一篇重要文章《探本穷源——论长安古乐之"古"》,认为:从所用谱字看,(长安古乐)其来源与唐、宋谱字有着直接的传承关系;从宫调音阶看,其本身就存在有均、宫、调的传统;从套曲结构和曲体看,它不但继承了宋代"赚"和"唱赚"的结构形式,而且其散曲、套曲、套词、南词、北词、分词等,都与元代的艺术创造有直接关系;从曲名看,长安古乐中的"要曲"应该是唐"法曲"的同音词。④ 冯亚兰运用史料从这5个方面来探究长安古乐(西

---

① 冯亚兰:《婆罗门词曲考》,《交响(西安音乐学院学报)》1987年第1期。
② 参见冯亚兰《关于〈婆罗门词曲考〉》,《中国音乐》1987年第1期。
③ 冯亚兰《婆罗门词曲考》,《交响(西安音乐学院学报)》1987年第1期。
④ 参见冯亚兰《探本穷源——论长安古乐之"古"》,《交响(西安音乐学院学报)》2005年第2期。

安鼓乐）的渊源，论述有据，挖掘深刻。这里将文中对比俗字谱的谱式①节选如下（见表3-1）：

表3-1 辽及宋代俗字谱谱式一览表

《辽史·乐志》	
朱熹《琴律说》	
姜夔《歌曲谱》	
张炎《词源》	
陈元靓《事林广记》	
今通行工尺谱	合 四 一 上 尺 工 凡 六 五

从表3-1中可以看出，工尺谱几乎没有改变，与今日长安古乐所用谱字是相同的。从宫调音阶看，作者列举《上王》《尺工尺》《罗江怨》和《垂杨柳》四个谱例来证明长安古乐本身存在有均、宫、调的传统。在谈到别子、赚时，作者这样说道：

　　长安古乐中，别子曲有《玉门散》《鬼判》《散关曲》《梻梧桐》等其音乐形态特征多相似性。当我吟唱别子的旋律时，不由得联想到唐代著名的表现战争的歌舞大曲《秦王破阵乐》。
　　……
　　长安古乐中的"赚"（长安方言读 zan），可能因它接近套曲的尾部，故称为"穿靴"。杨荫浏先生在其《中国古代音乐史稿》中说："南宋初期，绍兴年间（1131—1162）艺人张五牛听到当时民间称为'鼓板'的一种歌唱艺术中，有分成四段的《太平令》而创造了一种称为'赚'的新的歌曲形式。是一个单个的歌曲形式。"在这之前，还流行有"唱赚"，它是由若干歌曲连接起来而组成的一个整套大型歌曲形式。②

---

① 参见冯亚兰《探本穷源——论长安古乐之"古"》，《交响（西安音乐学院学报）》2005年第2期。
② 冯亚兰：《探本穷源——论长安古乐之"古"》，《交响（西安音乐学院学报）》2005年第2期。

然后是关于散曲、套曲、套词的论述：

> 长安古乐曲体中，有散曲、套曲、套词、南词、北词、分词等。这些都和继承元代的艺术创造有直接关系。元代散曲分小令和套曲，元代《杂剧》有南北曲与南北合套。而在长安古乐中与元《杂剧》同名曲牌或联缀顺序都是相同或基本相同的。如：
> 元《杂剧》（正宫）端正好—滚绣球—倘秀才—叨叨令……
> 今之长安古乐　正宫端正好—滚绣球—倘秀才—叨叨令……
> 这里虽没能在曲调方面进行比较，但在曲体结构方面，不能说没有承袭关系吧？①

最后是法曲部分，作者用很多同名同调的乐曲证明唐代的"法曲"与长安古乐的"耍曲"之间在旋律上有承袭关系：

> 长安古乐中之仲吕均黄钟宫下徵音阶商调式，亦可分析为是仲吕均仲吕宫正声音阶羽调式（如《婆罗门》《雨霖铃》《借春容》《内家娇》等）。这是唐曲中羽调带有商调性质，商调带有羽调性质的乐律学特征。②

通过以上简要介绍，不难看出冯亚兰长期致力于西安鼓乐研究，其学术视角不仅关注到乐种形态本身，而且通过对古代文献的挖掘、认识，为西安鼓乐追根溯源，其研究有助于廓清该乐种的文化本质、历史源流。

2. 李石根

李石根在《交响》上发表过的文章先后有19篇之多，其中涉及西安鼓乐研究的有6篇。这里重点介绍的是于1993年在《交响》第1期上发表的《西安鼓乐的民俗性与宗教因素》一文。该文就西安鼓乐的社会属性进行了较为客观的分析与论述。他首先认为西安鼓乐属于民俗音乐，具有一定的社会文化表现功能，其次又认为西安鼓乐的个别乐社与宗教社团保持一定联系，甚至长期依托于宗教场所为传承背景，不免与宗教活动发生联系，但本质上并不属于宗教音乐。作者进一步认为，西安鼓乐之所以可以流传下来是因为它具备了一定的宗教价值，可以服务于当时社

---

① 冯亚兰：《探本穷源——论长安古乐之"古"》，《交响（西安音乐学院学报）》2005年第2期。
② 冯亚兰：《探本穷源——论长安古乐之"古"》，《交响（西安音乐学院学报）》2005年第2期。

会以及宗教活动的需要。作者从历史问题入手，分析了长安何家营鼓乐社的发展轨迹，其历经演变留存至今，说明它有受到宗教界的支持和保护。为了说明西安鼓乐与宗教的关系，作者借助一些文献资料中的记载，说明西安鼓乐的某些传曲与宗教乐曲之间的关系：

西仓乐社所藏古谱（无书题，原编号：鼓乐谱字第三十八号）的序文中，有"夫乐者，古教之所传也，盖玄、释两门皆（有）"。这就说明市民阶层的乐社，也承认鼓乐是由宗教界保存与承传下来的。①

3. 褚历

褚历是比较活跃的西安鼓乐研究学者，他在《交响》2001年第2期发表《西安鼓乐中套词、北词、南词、外南词、京套的曲式结构》一文，主要从坐乐的五个中心部分，探讨分析了西安鼓乐的曲式结构问题，并且强调了这五个部分的相互联系以及对西安鼓乐坐乐结构的影响，文章最后总结道：

此外，这几种体裁在旋律形态和风格上既有彼此间的个性和差异，也有总体上的统一性。其音乐细腻抒情，庄重典雅而悠扬婉转，具有深长的韵味和丰富的内涵。这种风格也与西安鼓乐中的其他大多数体裁大致相符，它也是西安鼓乐整体的基本风格。从中显示出这些来源不同的体裁传入同一乐种后所经历的消化与融合过程。广采博收与整合重塑的结合，形成了西安鼓乐既五彩缤纷而又协调统一，并且个性鲜明的音乐特征，铸就了它深厚的传统和浩大的气势。②

4. 程天健

程天健一直活跃在各个鼓乐社的演出活动中，与民间艺人保持着密切联系，其研究涉及西安鼓乐的多个层次。这里介绍的是他发表在《交响》2001年第4期的文章《长安古乐"俗语"诠释》，文章从演唱形式中的俗语、演奏方法中的俗语、曲体结构中的俗语、乐器乐谱中的俗语、其他俗语五个方面介绍西安鼓乐中常用的一些"术语"词汇，对于学习掌握该乐种具有很好的实际作用。如对演奏演唱形式的表述：

---

① 李石根：《西安鼓乐的民俗性与宗教因素》，《交响（西安音乐学院学报）》1993年第1期。
② 褚历：《西安鼓乐中套词、北词、南词、外南词、京套的曲式结构》，《交响（西安音乐学院学报）》2001年第2期。

"支桌子"

支桌子，亦称"同坛"。意指乐社之间的"斗乐"形式，以打擂台方式决定胜负。

"摆开"

意同"支桌子"，亦称"对垒""斗乐"。

"补乐器"

补乐器，亦称"补调"。意指乐社之间在"斗乐"时，双方能够在坐乐"花鼓段""别子""赚"等几个关键部分，任意转换演奏同调而不同旋律的乐曲，被称为"补乐器"或"补调"。①

对演奏方法的表述：

"三铰子一贡锣"

击奏乐器在行乐"高把子"中的一种演奏方法。即四拍子乐曲中在第一拍上击奏铰子，连续敲击三小节。第四小节第一拍再击奏贡锣一下，整个乐曲的演奏都是按照这种模式进行，节奏平稳，速度徐缓，风格悠扬典雅。

"掩手"

掩手亦称作"落音"，长安古乐笛子演奏技法。即在旋律的长音后或结束音时，笛子作下滑历音奏法，使旋律具有华丽感，一般落音在筒音上。②

对曲体结构的表述：

"捎板"

即散板，意为稍微随便、自由一些。

"赠板"

即慢三板，慢板稍快，8/4 拍子。

"倍赠板"

即慢板，16/4 拍子。

"两赠板"

即速度极慢的慢板，8/2 拍子。③

---

① 程天健：《长安古乐"俗语"诠释》，《交响（西安音乐学院学报）》2001 年第 4 期。
② 程天健：《长安古乐"俗语"诠释》，《交响（西安音乐学院学报）》2001 年第 4 期。
③ 程天健：《长安古乐"俗语"诠释》，《交响（西安音乐学院学报）》2001 年第 4 期。

对乐器乐谱的表述：

"三眼齐"

长安古乐传统制作笛子的方法，即制作时要求笛子的前出音孔至第五孔之间的距离为5寸；第二孔至膜孔之间的距离为5寸；第五孔至吹孔之间的距离也为5寸，这种制作笛子的方法被称作"三眼齐"。

"满眼笛"

长安古乐中将全按所有音孔作"厶"（即筒音作宫）的平调笛，称作"满眼笛"。①

对其他相关俗语的表述：

"七紧八慢九消停"

在民间古乐社的乐队演奏中，七个人演奏，显得忙碌、紧张，多种乐器需七人兼奏；八个人演奏，稍许轻松一些；九个人演奏，则更显得悠闲、消停。

"五调的趔，上调的撒"

用匀孔官调笛吹奏上调、五调乐曲时，调式音阶关系与乐器音孔之间的音程关系发生矛盾，听觉上会感觉到极不合调。"趔""撒"为陕西方言，有不搭调、不顺耳之意。②

程天健另外一篇重要研究成果是发表在《交响》2010年第2期上的《西安鼓乐记谱法及其读谱研究》一文。文中认为：西安鼓乐作为一种古老的曲种，其传承方式是将"书面传承"和"口头传承"相结合的，并从西安鼓乐的曲谱、鼓谱、铜器谱和一些谱中常见的符号四个方面诠释了西安鼓乐独有的记谱和读谱方法，其研究突出了西安鼓乐的传承特色。原文中通过两个表格分别罗列出了西安鼓乐曲谱的唱名变化和鼓谱的运用及布局。

二、敦煌乐舞研究

自敦煌莫高窟被发现以来即成为学术研究的要地之一，特别是敦煌密室的藏品更是揭开丝绸之路文化的重要历史文献，其二者构成了敦煌学研究的核心。因其壁画和

---

① 程天健：《长安古乐"俗语"诠释》，《交响（西安音乐学院学报）》2001年第4期。
② 程天健：《长安古乐"俗语"诠释》，《交响（西安音乐学院学报）》2001年第4期。

藏卷中涉及音乐问题，早在20世纪80年代音乐界的学者就投向关注的目光，在敦煌藏谱、敦煌壁画乐器研究领域做出了很大贡献，《交响》作为西北地区重要的音乐学术期刊，几十年来一直追踪该领域的研究，先后刊载过不少重要的研究成果，涉及的主要作者有叶栋、席臻贯、何昌林、陈应时、庄壮。近年来伴随着学术会议的召开，更多的学者加入对该领域的研究中，研究的视野也向更多方面扩展，《交响》编辑部也组织相应的研究专栏，构成了新时期敦煌乐舞研究的新高潮。

从前面笔者进行的栏目设置分析中可以看出，有关敦煌乐舞研究的论文刊载量是最多的，证明敦煌乐舞研究在20世纪八九十年代得到了学者们的集中讨论。席臻贯1993年在《交响》上连续3期发表过篇名为《唐代和声思维拾沈——敦煌乐谱·合竹·易卦》的论文，文章分为上、中、下三部分，作者从敦煌藏谱以及流传到日本的曲谱中，分析证明了在唐代中国音乐就存在较为严谨的和声体系。虽然文章旨在说明唐代和声系统的问题，但在其文章第二部分又提到《敦煌乐谱》中和弦的发展轨迹。作者用史料和谱例充分阐明唐代在敦煌乐谱的记写上与今天有相似的地方。下面是文章中呈现的谱例：①

这个和弦的七和弦，在《敦煌乐谱》有省略三音的分解式进行：

（9）急曲子

（25）水鼓子

（13）又慢曲子西江月

《敦煌乐谱》中还有"商、清、角、羽"的分解和弦：

（3）倾杯乐

（6）急曲子

---

① 席臻贯：《唐代和声思维拾沈（中）——敦煌乐谱·合竹·易卦》，《交响（西安音乐学院学报）》1993年第2期。

庄壮的敦煌音乐研究主要集中在对敦煌壁画中的器乐分析上，在《交响》上发表的论文主要集中在 21 世纪初。他的研究重点聚焦在对敦煌壁画上的乐器进行类型分析，先后完成了较为经典的三篇文章：《敦煌壁画上的打击乐器》《敦煌壁画上的吹奏乐器》《敦煌壁画上的弹拨乐器》，并在《交响》上发表。经查这 3 篇文章引用率较高，为后来学者们的研究和在校学生的学习提供了重要的文献资料与理论依据。

在打击乐器研究中，作者统计了敦煌壁画上的打击乐器 34 种、2000 余件，包括中原地区流行的、其本土遗留下来的和西域各国传入的乐器。该文第二部分是作者写作的重心所在，他根据文献记载和壁画对比，将打击乐器材质划分为皮木类、木片类、铜制类和铁制类 4 种，在各类中还做了更为细致的划分，共有 34 种。每一种乐器的描述都极为详细，在此笔者从每一类中选择了一种较有代表性的乐器，让读者可以亲自感受作者在研究中付出的心血：

皮木类：羯鼓

《通典·乐典》："正如滚桶，两兴俱击，以出羯中，故号羯鼓，亦谓之两杖鼓。"《羯鼓录》"如漆桶，下以小牙床承之，击用两杖"。故又名"两杖鼓"。说明羯鼓形制如漆桶，放在小牙床即小桌上演奏，也有放在地上演奏的，两手持两槌击奏，故称"两杖鼓"。隋九部和唐十部乐中的龟兹、疏勒、高昌、天竺、扶南等乐中用此乐器。南北朝时经西域传入内地，盛行于唐开元天宝年间。

……

木片类：拍板

《古今合璧事类备要》称："拍板，木为之，古今乐歌用""击节拍板又以代之也。"拍板，是用发音响亮的 5 至 6 块木片排列在一起，再用皮条或绳子一片一片穿连起来而形成。中间木片略薄，外侧木片稍厚，演奏者两手持外侧木片向里相互碰撞发声。音色清脆明亮，主要起敲击节奏的作用。

……

铜制类：串铃

串铃，亦叫风铃，形状似驼铃，铜制。用数个相同形制的风铃重叠串连起来，内有小舌摇撞发声，或风吹即发音，莫高窟第 445 窟（宋）有多处串铃图像出现。敦煌壁画铜制乐器共 9 种，形态各异，它与其它打击乐器音色大不相同，具有金属韵味。有的单独出现，有的在乐队中起强调节奏、烘托气势、渲染情绪、丰富音色的作用。尤其铜钹、铜铙、铜锣、铜铃等的作用更大，效果极佳。

铁制类：方响

《旧唐书·音乐志》："方响，以铁为之，修八寸，广二寸，圆上方下……倚于架上以代钟磬。"《辞海》记载：南北朝时梁始有之。通常由十六枚大小相同、薄厚不一的长方铁板组成，仿照编磬次第排列，用小铁槌击奏，发出十二律及四个半律的音。唐《十部乐》的燕乐中常用此乐器。方响是打击乐器中惟一能够演奏旋律、有律制的乐器，音色悠扬清亮、悦耳动听。①

在吹奏类乐器研究中，作者对敦煌壁画图像进行了仔细观察，并结合古代文献记载进行分类统计，记有吹奏类乐器2000余件，分为17个种类。分别是横笛、短笛、勾笛、龙笛、凤笛、义觜笛、羌笛、箫、尺八、筚篥、排箫、陶埙、角、海螺、笙、竽和唢呐，在这些乐器当中，有一些现在还在使用。作者认为壁画上所出现的乐器品种繁多、造型独特；音色丰富、韵味无穷；组合灵巧、各展风采；小巧玲珑、携带方便；价值甚大、意义深远。

在弹拨乐器研究中，壁画上展示有将近20种乐器，作者根据历史文献与壁画显示出的历史特征，大致将其分为北凉、北魏、西魏、北周的萌芽时期；隋唐的繁荣发展时期；五代至元代的继承发展等三个时期。作者将壁画上的弹拨乐器分为琵琶、五弦、六弦琴、忽雷琴、阮咸、五弦阮咸、六弦阮咸、五弦花边琴、莲花琴、葫芦琴、五弦葫芦琴、二弦琴、凤首琴、弯形琴、三弦琴、箜篌、琴、瑟和筝19种。作者认为弹拨乐器与吹奏乐器、打击乐器一样有其独特的研究价值，敦煌壁画用图像的形式为人们提供和完善了历史文献资料，对我国古代音乐史的研究和音乐艺术发展起到了促进作用。

西安音乐学院于2013年10月召开"首届敦煌乐舞国际学术研讨会"，《交响》编辑部及时跟进了该会议，并于2013年和2014年两次设置专页（专栏），对其主要成果进行展示，涉及的研究选题包括敦煌壁画的美学研究、敦煌乐谱与佛教乐舞的关系研究、敦煌舞蹈的研究等，这里选择其中的3篇予以介绍：

（1）叶明春与他的《唐代敦煌壁画"迦陵频伽"造像与佛教音乐美学》。作者的主要研究领域是中国音乐美学，在本文中他也从美学的角度研究了敦煌壁画上出现的一种鸟身人首的画像，并结合佛教音乐探索它们之间的关系，论文先从唐代敦煌壁画的"迦陵频伽"和东晋至隋唐佛经中的"迦陵频伽"概念谈起，而后将此造像的出现限定在初唐、盛唐、中唐和晚唐时期，通过研究作者发现迦陵频伽造像与佛教音乐密不可分。文中有一段这样写道：

---

① 庄壮：《敦煌壁画上的打击乐器》，《交响（西安音乐学院学报）》2002年第4期。

由此可见，无论是画工，还是供养人，也都尽可能通过对佛经的解读，通过宗教信仰所张扬出来的想象力，去尽可能地表现极乐世界的崇高与神圣，也正是透过这种宗教的想象力而将音乐的审美理想凸显了出来。正因为当时的人们出于这样一个宗教信仰的动机，使我们能够在敦煌石窟中的260个音乐窟中看到，几乎每一个角落都绘制了有迦陵频伽参与的音乐或歌舞的造像画面，每种不同的出现都象征性地显示佛音"和雅"，何况，其让庄严的寺院殿堂被赋予欢乐、和雅及生命的活力。①

（2）李宏锋的研究涉及敦煌乐谱译解与唐代俗乐乐调问题，从其论文标题《从敦煌乐谱及其他唐乐古谱译解看唐俗乐调的若干问题》即可看出。文章中认为研究敦煌古谱的乐律、乐器等变化，有利于推进敦煌乐谱以及中国古代音乐的形态学研究。其研究涉及三个部分：唐代俗乐"二十八调"宫调的结构、敦煌乐谱中"角调"的应用和唐宋"二十八调"的音阶形式。原文中记载并引用了大量文献史料和谱例，其中在一个表格的列示中，作者记录了敦煌乐谱第一组各曲宫调的结构②，见表3-2：

表3-2　敦煌乐谱第一组各曲宫调结构一览表

序号	曲名	均主	宫音	结音	调式	音阶	乐曲所用谱字与音位（设定弦 d-f-♭b-c¹，高八度译谱）
1	品弄	♭A	♭B	G [♭E]	羽	七声清商	
2	?弄	♭A	♭B	G	羽	八声清商	
3	倾杯乐	[♭A]	♭B	G [A] [♭A]	羽	六声下徵	

---

① 叶明春：《唐代敦煌壁画"迦陵频伽"造像与佛教音乐美学》，《交响（西安音乐学院学报）》2013年第4期。
② 参见李宏锋《从敦煌乐谱及其他唐乐古谱译解看唐俗乐调的若干问题》，《交响（西安音乐学院学报）》2013年第4期。

（续表）

序号	曲名	均主	宫音	结音	调式	音阶	乐曲所用谱字与音位（设定弦 d-f-♭b-c¹，高八度译谱）
4	又慢曲子	♭A	♭B	G [A]	羽	七声清商	
5	又曲子	♭A	♭B	G	羽	八声清商	
6	急曲子	[♭A]	♭B	G [A] [♭A]	羽	六声下徵	
7	又曲子	[♭A]	♭B	G [♭A]	羽	七声下徵	
8	又慢曲子	[♭A]	♭B	G [♭A] [♭E]	羽	六声下徵	
9	急曲子	[♭A]	♭B	G [A] [♭A]	羽	六声下徵	
10	又慢曲子	[♭A]	♭B	G [A] [♭A] [♭E]	羽	五声下徵	

表 3-2 的整理为作者后文讨论唐代"二十八调"奠定了扎实的基础。

（3）李宝杰与他的《敦煌壁画经变图礼佛乐队与唐代坐部伎乐的比较研究》，从分析敦煌壁画经变图中的礼佛乐队、梳理唐代坐部伎的相关文献和比较壁画图像与文献记载三个方面详细阐述了经变图礼佛乐队的形式、规模、乐器使用、乐队组合等内容。通过多方面的对比研究作者得出四点结论：一是敦煌壁画中所描绘的乐队演出场景可能是艺术创作，它与唐代坐部伎有所联系但不能说明其实际情况；二是壁画中所出现的礼佛乐队受其时代画风、洞窟条件和画工们生活经历的限制，其场景有其自身的历史性和随意性；三是将敦煌壁画与三原县李寿墓的线刻伎乐图相比较，认为由于墓主人的身份原因，三原县李寿墓反映出的生活场景更为贴近唐代坐部伎乐队；四是壁画上大量出现龟兹乐器，作者认为这和当时的音乐审美有很大关系，同时映射出当时龟兹音乐与中原音乐的相互交融和影响。表3-3是作者在文中列示的坐部伎、龟兹乐、西凉乐、礼佛乐队、李寿墓中的乐器使用比较图表①：

表3-3 敦煌壁画礼佛乐队与唐坐部伎、李寿墓壁画图像所用乐器比较表

序号	使用乐器	坐部伎	龟兹乐	西凉乐	礼佛乐队	李寿墓
1	箜篌	√	√	√	√	√
2	琵琶	√	√	√	√	√
3	五弦	√	√	√	√	√
4	阮咸				√	
5	筝	√		√	√	√
6	云和					√
7	笙	√	√	√	√	√
8	横笛		√	√	√	√
9	竖笛（箫）	√	√	√	√	√
10	尺八	√				
11	长笛	√		√		
12	短笛	√				
13	筚篥	√	√	√	√	√
14	法螺（贝）		√	√	√	
15	吹叶	√				
16	钟			√		
17	磬	√		√		
18	方响	√			√	
19	揩鼓	√				
20	连鼓	√				

① 参见李宝杰《敦煌壁画经变图礼佛乐队与唐代坐部伎乐的比较研究》，《交响（西安音乐学院学报）》2014年第1期。

（续表）

序号	使用乐器	坐部伎	龟兹乐	西凉乐	礼佛乐队	李寿墓
21	腰鼓		√	√	√	√
22	羯鼓		√		√	
23	答腊鼓		√		√	
24	毛员鼓		√		√	
25	鼗鼓和鸡娄鼓	√	√		√	
26	浮鼓	√				
27	都昙鼓				√	
28	侯提鼓					
29	槃鞞（鼙）				√	
30	齐鼓			√		
31	鼓					√
32	铜钹	√	√	√	√	√

三、西北区域音乐及其秦派民乐研究

自 2009 年起《交响》连续五年都有设置关于长安乐派的专题研究，以此反映出学报编辑部与研究学者对此领域的关注。在该领域研究中有三个方面较为突出：陕西音乐研究、秦派二胡研究和秦派古筝研究。首先是以陕北民歌为主的探讨，《交响》编辑部根据中国传统音乐学会第十七届年会的会议主题开设了专题栏目，刊载了 14 篇文章，其中杨善武的《从陕北民歌同源变体关系看苦音宫调的构成》一文，列举出很多有名的陕北民歌，作者通过对其音乐形态的分析来研究陕北民歌中特有的苦音宫调的构成。原文中有很多谱例说明，在这里笔者节选一例：

谱例33:《山丹丹开花红艳艳》结束句

这里第二小节含有 fa（即徵调 ʰsi）的音调属于羽调因素，改编者即明确认定其为转调。从《山丹丹开花红艳艳》的编曲与记谱，既可看出苦音商、羽综合的特征，也可看出以商调为主进行综合的本质。①

有关陕西民俗音乐文化的研究以李宝杰发表于《交响》2012 年第 3 期的《陕西民俗音乐文化的区域性比较与分析——以闹秧歌、闹社火为例》为代表。文章从迎春活动的名字称谓和表演形式两方面入手，比较关中、陕北、陕南三个地方的音乐文化差异。作者之所以选择闹秧歌、闹社火这种民俗活动形式，是因为这种民俗活动是文化传承的典型代表，体现了"以关中平原文化亚区为核心，向陕北高原文化亚区、陕南汉水谷地文化亚区辐射的不同文化风俗相互交融的区域性文化格局"②。

其次是秦派二胡研究，其中鲁日融从事二胡教学研究多年，在《交响》2011 年第 1 期的"长安乐派研究专页"中发表了《"秦派二胡"的形成与发展》一文。作者认为秦派二胡具有鲜明的陕西地域特色，秦派二胡的发展也是新时期二胡艺术发展的产物。鲁日融的此篇论文从创作、理论、教育和演奏四个方面着手，呼吁界内同人共同促进"秦派二胡"的持续发展。

有关秦派二胡研究的另一位代表人物金伟，在《交响》上先后发表了 7 篇文章和 2 首秦派二胡作品。金伟撰写的《陕西风格的二胡演奏手法特点》一文，是较早对秦派二胡风格技法进行总结的文章，作者通过二胡代表作品中的独特技法运用，对秦派二胡风格的特点进行了较为全面的论述。作者在说到《迷糊风格练习》（金伟编曲）时这样描述：

陕西音调的特点与陕西人的语调有一定的联系，陕西人说话的调子下行的较多，音乐旋律中也有同样的特点。7 一般经 6 到 5，4 一般经 3 到 2。根据这一规律产生了一种指法特点即 4—3，7—6 二度下行音，一般情况均用同一手指演奏。③

古筝又称秦筝，2000 多年前就流行于秦地。现在的陕西秦筝作为古筝界九大流派之一，不仅具有丰富的地方韵调和风格技法，而且在创作与演奏理念上，长期坚持

---

① 杨善武：《从陕北民歌同源变体关系看苦音宫调的构成》，《交响（西安音乐学院学报）》2012 年第 3 期。
② 李宝杰：《陕西民俗音乐文化的区域性比较与分析——以闹秧歌、闹社火为例》，《交响（西安音乐学院学报）》2012 年第 3 期。
③ 金伟：《陕西风格的二胡演奏手法特点》，《交响（西安音乐学院学报）》1987 年第 2 期。

深入挖掘陕西音乐文化素材，捕捉传统文化精神和韵致，从而成就了极具特色的、能够代表西北最高古筝艺术水平的风格流派，并以其醇厚、质朴、委婉、苦情的音乐表现张力享誉古筝界。有关秦筝及其表演艺术的研究大多集中在周延甲、魏军和樊艺凤三人之中。

周延甲、李世斌的《秦筝在秦——陕西榆林古筝考察报告》发表于《交响》创刊号，这是研究"秦筝"的开篇之作，他们通过在榆林的田野调查证明了 2000 多年前曾流传的"秦筝"至今还存在于榆林地区。在榆林城内，筝主要作为"榆林小曲"的伴奏乐器，该曲种虽然由明清时期的官员、军户、商人等带入的江南俗曲小调构成，但在传播演化中不断地融入地方文化因素，这在乐队的运用与保留中可见一斑。作者在文章中提到要演奏榆林筝首先要学会唱"榆林小曲"，在榆林考察时作者拜访了演奏榆林筝的民间艺人白保金和朱学义，并有幸了解到榆林筝的形制。原文是这样描述的：

> 榆林筝，体积较小，通体直长为 135cm［发音面板长为 105cm，首尾两梁均为 15mm 宽，筝首长 9cm，筝尾斜长 22cm，筝尾（小头）宽度为 21cm（两侧边木厚度均为 8mm）］；筝的共鸣箱高为 6.5cm，筝首部弦梁（即负弦枕木）高 1.5cm，筝尾部弦梁高 1.1cm。音高调整，依靠筝尾面部所设弦轴的转动。[1]

最后作者举例《掐蒜苔》来说明筝的演奏技法。通过作者的说明，不难看出古时候弹筝的技法与现在的指法有着一定的相似性，这正说明作者通过自己的研究向世人证明"秦筝在秦"没有失传并不是一句空话。

魏军分别于 1986 年和 1990 年发表过两篇关于秦筝源流问题的文章，两篇文章通过史料记载分析筝的起源与发展。文章主要描述了筝的历史、"筝"字的来源、筝的制作工艺等，其论述认为筝在战国时期就被秦宫廷使用。文章引用了秦相李斯的《谏逐客书》中有关筝的内容来说明对筝的使用：

> 夫击瓮叩缶，弹筝搏髀而歌呼呜呜，快耳目者，真秦之声也。[2]

樊艺凤在《交响》2015 年第 2 期发表《〈秦筝〉创刊三十周年概述及发展构想》

---

[1] 周延甲、李世斌：《秦筝在秦——陕西榆林古筝考察报告》，《交响（西安音乐学院学报）》1982 年第 1 期。
[2] 魏军：《秦筝源流新证》，《交响（西安音乐学院学报）》1986 年第 1 期。

一文，该文全面介绍与回顾了《秦筝》刊物的发展历程，作为一本研讨古筝音乐的专刊，它很能代表陕西筝人"秦筝归秦"的历史嘱托。[①]《秦筝》的刊载内容与西安音乐学院古筝专业的学科建设关系密切，不仅能体现秦筝作为长安乐派的一个重要分支的繁荣发展，更能体现关于秦筝的理论研究在古筝音乐中的深远影响。在《交响》2013年第1期"陕西区域音乐及长安乐派研讨会"专栏中还刊登了周延甲的《筝道本源——纪念陕西秦筝学会成立暨〈秦筝〉创刊30周年》一文，同样从史料记载方面研究并证实了"秦筝在秦"的依据。

第二节　音乐史研究栏目

一、中国音乐史及其相关问题研究

《交响》刊载有关中国音乐史研究的文章中最突出的领域要数"唐代音乐研究"，涉及唐代音乐形态研究、古谱的研究、与唐传日本音乐的比较研究等多个方面。笔者在中国知网的《交响》中进行刊内检索"唐代音乐"，截止到现在共刊载文章32篇，其中西安音乐学院李西林发表有7篇研究唐代音乐的文章。

笔者首先选择了李西林发表在2010年第2期上的《改革开放30年来唐代音乐研究进展述评》一文，作者从改革开放后30年的文献统计、音乐研究主题和音乐研究热点三个方面来阐述唐代音乐的研究发展情况。在众多文献中作者还统计出被引最高的前10名学者，他们的文章为后人的研究奠定了基础，加之文章发表在国内知名的理论刊物上，说明学术界对唐代音乐研究的深入与重视。

关于唐代音乐研究的重点领域，李西林认为唐代音乐美学思想、唐代音乐译谱研究、唐代音乐历史考证、唐代宫廷音乐与燕乐研究、唐代音乐的海外研究、唐诗与音乐研究、唐代音乐制度研究、西安鼓乐和福建南音与唐代音乐的关系这八个方面是学者们研究讨论的重点。

关于唐代音乐研究的争论，作者认为有四点是讨论的热门话题：对燕乐概念的重新认识；唐代音乐中的华乐与胡乐问题；唐诗对音乐繁荣的促进与负面影响问题；唐代统治者对音乐的影响问题。

李石根在《交响》1997年第4期上发表《唐诗与唐乐（外三章）》一文，此篇

---

① 参见樊艺凤《〈秦筝〉创刊三十周年概述及发展构想》，《交响（西安音乐学院学报）》2015年第2期。

文章的研究印证了通过对唐诗的窥探能够更为全面地了解唐代音乐的发展、唐代乐器使用的情况以及唐代音乐体制的形成等问题。李石根研究了不少唐代诗人例如王维、李白、白居易、刘禹锡等，他认为这些诗人所作的诗篇大部分都可以配以歌曲来演唱。唐诗中不仅有像白居易《长恨歌》一样的叙事长诗，更有像白居易《立部伎》一样的音乐评论，通过唐诗，诗人们可以表达自己的观点。唐诗可以被歌唱出来，这些歌唱者也同时会被写进诗文中。原文中作者对唐诗与唐乐的关系是这样表述的：

> 诗与音乐，本是一对孪生姊妹。当人类产生了音乐的同时，也产生了诗。之后，便形影不离，诗言志，歌咏言，形成了具有高度艺术魅力的歌唱。自古以来，所有的诗经、离骚、乐府、唐诗、宋词，莫不与音乐相伴而行。盛唐时期，诗与音乐的繁荣，为我国文化发展，发挥了积极作用。从艺术发展互为因果的关系来看，如果没有唐诗的兴盛，唐乐也不会那么繁荣。①

关于唐代音乐研究，还有一部分就是唐代音乐与日本音乐的关系，在这里笔者选择了曾金寿发表于《交响》2010年第1期的《隋唐时期中日音乐文化交流赖以兴旺的政治及社会因素》一文。文中说到日本等中国周边的国家在不同程度上都受到汉文化的影响，"从中原传来的儒家文化、佛教思想不仅对其制度的建立、文化、艺术领域里的革命产生影响，而且其音乐也对日本该领域的发展起到积极的促进作用"②。作者主要从日本吸收中原音乐文化的历史背景、"唐乐"逐渐日本化和佛教的传入对日本的影响等方面阐述中原音乐对日本宗教思想、艺术形式等方面的影响。

10余年来，有关明清俗曲的研究也呈上升趋势，其中徐元勇在明清俗曲研究方面积淀深厚。他的《论明清俗曲兴盛发展之原由》一文论述了明清俗曲是如何从萌芽时期走向兴旺的发展历程。明清俗曲代表着明清时期的艺术形式，反映了明清时期政治经济和文化的发展，是哲学思潮和社会风貌的产物，同时也是民风民俗的写照。③作者认为明清俗曲的出现不仅有历史条件，而且市民对此的关注也很重要。明清的小说、戏曲和俗曲三者是相互渗透和影响的。如为什么明代文人对俗曲有很浓的兴趣？在原文中作者说道：

---

① 李石根：《唐诗与唐乐（外三章）》，《交响（西安音乐学院学报）》1997年第4期。
② 曾金寿：《隋唐时期中日音乐文化交流赖以兴旺的政治及社会因素》，《交响（西安音乐学院学报）》2010年第1期。
③ 参见徐元勇《论明清俗曲兴盛发展之原由》，《交响（西安音乐学院学报）》2003年第2期。

明代文人对俗曲的兴趣，与文人们在前朝元代所受到的压迫有很大的关系。元朝统治者对中原人民的歧视政策，对汉文化的不重视态度和对文化人的轻视，使得汉文化在元代受到了摧毁性的破坏。特别是科举制度的废除，打击了文化人以文取仕的人生目标和生活积极性，改变了"学而优则仕"的传统观念，断绝了文化人研究学术的道路，大批文人只有另谋生路。①

二、西方音乐史及其相关问题研究

在西方音乐史研究领域中，《交响》早期刊载的大多数是谌国璋、翟学文和戴明瑜三人翻译的苏联和俄国学者的研究文章。这些文章的主题基本都是在探讨世界著名作曲家的代表性乐曲，并分析乐曲的音乐形态、创作历史背景、社会环境等方面，他们所关注的大多是在浪漫主义时期至近现代涌现出的作曲家。涉及的文章有列维克著、翟学文翻译，发表于《交响》1982年的《莫利斯·拉威尔（Maurice Ravel）1875—1937》；奥塔卡尔·索里克著、郑小钟译，发表于《交响》1984年第1期的《德沃夏克〈b小调大提琴协奏曲〉的创作背景》；谌国璋译，发表于《交响》1984年第1期的《肖斯塔科维奇的第十三交响曲》等。尽管对这些成果的介绍有助于我们了解西方的音乐研究成果，但并不能反映我们自己的研究水平，也不能代表学报在西方音乐史研究上的开拓。

笔者在整理《交响》文章目录的过程中，发现西安音乐学院高士杰的研究具有一定的代表性，故此将重点放在了高士杰的研究成果上。笔者认为，高士杰的研究不仅凸显了西安音乐学院的西方音乐史研究领域在学术界的影响，也代表了学报《交响》在该领域的跟踪与拓展。

高士杰从事西方音乐史教学与研究的主要特点是：一直都在寻找和反思研究中存在的问题。在思考过程中，他对基督教文化对西方音乐的影响有着浓厚的兴趣。《交响》2009年第2期，高士杰发表了《理性面对西方音乐史研究中的基督宗教问题》一文。在涉及宗教信仰与世俗情感时他说了这样一段发人深省的话：

> 依我看，在西方人的社会生活和精神生活中，并不存在宗教信仰与世俗情感的对立。二者倒像是一种彼此归属、水乳交融的状态。一个地区的宗教信仰，似乎都在很大的范围上覆盖了该地区的社会生活与风土人情。这种现象在不同的文化圈中

---

① 徐元勇：《论明清俗曲兴盛发展之原由》，《交响（西安音乐学院学报）》2003年第2期。

都有所表现。以婚丧嫁娶来看，西方人的婚礼去教堂，这无疑是出于对基督宗教的信仰；中国传统的婚礼要拜天地，这无疑又是出于对儒家（教）敬天观念的信奉。①

西方宗教之所以对社会各方面影响深远，其主要原因是人们生活的各类仪式、表演等基本都依托教堂完成，就算人文主义时期的画家、作家、音乐家等，他们的作品也大多有教堂、宗教的影子。作者在文中最后说明："基督教是西方世界的普遍信仰和文化传统，是西方人文化生活与历史生活中的基本内在情感。"②正是因为这样他才呼吁大家在研究基督教问题上应当保持一定的理性思考。

研究西方音乐史不可避免地会对西方作曲家的经典曲目进行研究，而研究这些作品时该如何准确理解呢？对此高士杰的另一篇文章《对象性关系与西方音乐作品的解读》，提出音乐学作为人文学科，在解读和分析作品时不能只按照我们所说的作曲"四大件"（和声、曲式、复调、配器）来看，更应该从人文所称的"四大件"（文化、历史、哲学、美学）来谈。③

第三节　大学生研究生学术园地

《交响》常设的、最具特色的栏目"大学生研究生学术园地"于1983年首次出现。栏目名称由"大学生园地"到"大学生研究园地"，再到最终的"大学生研究生学术园地"，经历了30多年的磨合发展期，目的越来越清楚，定位越来越准确。此栏目的设定为在读的本科生、研究生提供了一个很好的学术展示平台，激励着青年学生的学术热情。该栏目于2008年入选陕西省高校学报优秀栏目行列，足见其社会影响和质量效益。

一、研究选题的多样性分析

综观整个栏目的发展，最明显的特征就是：刊载量呈递增趋势，研究选题呈多样性发展。就选题而言，该栏目包罗了各类音乐专业、各个不同研究领域、不同理论范

---

① 高士杰：《理性面对西方音乐史研究中的基督宗教问题》，《交响（西安音乐学院学报）》2009年第2期。
② 高士杰：《理性面对西方音乐史研究中的基督宗教问题》，《交响（西安音乐学院学报）》2009年第2期。
③ 参见高士杰《对象性关系与西方音乐作品的解读》，《交响（西安音乐学院学报）》2007年第1期。

畴的音乐研究成果。

其中，有一些是西安音乐学院的教授在学生时代发表的论文，这些文章可看作该研究领域中的典范。例如有金伟发表于《交响》1989年第4期中的《"搂弦"在陕西风格二胡曲中的作用》，文章从二胡的"搂弦"技巧入手，研究陕西音乐风格的特性，如今来看属于秦派二胡专题研究内容；李宝杰发表于《交响》1990年第3期的《对中国近代音乐发展的回顾与思考》，是作者本科毕业论文，涉及作者在研读中国近代史音乐方面的体会和认识；曾金寿在《交响》1993年连续3期发表了《艺术歌曲在中国的缘起与发展之检讨（1920—1949）》，是作者的硕士学位论文，涉及对艺术歌曲在中国的萌芽、成熟以及深化发展等不同时期的研究，以此总结了中国近现代艺术歌曲是在借鉴西方作曲技法基础上发展而来的，对中国声乐曲创作和器乐曲发展产生了一定的影响。

除了对上述论文的发表之外，此后更有在读本科生、研究生的优秀习作和毕业论文在《交响》的"大学生研究生学术园地"发表。如2001年连续两期发表了西安音乐学院音乐学系硕士研究生白君汉的《论沃尔夫的艺术歌曲》，作者通过研究表明沃尔夫的艺术歌曲是从浪漫主义时期到现代音乐的转型，同时也是艺术歌曲在如今演唱和教学方面的典范。《交响》2009年第2期刊登了上海音乐学院徐璐凡的《科尔曼的音乐批评观：语境·内涵·意义》，论文主要研究了音乐学者约瑟夫·科尔曼的音乐评价观念。

二、研究内容的关联性分析

就大学生、研究生的学术研究选题而言，大多数文章都与他们在读时的学习有关，如陈士森于1990年发表的《集合程控理论及技法》就是他学习与研究的一个主要部分，文章介绍了20世纪六七十年代国外比较流行的作曲技术理论。在此后的西安音乐学院和声课教学中，集合程控理论也成为和声专业学科教学建设的一个重要支撑部分。

再比如刘春晓发表在《交响》2008年第2期中的《中国当代音乐期刊的分类》一文，节选自作者的硕士学位论文。该研究与其在研究生阶段跟随导师李宝杰学习音乐编辑学紧密关联。文章涉及对音乐编辑、作者和读者三大主体关系的研究，以此来说明当代音乐类期刊在音乐文化传播中的作用。

最后再举一例，《交响》2010年第3期刊载的柳琳的论文《回望圣贤——江文也眼中的孔子与儒家乐论》，是作者硕士学位论文的节选。作者在研究生阶段跟随导师罗艺峰学习音乐美学，因此她的选题方向与音乐美学关系密切。这篇文章运用了音乐美学的方法和视野，研究20世纪上半叶作曲家江文也创作中所显现出的孔子乐论思想，探索了作曲家在长期实践的基础上对中国传统文化与对孔子音乐论述的不同认知。不同于一般研究作曲家的论文，这篇文章将研究放置在音乐美学、中国近现代音乐史、中国古代文献研究的交叉视域中，力图透过作曲家的创作、认识、思想来源、传统文化影响等对作曲家的作品能有一个较为全面的认识。

除此之外，还给在读学生提供了进行学术实践的锻炼机会，即在该栏目还刊载有一些根据学术活动（会议、演出等）所撰写的报道与综述，也可体现出在校学生的学术认识和思考。如2013年第3期，由尚媛和魏晓平撰写的《2013年敦煌乐舞国际学术研讨会综述》，就是对西安音乐学院举办的该项会议的综合报道，由于要在"综述"中较为真实地反映和总结各路学者、专家们的观点，以及提出的主要问题，彰显会议成果，所以这对于在读学生而言是一次重要的学术训练。

本章通过对代表性文论的节选与评析，足以看出文论中的学术论点不再局限于使用传统研究思路进行探索，他们的文章在各自的领域内也都成为继续探索的基石与学术研究的标杆。笔者之所以选择这6个栏目进行分析，是因为这些栏目是《交响》办刊风格的体现，是西安音乐学院办学特色的彰显。西安鼓乐、敦煌乐舞和西北区域音乐文化及秦派民乐是《交响》中的特色研究，发扬陕西及西北地区各民族音乐文化的精华也是学报的办刊宗旨。为了拓宽《交响》的研究领域，学报编辑部将音乐史栏目也作为关注的重点，尤其是近年来"一带一路"倡议的提出，中国古代音乐史研究中的唐代音乐研究再次成为热点话题。笔者选择的这些作者，不仅具备较高水平的学术能力，而且他们的研究成果也是长期积累沉淀的结晶，在一定程度上对国内外音乐研究有所影响。

结　语

西安音乐学院学报《交响》作为西北地区唯一一家音乐学术理论刊物，在30余年的办刊历程中，逐渐沉淀出以深入挖掘、传承陕西地方和西北区域音乐文化传统为立足点，形成了积极追踪音乐学术热点、热情关注音乐教育和实践成果、努力培养学术新人的办刊特点，在不同的办刊时期都编发有享誉学术界的研究成果，无论对内还是对外都产生了重要的影响，成为音乐学术界认同度较高的理论期刊。

先从校内影响方面看，无论在《延安歌声》时期，还是后来的《交响》办刊，都把学校广大师生的成果推介当作一件不可推卸的工作来抓，历任主编都在工作中强调"学报是学校学术窗口"；从研究栏目的设计，到对学术活动的跟踪；从对教师成果的及时发布，到对学生习作的精心修改和编发，无不看重本校这片学术园地的生态维护和果实凝结。为此，在几十年来西安音乐学院学科专业建设中形成的标志性成果中，诸如西安鼓乐研究、长安乐派研究、秦派民乐研究、陕西作曲家创作群体研究、陕北音乐文化研究、陕西地方戏曲研究等不同领域，都离不开《交响》自身的助推作用。对于西安音乐学院学科发展而言，《交响》不只是一个学术成果展示的平台，更是学校学术生产的孵化机、助推器。

同时，《交响》这一平台也为学校的广大师生提供了一个相互交流、相互依存、相互影响、相互学习的学术生态网，学校师生可以通过学报了解并学习到一些音乐资讯和理论知识，从中找到补充自身认识与研究的切入点，《交响》真正成为了多向交流、全方位覆盖的思想与理论碰撞平台。

再从对学界（或外界）的影响看，《交响》中所设置的理论话题紧跟学术前沿。尽管受社会大环境和地方办刊条件影响，《交响》编辑部在一定时期里，学术视野不够宽泛，资讯来源稍欠丰富，但其始终把关注现实理论需要放在首位，为广大师生服务，为我国音乐理论建设贡献力量。

20世纪90年代以后，从《交响》的栏目设定及作者变化，即可看出其意在拓展校外稿源：一方面是基于吸引高质量稿件的需要，另一方面反映出《交响》办刊走出校门，以陕西地区为立足点，面向世界、放眼全球的学术意识和办刊诉求。表面看来，《交响》中的一些特色研究栏目和选题，如西安鼓乐、敦煌乐舞、西北区域音乐、长安乐派等具有鲜明的地方性，但如若更深入地分析，《交响》实际上走的是一条"小区域大传统"的文化彰显之路，通过对地方性文化资源的深入挖掘，努力探索中华传统文化中所蕴含的艺术内涵，这是《交响》面对世界文化交流的一种姿态，更是《交响》不落俗套的一种坚守。

10余年来，《交响》办刊更加注重与各类学术活动的互动，所开设的诸如"中国传统音乐前沿课题研讨会专页""中国传统音乐学会第十七届年会专页""敦煌乐舞研究专页"等无不显露出《交响》编辑部积极参与学术交流的迫切愿望，并以其特有的期刊媒体方式，积极追踪、及时发布、重点推介，形成了新的学术影响增长点，拉近了与学术研究的距离，较好地发挥了期刊的传播作用，成为学校学术与学界学术共融的有机平台，其成就有目共睹，其特色鲜明而突出。

当然，《交响》的办刊也有欠缺之处，通过前文各章分析不难看出，《交响》有时候在质量上不够稳定，缺少宣传力度，在作者队伍的稳定上缺乏足够的吸引力，对某些特色研究领域有待进一步挖掘等，这都有待在今后的办刊中逐步改进。

新的历史时期，《交响》要想发展得更好，产生更大的社会影响，凝结更多的学术果实，除了保持自己的办刊传统和特色外，如何把学术视野放得更大，如何吸引更多的读者，如何在办刊质量上再上一个台阶，恐怕是其今后一个时期里需要思考的问题。我们深信，《交响》这一刊物有着深厚的学术积淀，其发展之路肯定会越来越宽，会越走越远！

《音乐周报》10年发展研究
（2000—2009）

张莹莹

女，1985年出生，实验师职称。2002—2007年就读于临沂师范学院音乐系本科；2008—2011年于西安音乐学院攻读音乐编辑学硕士研究生，师从李宝杰教授，2011年获得"优秀硕士毕业论文"与"优秀毕业生"称号。现供职于天津财经大学。

导 言

一、对象的提出及研究现状

（一）对象的提出

"文化，是指人类在社会历史发展过程中所创造的物质财富和精神财富的总和，特指精神财富，如哲学、科学、教育、文学、艺术等。"[1] 文化的继承和发展靠的是传播，当今的大众传播媒体中最早成熟的要数报纸。发行于唐僖宗光启三年（887）的"敦煌邸报"是中国现存的最古老的报纸，也是世界上现存的最古老的报纸，至今已有1000多年的历史了，此报发现于英国伦敦。在1000多年的历史进程中，报纸的发展经历了曲折沉浮。20世纪80年代，我国报业进入了一个兴旺发展的时期，新创办的报纸如雨后春笋般地涌现出来，报纸种类的繁多、发行量的庞大，都是我国报业史上所罕见的。这一时期报业发展呈现出多样化特点，其中一个重要的特点就是专业性报纸的迅猛发展。随着中国社会经济的发展、人民生活水平的提高，精神文明建设需要培养人们多方面的高尚兴趣、陶冶人们情操、美化生活。因此，各类文化艺术报、体育报、卫生健康报、社会生活服务报起到了积极的作用，在这样的社会文化背景下《音乐周报》应运而生。

---

[1] 《新华字典》，商务印书馆2004年版，第520页。

表 1　1979 年以来我国陆续创办的各类音乐报纸情况统计表

报名	创刊时间	主办单位	生存情况
《北京音乐报》（《音乐周报》前身）	1979.5	北京市文化局	现存
《山乡乐》	1980.3	辽宁省宽甸县文化局	
《飞花》	1980.12	辽宁省丹东市元宝区文化馆	
《工人音乐报》	1982	长沙市工人文化宫	
《山歌报》	1984.12	广西壮族自治区文联民间文学研究会	
《中小学音乐报》	1985.1	中国音乐家协会音教委中小学音乐报社	现存
《音乐园》	1985.1	泉州市工人文化宫	
《中国歌谣》	1985.1	中国民间文艺研究会和中国歌谣学会	
《音乐信息报》	1986.5	西安音乐学院	
《音乐生活报》	1993.4	中国轻音乐学会	现存
《威海音乐报》（《威海音乐》前身）	1999.3	威海市音乐家协会	现存
《电脑音乐报》（《音乐人》杂志前身）	1999.9	华夏电脑音乐研究会	
《湘潭音乐报》	2002.5	湘潭市音乐家协会	未知
《中国音乐报》	2007.8	中国音乐文化促进会、文化部"当代音乐艺术院"、中国大众音乐协会联合主办	现存

由表 1 可以看出，1979 年以来对音乐类报纸的创办只有少数文化单位支持，相对来说报纸品种和数量较少、生存困难，大多数报纸没有坚持下来。同时，也说明对音乐类报纸的创办是存在相当难度的，缺乏政府、文化单位、音乐工作者和音乐爱好者的广泛支持和关注。

《音乐周报》是我国第一份以报纸形式出现的音乐读物，是 1979 年以来创刊的音乐类报纸中生存期最长的。笔者认为，《音乐周报》也是当今市面上能看到的音乐类报纸中信息覆盖面较广、专业性和艺术性较强的报纸之一。

据不完全统计，目前仍在出版发行的音乐类报纸有 5 种，除《音乐周报》外，还有：（1）《中小学音乐报》，周报，主管单位：长沙晚报社；（2）《音乐生活报》，周报，4 开 32 版，周一出刊，主管单位：中华人民共和国文化部，是目前国内唯一一份国家级音乐类报纸；（3）《威海音乐报》，为威海的音乐爱好者提供了一个新天地，该报有力地推动了威海市音乐事业的发展；（4）《湘潭音乐报》，地方性音乐报纸；（5）《中国音乐报》，是中国唯一全国发行"中国"字头的国家级音乐类报纸，坚持以创建中国主流音乐文化为旗帜，坚持以引导大众音乐文化生活为目的。

1979年以来陆续创刊，而目前已经停办的音乐类报纸有8种：（1）《山乡乐》，创刊于1980年，原名《宽甸文化》，双月刊，4开4版。1966年停刊，1980年3月1日复刊。（2）《飞花》，双月刊，4开4版。（3）《工人音乐报》，全国第一份工人音乐报，是工人们的音乐园地。（4）《山歌报》，半月刊，4开4版，它以城乡民间歌谣爱好者和专业民间文艺研究者为主要读者对象，立足地方面向全国，继承和发扬优秀民间文艺遗产，培养山歌新秀，繁荣新民间文艺创作。（5）《音乐园》，月刊，4开4版，旨在为广大职工的生活增添健康的情趣，让职工的心灵得到甜美的憩息，以激发职工创造物质财富的热情。（6）《中国歌谣》，月刊，4开4版，读者对象是广大工、农、兵群众，民间文学研究者、爱好者，基层文化部门的干部，诗人，作家，其特点是"从民间来，到民间去，内容丰富，文图并茂，老少皆宜"。（7）《音乐信息报》，月刊，16开8版，它面向全国艺术院校师生，艺术团体工作人员，业余艺术爱好者，传递国内外音乐科研、教学、比赛、演出等活动的最新信息，促进我国音乐艺术事业的发展。（8）《电脑音乐报》（现名《音乐人》杂志），我国第一份专门面向电脑音乐制作人及音乐爱好者的报纸。它的创刊填补了我国电脑音乐领域的空白，它以建立完善的电脑音乐理论体系为指针，以繁荣我国电脑音乐创作为主导，从2008年第7期起正式更名为《音乐人》，摆脱了平面媒体的束缚，集发表、制作、上网、演出、比赛、出版、拍卖为一体，赋予了音乐报刊新的内涵。

其中，在现存的6种音乐类报纸中，《中小学音乐报》读者对象性强，新闻和信息的主题、内容相对集中，因此新闻覆盖面相对较窄，但信息纵深度强，指导性和实用性强；《音乐生活报》新闻覆盖面广，但相对来说不是特别强调报纸的专业性和艺术性而是强调生活性，涉及较多的娱乐新闻，在创造流行和引导时尚方面更占优势；《威海音乐报》和《湘潭音乐报》属于地方性音乐报纸，以立足和关注本地音乐文化为主要原则，具有区域性的特点；而《中国音乐报》虽然包含丰富的音乐文化信息，关注大众和主流音乐文化，读者面广泛，但由于2007年才创刊，创办时间较短，因此历史和文化内涵相对较浅。《音乐周报》是自1979年以来音乐类报纸中创刊时间最长、新闻覆盖最广、艺术性最强的专业音乐报纸。从音乐文化的角度、音乐史的角度和音乐编辑学的角度来说都有较大的研究价值。

《音乐周报》由北京市文化局于1979年5月30日创办，原名为《北京音乐报》。《音乐周报》自创刊以来始终坚持文艺为人民服务、为社会主义服务的"二为"方针和"百花齐放,百家争鸣"的"双百"方针。坚持正确的舆论导向,宣传高雅音乐,普及音乐知识,提高音乐修养的宗旨。以宣传优秀音乐文化,反映当前音乐生活,传递国内外音乐信息,开展健康的音乐评论,交流音乐艺术的理论、创作、表演经验,以及介绍我国和世界优秀音乐文化为主要内容。报纸信息性强、文风严谨、朴实又不失活泼,办出了自己的特色。从创刊时的半月报到旬报、周报,从4开4版小报到对开8版大报,从内部发行到公开发行,至如今加入电子报刊行列,其发行面覆盖全国以至英、美、法、日、加拿大等国。读者能够在此报中了解音乐信息、学习音乐知识、探讨音乐问题、交流经验。自办报以来,《音乐周报》受到了众多读者的称赞和喜爱,周围聚拢了一大批专业音乐人才和音乐爱好者,在国内音乐界具有一定的权威性和影响力,并且受到海外音乐界的关注。

（二）研究现状

目前,我国对于报纸研究的成果主要集中在学术专著和硕博学位论文两类文献资料当中。笔者通过《中国编辑学研究述评1983—2003》一书中的"国内出版的编辑学专著和论文集一览表（263种）"、中国知网等渠道,搜集到有关报纸研究的文献资料有学术专著及硕博学位论文。

学术专著对报纸的研究主要集中在报纸发展的历史、报纸编辑理论研究、报纸编辑实践经验总结等方面。代表性的著作是郑兴东等人主编的《报纸编辑学》,该书于1982年出版,1987年再版（获得国家教委高等学校优秀教材一等奖）,目前市面上可以看到的是2001年版。经过20多年的发展和考验,这本书已经是国内公认的报纸编辑学研究领域的经典书籍。这本书涉及报纸编辑学的定义、学科定位,报纸编辑的历史,报纸编辑的基本原理和普遍方法,报纸编辑的一般流程和具体环节以及实践经验等。

硕博学位论文所研究的内容一般包括：对某家报纸创办背景的叙述、发展历程的总结；对报纸形式的描述、内容的分析及规律的总结；对报纸具有的历史意义、文化意义的综合分析及文化价值的评判；总结报纸办报特点和存在价值。另外,有些研究涉及报纸的运营,强调出版者的贡献及报纸创新之处等方面,大多是做实际案例的具体研究。

报纸研究经历了漫长的发展道路,在当今社会已经引起了广泛的重视,有一大批教授、学者在报纸研究领域已经硕果累累。报纸编辑学、新闻传播学等学科的先后建立使报纸研究具有了科学性。

目前,我国对于报纸研究的优势主要体现在以下两个方面：第一,是对报纸本体的研究。主要从报纸编辑理论和报纸编辑实践两个方面进行。具体研究内容有：报纸编辑工作的对象、范围、任务、特性，编辑流程，编辑技术；报纸编辑工作的规律和方法以及各种与之相连的关系；报纸编辑中编辑人员的地位、作用，编辑人员应具备的素质、修养，报纸的作者、读者群体，报纸的分类，报社的运营，报纸广告等。这一方面的研究相对较成熟。第二，是通过报纸研究社会、历史和文化。这类学术研究是在上述报纸本体研究的基础上进行的延伸研究，已经成为近年来报纸研究的新途径。这类研究认为报纸不仅是作为媒介传播当时的新闻信息，而且能够记录文化的发展。借鉴社会学、文化学、传播学、逻辑学等相关学科的理论与方法，将报纸置身于社会、历史、文化的大背景下进行研究，形成了新时期报纸研究的新趋势。新闻传播与文化发展之间的互补作用、读者需求和新闻传播的社会控制、传播的内在机制和它的研究方法以及新闻策划对传统报纸编辑工作的拓展都成为当前报纸研究的内容。

目前，报纸研究的方向如下：（1）对报纸编辑者的研究……任务研究、权利研究、社会责任研究、影响传播的社会因素的研究等。（2）对读者的研究……主要包括了从理论上研究读者接收信息的变化规律，读者与报纸传播效果的关系，读者的结构及其调查分析的方法等。（3）对报纸文化的研究……它可以使我们从宏观到微观地研究由报纸而产生的或在报纸活动中显现出的社会文化现象。（4）对媒介本身的研究……一部分人关注报纸在各个历史时期的发展历程及其波动的规律，另一部分人则用历史观来对报纸的编辑思想进行探讨。他们都把对报纸编辑历史的挖掘当作把握现在与未来的一把钥匙，以揭示报纸编辑发展的逻辑及学科发展的规律，总结历史经验，探寻报纸编辑出版的规律及其与文化发展的内在联系，明确报纸编辑学之所由、之所趋，进而在历史与未来之间架设一个桥梁。他们研究的具体内容涉及了报纸的演变历史、发展趋势、报纸媒介在地区或社区传播的特点与控制、报纸与人的相互影响等。（5）对报纸内容策划的研究……不仅仅是指研究报纸登载的内容，它还包括这些信息的发展、特点、分类，以及报纸内容发挥作用的形式即"怎么说"，还有报纸内容对于整个传播的影响等。（6）对报纸传播过程的策划研究……研究传播的渠道、结构、模式、影响的因素，发生哪些偏差，以及这一过程和社会过程的有机联系……关于报纸编辑人员集采写、编评二任于一身的运作模式，以及相关的管理方法的探讨也已逐渐成为报纸编辑学研究的热门话题。①

目前，关于报纸研究的缺陷主要体现在以下几个方面：第一，理论研究在体系上不是十分健全，很多问题在学界缺乏共识。第二，实践经验很多没有上升到理论的高度，经验型的论著较多。第三，研究面虽广但深度不够，某些问题意识到了但没有着

---

① 参见丛林主编《中国编辑学研究述评（1983—2003）》，齐鲁书社2004年版，第306—307页。

手进行广泛的、系统性的深入研究。此外，当今报纸媒体在众多媒体竞争的压力下如何凸显自身的优势、排除万难生存下去这个课题应该深入研究。第四，对报纸进行个案研究的数量少。第五，对读者和市场的研究鲜见有深度的、有见地的专著。第六，目前研究报纸的专业人员和学术成果仍显不足。

据笔者检索，目前国内还没有专门研究音乐类报纸的成果问世。有关《音乐周报》的文献资料，笔者在中国知网输入关键词"音乐周报"进行跨库检索，只有3篇新闻报道类的文章和一则发表于《中国音乐》2002年第1期上的《音乐周报》的广告。其中的3篇文章包括：（1）音发表于《人民音乐》1989年第12期上的《〈音乐周报〉庆祝创刊十周年》；（2）长天发表于《国际音乐交流》1994年第2期上的《15妙龄的〈音乐周报〉》；（3）国安发表于《人民音乐》1999年第7期上的《〈音乐周报〉社举行创办20周年座谈会》。文章主要是对办报的10年、15年、20年等阶段进行总结性报道，简要介绍《音乐周报》的初创情况、各阶段的"办报宗旨、特色、内容、栏目"、外界对报纸的评价、对未来的展望。另外，2009年由《音乐周报》社编、同心出版社出版了《见证音乐：音乐周报精品文选（1979—2009）》一书，该书主要包括创刊30年来优秀文章的集锦和几篇创刊初期状况回顾的文章。目前，国内还没有对《音乐周报》进行专门的研究。由此来看，笔者对《音乐周报》进行研究，既能够填补音乐类报纸研究的空白，也能够填补《音乐周报》作为个案研究的空白。

二、研究目的及研究意义

（一）研究目的

笔者的研究是以2000—2009年《音乐周报》原件为文本，全面考察其创办背景，梳理报纸的基本情况，深层揭示其形式和内容背后所蕴含的音乐学和编辑学价值，体现它在中国音乐文化界中的地位和作用。通过研究其目前的生存状况，旨在揭示《音乐周报》办报的规律和方法，呈现其全貌。与此同时，分析报纸在报道重点、报道方式、审美观点、风格、语言、栏目等方面的变化规律；根据《音乐周报》中对中国当代音乐界所发生的重要音乐事件进行的追踪和报道情况，研究《音乐周报》所具有的传播和记录其发展脉络的作用。研究目的是，体现《音乐周报》与中国当代音乐文化发展之间的关系。

（二）研究意义

对《音乐周报》进行研究的理论意义、现实意义和应用价值：

1. 理论意义

首先，研究填补了音乐学学科理论研究中的一个空白；其次，丰富了音乐编辑学学科的研究内容，对这一学科提供了理论上的支撑。

2. 现实意义

首先，能够在宏观上把握改革开放以来中国报业的概况、当代报纸的分类和当今音乐类报刊的特点，了解《音乐周报》的创办背景与发展过程。

其次，能够深入了解《音乐周报》的办报情况，了解其内容和形式的编排及发展变化，研究《音乐周报》的办报规律和方法，对今后《音乐周报》及其他专业音乐报纸的办报都具有明确的指导作用。

再次，梳理、考证《音乐周报》和中国音乐文化发展的关系，评价《音乐周报》在音乐界的价值和地位，了解报纸媒体对音乐文化发展的作用。通过《音乐周报》对音乐界发生的重大历史事件的跟踪和报道情况来评判它的价值，印证它和音乐文化发展的关系。同时也具有回顾历史、充实史料的作用。另外，通过对以往报纸内容的统计分析，可以了解报纸对大众需求的满足程度，进而提醒当今的办报者不仅要对音乐界的大事件进行及时的追踪报道，还要对大众各方面的需求给予照顾和满足。

最后，分析《音乐周报》社办报过程中存在的优缺点，总结办报的经验和教训，并且根据所调查到的《音乐周报》目前的读者对象、读者需求等因素，提出一些建设性的意见供《音乐周报》社参考。建议在《音乐周报》音乐教育版为考研学生增加专栏，对招考专业、导师和学校情况进行连载介绍，为考生提供全面且权威的考研信息；集中发布与音乐院校毕业生相关的招聘信息，吸引更多的读者阅读《音乐周报》。

（三）应用价值

首先，引起音乐界对报纸媒体的重视，对《音乐周报》的关注。其次，使更多的人能够深入地了解音乐编辑学这一新兴学科。再次，使读者能够了解《音乐周报》近10年来的办报情况，厘清《音乐周报》与音乐文化发展的关系。最后，立足于报纸产业化的当下，总结《音乐周报》的办报方法、规律，正确评价它的价值和缺陷。

第一章 《音乐周报》概况

第一节 《音乐周报》的创刊及发展情况

一、《音乐周报》的创刊

《音乐周报》创刊于1979年5月30日，初名《北京音乐报》，以中国音乐家协会北京分会筹委会和北京群众艺术馆的名义共同主办，报名由时任中国音协主席吕骥确定，部队著名书法家、艺术家、解放军艺术学院领导魏传统同志题写。创刊号采用套红4开8版（常规出版时为单色4开4版），半月刊，内部发行，每份售价3分，时任领导陈天戈、编辑部负责人吴扬，是北京地区首家公开发行的专业音乐报纸，也是中国第一张音乐专业报。

吕骥在为创刊号的头版头条撰写的《音乐是什么》代发刊词中谈道："音乐学界专家汪毓和写了'五四'以来的音乐史料；音乐教育专家姚思源为重视音乐教育工作而疾呼；古琴家李祥霆介绍了久已少为青年知晓的古琴；还有老顾问李凌等人的评论介绍文章等等。每一篇都注入了编辑部的一份引导意图，形象地告诉读者，音乐报欢迎评论、人物、教育、知识、动态、好歌等等。"[①]

实际上，《北京音乐报》是1979年北京群众艺术馆恢复工作后对"文革"前停刊的《北京歌声》的复刊。《北京歌声》之前叫《群众歌声》，由北京群众艺术馆于1955年筹办，属于艺术馆的内刊，《群众歌声》改名为《北京歌声》后开始公开出版，与《歌曲》《解放军歌曲》成为北京当时最具有影响力的三大歌曲刊物，之后在三年困难时期被迫停刊。据当时北京群众艺术馆陈天戈（《北京音乐报》创办人之一）对复刊活动的回忆中谈道："从当时群众音乐活动的蓬勃开展，社会音乐生活逐渐丰富多彩，专业音乐演出、艺术教育日趋活跃的整个音乐事业发展的需要看，简单地恢复编一本主要发表歌曲作品的歌刊《北京歌声》，已不能满足需要了，不如办成一张报纸，专业的音乐报刊，既可以有音乐新闻报道，有评论，有普及音乐知识，提供音乐学习的栏目，也有音乐家人物访谈，还可以推广介绍一些优秀的新创作的音乐作

---

① 转引自吴扬、蒋力、紫茵《音乐周报创立30周年特刊》，《音乐周报》2009年6月。

品。总之，兼容并蓄，涉及方方面面，十分广泛。"[1]他们的想法得到了当时北京市文化局局长赵鼎新的认可，也得到了许多老前辈、专业音乐家的支持。在陈天戈的这段回忆录性质的话语中了解到当时艺术馆工作人员创办报纸的原因，他们意识到在社会发展的新形势下简单地恢复过去、重复过去已经不能满足专业音乐文化、群众音乐文化的发展需求，这时的音乐文化界需要一份专业音乐报刊，并且他们对未来办报的方向和内容都有了比较明确的目标。赵鼎新在认可艺术馆工作人员想法的基础上对《北京音乐报》提出："一是要立足北京，面向基层，为广大音乐工作者、广大音乐爱好者办好报；二是办报要坚持'二为'方向，'双百'方针；三是支持你们创刊，拨款三万元经费；四是首先在本市发刊，争取当年能达到四万份。"[2]由此可知，办报初期在办报方针、读者对象以及发行量方面都有了明确的指示。并且当时的《北京音乐报》属于区域性报纸（北京地区的专业音乐报），后来才逐步成为在全国具有重要影响甚至向海外扩展的专业音乐报。当时有一大批音乐界前辈都参与到《北京音乐报》的办报工作中来，如吕骥、孙慎、赵沨、李凌、时乐濛、瞿希贤、黎英海等，他们为报纸出谋划策并撰稿。

另外，从1984年6月11日李凌在《北京音乐报》5周年座谈会上的讲话中，也可以对本报初创时的情况进行一些了解。讲话中提到了《北京音乐报》创办初期的不足：编辑们对报纸的任务、特性以及如何办得合乎读者的需要等方面没有进行深思熟虑；决定出版报纸，但对报纸的制作和出版发行过程、环节缺少必要的认识，因此有段时间编辑们对此是处于被动的状态；没有一套完整的编辑班子，缺少和各地有联系的音乐记者；对重大事件的报道上预见性不够；对音乐活动的报道局限在首都地区，没能使报纸成为全国音乐生活的中心；报纸在知识性栏目上一直没有办得很满意。另外，也提出了《北京音乐报》创办5年过程中所体现的长处：能够及时地报道音乐生活中的重大事件；在执行"双百"方针上做得比较好，为大家各抒己见提供了良好的平台。最后，李凌建议：在创办知识性栏目时要以浅近的、有趣的小知识为主；能迅速和各省市的音协、音乐家取得密切联系，吸收大批特约编辑、通讯员、撰稿人，扩大报道面、受众面。[3]

---

[1] 《音乐周报》社编：《见证音乐——音乐周报精品文选（1979—2009）》，同心出版社2009年版，第1页。

[2] 《音乐周报》社编：《见证音乐——音乐周报精品文选（1979—2009）》，同心出版社2009年版，第1页。

[3] 参见《音乐周报》社编《见证音乐——音乐周报精品文选（1979—2009）》，同心出版社2009年版，第7—8页。

二、《音乐周报》的发展情况

《音乐周报》从 1979 年创刊到 2009 年 30 年大事记如下：

1979 年

5 月 30 日，《北京音乐报》出版创刊号。
7 月 15 日，主办单位变更为北京群众艺术馆。
11 月，报纸连载陈志的《吉他浅谈》，后汇编发行 55000 册。

1980 年

增办成都航空版，由四川音乐学院图书馆发行，西南各省订户约 3 万。

1982 年

开始全国发行，各地邮局均可订阅。
4 月 14 日、15 日，在北京展览馆举办《清泉的歌》音乐会，王玉珍、马玉涛、德德玛、克里木、关贵敏、彭丽媛等参加，演唱各自的拿手曲目。

1983 年

3 月至 5 月，为配合北京市"五月的鲜花"群众歌咏活动，编印歌曲增刊发行 10 余万份。

1984 年

《北京音乐报》独立建制。金仁平、田祝厚负责编辑部工作。
5 月 22 日和 6 月 11 日，分别在上海文联大厅和北京宣武门饭店举行创刊 5 周年座谈会，近百名各地音乐工作者出席。
8 月 25 日，头版首发"音乐教育"专刊。

1985 年

陆续在南昌、济南、重庆等地设立记者站。
2 月 10 日，一版刊发第一则广告介绍"红鹰乐器"。
5 月 10 日，联合中国音协创作委员会和北京朝阳区农村词曲创作研究会等单位，举办首届"全国农村歌曲有奖征集"活动，应征作品万余部。

8月25日，举办全国歌词征集活动，应征作品1219首，10首获奖。

1986年

5月10日，联合中国音协创作委员会等举办"全国农村歌曲有奖征集"活动，应征作品万余件。

8月25日，举办全国歌词征集活动，应征作品千余件。

12月10日，联合北京市文化局、市教育局举办"音乐知识有奖问答"活动，全国7000人参加。

1987年

1月，改为旬刊。卢肃任主编指导工作；金仁平、田祝厚副主编主持工作。

2月，开设"新创作歌曲"等栏目。

9月，举办的少儿器乐培训班（小提琴、电子琴、吉他）开课，辅导少儿200余名。

1988年

5月，与北京吉他学会联合主办北京首届"牡丹杯"吉他比赛，历时19天，17人获奖。

1989年

1月，《北京音乐报》更名为《音乐周报》，改为周刊，时任中国音协主席李焕之题写报头。

1月27日，首次开设月末"摘译专版"。

11月4日，举办10周年座谈会。

1990年

首次评选年度优秀特约记者、通讯员。

3月，与北京工人俱乐部联合举办口琴独奏培训班。

3月16日，发起并联合文化部少数民族文化司、中央电视台等单位主办《民族之声》歌曲征集活动。4700多件作品应征，8月5日，中央电视台向全国播放获奖作品音乐会，后广西音像出版社发行获奖歌曲音带。

10月，与中国音协、湖南文联等11家单位联合举办庆祝中国共产党成立70周年歌曲征集评奖活动。

1991年

3月后，主办单位改为北京市文化局。

5月3日至7日，在北京劳动人民文化宫主办"音乐天地"各类演出、咨询活动，历时5天。钢琴家周广仁、小提琴家杨秉荪、手风琴家张自强等为业余乐手答疑解惑。

8月2日，与《中华工商时报》倡议，联合首都15家新闻单位，在首都体育馆推出《华夏之情》大型赈灾义演晚会，向灾区捐款逾2000万元。

1992年

开始采用激光照排和胶印，在第三季度开始试行"月末增刊"。

1月31日，与中国音协创作委员会、北京迷笛中心举办的首届MIDI作品征集评选揭晓。近百件作品中，15件脱颖而出。

3月14日、26日，举办两次专题座谈会，引发关于"红太阳"音乐盒带的大讨论。

1993年

6月25日开始，每月月末与中国电影音乐学会在二版联合主办"影视乐坛"专版。

5月30日，召开创刊15周年联谊会。

1月13日，由中国音协、《音乐周报》社、江苏省音乐台、江苏省电视台、江苏省文化教育丛书编辑部联合主办"中国工人歌曲新作征歌"活动新闻发布会，截至4月15日，共收到歌曲1500首。

从第一季度开始，月末由4开8版改为对开4版大报（试刊）。

1996年

《音乐周报》编辑部发展为《音乐周报》社，田祝厚任总编辑。

正式改为对开4版大报。

3月15日，主持召开电视剧《刘罗锅》主题歌创作研讨会。

3月18日,在北京市朝阳区三间房现场召开"农村歌曲创作恳谈会",时乐濛、张藜、付林、魏群、程恺、李凡等老中青三代词曲作家参加。

1997年

4月末,"京华艺苑""人物专版""焦点写真""影视专版"每月末彩版刊发。

7月,杨志祥任《音乐周报》社首任社长。

1998年

10月,周国安任代总编。刊发读者问卷调查,一个月内反馈近千份。

1999年

5月28日,在中山公园音乐堂举行创刊20周年座谈会。

开始在重庆实行音乐扶贫,每年捐资近两万元,为3个贫困县每县100所中小学订阅《音乐周报》。

6月,组织歌唱家、教育家、作曲家、理论家等对"千人一声"现象进行讨论。

第三季度开始,逢月末试行对开8版大报。

10月29日,与《人民音乐》编辑部联合召开"刘炽作品研讨会"。

2000年

全新改版,"学校音乐""社会音乐"独立成版。

6月,特约部分专家座谈,对"三种唱法"进行广泛的讨论。

2001年

2月,召开"'3·15'音乐打假座谈会",随后连续刊发文章,引起业内外关注。

4月22日,第30个世界地球日,与北京地球村联合举办全国绿色环保歌曲征集,收到近千份作品,评出30首获奖歌曲录制出版唱片。

5月8日至10日,主办"全国首届原创音乐作品交易会"。

2002年

1月,副总编辑安瑞主持总编工作。开始对采编人员就音乐、新闻专业进行业务培训。

7月，与北京音协、北京电视台等联合举办北京市中老年歌唱大赛。

10月，首次参与协办第五届北京国际音乐节。

11月，何明杰出任社长。

2003年

1月，安瑞任总编辑。《音乐周报》全新改版，确立新闻与专业并重的采编方针。并于每月月末增加4版"歌曲专版"。

1月18日，与北京市文化局"文化热线网络"合并，成为新成立的北京市文化局信息中心成员。

5月30日，头版推出"首都抗击非典文艺长城"专版，获得北京新闻奖优秀版面奖。同期，推出抗击非典歌曲专版。

6月20日，出版千期专版。

2004年

5月30日，举办"感谢音乐"庆祝周报成立25周年各界招待会。来自中宣部、文化部、教育部的代表及新闻界、音乐界名流、专家、撰稿人等200余人与会。

6月，与北京市文化局"文化热线网络"脱离。

2005年

6月17日，在人民音乐家冼星海100周年诞辰之际，特别推出纪念专版。

9月，与"龙源期刊网"签约，首次在全国最大的期刊网上登载，延续至今。

2006年

3月10日，报社由创办地西长安街7号迁至建国门内大街7号光华长安大厦。

5月16日，按照北京市文化局党组改革要求，从北京市文化局划拨到北京日报报业集团，主管单位变更。

8月底，印刷厂由解放军军报印刷厂转为京报集团次渠印刷厂。

10月，出版日由周五改为周三。

10月23日，北京日报报业集团任命安瑞为社长、法人兼总编辑。

全年协办中国国际钢琴比赛、北京国际音乐节、全国指挥比赛等20余项重大音乐活动。

2007 年

1 月，被确定为京报集团改制试点单位。改制工作正式启动。

2 月，博音艺术广告公司首次外包。

4 月，在中国乐器博览会上举办了"音乐传媒与乐器营销高峰论坛"。

10 月，首次建立起通讯员网络，吸收全国各地乐团、音乐院校推荐的 187 名爱乐人，加入周报通讯员队伍。

12 月，开始承办《国家大剧院》院刊。

2008 年

5 月 6 日，经北京日报报业集团人事处向社会公开招聘，总经理赵爽、周报执行总编辑张大江与社长、总编辑安瑞共同组成的社委会成立。

5 月底，汶川地震后，特别推出"抗震救灾原创歌曲"公益专版。

10 月 27 日，《国家大剧院》脱离《音乐周报》，总经理赵爽脱离周报。

11 月，在"龙源期刊网"点击量统计排名中，《音乐周报》获得"2008 年度中文期刊网络传播国内分类阅读时尚艺术期刊第五名"。

12 月 10 日，为纪念改革开放 30 周年，编辑部推出"音乐改变生活三十年"专版。

2009 年

1 月，结束财政拨款，面向市场。

上述大事记反映出《音乐周报》创办 30 年来，主管、主办单位历经多次变更，1979 年 5 月 30 日初创时，是以音协北京分会筹委会、北京群众艺术馆的名义共同主办；同年 7 月 15 日变更为北京群众艺术馆独立主办。1991 年 3 月，改由北京市文化局主办。1996 年，《音乐周报》编辑部发展为《音乐周报》社。2006 年 5 月 16 日，主管单位变更为北京日报报业集团，延续至今。

历届报社领导及负责人主要有：1979 年，领导陈天戈，编辑部负责人吴扬；1984 年，金仁平、田祝厚负责编辑部工作；1987 年 1 月，卢肃任主编，金仁平、田祝厚任副主编主持工作；1996 年，田祝厚任总编辑；1997 年 7 月，杨志祥出任《音乐周报》社首任社长；1998 年 10 月，周国安任代总编辑；2002 年 1 月，副总编辑安瑞主持总编工作，同年 11 月，何明杰任社长；2003 年 1 月，安瑞任总编辑；2006 年 10 月 23 日，安瑞任社长、法人兼总编辑；2008 年，安瑞仍担任社长、总编辑，张大江任执行总编辑，赵爽任总经理。

报纸出版周期的变更及改版情况：1979年初创时，为4开8版，半月刊；1987年1月，改为旬刊；1989年1月，《北京音乐报》更名为《音乐周报》，随即改为周刊；1996年，改为对开4版大报；1999年第三季度开始，逢月末试行对开8版大报；2000年，全新改版，"学校音乐""社会音乐"独立成版；2003年1月，全新改版，并于每月月末增加4版"歌曲专版"；2006年10月，出版日由周五改为周三。

除了这些基本情况以外，根据《音乐周报》社编《见证音乐——音乐周报精品文选（1979—2009）》一书中的"音乐周报大事记"来看，其一，《音乐周报》社30年来在办报的基础上，参与、主办、协办了众多音乐活动，有各类专题讨论会、座谈会、研讨会，许多不同名目的音乐会，有奖知识问答活动，多次发起不同主题、风格的歌词歌曲征集活动并对获奖作品出版发行音带，对连载过的有价值的文章汇编成册出版发行，主办原创音乐作品交易会，配合特殊的节日、活动编辑出版专刊、增刊、专版、增版等。其二，《音乐周报》社建立起全国通讯员网络是在2007年，而之前报社只有1985年陆续在南昌、济南、重庆等地设立记者站，作为我国最具权威的专业音乐报，对设立全国通讯员网络的意识过于滞后。其三，1998年周国安任代总编辑时刊发了一次读者问卷调查。对一份至今已经创刊30多年的报纸来说，只进行过一次大规模的读者调查着实不够。其四，2002年1月，安瑞主持总编工作时开始对采编人员就音乐、新闻专业进行业务培训。这是大事记中唯一一次记载的关于报社业务人员的专业培训，因此，作为全国性的专业音乐报报社，给予工作人员的再培训、再深造的机会太少，并且来得也太迟。

第二节 《音乐周报》的办报宗旨

2008年，《音乐周报》社为出版周报30年纪念文选《见证音乐——音乐周报精品文选（1979—2009）》一书，周国安、安瑞、陈志音曾对当年《北京音乐报》的创办人之一陈天戈，就初创情况进行了专访，并且陈天戈在纪念文选中发表了《〈北京音乐报〉是怎样创刊的？》一文。这两篇文章中可以看出报纸初创时期的办报宗旨：办成一张专业音乐报刊，满足当时群众音乐活动的蓬勃开展、社会音乐生活逐渐丰富多彩、专业音乐演出和艺术教育日趋活跃的需要，满足整个音乐事业发展的需要。坚持"文艺为人民服务、为社会主义服务"的"二为"方向和"百花齐放，百家争鸣"的"双百"方针。面向北京的音乐爱好者、工作者，一切参与音乐活动的人。其中，"百花齐放，百家争鸣"的本质是要引导大家发表意见、引导群众音乐，欢迎不同意见、不主张一家之言。"据参与策划筹办《北京音乐报》的吴扬（曾任北京市文化局社文处处长）回忆：'处在历史转折的当口，针对当时群众音乐生活中的知识饥渴、音乐素养普遍低下、审美混乱等状况，政府文化主管部门主要的工作应是引导……共同提议干脆办个音乐报，以评论、信息、知识为主，适当推荐好歌'。"①从吴扬的叙述中可以看出，在《北京音乐报》初创时期的办报宗旨中除了满足当时整个音乐文化事业发展的需求之外，还有一个比较具体的概念——发挥"引导"作用，这也是报纸的重要特性之一。另外，安瑞在《见证音乐》一书"一二三，开步走"一文中也提道："《北京音乐报》(1989年更名为《音乐周报》)，以普及严肃音乐艺术、引导群众健康音乐欣赏为己任。"②

  由此来看，《音乐周报》在初创时期创办人所遵循的办报宗旨离不开那个时代所特有的文化发展主张，与党和政府的意识形态保持高度一致。在此后的一些创刊周年纪念活动中，零星发表在其他一些刊物上的署名文章也对此多有呼应。如《音乐周报》创刊10周年之际，作者"音"在《人民音乐》1989年第12期上发表《〈音乐周报〉庆祝创刊十周年》一文。该文强调了《音乐周报》自创办以来始终坚持"二为"方向和"双百"方针，并且以"普及音乐知识、提高音乐修养"为办报宗旨。在《音乐周报》创刊15周年之际，作者"长天"在《国际音乐交流》1994年第2期上发表《15妙龄的〈音乐周报〉》一文谈道，在15年来，《音乐周报》以建设社会主义精神文明、促进社会主义音乐事业的发展、满足人民群众对音乐文化多方面的需求为宗旨。在《音乐周报》创刊20周年之际，作者"国安"在《人民音乐》1999年第7期上发表《〈音乐周报〉社举行创办20周年座谈会》一文，认为："20年来，该报坚持'二为'方向和'双百'方针，坚持正确的舆论导向，遵循宣传高雅音乐、普及音乐知识的宗旨。"另外，在《音乐周报》创刊号《继承和发扬五四运动以来新音乐的优秀传统》一文中也明确表达了为繁荣文艺创作，丰富群众文化生活而努力的办报方针。而在旧版《期刊名录大全》上关于"《音乐周报》刊物的详细信息"中提到的办报宗旨是：高举邓小平理论的伟大旗帜，坚持"双百"方针和"二为"方向，面向全国普及音乐知识和高雅音乐；竭诚为音乐爱好者、音乐教师及音乐工作者服务。

  不久前，笔者就"《音乐周报》未来的发展"一题，专门采访了周报现任总编辑白宙伟先生，他就报社的现状、未来的打算谈了一系列的看法。他提到报社于2010年实行转企改制，成立《音乐周报》传媒有限公司，在继续办好《音乐周报》的基础上开始市场化运作经营，自收自支、自负盈亏。在报纸未来的发展中，准备进行全面

---

① 《音乐周报》社编：《见证音乐——音乐周报精品文选（1979—2009）》，同心出版社2009年版，第12页。

② 《音乐周报》社编：《见证音乐——音乐周报精品文选（1979—2009）》，同心出版社2009年版，第12页。

改版，避免与其他时政类报纸抢时效，以报重点为主要策略，将采用与其他音乐类报纸不同的角度进行报道。另外，采编分离、大报改小报，报纸风格在保护专业性和权威性的前提下靠近都市报风格，但唯独没有提到办报宗旨的改变。

《音乐周报》创办初期所奉行的办报宗旨，30 年来除将"面向北京的"音乐爱好者、工作者及一切参与音乐活动的人改为"面向全国的"之外，其他没有改动，反映出该报几十年来坚守为广大音乐工作者、爱好者服务，走音乐普及化的办报道路。对办报宗旨的坚守代表着报纸宏观定位的确立，也许这正是《音乐周报》能够历经 30 年的风雨历程的根本原因。

第三节　《音乐周报》的编辑队伍、作者与读者群体调查

一、编辑队伍

以下是《音乐周报》总编辑、编辑人员的基本信息：

周国安　男，音乐评论家。曾任高级编辑、文化部音像审查委员会委员、中国音乐家协会合唱联盟副主席兼秘书长。1962 年 9 月到 1966 年 6 月就读于解放军艺术学院音乐系，主修声乐，具有较高的音乐素养。1969 年 12 月到 1972 年 2 月在西藏军区 7887 部队二分队任宣传干事，了解基层音乐爱好者对音乐文化的需求情况。1972 年 3 月到 1979 年 3 月在北京邮政局当工人，了解报刊发行体系。1979 年 3 月到 2001 年 12 月在《音乐周报》社，先后任编辑、记者、副总编辑、代总编辑、总编辑，从基层做起熟悉报纸编辑的各个环节、报社的多个岗位工作。其间，曾被评为北京市优秀语言工作者；两次被评为北京市优秀新闻工作者；所写文章获北京市好新闻鼓励奖 1 次、好新闻二等奖 3 次；所设栏目、标题曾在北京市专业报纸评选中 10 余次获得一、二等奖。

安瑞　1986 年毕业于北京大学分校中文系，北京大学 2003 级新闻学专业研究生。2005 年获新闻高级编辑职称。毕业后在北京市艺术研究所从事戏剧研究工作 5 年，在《戏剧评论》杂志任记者 3 年；此后被北京市文化局调入宣传处，主持市属文化艺术的新闻宣传工作 5 年。在学习经历和工作实践中掌握了编辑学理论知识和相关艺术知识。1998 年 5 月调任《新剧本》杂志社副主编，2000 年 4 月调任《音乐周报》社至今。其间在各大报刊发表通讯、专访等百余万字，曾获北京新闻奖和北京市优秀新闻工作者称号。

陈志音（笔名紫茵）　高级编辑、《音乐周报》副总编辑、音乐评论家、中国音乐

家协会会员、中国音乐评论家学会理事、中国民族声乐艺术研究会理事、中国音协流行音乐学会理事、北京新年音乐会专家顾问、北京文学艺术奖专家评委、天津音乐学院、中国戏曲学院音乐系客座教授。陈志音是音乐领域的专家学者，是周报的学术型编辑。1982年8月毕业于西南师范大学音乐学院，2000年12月任《音乐周报》副总编辑职务，2001年8月完成中国艺术研究院研究生部音乐学研修班课程，2003年12月正式获得北京市专业技术职务高级编辑任职资格。

傅显舟 1956年生，1972年随重庆市歌舞团杜家治学习小提琴，在重庆彭水与垫江县文工团拉琴两年，在工厂当工人两年；1978年考入西南师范大学音乐系，毕业分配到重庆市中区54中学当老师；5年后考入中央音乐学院音乐学系，1989年获硕士学位，同年分配到北京《音乐周报》社工作至今，在报社主要任国外新闻与评论版编辑，1997年到1998年调往北京市艺术研究所从事研究工作。2008年获得博士学位。

房巍 2000年毕业于中央民族大学音乐学院，属于音乐科班出身。

王欢 2002年毕业于北京联合大学文理学院汉语言专业（新闻传播方向）。2001年11月至2004年4月于《音乐周报》社担任记者、编辑。

李瑾 自小与音乐结缘，先后就学于四川音乐学院和中央音乐学院。在新闻行业从业10余年。工作经验丰富，热爱编辑工作。

王爽（笔名悠然） 1994年至1998年于首都师范大学音乐系就读本科。1998年至2003年任《音乐周报》编辑、记者。

张蕾 毕业于首都师范大学音乐学院，2005年7月进入《音乐周报》社工作。每年在本报及其他各类媒体发表文章10余万字。

孟琦 2006年毕业于天津音乐学院，同年进入《音乐周报》社。自2004年起在《音乐周报》实习，2006年于天津音乐学院毕业后正式加入周报大家庭。先后担任音乐生活版、综合新闻版责任编辑，并积累了通讯报道、人物专访、音乐时评等多种体裁的采写经验，累计发表文章近400篇，30余万字。

张欢 2004年毕业于北京广播学院国际传播学院国际新闻专业，同年到《音乐周报》社任记者编辑。

张萌 先后毕业于河北师范大学音乐系、中央音乐学院音乐学系。历任河北师范大学音乐系钢琴教师，《音乐周报》编辑、记者，新浪娱乐网络编辑。中央音乐学院音乐学系博士，同时任职于《人民音乐》杂志社。

一个好的编辑应该是相关领域的学者、专家，知识储备深厚、广博，对整个行业的动态和运营都有清楚的了解，平时不断学习、不断提高、注意专业知识的积累、勤于写作，多参加行业的会议和活动等。除要有过硬的政治素养以外，作为一个编辑人员最重要的就是具备相应的专业素质。好的编辑队伍建设是出版企业立于不败之地的一个关键要素。从以上笔者搜集到的《音乐周报》编辑人员的简历来看，大多数编辑毕业于专业院校，其中绝大部分是音乐院校或高校音乐系毕业的，一小部分毕业于新闻、传播专业。他们大多从记者做起，在职期间不断进修、积极参加资格认证，参加相关学术活动和专业技术评比，热爱编辑工作。可见，《音乐周报》社整个编辑队伍是专业的、优秀的、健康的。

二、作者与读者群体调查

笔者选取了2009年第44、45期《音乐周报》进行了作者群的抽样统计，其中，新书推荐、品牌钢琴介绍、专版内容及编译稿件不算在内，两期报纸文章中有署名的报道共84篇，其中26位作者的具体身份不详。本报记者发表文章及编者按、本报讯共42篇，占50%；高等音乐艺术院校教师、教授，小学音乐教师发表文章7篇，占8%；各乐团演奏员、歌唱家发表文章4篇，占5%；《人民日报》记者发表文章1篇，占1%；戏剧评论家发表文章1篇，占1%。从统计数据来看，《音乐周报》的作者群主要集中在本报记者，高校教师和中小学教师及剧团演奏员、演员、评论家等占比不多。不过，这仅仅是《音乐周报》的小部分作者，不能说明全部，但通过以上统计和笔者在阅读报纸过程中的观察，《音乐周报》的作者群以本报记者及专业音乐工作者为主。

读者是报纸服务的对象和消费群体，报纸的一切工作都应该以读者的利益为中心、一切为读者着想。不同种类的报纸面对的读者群体不同，无论哪类报纸的发行，读者接受和喜爱都是最重要的。《音乐周报》面向社会发行，但因其是一份专业性大报，读者更多为音乐的作者、爱好者。笔者身处专业音乐院校，对音乐专业的同学进行问卷调查，以期了解专业院校中的学生对本报的关注情况。（见表1–1）

表1-1 《音乐周报》问卷调查结果统计表

班级	2007级本科音教2班（共调查69人）	2009级研究生（共调查42人）	2008级研究生（班内音乐学专业共10人，调查6人）
所学专业	音教（包括声乐、键盘、作曲、音乐学、视唱练耳）	包括作曲、音乐学、音教、键盘、声乐、民乐	音乐学
对音乐类报纸感兴趣的比例	74%	76%	100%

（续表）

班级	2007级本科音教2班（共调查69人）	2009级研究生（共调查42人）	2008级研究生（班内音乐学专业共10人，调查6人）
知道《音乐周报》的比例	58%	48%	100%
长期关注《音乐周报》的比例	33%	17%	17%
接触《音乐周报》的渠道	以单期购买、在图书馆翻阅两种形式居多	以单期购买、在图书馆翻阅两种形式居多	以在图书馆翻阅的形式居多
期望在《音乐周报》中获得的信息及对《音乐周报》的建议	（1）期望获得国内外新作品的信息；（2）加强音乐评论、获得各类音乐比赛信息；（3）更多关于流行音乐的人物和资料；（4）更多招聘信息；（5）音乐学科最前沿的研究成果报道；（6）加强古典音乐赏析；（7）对各专业音乐院校及专业导师做专题介绍	（1）与国际接轨；（2）更多交叉学科研究的现状报道；（3）提升文章的质量和深度；（4）希望在音乐院府开设销售点；（5）希望对本报进行大力宣传，让更多的音乐爱好者知道本报的存在；（6）更多的招聘信息	（1）最新乐谱；（2）音乐类招聘；（3）希望获得国外音乐研究的新闻，例如召开了某些重要会议或者是某些研究取得重大突破以及发掘到的新的文献资料的相关报道

由以上调查可以得出，绝大多数同学对音乐类报纸是感兴趣的，但由于《音乐周报》本身的宣传力度不足，导致很大一部分目标读者对《音乐周报》长期关注的比例很低。另外，接触渠道以图书馆翻阅和单期购买为主，几乎没有同学长期订阅。据笔者了解，这其中一个很重要的原因是，自2010年改版以后，西安音乐学院附近的报亭和音乐书店都因效益不好而停止了《音乐周报》的销售。在同学们所给予的建议中都提到了很关键的一点，希望《音乐周报》社刊登更多的关于音乐类招聘的新消息，这和当前工作难找这个实际的社会问题是呼应的。还有，同学们也希望多了解对国内外学术研究前沿的学术成果和召开的会议、音乐比赛等情况，因此《音乐周报》社应该了解各方读者群体的需求和愿望，加强办报的目的性和报纸的宣传力度，使《音乐周报》真正成为全国第一专业音乐报。

第二章 《音乐周报》的版面、内容及文化价值研究

第一节 《音乐周报》的版面形态

"版式",即报纸版面的样式,是报纸各类内容编排布局的整体表现形式,通过它,读者可以感受到报纸的个性和特色。①随着社会的进步,人们对精神文化的需求越来越高,读者对报纸的要求不仅是内容的真实、新鲜,还有传播形式的合理、适宜和新颖。版面,是报纸传播内容的具体表现形式,是决定报纸质量的一个重要方面。另外,报纸作为传统媒体在和当今新兴媒体的竞争过程中,通过挖掘视觉潜力来吸引读者也是加强竞争力的一个重要手段,而对于报纸媒体来说视觉潜力发挥的平台就是版式。

版面与报纸内容有着密不可分的联系,是内容传达的一种手段。报纸内容决定、制约版面风格,版面为内容要求服务。版面的功能主要体现在三个方面:(1)版面语言(正文、标题、图片、线条、色彩、版面空间等)是报纸引导舆论的重要方式。例如:通过稿件标题的大小、在版面中所在的位置以及同其他稿件的组合来看稿件的重要性和意义;运用色彩、花线、套红等元素来烘托节日气氛。(2)版面是帮助和吸引读者阅读的重要手段。版面能够吸引读者形成读者阅读的最初印象。例如:一条在排版上很突出的稿件往往最先引起读者的注意,通过版面空间的设置和稿件标题的引导,使读者能够更好地阅读。(3)版面是形成报纸个性的重要组成部分。读者拿到报纸即使不看报头,只要一瞥版面就可以毫不犹豫地识别这是哪家报纸,犹如遇到朋友,不需要通名,从面孔就能毫不犹豫地认出他一样。②

版面的编排设计原则:(1)相符原则。报纸版面的编排设计要与报纸的性质和特点相一致;要和新闻单元的性质和特点相一致;要与稿件的价值和特点相一致。(2)重点原则。编排设计要突出重点、分清主次。(3)有序原则。编排设计要分清条理和层次,同类相聚、异类相分。(4)便易原则。符合读者接收信息的习惯,使读者能够更便捷地获取信息。③

---

① 参见刘晓璐《版式设计与形象定位——兼谈英文报纸版式设计特色》,《中国记者》2002年第5期。
② 参见郑兴东、陈仁风、蔡雯《报纸编辑学教程》,中国人民大学出版社2001年版,第228—231页。
③ 参见刘晓璐《版式设计与形象定位——兼谈英文报纸版式设计特色》,《中国记者》2002年第5期。

《音乐周报》自 1979 年办报以来经历了三次全新改版，第一次全新改版是在 2000 年，也是从这一时期开始《音乐周报》进入了成熟定型期。第二次全新改版是在 2003 年，第三次全新改版在 2010 年。每次全新改版都伴随着时代的发展和主编的变换，《音乐周报》在不同的发展阶段都以不同的面貌呈现在读者面前，下文笔者就前两次改版后的情况对《音乐周报》的版面状况及其发展规律进行总结，由于《音乐周报》版面多、版面要素量大，笔者选择"要闻版"进行分析。

一、《音乐周报》2000 年第一次全新改版

此次改版后主编由周国安担任，"要闻版"责任编辑为陈志音。

如表 2-1 所示，第一次全新改版后的《音乐周报》为对开 8 版大报，8 个版面分别是：（1）要闻版（责任编辑：陈志音）；（2）环球一览（责任编辑：李瑾）；（3）论坛·交流（责任编辑：傅显舟）；（4）音乐生活（责任编辑：何强）；（5）北京文化（责任编辑：郭卉）；（6）学校音乐（责任编辑：王爽）；（7）社会音乐（责任编辑：廖勇）；（8）服务指南（责任编辑：曾家新）。笔者之所以选择对《音乐周报》要闻版的版面状况进行研究，是因为要闻版是《音乐周报》的门面展示，可"窥一版而见全报"。美国《纽约时报》有一位副总编辑曾说："头版版面是编辑部智慧的集中表现。"[①] 读者对报纸的印象自此开始，并且第一印象的重要性是不可小觑的。要闻版不仅体现了《音乐周报》的办报宗旨、方针和政策，体现它的舆论引导能力，也体现了一家报纸的读者定位、价值取向、风格特点以及办报质量。因此笔者选择"要闻版"作为代表性版面进行版面要素和风格的研究。

《音乐周报》社于 2000 年 1 月 7 日发行了改版后的第 1 期报纸。头版的设计以大红色及其他几种暖色调为主色调，报名、头条新闻所配的压题图片、两则稿件红黑相间的标题、一则稿件选用枣红色为标题底色，使人马上感受到节日的喜庆气氛。另外，多个栏目名所配底色为橙黄色，对大红色的浓烈冲击起到缓和作用，以柔和的暖色调烘托出初春的暖意，让读者感到舒适。还有，为读报提示以及其他两篇稿件的正文所配的浅绿、浅黄以及浅紫色底色不但突出主体内容，也让报纸的头版色彩更加丰富。

---

① 郑兴东、陈仁风编：《中外报纸编辑参考资料》，中国人民大学出版社 1987 年版，第 297 页。

表 2-1 《音乐周报》2000 年第一次改版后版式情况表

栏目 \ 版面元素	所在版面空间	正文标题（字号、字体、形状、位置）	正文字号、字体	图片	色彩	线条	版式编排方式	广告
报名	报头（版面上端，靠左）	4.4cm×4cm 艺术字，竖排，中英文双重报名			浅蓝底色大红字	正线、反线、点线	重点式编排、整体错落式编排、非规则对称式编排	无
读报提示	报眼（居中）	二号、宋体		配照片	浅绿底色，标题底色为紫色			
本报评出1999年音乐界十大新闻	报眼（靠右）	大一号、艺术字、单行式横题、盖文题	小五号、仿宋体		红黑相间色标题			
名人行踪	下左区（占1/4栏）	五号、黑体、四、单行式上左题			栏目名称底色为橙黄			
乐讯		黑体、小四、单行式盖文题	六号、仿宋体					
首都舞台								
专访	上右区（占3/4栏）	3cm×3cm 艺术字、斜列式横题、串文题	小五号	题图	正文题目为橙黄色			
热点		大特号、艺术字、单行式竖题、中心竖题	仿宋体		浅黄底色、红黑相间色正文标题			
亚太民族音乐学会召开报道	下右区（占3/4栏）	二号、宋体、横题、盖文题	小五号、仿宋体	配照片	浅紫底色，四行标题其中间隔的两行底色为朱红色			
蔡继琨教授交响乐报道		人物照片代题、上左题	六号、楷体	彩色照片	栏目名称底色为橙黄，黄蓝相间色正文标题			
每周一题		二号、艺术字、左齐式横题、上左题	六号、仿宋体		紫色底色			
出版发行信息	地线以下	无标题	五号、黑体					

294

笔者认为头版在色彩使用上的唯一缺憾是，深紫色版线及深紫色出版发行信息底色与大红色同时运用，色彩太过浓重，带给读者一种压抑感。深紫色版线的运用让版面看起来空间狭窄，出版发行信息的黑色字体采用深紫色为底色很难看清字的内容，因此有可能降低信息的传播度。2000年头版采用的版式根据对稿件内容重点的突出可以认为是重点式编排；根据版面的布局结构来看可以认为是整体错落式编排；根据版面的均衡特征来看可以认为是不对称式编排。根据稿件的价值、重要程度，正文标题分别采用了不同的字号、字体，头条新闻"走进新时代"的标题最大，采用的压题照片尺寸为15.3cm×10.3cm，标题的字号为3cm×3cm，采用艺术字的形式，形状为斜列式横题，在整个稿件中的位置为串文题。头版中标题所运用的字号依次有1个大特号、1个大一号、3个二号、2个小四号、1个五号。"蔡继琨教授交响音乐会报道"标题采用蔡继琨教授在指挥时的照片代题，这样的形式并不多见，能够吸引读者的注意，其中标题越大的稿件在头版中的价值相对于越大，标题大小相同的不同稿件说明其价值大小相同。

不同的标题字体具有不同的感情色彩，头版中的报名和"本报评出1999年音乐界十大新闻""专访""热点""每周一题"等栏目的正文标题字体采用艺术字，艺术字美观醒目、个性张扬，有助于吸引读者的目光，也显示了稿件的重要性。还有"名人行踪""乐讯""首都舞台"3个栏目的正文标题采用黑体，黑体端庄严肃，适用于大小标题和重要内容。另外，"读报提示"和"亚太民族音乐学会召开报道"标题所用字体为宋体，宋体庄重大方，字形平正。"新闻报道重在传递信息，标题字体以少为宜。一般不要超过4种……当然，用清一色的字体也不太妥当……从视觉效果看，正方体最易阅读，长体和扁体效果次之，因而后者应少用。"[①]2000年《音乐周报》第1期中的标题字体基本符合报纸新闻标题的要求和审美原则。正文标题所采用的形状有4个单行式横题、1个单行式竖题、1个斜列式横题、1个左齐式横题、1个特殊的四行式横题，根据稿件中所在位置标题还包括5个盖文题、3个上左题、1个串文题、1个中心竖题。头版根据稿件内容、价值、字数的不同编排了形式多样的标题形状和标题位置，突出了稿件的不同性质。我国目前对开报纸的正文常用字号为小五号字（新五号），常用字体为宋体、黑体、楷体、仿宋体4种，以宋体为主，评论性文章的正文一般为楷体字。2000年第1期《音乐周报》头版正文所采用的字号以小五号和六号为主，字体有仿宋体、黑体、楷体，以仿宋体为主，仿宋体字形清雅、形态端正；整个头版共用三幅图片，"读报提示"和"蔡继琨教授交响音乐会报道"分别用德国人、爵士乐爱好者Udo Hoffman和蔡继琨教授的人物照片，头条新闻"走进新时代"

---

① 张天定、郭奇主编：《编辑出版学》，河南大学出版社2003年版，第193页。

采用压题图片；头版所用线条有正线、反线、橘黄色的点线和灰色直线、紫色直线，由于稿件之间都是由两种不同的线分割，而且所用的两种线都是随意搭配、没有规律，因此版面线条稍显凌乱，也会挤占版面空间。适度地应用色彩和线条可以更好地服务稿件内容、增加版面的美感，但如果同时大量运用，只会显得版面拥挤杂乱。

《音乐周报》自2000年1月7日第1期全面改版后直到最后一期2000年12月29日第51期，版面形态基本没有太大变化，只有某些版面要素根据每期不同稿件要求做了微调。（见表2-2）

表2-2 《音乐周报》2000年改版的一年中版面内容微调情况表

要闻版（责任编辑：陈志音）	—	—	—
环球一览（责任编辑：李瑾）	—	—	—
论坛·交流（责任编辑：傅显舟）	—	—	—
音乐生活（责任编辑：何强）	2000年2月18日第6期责任编辑始为刁艳	2000年4月7日第13期第4版改为"流行街市"（责任编辑：曾家新）	
北京文化（责任编辑：郭卉）	2000年9月15日第36期责任编辑为安瑞	2000年9月22日第37期责任编辑始为裴诺（裴诺于2000年8月18日第32期始在头版随陈志音做见习编辑）	
学校音乐（责任编辑：王爽）	—	—	—
社会音乐（责任编辑：廖勇）	2000年8月4日第30期责任编辑改为实习编辑房巍	—	—
服务指南（责任编辑：曾家新）	2000年4月7日第13期第8版改为"音乐生活"（责任编辑：刁艳）	—	—

由表2-2可知，2000年的《音乐周报》都采用对开8版大报的形式，其中第1版、第2版、第3版和第6版版面名称和责任编辑未变化，说明这4个版面具有相对较好的稳定性，其中前3版也是报纸中核心的版面。版面变化较大的是2000年4月7日第13期取消了第8版"服务指南"，增加了"流行街市"版，并且把"流行街市"放到第4版，把原来的第4版"音乐生活"调到第8版。另外，第4版"音乐生活"、第5版"北京文化"和第7版"社会音乐"更换过责任编辑。整体看来，2000年《音乐周报》在版面内容设置和对应责任编辑两个方面是相对较稳定的，这也就代表了报纸风格、质量的稳定性。

(一)《音乐周报》的报头在一年当中的发展及变化

2000年1月7日第1期中报头位于报纸整个版面的左上角，所占版面大小为20.6 cm×8.6 cm，中英文对照报名，竖排，中文在右英文在左，报纸的刊号、代号（白字黑底）和当期报纸的日期、期数、号数（橘黄色字、紫色底色）在下。中文报名"音乐周报"采用红字配浅蓝底色，英文报名"MUSIC WEEKLY"采用蓝色配黑底。中文报名和英文报名长度相同但中文报名所用字号和所占空间大于英文报名，中文报名所占宽度为5.8cm，英文报名所占宽度为2.8cm，整个报头运用了7种颜色，非常醒目。

2000年《音乐周报》的前26期，一直保持着第1期的报名设计，唯一不同的有两点：一是当期报纸如果头版和第4版采用彩色印刷，那么报头和第1期头版颜色与样式完全一样；如果当期报纸采用黑白印刷，那么样式和第1期头版完全一样，但颜色除"音乐周报"四个大字为红色外其他一律为黑白色。二是从2000年5月12日第18期开始，原来编排在地线以下的社长"杨志祥"和总编"周国安"等信息开始出现在报头当中，横排在当期报纸的日期、期数、号数下方，也将副总编安瑞的信息添加上去。

从2000年7月7日第26期开始报头样式发生了些许变化，报头内容没变、在整个版面中的位置没变，所占版面大小由原来的20.6cm×8.6cm变成19.3cm×8.6cm，节省了一点版面空间，其中中文报名"音乐周报"中的"周报"两字的字号变小并且采用横排版式，"音乐"两字则采用了更加圆润的字体，"音"字的第三画采用大红色。英文报名的字号缩小，整个报头使用了蓝黑色。从这一期开始一直到本年度的最后一期都是采用这种报头样式，唯一的区别是颜色及边框粗细的变化。虽只是样式上的某些变动，但是报头的风格的变化却令人耳目一新，显得清淡、素雅，对蓝黑色的使用像是中国水墨画的感觉，点睛之笔的红色像是画中的鲤鱼，增加了报头的艺术内涵。

(二)《音乐周报》版式编排方式的发展变化

笔者选择对2000年《音乐周报》中的8个要闻版进行版式编排对比，发现《音乐周报》要闻版在内容编排上主要采用重点式编排和综合式编排两种方式。重点式编排的特征是："特别强调版面的某一局部，把这一局部作为版面的重点。一般全版只有一个重点，有时也有两个重点。读者看这种版面，首先会被这些重点所吸引，而后再去注意其他部分。"①

　　例如：2000年第1期要闻版，稿件"走进新时代"被安排在版面的上半部分，标题大而醒目并且配有图片，是整版最突出的稿件；另外一篇稿件《您听新年音乐会了吗？》相对头版头条和其他新闻稿来说所占版面空间大、标题字号大且醒目，是整版的第二篇重点稿件，因此，2000年第1期头版内容是突出两个重点的重点式编排方式。另外，第25期和第26期的头版头条都是将近占用了大半个版面并且标题和图片极其醒目，第25期的头条《中国提琴行业差在何处？》中所配的提琴图片长度达到26cm。第26期具有双重大标题和一张11.6cm×15.5cm的照片，笔者所说的双重大标题是指稿件除有单行式横题、盖文题"大蛇啊我不扒你的皮"之外还有另外一个艺术字标题"蟒皮"与其重叠并行，两期的重点稿件都具有非常强势的效果。

　　重点式编排一般有一个重点，有时也有两个重点，而2000年《音乐周报》第2、3、4、50、51期在编排上相对来说则有三个重点，只是这三个重点之间有主次之分。笔者认为三个重点的编排方式符合周报的性质，周报比日报出报周期长，难免有价值相当的几篇稿件。因此，周报比日报重点稿件稍多也不足为奇，好在编辑在编排时即使都是重点稿件也有主次之分，这样仍然体现出报纸重点式编排的特征和性质，既方便引导读者选择性地阅读稿件又准确传达了一周内多个重要新闻。根据报纸的版面布局结构来看，这8期报纸头版都采用了整体错落式版式布局，这种布局的特点是"版面的栏线被隔断，稿件呈大小不同的矩形，错落相间。整齐而有变化是此种版式的重要审美特征"②。

　　根据版面的均衡特征来看，这8期报纸头版都采用了非规则对称式版式，这种编排方式的主要特征不是讲求版面的左右对称，而是讲求整个版面的对称。对称的形式是不工整、不完全的，是一种异形、不等量的对称。其中，"对角对称式"又是在非规则对称中采用最多的一种。2000年第25、26期采用的就是"对角对称式"，第25期右下的"中国爱乐七一开考"和左上的报名呈对角对称；第26期右上读报提示中的后一张照片和左下"北京华彩音乐艺术公司"的广告呈对角对称。

---

① 郑兴东、陈仁风、蔡雯：《报纸编辑学教程》，中国人民大学出版社2001年版，第277页。
② 郑兴东、陈仁风、蔡雯：《报纸编辑学教程》，中国人民大学出版社2001年版，第282页。

（三）2000年《音乐周报》的专栏情况（见表2-3）

表2-3 《音乐周报》2000年一年中的专栏情况表

专栏 期数	1	2	3	4	5	6	7	8
第1期	热点	专访	名人行踪	乐讯	首都舞台	每周一题	读报提示	—
第2期	热点	专访	名人行踪	乐讯	—	每周一题	读报提示	视点
第3期	热点	专访	名人行踪	乐讯	首都舞台	每周一题	读报提示	—
第4期	热点	专访	名人行踪	东南西北	首都舞台	每周一题	读报提示	—
第5期	热点	专访	名人行踪	东南西北	首都舞台	每周一题	读报提示	观察
第6期	热点	专访	名人行踪	东南西北	首都舞台	每周一题	读报提示	—
第23期	—	—	—	东南西北	—	—	读报提示	视点
第24期	—	—	名人行踪	东南西北	—	—	读报提示	—
第25期	—	—	—	东南西北	—	—	读报提示	—
第26期	人物	—	名人行踪	东南西北	—	—	读报提示	视点
第27期	人物	—	—	东南西北	—	—	读报提示	视点
第28期	—	—	名人行踪	东南西北	—	—	读报提示	视点
第29期	—	—	—	东南西北	—	—	读报提示	视点
第48期	—	—	—	—	—	—	读报提示	—
第49期	—	—	—	—	—	—	读报提示	—
第50期	—	—	—	—	—	—	读报提示	—
第51期	—	—	—	—	—	—	—	—

专栏，分常设性和临时性两种。"常设性专栏持续时间长，少则半年左右，多则一年甚至更长时间。就新闻报道方面的常设性专栏而言，主要用于突出一个时期特别需要强调的一种报道思想，或用于集纳不断产生的各种简短信息。专栏也有临时性的。临时性专栏延续时间短，通常用于处理短期内重要的报道任务。"[①] 笔者选择2000年前、中、后三个不同时段对报纸专栏进行调查，发现报纸前期的专栏设置比较多，在第5期多达8个栏目，在前6期中共出现过"热点""专访""名人行踪""乐讯""首都舞台""每周一题""读报提示""东南西北""视点""观察" 10个栏目，前7个栏目属于这一阶段的常设性专栏，其中"乐讯"在第4期时更名为"东南西北"且一直延续到第29期，笔者认为两者在稿件的选择和内容的安排上并没有发生实质性改变，

---

① 张天定、郭奇主编：《编辑出版学》，河南大学出版社2003年版，第183页。

只是专栏名称发生了变化,这一专栏的稿件从第 1 期开始选择的就是全国各地发生的比较重要的音乐事件,从第 1 期到第 4 期更换栏目名称后所报道的信息发生地依次是:河南郑州、甘肃兰州、北京、上海、河北省、浙江省。因此,笔者认为专栏"乐讯"更名为"东南西北"是较为恰当的。从第 2 期开始出现的"视点"也是常设性专栏,虽然不是连续出现,但从第 2 期开始一直到第 29 期一直存在。报纸进入 6、7 月,"名人行踪""东南西北""读报提示""视点"四个专栏一直存在,其他专栏没有延续下来,其中第 26 期和第 27 期中出现了新专栏"人物"。报纸进入 12 月,唯一延续下来的名称是"读报提示"。

(四)2000 年《音乐周报》的图片运用情况(见表 2-4)

表 2-4 《音乐周报》2000 年的图片运用情况表

期号	共用图片	按照片内容分类			按照片形状分类	
^	^	人物照片	题图	其他	横长方形图	竖长方形图
第1期	3张	2张	1张	—	2张	1张
第2期	3张	2张	1张	—	1张	2张
第3期	6张	5张	—	音乐会现场照1张	5张	1张
第4期	5张	5张	1张(采用人物照片)	—	4张	1张
第21期	4张	2张	—	图片2张	1张	3张
第22期	6张	3张	1张(采用合唱现场照片)	合唱现场照片2张、剧照1张	5张	1张
第23期	3张	2张	—	演出照1张	2张	1张
第24期	4张	3张	—	图片1张	2张	2张
第48期	5张	4张	—	音乐会现场照1张	3张	2张
第49期	2张	2张	—	—	—	2张
第50期	4张	2张	—	音乐会现场照1张、剧照1张	2张	2张
第51期	2张	1张	1张	—	—	2张

"图画和照片是版面上最具强势的视觉刺激物，它可以创造瞬间吸引力，一下子成为读者的视觉中心……范敬宜同志认为：'在版面上，照片的运用十分重要，要改变仅仅把照片当作点缀版面、美化版面的旧观念，而要把照片放在与文字并重的地位（当然不是指数量）。版面编辑要有主体意识（即把照片与文字并重），好照片要不惜版面，报纸要重视运用图像说话。'……从审美效果和注意效果看，图片的形状一般以横长方形和竖长方形为好。在一个版面上，图片最好大小相间，横竖配合，这样可以相得益彰。"[1]

2000年《音乐周报》的报纸头版中对图片的运用是非常丰富的，在笔者所调查的前、中、后期的12个头版版面中都有图画或者照片，12个版面共运用照片47幅，其中第3期和第22期当中对图片的运用有6幅之多，在图片最少的版面中也有2幅，平均每个版面运用图片的数量将近4幅。在对图片的选用中占比最大的一类是人物照片。例如，前4期头版照片中出现的人物有：世界著名指挥大师西诺波里、洛杉矶交响乐团的金朝华和刘辉夫妇、活跃于歌坛和剧坛的青年表演艺术家胡文阁以及第二届中国国际钢琴比赛第1名获得者秦川。12个版面中共用人物照片33张，约占总图片的70%。

题图的运用也十分常见，笔者调查的12个版面中有5个版面选用题图的方式扩大标题的醒目效果、吸引读者的注意。除了人物照片，《音乐周报》中的图片类型还有音乐会现场照片、各类演出现场照片、其他配合稿件选用的图片等。以人物为线索掌握音乐知识，在介绍作曲家、演奏家、歌唱家、音乐理论家以及相关的创作、表演、理论成果等新闻时配发相关人物的照片，有助于读者对稿件的理解和记忆。从审美和注意效果看，横长方形和竖长方形搭配相得益彰，在12个头版版面中所选用的照片无一例外是横长方形和竖长方形，除第49期和第51期只选用了2张照片且都为竖长方形图片外，其他版面都符合横竖搭配的图片配置原则。2000年《音乐周报》社在图片的选用上是非常符合办报规律和音乐学科知识传播规律的。

---

[1] 张天定、郭奇主编：《编辑出版学》，河南大学出版社2003年版，第197—198页。

（五）2000年《音乐周报》的广告刊登情况（见表2-5）

表2-5 《音乐周报》2000年广告刊登情况表

期号	版面	广告内容	版位、编排形式	尺寸	色彩	价格
1月7日第1期（2000年第1期第1—8版共7则广告、中缝广告满）	第3版"论坛·交流"乐器包袋	乐器制造公司	右下角	1/8版	黑白版	5000元
	第4版"音乐生活"多媒体音乐教学系统	艺术学院招生通报	左下角	约1/8版	黑白版	约5000元
	第5版"北京文化"	青少年管乐独奏大赛	最下方、通栏	1/4版	黑白版	10000元
	第7版"社会音乐"	琴行	报花、上左区	4cm×8cm	黑白版	500元
	第8版"服务指南"	音乐书店	中下区	约1/32版	黑白版	约1250元
	中缝	中国钢琴在线网开网	—	—	彩色版	5000元
1月7日第1期（2000年第1期第1—8版共7则广告、中缝广告满）	中缝	艺校招生广告			黑白版	3000元
		《音乐周报》广告价目表				
		新款钢琴	—	—	黑白版	—
		教学乐器服务中心	—	—	黑白版	—
		艺术沙龙演出预告				

(续表)

期号	版面	广告内容	版位、编排形式	尺寸	色彩	价格
12月29日第51期（2000年最后一期1—8版共13则广告、中缝广告满）	第1版"要闻版"人民音乐出版社音乐艺术公司	小糊涂神酒广告	报眼	约8.6cm×15cm	彩色版	约8000元
		—	报花、报头下方	约3.2cm×8cm	彩色版	约600元
		—	报花、左下角	约3.8cm×8cm	彩色版	约600元
	第4版"流行街市"钢琴音乐书店文化艺术公司	电脑音乐设备	左下角约1/8版	约12.5cm×4.5cm	彩色版	不详
		—	—	黑白版	—	约5000元
		—	右下角	约1/32版	黑白版	约1250元
		—	—	1/8版	彩色版	6250元
	第5版"北京文化"	音乐厅演出安排	最下方、通栏	约1/4版	黑白版	约10000元
	第6版"学校音乐"琴行餐厅器乐与音乐散文大奖赛	钢琴静音器	左下角	1/8版	黑白版	5000元
		—	报花、右下角	4cm×8cm	黑白版	500元
				4cm×8cm		500元
				4cm×8cm		500元
12月29日第51期（2000年最后一期第1—8版共13则广告、中缝广告满）	第7版"社会音乐"	数字钢琴	专版	—	黑白版	40000元
	中缝西南大学出版社音乐系列丛书钢琴乐器《音乐周报》广告价目表	乐器超市	—	—	彩色版	5000元
		—	—	—	黑白版	3000元
		—	—	—	黑白版	—
						—
		—	—	—	黑白版	—
						—

刊登广告，是报社盈利的一个重要途径。报纸广告的特点是发行频率高、发行量大、信息传递快、读者广泛而稳定、阅读灵活且易于保存、文字表现力强使得传播信息详尽、费用相对较低；不足是有效时间短、印刷不够精致而感染力差、阅读注意度低。报纸是广告商家比较青睐的信息发布媒体之一，因此广告所占据的版面空间也在一定程度上反映出报纸的市场占有率。笔者选择2000年《音乐周报》第1期和最后1期所刊登的广告情况进行分析。

这两期刊登的广告按内容分类主要有以下几种：（1）和乐器有关的，包括乐器公司、乐器包袋、钢琴、钢琴静音器、数字钢琴。这些广告分别刊登在论坛·交流、流行街市、学校音乐、社会音乐几个版面。（2）和音乐文化产业相关的，包括艺校招生、琴行、音乐书店、音乐出版社或一般出版社出版的音乐类书籍、音乐艺术公司等。（3）和电脑相关的，包括多媒体音乐教学系统、电脑音乐设备。（4）比赛通知，有青少年管乐独奏大赛、器乐与音乐散文大奖赛、演出预告。（5）和音乐无关的广告，包括酒、餐厅。这些广告根据自身宣传要求和资金情况以及报纸稿件的配置情况安排在报纸各版。

另外，笔者认为刊登的广告与版面内容相关联，会使广告效果更为显著。报纸的性质、内容不同，读者定位就不同，同一份报纸不同的版面读者关注的程度也不同，因此，广告也应该选择最恰当的版面刊登才能实现其价值最优。如比赛通知，如果刊登在"要闻版""学校音乐""社会音乐""音乐生活"这几个版面当中也许会得到更多的关注度。首先，"要闻版"是大家最先关注的版面，如果报纸版面允许并且广告出资方有实力在此重要版位刊登广告，那么广告的效果无疑是最好的；其次，"学校音乐"一版通常是在校师生关注最多的，而参赛者也往往出自这一群体，并且信息在这一群体中相互传播的概率也是非常大的；还有，读者往往会在"社会音乐"版和"音乐生活"版中寻找一些音乐活动信息，因此比赛通知安排在这两版当中是非常恰当的。

在2000年《音乐周报》第51期当中，把"迎21世纪雅菲德杯器乐与音乐散文大奖赛"的预告安排在"学校音乐"版。在2000年《音乐周报》第1期中把"首届北京世纪杯青少年业余管乐独奏大赛"安排到了"北京文化"版，笔者认为"北京文化"版长久以来以刊登戏曲、曲艺、歌剧、话剧、京剧等剧种以及与北京文化相关的内容为主，而青少年业余比赛和这些内容的相关性不是很大，但编辑如此安排也不是没有道理的，首先"北京文化"版面刊登的主要是北京地区的新闻事件，因此关注北京地区音乐文化事件的读者会主动阅读此版，而青少年业余管乐独奏大赛也是主要面对北京地区进行的，因此两者之间存在一定关联，并且在广告的编排中运用通栏编排、广告尺寸占整版的1/4版面，这也是吸引读者关注的好办法。

在 2000 年第 1 期和最后一期中，除报眼广告、部分报花广告处于版面上半区外，其他广告一律处于版面的下半区。广告价格根据其所在版位、尺寸大小和是否采用彩色版刊登来决定，具体价格在第 1 期第 2—3 版中缝和最后 1 期第 6—7 版中缝《音乐周报》广告价目表中有详细报价。两期报纸中除中缝广告外还刊登了 20 则广告，这也说明《音乐周报》作为专业音乐报在音乐文化领域具有相当的市场占有率。在笔者看来这两期当中，在广告安排上稍有不当之处的是：酒类及餐厅类广告的长期刊登尽管会给报社带来良好的经济效益，但长此以往难免会降低《音乐周报》的专业性，使读者感到内容混杂。2000 年《音乐周报》头版中的出版发行信息自第 1 期以来始终是在地线以下通栏编排，内容不变，除字号大小及色彩根据版面情况不同而有变化之外。

二、《音乐周报》2003 年第二次全新改版

2003 年 1 月安瑞任总编辑，《音乐周报》再次全新改版，确立新闻与专业并重的采编方针。在 2003 年第 1 期《音乐周报》头版"2003 新年祝辞为新年干杯！为音乐干杯！"中提道："新年……本报换一身新装……音乐周报将迎接 24 岁生日……我们换一身装束，变一种心情……本报力求新年新面貌……24 年后接棒打主力的 30 岁以下的年轻人已占到 70%……乐苑并非世外桃源，这里不仅有风花雪月的浪漫，也有烽火硝烟的严峻。音乐新闻、新闻音乐，我们敏锐的笔触将最迅捷最精准地……让更多的读者及时接收到新的声音……2003 我们将和作者、读者继续亲密牵手。与时俱进，但绝不随波逐流；亲近大众，但绝不媚俗求荣；音乐周报，将一如既往，秉承风骨，袒露观点，做先进音乐文化的积极传播者。"（表 2-6）

表 2-6　2003 年第二次全面改版后的第 1 期要闻版形态统计表

栏目	报名	读报提示	本报关注	《茶花女》《蝴蝶夫人》同庆中央歌剧院 50 周年	新年祝词	出版发行信息
所在版面空间	报头、版面上端	报头下方、横排	左半区	右半区	左下角	地线以下
正文标题（字号、字体、形状、位置）	特号字、艺术字、横排、中英文双重报名	五号、黑体、单/双行式横题、盖文题	大特号、艺术字、双行式横题、盖文题	一号、艺术字、双行式横题、盖文题	一号、宋体、左齐式横题、盖文题	无标题

（续表）

栏目	报名	读报提示	本报关注	《茶花女》《蝴蝶夫人》同庆中央歌剧院50周年	新年祝辞	出版发行信息
正文字号、字体	—	小五号、仿宋体	小五号、仿宋体	小五号、仿宋体	小五号、仿宋体	六号、仿宋体
图片	—	每条提示均附照片	配图片	配2幅剧照	—	—
色彩	使用红、白、金、黑四种颜色	各色人物照片	黑、红、金为主色调的配图	富丽堂皇的黑、白、金为主色调的剧照	标题为红色	—
线条	天线（红色反线）、地线（反线）、正线					
版式编排方式	重点式编排、齐列式编排、非规则对称式编排					
广告	3个、位于版面右下角					
稿件情况	2篇、约3000字					

2003年，《音乐周报》再次全新改版后仍采用对开8版大报形式，设置的8个版面分别是："要闻版""综合新闻版""国内新闻版""国际新闻版""音乐评论""音乐教育版""音乐知识版""音乐生活版"。其中第1期"要闻版"一眼看上去条理清晰、层次分明，版面毫无拥挤感和压抑感，色彩搭配高雅、柔和，搭配的图片相得益彰，给人感觉舒适、大方。第1期版面分为3个层次：横排报名和横排读报提示衔接在一起看起来为第1层，这一层的两个栏目分别为左右对称排列，整齐有序；颜色以黑、红、白为主色调，金色提亮；中文"音乐周报"4个字采用特号、艺术字字体并且加圆框，镶嵌在英文"MUSIC WEEKLY"中间；读报提示中的4条提示信息均以1张1寸大小的人物照片开头，标题都为五号、黑体、横题、盖文题形式，正文字体都为小五号仿宋体。第二层为版面中心部分，这一部分是版面的重心，含有两篇稿件以及新年祝词，共占将近3/4的版面，其中"本报关注"栏目的正文标题字号为特大号，是头版中字号最大的标题。三篇稿件的正文字体字号都为小五号、仿宋体，体现出稿件设计的统一性。两篇稿件都配有相应图片，新年祝词标题设计为大红色，配置图片加之醒目的字体颜色又体现了统一风格中的变化和装饰，使读者能够快速地了解版面的内容安排，便于阅读。第三层为广告层，共3个广告，在版面的右下角，其中两个

为报花广告，都和音乐有关，分别是"音乐艺术公司（华彩音乐艺术公司）""钢琴（摩德利系列钢琴）""音乐大师班活动（维也纳音乐大师班进驻中国）"，广告的关键词皆用红色标记。笔者认为，在专业报纸中刊登与本专业相关的广告，不但可以获得经济效益，也能产生良好的社会效益。因为刊登的广告可以为读者提供各方面的有用信息，内容对口加上合适的版面安排使广告发挥着双重作用。出版提示信息出现在地线以下，由于位置不起眼并且选用了六号字，这样不占用很多的版面空间，使重点和非重点内容有显著区别。

2006年，《音乐周报》从北京市文化局整建制划拨到北京日报报业集团后，安瑞被北京日报报业集团任命为《音乐周报》社社长、法人兼总编辑，直到2010年。据笔者分析，《音乐周报》的"要闻版"版式形态从2003年第1期一直到2009年第7期这6年的时间里基本没有发生较大的变化，只是某些版面要素在原来的基础上稍作改动。2003年，"要闻版"前7期中出现的专栏有"本报关注""音乐导航""名人行踪""乐迷看台""音乐链接"，这几个基本栏目除"乐迷看台"持续的时间较短外，其他都属于2003年全新改版后的常设性专栏，特别是"本报关注"栏目，基本每期都有。2005年第24期增加了专栏"一周看点"，此栏目几乎每篇稿件都有明确的日期标识。2007年第41期增加了"图片新闻"栏目，此专栏不常设。2008年第21期出现了"音乐焦点"栏目，第22期增加了"新闻人物"专栏，第28期出现了"名家专稿"栏目。

2004年第30期开始，版式总监由闫智勇换成赵东；2004年第39期"要闻版"责任编辑由刁艳换成裴诺；2007年第35期版式总监由赵东换成黄静；从2008年第21期开始，本报执行总编辑为张大江；从2009年第5期开始"要闻版"增加了图片总监陈雄。

2005年第12期，报头与"读报提示"栏（笔者所说的"第一层"）在原来的基础上稍作变动，弱化了英文标题，标题变小、颜色由黑色变为灰色；强化了中文标题，标题字号变大，由特号字变成2.7cm×3.2cm大小的大红色艺术字，中文标题不再是嵌在英文标题中而是覆盖在英文标题上。读报提示在原来一寸大小的照片前加上了数字，此数字代表的是本条提示所在版面位置。整个"读报提示"栏使用了大红底色，笔者认为黑色字配大红底色不容易辨认文字，无形中增加了阅读难度，在之后的第13、14期大红底色改为灰色。2007年第35期，随着版式总监的调整，"读报提示"栏的照片前的数字不再像2005年第12期刚出现时和本栏高度一致，而是数字长度变短约占本栏高度的1/5，笔画变细，呈现更加清晰。2008年第17期，"读报提示"栏又发生了变化，照片前面设置的信息所在版面数字移到了单条信息之后，字体比上次变得更小，约占整个栏目高度的1/7，这样的位置变化更加合理、使读报变得快捷。整个2006年"要闻版"在延续了2004年、2005年变动的基础上几乎没有大的改变。

进入2009年，对"专版、专题版"的刊发明显增多，在2009年第1期第4版和第8版分别为"湖南文艺出版社""海伦钢琴"做宣传，第6版和第7版均设置"音乐改变生活30年"专题，一直延续到2009年第14期，专题记录了从1985年到2008年每一年当中的音乐大事件。2009年第2期第5版是王宏伟维也纳金色大厅"金色放歌"独唱音乐会专版；第3期第2版是"笛友齐聚沪上追忆俞逊发逝世三周年"专版；第15期第8版是"西南师范大学出版社2009年秋季音乐专业教材"广告专版；第17期第8版是"郑州大学西亚斯国际学院交响乐团"专版；第19期第8版是"对矿工的咏叹"专版；第47期第7版是"全国首届金杯手风琴新作品创作征集比赛"专版；第49期第6、7版是对《奔向蔚蓝色》海港大合唱"专版的跨版编排。

从2003年安瑞任总编辑以来《音乐周报》要闻版版式形态变化最大的一次是2009年3月4日第8期。首先，报头虽是横排但是不再通栏编排而是安放在靠左的位置，报名仍以大红色为主但是"音乐"两个字的字号大小改为6.1cm×6cm，报名设计的特别之处是"乐"字的最后一笔设计成了四分音符的符头，凸显了音乐报的特色，"周报"两个字位于四分音符符尾的下方、竖排、字号比"音乐"两字小。英文标题位于中文标题的下方、横排、红底白字。报眼处为广告。其次，版面设计不再像之前层次清晰，而更注重每个专栏的差异。延续下来的专栏有"导读""本报关注""新闻人物"，新设置了专栏"时评"，每个专栏分界明显。从2009年第16期开始，去掉了原第7版"音乐知识"，把原来的第8版"音乐生活"设置为第7版，增加了"音乐时尚"版放在第8版。在第48期中，第7版"音乐生活"与第8版"音乐时尚"调换了版位。

2003年全新改版后的第1期头版版面和2000年截然不同，不仅在版面数量上除每期发行的8个版面之外，还于每月月末增加了4版"歌曲专版"，4版中的第1版为"各地采风"，刊发的稿件多是与创作有关的事；第2、3版为"新作选登"，刊登的是专业音乐人、业余音乐爱好者创作的新歌曲；第4版为"诗海词苑"，刊登的是专业作词人、业余歌曲作词爱好者创作的新作品。除第1版"要闻版"和第8版"音乐生活版"的版面名称和位置没有变化外，其他版都发生了很大的变化。

三、《音乐周报》2010年第三次全新改版

从2009年9月30号第38期开始，《音乐周报》总编辑由白宙伟担任，荀冠龙任执行总编辑。2009年最后一期第50期，"要闻版"刊登了"新年改版致读者"，

内容主要有"《音乐周报》2010年将进行开创性的革新，将从独家的角度、广度、深度，用准确、鲜明、生动的文字和图片，对新闻事件、人物和公众关心的问题进行全方位报道。版面从对开8版改为4开16版（逐步向24版过渡），版面设计将更加时尚化、版性划分将更加清晰明确，形式和内容更加丰富和丰满。在坚持原有的专业性和高品位的基础上，将增加时尚化和年轻化元素，使得《音乐周报》更加适应读者的阅读习惯和市场需求。《音乐周报》还将把提高服务性作为未来的战略重心之一。新版的《音乐周报》还将增加一些音乐教育、音乐产业的专刊专版，以适应音乐艺术市场结构性变化的需要。除了原有纸质媒体和已经开通的《音乐周报》手机版及电子杂志，还将对原有网络版进行升级，界面更美观、功能更强大、阅读更方便。《音乐周报》将由原有单一纸质媒体转变为纸媒、网络、手机三位一体，实现线上线下互动。30年一路走来的《音乐周报》即将实现华丽现身，以全新的姿态闪亮登场"。此内容体现了2010年《音乐周报》的办报方针、宗旨、趋向和所设定的办报风格。

表2-7 《音乐周报》2010年第三次全面改版后的第1期要闻版形态统计表

栏目	报名	读报提示	头版头条	新年开篇语	出版发行信息
所在版面空间	报头（左对齐）	上右区	上左区	下左区	地线以下
正文标题（字号、字体、形状、位置）	约3.3cm×2.7cm艺术字横排	无栏目名称	双行式横题：第一行字号3.2cm×2.2cm；第二行初号字，黑体、盖文题	一号，艺术字，单行式横题，串文题	无标题
正文（字号、字体）		所在专栏名称：四号、黑体；正文标题：艺术字标题、小四黑体、六号黑体，共4种	六号、黑体	六号、楷体	六号、宋体
图片	—	2幅图片（切题）	配图片（专为本稿所设计）	—	—

（续表）

栏目	报名	读报提示	头版头条	新年开篇语	出版发行信息
色彩	白字，大红底色	照片颜色	标题运用了红色，图片底色为绿色	专栏名称底色为红色，白字	浅灰底色，白字（色彩搭配得不易辨认字体）
版式编排方式	重点式编排、排列式编排、对角对称式编排				
广告	共 5 则，第一则，报眼处，艺术学院 2010 年招生广告；第二则，下左区，大学音乐表演系 2010 年招生广告；其他三则，地线以上，横排，音教咨询公司、钢琴、留学广告				
线条	红色版线、正线、反线				

  2010 年第三次全面改版后的《音乐周报》头版给读者最明显的感觉是：版面小巧、内容清晰、层次分明。整个版面主要分为四块：（1）报头处，整版报纸的最上端，横排；报名，不夸张、不浮躁，突出了严谨、专业、权威和偏重理性的设计，但欠缺音乐的感觉；报眼处的广告相对于其他版位及版面的广告具有最好的传播效果。（2）稿件内容在整版报纸的最中心处。大幅色彩绚丽的头版头条图片新闻或者图片新闻导读具有超强的视觉冲击力和震撼力，作为头版头条每一期都非常吸引读者的眼球。其中，"窗前明乐"专栏每期都出现在头版，成为了标志性内容之一，专栏名称让人感觉温馨和期待，专栏内容涉及音乐生活中的方方面面，如涉及春晚、考级、歌榜、快男、国产交响乐、演出管理条例、背景音乐、非遗、道德（音乐教师的师德、出现在名人身上的不道德问题）、无线音乐市场的垄断问题等领域，以专业的视角解读事件，具有一定的舆论导向功能。（3）导读，通常位于版心最右侧，竖排，有时也位于版心最左侧，竖排，偶尔横置于稿件内容之下。设置导读使得每期报纸的重点清晰明了。（4）广告所占版位几乎固定不变，通常是 3 则，似报花大小，置于地线以上横排。通览 2010 年《音乐周报》的报纸版面和内容，给读者最大的印象是：小报（4 开报纸）阅读方便，内容更加新鲜、广泛，和之前的《音乐周报》相比具有了明显的服务意识和较强的实用性。

  2010 年第 1 期改版后版面大小为 4 开，24 版，版面设置见表 2-8。

表 2-8 《音乐周报》2010 年第 1 期改版后版面设置情况统计表

版序	版面名称	内容	责任编辑
第 1 版	"要闻版"	头版头条 "窗前明乐"专栏 读报提示等	—
第 2 版	"关注"	—	张欢
第 3 版			
第 4 版	"广告"	整版"卡西欧飘韵数码钢琴震撼上市"广告	—
第 5 版	"综艺"	—	裴诺
第 6 版	"音乐新闻"	—	裴诺
第 7 版	"赏析"	—	张欢
第 8 版	"观点"	—	张欢
第 9 版—第 16 版	"我的 2010"	大事记 例如：中国国家交响乐团 2010 展望；哈飞电子 2010 展翅高飞	—
第 17 版	"环球"	—	裴诺
第 18 版	"教育"	—	陈雄
第 19 版	"乐友"	推出《音乐周报》读者俱乐部活动"，包含读者互动版块	胡克非
第 20 版	"流行"	—	胡克非
第 21 版	"产业"	例如：和乐器行业、琴行有关的内容	陈雄
第 22 版			
第 23 版	"广告"	第十届中国国际合唱节	—
第 24 版	"人物"	赵季平	胡克非

2010 年《音乐周报》的变化还主要体现在：版性划分更加清晰明确，如"关注""综艺""赏析""人物"都自成一版，新设置的版面内容有"养生""乐友""产业""乐器""人才"。其中"综艺"版，涉及戏剧、合唱、电影、话剧、舞剧、杂技、剧团、音乐故事剧等。"赏析"版，通过解析音乐本体引导读者对音乐艺术的价值判断。"养生"版，在专业音乐报上出现了用音乐养生的版面无疑增加了报纸的看点，使音乐更广泛地融入生活。例如：第 29 期中有"唱歌治愈胰腺癌"，第 31 期介绍音

乐养生的方法"唱wu缓解面部抽搐""音乐助便操",第38期"徐美芬的气艺养生术"中讲解歌唱呼吸养生,等等。"乐友"版,是新创建的报纸与读者以及读者与读者之间的互动版面,如读者在"乐侃越乐呵"版块提问,主办者会给予知识性回答。这个版面还会向读者推荐广播节目、介绍音乐知识。"产业"版,由于国家经济发展迅速,对精神文明的要求日益提高,因此和音乐有关的产业发展领域日益扩大,因此有必要设置专门的版面进行介绍,包括介绍音乐网站运营、音乐演出市场、琴行的开展以及乐器产业等和音乐有关的产业的情况。"乐器"版,介绍乐器行业的发展(如台湾乐器行业)、乐器博览馆、介绍乐器(如第28期介绍陶笛,还包括介绍新研制的乐器)以及学校乐器配备。"人物"版,大多是人物专访和音乐家故事。另外,某些期设置有"人才"版,主要介绍大型乐团招聘情况、解析其招聘关键及解答海外留学疑惑。

2010年《音乐周报》安排了一些临时性版面打乱了常规的版面设置,让读者在阅读时没有规律可循。如2003年全新改版后逢月末增加4版歌曲专版,其他版面固定,这样让读者在读报时能够快速选择自己喜欢的版面进行阅读。2010年,《音乐周报》上曾就读者询问"赏析"版是否为常设版面而专门回复,如果版面设置有规律可循就不会发生这种情况了。以下表格反映出2010年《音乐周报》版面设置具有不稳定性。

表2-9 2010年《音乐周报》版面设置的不稳定情况统计表

版号	1月13日第2期	3月3日第8期	5月5日第17期	7月7日第26期	9月1日第34期	9月29日第38期
第2版	—	—	—	—	—	—
第2版	"关注"	—	—	—	—	—
第3版	"综艺"	—	—	—	—	—
第4版	"音乐新闻"	—	—	"新闻"(名称变化)	—	—
第5版	"音乐新闻"	—	—	"新闻"	—	—
第6版	"赏析"	—	—	—	—	—
第7版	"观点"	—	—	—	—	—
第8版	"环球"	"专版"	—	—	—	—
第9版	"教育"	—	—	—	"专版"	—
第10版	"养生"	—	—	—	—	—

（续表）

版号	1月13日第2期	3月3日第8期	5月5日第17期	7月7日第26期	9月1日第34期	9月29日第38期
第11版	"乐友"	—	—	—	—	—
第12版	"流行"	"专版"	—	—	—	—
第13版	"潮流"	"专版"	—	"乐器"	"产业"	—
第14版	"产业"	—	—	"专版"	"教育"	—
第15版	"产业"	"流行"	—	"专版"	"乐器"	"乐器"
第16版	"人物"	"潮流"	—	—	—	"人才"
第17版	—	"人才"	—	—	—	—
第18版	—	"歌曲"	—	—	—	"歌曲"
第19版	—	"歌曲"	—	—	—	—
第20版	—	"歌曲"	—	—	—	—
第21版	—	"歌曲"	—	—	—	—
第22版	—	"歌词"	—	—	—	—
第23版	—	"歌词"	—	—	—	—
第24版	—	"人物"	—	—	—	—

注：第2期第8版为"环球"版，第8期第8版为"专版"，但内容是关于"中国留学生在美国因特劳根艺术高中所接受教育的模式"的，所以仍属于"环球"版内容；第34期第9版"专版"，内容为"全国少年儿童数码钢琴大赛"，也属于"教育"版内容，这样看来这两个版面也算相对固定

通过研究《音乐周报》三次改版后的"要闻版"及其他版面设置发展状况，笔者发现了以下规律：

（1）在"办报宗旨"上，三次改版秉承着自创刊以来始终坚持"二为"方向和"双百"方针。坚持正确的舆论导向，遵循宣传高雅音乐、普及音乐知识、提高音乐修养的宗旨。报纸以宣传社会主义优秀音乐文化，传递国内外音乐信息，开展健康的音乐评论，交流音乐艺术理论为主要内容。报纸信息性强、文风严谨、朴实又不失活泼，有着自己的办报特色。在2010年第三次全新改版时《音乐周报》进行了开创性的革新，在坚持原有的专业性和高品位的基础上，增加了时尚化和年轻化元素，使得《音乐周报》更加适应读者的阅读习惯和市场需求。另外，还把提高服务性作为未来的发展重点之一。改版后的《音乐周报》还增加了一些专刊专版，以适应音乐艺术市场结构性变化的需要。

（2）在版面形态上的变化。一是版面大小，2003年的版面大小延续了2000年对开8版大报的形式，2010年由对开8版大报改为4开16版小报形式。二是版面风格，与2000年"头版"纷繁的信息量、拥挤的版面及偶尔稍感杂乱的版面编排（如2000年5月5日第17期）相比，2003年"头版"版面信息量、新闻稿件有所减少，版面层次清晰、界限分明，色彩搭配柔和。2010年"头版"的特点是引导性和重点式编排原则的突出，引导性体现在设置"读报提示"和"窗前明乐"专栏所产生的舆论引导上。重点式编排主要体现在头版头条的图片新闻编排在整版报纸的最中心处，具有视觉冲击力。

（3）版面内容设置的变化。2000年《音乐周报》与2003年相比，除了各类新闻和评论版的版名有所不同外，2000年《音乐周报》还设有"北京文化"版和"服务指南"版；2003年设有"音乐知识"版，并且每逢月末增加4版"歌曲专版"。2010年版性划分更加清晰明确，新颖的版面设置有"综艺"版、"赏析"版、"养生"版、"乐友"版、"产业"版、"人物"版。还增加了关于音乐教育、音乐产业的专刊专版，以适应音乐艺术市场结构性变化的需要。

第二节　《音乐周报》的内容研究

一、《音乐周报》的信息量

一份报纸的好坏在于"质"和"量"两个部分，"质"指的是报纸内容、信息本身以及版式、形态设计的优劣，"量"指的是报纸所报道的新闻量及其他信息量的多少。"信息量大"既能呈现出报纸不同于期刊、图书所具有的承载特点，也能显示出《音乐周报》作为"全国性专业音乐大报"的特色所在。

《音乐周报》的内容涉及：音乐要闻、国内新闻、国外新闻、音乐教育、音乐生活、流行音乐、综艺新闻、音乐产业、音乐人物、音乐养生、乐器等以及其他与音乐有关的内容。

衡量一份报纸办得好坏以及这份报纸在社会文化中的价值，可通过新闻信息进行评判。"《中国音乐年鉴》……想办法尽量全面地将当下发生的每件有意义的事记录在案，为后世讲述今天。"[①] 笔者选择2000年、2003年的《音乐周报》进行研究，并与

---

① 韩锺恩、靳学东主编，李玫等副主编：《中国音乐年鉴2000》，山东文艺出版2004年版，第545页。

记载音乐事件较多的《中国音乐年鉴》进行比较研究,以此来看《音乐周报》新闻、信息报道量的情况。

（一）2000年（表2-10）

表2-10 2000年《音乐周报》新闻、信息报道量统计表

	音乐活动纪事	音乐比赛获奖情况	音乐演出情况	香港音乐状况	台湾音乐状况	全年音乐事件
2001《中国音乐年鉴》	共计439项活动	国内：8项；国际：26项	中国交响乐团：33场；国交合唱团：55场；上海交响乐团：128场	共计1891项本港及访港演艺表演	10项（有明确时间记载为2000年的音乐事件）	内地：共689项活动；全国：共2590项活动

	音乐要闻	环球一览	论坛·交流	流行街市	北京文化	学校音乐	社会音乐	音乐生活	服务指南	全年刊登的新闻、稿件量
《音乐周报》	共428条新闻、稿件	共714条新闻、稿件	共296条新闻、稿件	共317条新闻、稿件	共522条新闻、稿件	共414条新闻、稿件	共429条新闻、稿件	共278条新闻、稿件	共178条新闻、稿件	共3576条

2000年的《音乐周报》刊登新闻及信息共3576条,比2001年《中国音乐年鉴》所记录的关于2000年发生的、适合报纸刊登的信息数量要多986条。总体来说,《音乐周报》的信息刊登量是很大的,内容的广度和宽度也是值得肯定的。但是,这样比较并不科学,因为《音乐周报》虽然是音乐领域的专业报,但在2000年的报纸中除了音乐新闻外还有少量的和音乐无关的新闻、稿件出现。例如：第5版"北京文化"中的内容主要涉及北京相关文化,和音乐无直接关联的稿件。另外,还有一些和音乐无关的"娱乐新闻"。2000年《音乐周报》第2版"环球一览"中大部分报道的是国外新闻。由于信息量大,笔者没有足够的时间进行仔细的拆分和统计。但从表2-11中,大概能看出《音乐周报》的确称得上"信息量大"。

（二）2003 年（表 2-11）

表 2-11　2003 年《音乐周报》新闻、信息报道量统计表

	音乐活动纪事	音乐比赛获奖情况	音乐演出情况		香港音乐状况	台湾音乐状况	全年音乐事件
2004《中国音乐年鉴》	共计 232 项活动	国内：22 项；国际：11 项；	中国交响乐团：9 场；国交合唱团：36 场；中国爱乐乐团：13 场；北京交响乐团：12 场；北京国际音乐节：17 场		共计 2488 项	约 188 项（有明确时间记载为 2003 年的音乐事件）	大陆：共 352 项活动；全国：共 3028 项活动

	音乐要闻	综合新闻	国内新闻	国际新闻	音乐评论	音乐教育	音乐知识	音乐生活	千期专版	全年刊登的新闻、稿件量
《音乐周报》	共 167 条新闻、稿件	共 468 条新闻、稿件	共 367 条新闻、稿件	共 283 条新闻、稿件	共 237 条新闻、稿件	共 302 条新闻、稿件	共 351 条新闻、稿件	共 248 条新闻、稿件	共 41 条新闻、稿件	共 2464 条

2003 年因为"非典"疫情的发生，导致公众音乐活动大幅度减少。《中国音乐年鉴》中记载的（可做新闻报道的）2003 年国内音乐活动共 352 件，比 2000 年少 337 件，几乎缩减了一半。而《音乐周报》在 2003 年报道的国内音乐新闻、稿件约 2181 条，远远超过《中国音乐年鉴》所记载的 352 条，再次证明《音乐周报》具有"信息量大"的特点。

二、《音乐周报》的新闻报道

新闻（包括消息、通讯、特写、深度报道等）是报纸的主体，它反映了一家报纸的风格，记录着这家报纸的发展。分析《音乐周报》的目的，一方面，在于学习报纸办报的方法和规律；另一方面，也可以判断这份报纸的社会文化价值。

（一）报社自身新闻采写能力

一个报社采写新闻的能力可以体现出报社的实力。下面笔者选择 9 期《音乐周报》为参照，根据"本报讯、本报记者"等字样，对《音乐周报》社的采编能力进行

研究（表 2-12）。

表 2-12 《音乐周报》社采编能力调查表

期数	总稿件量	本报采编稿件量	采编力（占总稿量的百分比）
2000 年第 1 期	77 篇	9 篇	约 12%
2000 年第 20 期	57 篇	14 篇	约 25%
2000 年第 50 期	53 篇	12 篇	约 23%
2000 年中 3 期总计	187 篇	35 篇	约 19%（平均）
2003 年第 1 期	33 篇	13 篇	约 39%
2003 年第 20 期	39 篇	13 篇	约 33%
2003 年第 48 期	56 篇	7 篇	12.5%
2003 年中 3 期总计	128 篇	33 篇	约 26%（平均）
2010 年第 1 期	51 篇	23 篇	约 45%
2010 年第 20 期	61 篇	16 篇	约 26%
2010 年第 38 期	59 篇	21 篇	约 36%
2010 年中 3 期总计	171 篇	60 篇	约 35%（平均）

注：这里所说的"总稿件量"不包括启事、通知、综述、广告、音乐排行榜单以及乐谱、歌词、漫画、广播节目摘要、演出周演出消息和节目单

由表 2-12 可见，2000 年《音乐周报》的稿件只有 19% 出自本报社，可见自身采编能力较差，但随着报社的不断发展进步，采编能力大大提高，经过 10 年的时间，至 2010 年报社的采编力达到稿件总量的 35%。但是，据以上数据显示，2003 年和 2010 年所刊登的稿件量比 2000 年有所下降。可能是因为伴随着三次改版，消息、通讯等短篇稿件日益减少，以长篇居多。

（二）常用新闻体裁

首先，总结《音乐周报》稿件常用的体裁，有通讯、特写、深度报道、述评、短评、编者按、思想评论、专访、自述、回忆录、访谈、理论文章、乐曲解析、介绍性文章（介绍音乐、人物、经验、知识、乐器等）、启事、游记、图片新闻、言论、调查报告、纪实、综述等，涉及面广泛，最常用的体裁是"通讯"。

表 2-13 《音乐周报》2000 年 1 月 7 日第 1 期稿件体裁统计表

版次 体裁	第1版	第2版	第3版	第4版	第5版	第6版	第7版	第8版	总计
通讯	6	14	—	—	2	7	—	—	29
特写	—	2	—	1	1	—	—	—	4
散文	—	—	—	1	3	—	—	—	4
乐评	—	—	2	—	—	—	—	1	3
述评	1	—	—	—	—	—	1	—	2
启事	—	—	—	—	—	—	—	2	2
回忆录	—	—	1	1	—	—	—	—	2
言论	—	—	—	—	—	2	—	—	2
介绍经验	—	—	—	—	—	1	1	—	2
介绍书籍	—	—	—	—	—	—	—	2	2
介绍乐器	—	—	—	—	—	—	—	1	1
介绍知识	—	—	—	—	—	—	—	1	1
介绍人物	—	—	—	—	—	—	—	1	1
介绍乐团	—	—	—	—	—	—	—	1	1
介绍 VCD	—	—	—	—	—	—	—	1	1
介绍电影	—	—	—	—	—	—	—	1	1
介绍剧场	—	—	—	—	—	—	—	1	1
专访	1	—	—	—	—	—	—	—	1
自述	—	—	—	—	—	—	1	—	1
深度报道（调查）	1	—	—	—	—	—	—	—	1
短评	—	—	—	—	—	—	—	1	1
访谈	—	1	—	—	—	—	—	—	1
乐曲解析	—	—	—	—	—	—	1	—	1
说明文	—	—	—	—	—	—	1	—	1
听后感	—	—	—	—	—	1	—	—	1

（续表）

体裁＼版次	第1版	第2版	第3版	第4版	第5版	第6版	第7版	第8版	总计
书评	—	—	1	—	—	—	—	—	1
思想评论	—	—	1	—	—	—	—	—	1
游记	—	—	1	—	—	—	—	—	1
诗歌	—	—	—	1	—	—	—	—	1
小品文	—	—	—	1	—	—	—	—	1
理论文章	—	—	—	—	—	1	—	—	1
调查报告	—	—	—	—	—	1	—	—	1
图片新闻	—	—	—	—	1	—	—	—	1

注：另外，还有一些稿件的形式是广告、乐谱、歌词、榜单

（三）头版头条

头条（或称头题）是一个版上最重要的稿件，通常都放在最显著的版位，并运用各种编排手段加以突出。下面通过对《音乐周报》头版头条内容的综合分类考察其"头条"的内容及价值。2009年是《音乐周报》发展过程中最稳定的一年，因此，笔者选择对2009年《音乐周报》的头版头条进行研究，以下是笔者归纳的头条内容，见表2-14。

表2-14 《音乐周报》2009年头条稿件统计表

交响乐	国庆系列新闻	"两会"及相关新闻	金钟奖	比赛	流行音乐	歌剧	新闻综述	人物	音乐节、艺术节举办
10篇	6篇	4篇	4篇	3篇	3篇	3篇	2篇	2篇	2篇

版权	音协"七代会"	区域音乐特点	合唱	院团成立	征歌	音乐夏令营	图片新闻
2篇	2篇	1篇	1篇	1篇	1篇	1篇	1篇

注：2009年《音乐周报》共50期，其中第21期为《音乐周报》30年特刊，故未计入，共计49条头版头条新闻

1. 关于"交响乐"的报道

音协工作报告中提道:"2008年主办的'中国交响乐世纪回顾暨第一届中国交响乐音乐季'以中国交响乐作品展演音乐会为主线,同时举办回顾展、论坛和辞书出版等系列活动。除在北京、上海举办展演周外,还在天津、重庆、香港等13个城市举办了25场音乐会,演奏了161部中国交响乐作品,是新中国成立以来中国交响乐坛的一件盛事,被《音乐周报》评为当年中国音乐界10大活动之首。"

笔者认为,《音乐周报》响应音协的号召,2009年持续重点关注中国交响乐也从侧面反映出中国音协的引导能力发挥了作用。2009年《音乐周报》第50期"2009中国音乐十大新闻"中评出的第六大新闻是"交响乐大家庭添丁民营资本助推严肃音乐"。可见,"中国交响乐"是2008年、2009年音乐界重点关注的领域之一。

2. 关于"国庆60周年"的报道

有关报道主要集中在国庆当日用乐情况、主旋律为"国庆"的文艺演出和为庆祝国庆组织的一系列演出。第24期《军营"音乐全运会"10月见成果》一文提道:"……此次,新中国成立60周年成为全军文艺的主旋律。"第35期双头条主要围绕中国人民解放军军乐团进行报道。如,"43道乐曲创国庆庆典之最"中报道:"……在这次演练中,军乐团精心的设计收到了良好的效果……总指挥于海介绍……将在2个小时的时间内,不间断地演奏19首阅兵乐曲和24首群众游行乐曲。届时,国旗班要按照军乐团演奏国歌每分钟96拍的节奏完成升旗,阅兵分列式和群众游行方队要按照军乐团演奏的每分钟116拍完成受阅……有关方面多次论证,反复研究确定了19首曲目……此次国庆阅兵还有一大创新:……世界上规模最大的'广场音乐会'。此外,具有鲜明时代特点的北京奥运会主题曲……也将出现在群众游行的音乐中。"这个报道把国庆阅兵式上采用的音乐进行了全面解读和详细报道,并且说明了此次阅兵式的音乐形式的创新和点睛之处,为广大受众全面了解国庆60周年阅兵式提供了很好的资料,由本报记者裴诺采写,与其他媒体报道的角度相比,凸显出《音乐周报》对音乐解读的优势所在。

3. 关于"两会"(十一届全国人大二次会议、全国政协十一届二次会议)的报道

《音乐周报》社共用了4个头版头条新闻对其进行深度报道。在第10期头条新闻"文艺界代表两会话'乐'为国歌立法"中分别介绍了"于海、徐沛东、赵季平、林文增、席强、张国勇、王次炤、田青"8位代表在"两会"上的提案。其中,代表林文增的提案中提道:"……在我看来,文艺团体的差额拨款模式,阻碍了艺术的发展。每年国家给文艺团体的拨款一般只够各单位正常运转的1/3,剩下的2/3都要靠自己去创收。在这种情形下,大家只能先到市场上赚钱、找寻出路,达到基本的'保住队伍,人才不流失'的目的。文化是一个国家的软实力,建议国家能够像抓航天事业那

样，从财力、物力、人力等各个方面调配资源优势。"第13期头条新闻"运营差额商演补仓"就针对中央民族乐团运营差额的问题进行了个案报道："……该团每年1800万的开支，国家只有800万拨款。"但是，"中央民族乐团'不差钱'！一场商演最高拿到18万……到年底还将有所盈余……中央民族乐团才几乎没有走弯路地完成了市场化蜕变。"笔者认为，这是对林文增提案中的"差额拨款"模式所带来弊端的说明，是对提案的深入挖掘。

4. 关于"2009年金钟奖"的报道

2009年，《音乐周报》共有4个头条新闻对金钟奖进行了报道，分别在第27期、第41期、第42期和第46期中。首先，第27期《金钟奖遭遇"退赛"评委：流行必须回归大众》这篇报道是对第七届中国音乐金钟奖流行音乐大赛开赛以来所发生的"名门"歌手被淘汰、选手对金钟奖改革的公开质疑、少数选手退赛、专业选手被自由音乐人淘汰等问题的关注。第41期"赢在一颗平常心"这篇报道是通过金钟奖民乐比赛评委对个别选手心态的评价与笛子组豪华阵容集体退赛的情况，说明"平常心"对比赛的重要性。另外，选择民乐比赛进行报道与这次金钟奖首次设立民族管乐比赛不无关系，报道中还专门提到民族管乐的获奖情况。可见，这篇报道从侧面宣传了第七届中国音乐金钟奖在赛制上的创新。

第42期"金钟奖已是身后的起点——访金钟奖二胡金奖得主、中国音乐学院选手谭蔚"，本篇报道从笨鸟先飞的执着、师如父母的厚爱、一丝不苟的锤炼3个方面详述谭蔚成功的秘诀。第46期报道"第七届中国音乐金钟奖广州闭幕"15万参赛人数创新高，从品牌音乐让城市和谐、争锋参赛让选手成熟、评点真言让后辈开悟等方面对金钟奖进行了总结。笔者认为，金钟奖作为音乐界的专业大奖，经历了7年的发展已广为人知，并且整体赛况通过电视台、互联网、广播电台进行同步直播和赛后重播，因此《音乐周报》在头条新闻中选择对金钟奖比赛过程中所出现的问题、金钟奖赛制的创新之处、获奖选手的专访等方面进行报道，既发挥出了报纸跟踪报道的优势，也为金钟奖赛事做了宣传。

5. 关于"比赛"的报道

《音乐周报》中共有3个头条对一些比赛进行了报道。第1期头条"钢琴小提琴走出象牙塔"，这篇报道主要是对比赛方法的评判。报道中说："中央电视台音乐频道利用电视媒体进行钢琴小提琴大赛突破了传统的比赛方法，是一种崭新的尝试。"这次比赛除推出一批新人外，还让千千万万的电视观众和音乐爱好者可以直接看到和参与比赛过程，听到比赛曲目，关注比赛结果，其影响大大地超过了过去只有少数人才能接触到的评比过程。第23期"克莱本国际钢琴大赛中国选手'破零'"，这个头条主要报道了金牌得主中国选手张昊辰在比赛当中的表现及学历简介、日韩选手表现不俗，以及专家对重视重奏的忠告等。笔者认为，由于此次比赛为世界难度最高的三大钢琴比赛，并且是亚洲选手在此赛事上第一次夺冠，因此起到了"喜报"的作用。第33期双头条，第一头条"第二届央视民乐大赛三大热点"，是对评委、选手、场外观众针对此次比赛中的拉帘听音、才艺考核、学院派等问题进行的采访报道；第二头条"繁荣民乐艺术的宽阔平台"，是针对这次比赛的延伸报道，作者是中国民族管弦乐学会会长、本届大赛监审——朴东生。文章主要表达了作者对此次赛事传播方式的赞同、比赛目的的强调以及对大赛圆满成功的期待。

6. 关于"流行音乐"的报道

除有第9期"全国优秀流行歌曲创作大赛"的报道外，还在第15期第一头条中报道了2009年4月18日晚7点半"纵贯线京城开唱"，是对罗大佑、李宗盛、周华健、张震岳4人组成的纵贯线乐队当晚的演出情况、观众群和组合模式的分析以及"女版纵贯线"演出的预告；第二头条"流行音乐与青年文化"是根据此次演唱会所作的延伸报道，文章通过"流行音乐的属性特征、青年文化的属性与特点、流行音乐与青年文化、高校——青年文化的荟萃地"几个方面试图更精确地解析流行音乐的概念、引领大家更贴近流行音乐。

7. 关于"歌剧"的报道

在《音乐周报》中有3个头条进行了报道。第44期头条"中国歌剧《木兰诗篇》感动日本"报道了《木兰诗篇》在日本的演出情况、演员和乐团情况，以及获得的好评。第45期双头条第一头条"楚霸王自刎白毛女重生"是对原创歌剧《楚霸王》作曲、编剧、导演、演员、指挥、舞台设计、演出情况及评论等细节的综合叙述报道。第二头条"俞峰：《白毛女》的喻示——中央歌剧院不能变成意大利歌剧院"报道内容包括《白毛女》知多少、复排《白毛女》的演出情况以及对中央歌剧院院长俞峰的采访"等方面。第47期是本报资深记者陈志音针对中国原创歌剧的问题所撰写的"中国原创歌剧三大顽疾"，所指"三大顽疾"分别是盲目崇洋思想作祟、缺少新的经典、经不起时间的检验。

8. 关于"新闻综述"的报道

《音乐周报》社于2008年、2009年年末评出中国音乐界十大新闻，这是对一年中音乐界发生的大事件进行的总结。2009年《音乐周报》第2期头条刊登"2008音乐界十件大事"、第50期头条刊登"2009中国音乐十大新闻"。其中，2009年被评出的音乐界十件大事分别是：（1）国庆60年文艺创演繁荣；（2）年轻、当红，中国音协新主席团风头正劲；（3）原创歌剧创作高产叫座不叫好；（4）人数最多、奖项最广"金钟奖"囊括最宽范畴；（5）张昊辰破零"克莱本"中国需要什么样的钢琴偶像；（6）交响乐大家庭添丁民营资本助推严肃音乐；（7）象牙塔光环不再学术腐败频仍；

（8）乐坛惊现绵羊音90后审美取向引关注；（9）负面新闻频传艺人心理健康亮红灯；（10）《音乐周报》30年转企文化体制改革势在必行。

9. 关于"人物"的报道

本报第8期头条报道"郑小瑛指挥台不应拒绝女性"。就女指挥家所面临的处境与问题，对郑小瑛进行了专访。关于以人物（傅庚辰）为中心的另一篇报道，前面已经提及。

10. 关于"音乐节""艺术节"举办的报道

第11期头条报道"钢琴艺术节推动古典音乐在长春继续前行"，文章通过描述学员上艺术节大师课之后的收获、专家通过大师课发现中国钢琴学生的优缺点，以及长春市依靠艺术节促进当地文化发展三个方面对此次艺术节进行报道。第40期头条报道"北京国际音乐节说：'12年轮回收获的不只是演出'"，意在表达通过北京国际音乐节看到了许多新锐音乐家，收获了更多的音乐爱好者。《音乐周报》在报道两次大型音乐节、艺术节的同时对艺术节的意义进行了宣传，能够引起广大受众对艺术节的重视、激发他们积极参与的热情。

11. 关于"版权"的报道

《音乐周报》第14期头条报道"免费音乐下载触及网络音乐软肋"，其中提道："……互联网音乐版权的问题始终困扰着整个行业……版权费用太高阻碍了合法授权音乐下载网站的建立……正版音乐免费下载的道路还很漫长。"第34期头条报道"乐谱使用不是免费午餐"，提道："职业交响乐团演出'有偿使用'（租赁、购买）乐谱，早已成为国际惯例。当国际惯例遭遇'中国特色'……我们的乐团大量使用手抄或复印的乐谱，'租赁'，则是一个相对陌生的词汇……有偿使用乐谱，应该成为国内乐团自律的法则。"两篇报道是针对正版网络音乐、乐谱使用在中国所存在的盗版问题，指出这个问题不是一朝一夕能够解决的、必须引起高度的关注，宣传已经制定的"公约"。

12. 关于"区域音乐特点"的报道

第12期头条报道"包装意识　上海领先"，文中写道："2007年就有美国音乐家认为，西方音乐在未来20年需要依靠中国的音乐人来振兴，而北京和上海将成为世界音乐的中心……说上海人更精明也好，说上海音乐家更会炒作也罢。眼下，观众对上海音乐界的关注度明显高于北京，却是个不争的事实。这两年全国各大城市尤其是北京和上海往往采取各地联动的方式邀请知名团体来华演出，既节约演出成本，又拓深了观众层面，演出商乐此不疲……"笔者认为，《音乐周报》头条刊发此报道的寓意主要在强调国内音乐资源要优势互补。

13. 关于"院团成立"的报道

除前面提到的交响乐团成立外还有1篇报道——第25期头条"《巫山神女》为重庆大剧院剪彩"。

14. 关于"音乐夏令营"的报道

第32期头条报道:"音乐夏令营:爱你不容易。"本篇报道是49篇头条中唯——条对夏令营持全盘批判态度的文章,体现了《音乐周报》对音乐市场中的知识陷阱所持的警惕态度和服务大众的意识,符合"实事求是"的报道原则。

15. 关于"图片新闻"的报道

第43期"MTV欧洲音乐奖颁奖"这篇头条新闻采用图片新闻的形式进行报道。这种头条形式,在接下来的2010年头条中得以延续,基本所有头版头条都采用图片新闻的形式,主要内容转后版刊登。

笔者在读2009年所有头条新闻的过程中发现:除第9、12、47期头条新闻外,其他所有头条新闻都配有相应的图片,并且基本都是活动现场图片,说明了《音乐周报》社在头条新闻报道中注重读者的感官接受和报道的全面性,增加了头条的分量和传播力度。

由以上分析结果可知,《音乐周报》社在头条新闻的设置和内容选择上是有规律可循的。首先,报道的内容是紧扣中国音乐家协会工作内容,中国音乐家协会在某一时期工作重点的不同,能够影响周报头条新闻的选择,同时研究周报的报道规律也可以发现中国音乐家协会在某一阶段的工作重点所在。另外,把一年内所有的头条新闻进行归类,发现多在这十几个相对固定的类别之中。

三、《音乐周报》的要闻版研究

"要闻版",是一张报纸的灵魂,是报纸办报方针、办报宗旨最初的集中体现。"要闻版"内容的价值以及对受众的舆论引导力远远大于其他版面。通过对10年来《音乐周报》"要闻版"的集中研究可以发现,周报对音乐界哪些领域有着重要的新闻报道以及舆论推动作用,能够较好地评价《音乐周报》在音乐界存在的价值。

(一)十年来能够起到引导中国音乐界发展作用的新闻报道

1. 关于"两会"的新闻报道

《音乐周报》2000年第10期"傅庚辰委员的三点意见"中报道了傅庚辰委员在2000年政协会文艺界委员联组会上的发言。发言中主要谈到三点:一是关于文化建设的战略地位和资金投入问题；二是关于文艺界的地位问题；三是关于极少数老文艺家的生活补助问题。

2002年第11期头版头条关于两会的报道"音乐人准备好了吗？"，内容涉及：音乐要法律，强调贯彻执行好《著作权法》的迫切性；要支持音乐的发展，谈高雅艺术资金的拮据问题；音乐拒绝浮躁，提倡真唱、禁止假唱，写百姓喜欢的、有深度、有力度的作品。

2005年第9期头版头条"为儿歌要政策 送假唱上法庭——两会代表关注音乐"，报道中称"在众多提案议案中，儿童歌曲创作和假唱两大问题成为文艺界委员们最为关注的话题"。

2006年第10期头版头条"音乐界代表谈文化建设"，报道了吴雁泽、刘锡津、谭利华、廖昌永、滕矢初、吴祖强、李谷一的观点。

2007年第11期头版头条"让音乐贴百姓近点"的报道中称："傅庚辰、王次炤两位代表的提案很有含金量，一并刊发。"其中傅庚辰的提案是"提升艺术考级水平的法规层次"；王次炤的提案是"民族文化遗产需要有滋养的土壤"。另外，本报记者报道"热议三大切实问题"："（1）权益保障；（2）责任意识；（3）重视人才。"

2008年第10期头版头条"倾听两会音乐界呼声"报道了林文增、席强、余隆、叶小纲、于海等委员的提议。其中，叶小纲委员建议"政府应加大投入，重点打造北京现代音乐文化节等几个文化品牌，充分利用专业院校的人才资源优势，以全国重点音乐院校为基座，搭建一个宽口径、多元化、大众化和专业化结合的音乐创意展示的公共平台"。

2009年第10期头版头条"文艺界代表两会话乐为国歌立法"报道了于海、徐沛东、赵季平、林文增、席强、张国勇、王次炤、田青等委员的建议。其中，张国勇建议"艺术教育亟待规范化、常态化"，建议"国家的教育部门将大中小学艺术教育纳入议事日程，从课程的设置、教材的撰写、师资的配备等等方面都要规范有序……此外，国家和地方政府的文化和教育部门要联合起来，使广大的文艺团体为中国的艺术教育作出有效的贡献，而不是仅仅局限于几个大城市"。

"两会"上的提案涉及很多问题，反映出的近10年发生的具有广泛社会意义的主要问题包括：资金不足、著作权问题、假唱、创作问题、国歌的规范和立法、音乐教育中的问题、传统文化保护、媒体报道视角、儿歌创作、民族音乐传承、关注市场不好的音乐体裁、考级、音乐创意展示的公共平台等。《音乐周报》社对两会的广泛、持续报道不但起到新闻宣传的作用，更重要的是深度揭露和解读音乐界存在的问题并寻求其解决途径，意图达到引导音乐文化良性发展的目的。

2. 关于"音协"的新闻报道

《音乐周报》2001年第8期新闻"中国音协主席团会议在北京召开",此次会议为第五届主席团第三次会议,"会议号召全国广大音乐工作者,积极参加首届'金钟奖'的评选和庆祝建党80周年的音乐创作活动……汇报了2000年工作……提交了中国音协2001年工作计划"。第9期"中国音协春耕忙",报道了2001年中国音协五个工作重点:(1)建党80周年的音乐创作和演出活动作为本年度工作的重中之重;(2)首届中国音乐金钟奖的评选工作已进入倒计时阶段;(3)进一步活跃理论研究,引导音乐创作健康发展;(4)活跃各地音乐活动,推动音乐创作、推出新人;(5)继续组织全国的音乐家深入生活,进行采风和创作。

2002年第1期头版头条"2001中国十大音乐新闻"中的第2条"首届中国音乐金钟奖颁奖"、第4条"以庆祝建党80周年为主题的音乐创作活跃"、第6条"群众歌咏活动再成热点",和2001年第9期中有关中国音协5个工作重点相符合。"2001中国十大音乐新闻"中的第1条"首届全国原创音乐作品交易会创办"和第10条"全国中青年作曲家天津聚会",这些报道与中国音协会议强调推动音乐创作相关。可见,10条新闻中有5条是紧扣中国音协的方针计划,再次证明中国音乐的发展是在音协指引的方向中前进的。

2003年第12期新闻报道了"中国音协召开第五届理事会第三次会议"。傅庚辰在开幕词中强调:"我们要以音乐事业的发展为第一要务,要以市场取向为体制改革的核心,要以为人民服务为根本目的。"

2004年第24期头版头条"第六次音代会为中国音乐之火助燃"中报道:"……大家认为,在加强作品创作的同时,还要重视作品的推广……主席团成员们还提出要加强理论研讨,对当前的音乐创作、表演进行引导……要充分发挥音协所主办的报纸和刊物的作用,对音乐创作和表演加强评论工作……普及音乐教育是提高全民族文化素质的良好途径,对孩子们进行美育教育是一个潜移默化的过程,音协要在这方面做更多的工作。"

2009年《音乐周报》第48期头版头条"中国音乐家协会第七次全国代表大会在京开幕"是对中国音乐家协会分党组书记、驻会副主席徐沛东代表中国音协第六届理事会所作的工作报告分为14个方面进行详细解读。

2009年第49期头条"中国音协主席赵季平真情话真言",从微观角度对中国音乐家协会第七次全国代表大会做了延伸报道。此篇报道包括3篇文章,其中专访赵季平一文中写道"赵季平说希望通过大家的努力,为中国乐坛做一个好的引导"。

通过以上报道可以看出,内容主要围绕着音协的工作情况、工作重点和工作计划。通过《音乐周报》对中国音协会议的详细报道和工作报告的解读,将全国音乐工作的进展规划呈现给广大受众，使基层音乐工作的发展有章可循。

(二)《音乐周报》对不同音乐类别发展的关注和报道

《音乐周报》"要闻版"近10年来主要关注的音乐类别有：民族音乐、中国交响乐、流行音乐、合唱、歌剧、古典音乐。其中，对民族音乐的关注度是较高的，新闻报道量和内容所占分量也较大。

《音乐周报》对中国交响乐的关注体现在2000年、2001年，平均每年有5个"要闻版"的重要版位刊登关于中国交响乐的新闻，2002年到2007年趋于平淡，于2008年、2009年达到白热化，两年中共34期"要闻版"(每年刊发约50期报纸)刊登了中国交响乐的新闻；《音乐周报》社从2006年开始增加对流行音乐的报道和舆论引导，高峰出现在2009年，一年中11个要闻版报道关于流行音乐的重要新闻和舆论；合唱，由于合唱具有集体性，是普及性最强、参与面最广的演出形式之一，正因如此《音乐周报》社10年来对合唱的关注度相对稳定，除2003年没有特别报道外，其余每年都有2~3篇重要报道。2001年第7期报道"会诊歌剧综合征"中编者按："交响乐、芭蕾舞、歌剧，通称艺术领域的三大重工业。近年来，在有关领导部门的重视及从业人员的努力下，交响乐、芭蕾舞虽爬坡艰辛，但成绩显著，有目共睹。然而，唯独歌剧欠投入、少活力、缺人气……"经过2002年到2006年的预热，2007年、2008年《音乐周报》社开始重视推动歌剧的发展，2009年达到高潮，在7期"要闻版"中刊登相关新闻；"要闻版"对古典音乐的关注在2002年中最为集中，在9个"要闻版"中刊登相关信息，如第6期"孤独另类的一月古典"、第9期"二月古典步入常规……七月泛滥后浪漫主义……"是对当月所举行的古典音乐会的系列观后感。

《音乐周报》社除了对以上交响乐、流行音乐、合唱、歌剧的关注外，也对民族音乐的保护与传承起到了一定的推动作用。改革开放以来，随着经济、政治、对外交流的广泛开展，外国音乐文化在中国得到了深度渗透。尽管外来音乐对我国音乐的多元化发展起到重要作用，但也在一段时间内使我国的民族音乐遭受冷落，国内音乐界一度有浓厚的"崇洋媚外"思想，加之国内流行音乐的快速发展也使民族音乐和音乐中的民族特色被弱化，中国民族音乐的发展面临挑战。如西北师范大学音乐学院李三强于2007年9月8日发表在期刊《黄河之声》上的文章《中国民族音乐现状》中所说："……我国音乐教育的发展存在着一些不容忽视的问题，传统民间音乐的发展现状不容乐观，就像我们的母亲河每年断流一样，民间音乐中的许多品种也出现了断流，濒临灭绝。流行音乐充斥着中小学音乐课堂，民族音乐教育被忽视……近二十年来受外来文化、市场经济的影响，各种媒体播放民族音乐的比例少……民族音乐的爱好者却越来越少……发展民族音乐教育，提高民族音乐素养显得尤为重要……"另外，《行走的刘索拉——兼与田青对话及其他》中说："……学完蓝调以后，才懂得什么是说唱音乐。现在想起来，觉得那时特别傻，明明中国摆着那么多的说唱音乐……"[1]综合各专家对中国民族音乐发展问题的分析，可知中国民族音乐发展所受到的制约因素大概有以下几个方面：（1）民族音乐自身的问题，如新作品难出经典；（2）大众传播媒体对民族音乐的"冷漠"，没有给予大众充分欣赏、了解民族音乐的平台；（3）在学校音乐教育中没有正确地引导学生欣赏民族音乐；（4）国家对民族音乐保护和发展的扶持不够。

面对这样的发展形势，中国音乐界意识到"民族的才是世界的"，任何民族文化都离不开传统，中国应给予民族音乐应有的保护和继承。《音乐周报》作为音乐界具有权威性的报纸媒体，对于民族音乐的保护、推广和传承，做出了很大的贡献。并且民乐的发展是近10年来周报最为关注的领域之一，特别是在2002年至2009年间，"要闻版"刊发了大量关于民乐活动的文章。

1. 2000年关于民乐发展的重要稿件

2000年第14期头版头条《新民乐》'运动'了"报道："……探索的是民族音乐通俗化、流行化或世界化、现代化的路子……老老实实深入生活，认认真真向传统向民间学习的旧话被重新提出来并加以反复强调……把民俗的原生态向人文的层次和境界提升。"在报道《新民乐》开播的同时，也充分体现了电视媒体对民乐的关注和打造民乐大众化的趋势。

2000年第30期头版头条"民乐之花开南国"是对深圳沙井第九届全国"桃李芬芳"青少年观摩音乐会的介绍，"这是一种具有全新概念和意义并且采用独特运作模式的音乐会：音乐会的表演者是一群天真烂漫、初学民乐的孩子；每年考级结束后，在取得好成绩的孩子里认真选拔，在有能力和兴趣组织音乐会的地点举行观摩演出"。本篇文章报道的是以音乐会的形式，从小培养孩子们对民乐的兴趣，引导孩子们参与民乐活动。

2. 2001年关于民乐发展的重要稿件

2001年第21期头版头条报道"民乐演出'小打小闹'何时了中央民族乐团为民乐整容"，中央民族乐团团长顾夏阳表示："将花大力气抓民族音乐创作问题……将加强对乐团的管理，使其更加职业化、规范化、专业化。"此篇文章重点谈到"民乐创作"的问题，也是民乐发展的根本问题。

---

[1] 刘索拉：《行走的刘索拉——兼与田青对话及其他》，昆仑出版社2001年版，第6页。

第 29 期头版头条"一个企业家的民乐情"中说:"……绿韵之夜唐宋名篇民族之魂音乐会……在广东掀起了一股民乐风……中国民族音乐的独特魅力征服了挑剔的广州人……他不求别的,能多一个人听到、领略到中国文化的魅力也是好的。"笔者认为,这篇报道说明民乐开始被大众重新认识和关注。本期和民乐相关的报道还有"汪派琵琶创始人纪念活动 9 月举行""钢琴王子触电中国民乐"。

2002 年 9 月 23 日中国歌舞剧院民乐团在北京演出了"中国十大名曲"音乐会,作曲家、指挥家刘文金担任了音乐会指挥。对此,《音乐周报》第 38 期新闻以"中国十大名曲探索民乐创作出路"为题进行了报道。文章汇集了中国不同时期不同风格 10 首名曲的音乐会,"试图在编配名曲的同时激发我们的创作灵感……让有自己特色的精华的东西走向世界,让外国人真真正正地了解中国音乐、中国传统、中国文化"。

第 49 期新闻"古琴不再沉默"中说:"……具有三千年历史的古琴在新千年的第一年,迎来了历史性的发展机遇……继中国昆曲 2001 年被联合国教科文组织列为世界文化遗产之后,2003 年中国的古琴艺术也将获此殊荣。"

3. 2002 年关于民乐发展的重要稿件

2002 年第 3 期头版头条"风从高原来"中提道:"'高原如歌——中国边远少数民族音乐寻根之旅'是一个兼具观赏性和学术价值的音乐会系列……中国作为民族音乐品种最多、资源最丰富的国家之一……然而,在现今舞台上却难得一见原汁原味、少精雕琢的民族音乐作品……这一系列音乐会的举办,将使更多的人认识、喜爱乃至有意识地保护这些民间艺术……"

《音乐周报》对民乐的关注:主要有 2002 年第 6 期本报讯"民乐打出贺岁牌"中说北京市从本年起,将努力打造北京新春民族音乐会这一品牌;第 7 期以"民乐为春节祝兴"为题再次进行报道"……民乐贺岁牌成功地迈出了艰难的一步……从去年开始,民乐演出几乎场场爆满……民乐五次走进音乐的最高殿堂——金色大厅,不仅使国人对民乐增强了信心,更为外国人打开了一扇了解中国文化、了解中国的窗户"。《音乐周报》第 6 期"要闻版"编发本报讯"中国红星闪耀金色大厅",本篇文章除对演出人员、演出曲目和解放军艺术学院进行简单介绍外还说:"……中国红星民族乐团将以推动民族音乐的繁荣和发展为宗旨,致力于民族音乐的创作演出和教学研究。"第 7 期编发报道"北京青年女子民乐小组 3 月赴美",报道中说:"2002 年正值中美联合公报签署 30 周年,中美在各个领域的交流日益频繁,尤其是在文化方面,中国优秀的民族文化,以其深厚的传统文化底蕴和博大精深的文化内涵感染着美国人民。"还介绍了民乐小组的演员、乐器及演奏情况。第 7 期"阿尔坦奇奇格来自金色圣山"报道的是内蒙古长调和马头琴音乐会,其中提道"面对着本民族的艺术正逐渐失传的现状,阿尔坦表现出了深深的忧虑"。2002 年 5 月 10 日,青年二胡演奏家宋飞"弦索十三弄"独奏音乐会在北京国图音乐厅举行,《音乐周报》第 17 期对此编发本报讯"宋飞[十三弦乐]会知音"对演奏家与音乐会内容进行了报道。第 24 期本报讯"文化部首次主办青少年民乐大赛"。第 25 期头版头条"民乐华章奏响雅典"报道:"中央民族乐团首次远行希腊首都雅典……近 8000 名观众兴奋地观看演出……是一次东西方文化符号的对接,一次有关民族精神和文化传承的探访,一次两个文明古国在当今历史坐标中的文化观照……一定要用百年的眼光去看今天的民乐改革……"2002年 7 月 2 日"龙声飞扬"万人青年音乐会在香港红磡体育馆举行。琵琶演奏家章红艳带领海内外 500 多名青年琵琶演奏者,在音乐会上演奏了古曲《阳春白雪》,对此《音乐周报》编发本报讯。

第 28 期头版头条"抢救音乐文化遗产"中说"一时间,音乐文化遗产的保护问题再次成为关注的焦点",另有本报讯"李祥霆古琴会知音",不断强调抢救文化遗产的重要性和紧迫性。

第 31 期头版头条"新音乐挑战文人音乐"中说:"当初'新民乐'的概念已经不足以表达今天中国音乐界的变革。"本篇文章指出了新时期中国民乐发展以及如何在世界音乐中占有一席之地的途径。

2002 年 8 月 23 日至 9 月 1 日,名为"中华鼓宴"的 28 场大型打击乐进行展演。对此,《音乐周报》第 35 期"浦东摆起中华鼓宴"进行报道。本篇文章说明,并不是国人不喜欢本民族的音乐,而是音乐界、媒体给予的引导不够,传统音乐应该在活态中保存和发展。

2002 年第 40 期报道"新民乐:传统音乐的'改版'",作者认为学术界尚未对新民乐加以足够重视和介入研究,因此从新民乐的由来、形态描述两方面发表了自己的观点。

2002 年 11 月,举办"龙音杯"中国民族乐器(二胡)国际比赛,近 400 名选手参加了比赛。对此,《音乐周报》第 44 期本报讯"'龙音杯'二胡比赛受人关注"报道:"有关人士认为,本次比赛代表了当今青少年二胡演奏的水平,从选手们的表现中可以看到二胡艺术从创作到表演日趋繁荣发展的乐观前景。"

2002 年第 46 期 3 篇文章报道民乐,其中头版头条"民族管弦乐作品比赛还未鸣锣中央民族乐团已成焦点"报道:"这一全国最高规格的音乐作品比赛,在举行了八届之后,第一次将民族管弦乐作品比赛列上议事日程。"说明民乐发展从根本上受到了重视。

2002 年 12 月 14—15 日中国民族管弦乐学会"2002 年全国胡琴新作品创作研讨会暨新作品演奏会"在北京召开。来自全国的胡琴演奏家、作曲家等百余人与会,共宣读了论文 20 余篇,并演奏 20 多首胡琴新作品。本报讯"2002 年全国胡琴新作品研讨会召开"对此进行了详细报道。

4. 2003年关于民乐发展的重要稿件

2003年第11期头版头条"香港中乐团力推二十世纪中乐名曲"中报道："近些年民乐作品的匮乏成为民乐界人士一致关注的焦点，而由香港中乐团牵头的'世纪中乐名曲选'乃繁荣东方民乐艺术之盛举。"文章是对香港中乐团组织此活动的高度评价。第13期新闻"世纪中乐名曲评选揭晓"，列举获奖作品，激发创作欲望。第27期报道"对待传统音乐文化——抢救、保护、慎谈发展"。

2003年7月26—30日，首届全国新筝比赛总决赛在辽宁葫芦岛举行。该比赛旨在推动近些年崛起的新筝艺术，使新筝艺术得到更广泛的传播、普及和提高。第30期头版头条"新筝与古筝的对话"中介绍了国内外学习古筝的热潮及原因、新筝现象、何为新筝以及对新筝的反对"声音"的分析。

第34期头版头条"民族乐器改革成立集团军"报道，"……它必将对推动我国民族管弦乐事业在新世纪、新时期取得更加健康、顺畅的发展产生重大影响"。

第36期头版头条"爷爷只应长寿不应年轻"报道了4位民歌专家对民歌应保持原貌的观点，用其中一位专家的话说"不应该像给爷爷割眼皮、涂口红一样，也不要试图让古老的建筑焕然一新，也不要试图把民歌现代化"。

第45期头版头条"古琴'入世'是奖牌还是黄牌？"报道，古琴演奏家李祥霆先生认为，"古琴入选遗产名录的消息令人振奋，国乐之中古琴已经成为最冷门的乐器，而这门乐器的技法、曲目、文献及人文内涵恰好是最为丰富的，这本身很不正常"。2003年4月，由文化部主办、中央民族乐团承办的全国第九届音乐作品（民族管弦乐）比赛在北京拉开序幕，这是全国最高规格的音乐作品比赛，而且是自举办以来首次设立的民族管弦乐比赛。相关文章还有，第48期头版头条"全国第九届音乐作品比赛折射创作困境"报道本次比赛获奖情况及对民乐创作的困境进行了详细论述。

2003年，TMSK刘天华奖中国民乐室内乐创作比赛评选工作结束。《音乐周报》第46期"音乐链接"栏目刊发"众家评说TMSK室内乐比赛"一文，对比赛结果进行了公布，并且报道了比赛结束后举行的《中国民乐的今天和明天》研讨会，会中评委对当代室内乐创作比赛都呈支持和赞同的态度。

5. 2004年关于民乐发展的重要稿件

2004年第5期头版头条"祭天古乐重现京城神乐署展雅乐雄威"报道，"我们希望能让游客领略或欣赏到更多更深层次的文化内涵，之所以耗资上百万，就是要弘扬我们文化珍宝——古乐"。说明政府加大了对古乐的投资力度。

第10期头版头条"女子十二乐坊现象的启示"报道，中国民族管弦乐学会会长朴东生认为"新民乐"的提法与定位较含混、不确切，何谓"新民乐"难以说清。既是对"新民乐"概念提出疑问也对民乐发展前景表示看好。

第24期头版头条"带你走近长安古乐"。2004年8月21日，"第二届中国南北民歌擂台赛"在山西左权县拉开序幕，共有近200名歌手参赛。第34期头版头条报道"原生态民歌花开左权记第二届中国南北民歌擂台赛"中，首先提到贫困县承办比赛的艰难、坚持和收获，以及比赛的具体情况，其次介绍比赛的章程、特征、获奖情况，最后指出要保护、传播祖先的歌，以及提出实施措施。2004年7—8月，2004全国古琴大赛在京举行，来自中国、日本的200多名选手参赛。对此，第34期本报讯"中国古琴史上首届全国大赛落幕2004全国古琴大赛在京颁奖"。

2004年10月17—21日，举办"中国·徐州首届国际胡琴艺术节"。第41期头版头条"汉风琴韵耀彭城——中国·徐州首届国际胡琴艺术节落幕"对此次活动的参与者和表演曲目、售票情况、胡琴品种的演奏情况进行了详细报道。总策划闵惠芬给予了很高的评价："胡琴在我国是最普及、最深入人心的民族乐器，这次艺术节内容丰富，可说是一个二胡作品的大展览。"

第50期头版头条"天涯论剑琵琶行"报道"刘德海琵琶艺术国际研讨会"一文中说："'我（刘德海）看到了琵琶和民乐的危机，家底越来越薄了。'要继承传统'活'的精神，谁能突破谁就领先。"这是对传统音乐的传承问题的探讨。

6. 2005年关于民乐发展的重要稿件

2005年2月1—3日，举办名为"刀郎下天山之世纪论剑"的演出。古老纯正的"新疆刀郎文化"第一次以集体亮相的方式展示其原生态样貌。2005年第3期本报讯"原生态刀郎2月集体下天山"，除了对上述进行报道外还详细介绍了刀郎舞以及其伴奏音乐和伴奏乐器。

第4期头版头条以"看盛装何以盘活民乐"为题进行了报道："《盛装民乐》这是一个时尚的、大胆的实验民乐音乐会。声、光、电的结合将令演绎者和观看者在不断诧异中不自觉地接受感官刺激。"

第8期"弦管鼓乐唐音宋韵南音在泉州过大年"报道"南音具备联合国教科文组织'人类口头和非物质文化遗产代表作'所列'从历史、艺术、人种学、社会学、人类学、语言学或文学角度看，具有突出价值'的各种特性"。第12期头版头条"考核开路广播民族乐团将推音乐季"报道中谈到要积极探索现代民族音乐团体的发展模式。第17期头版头条"民族器乐比赛推进民乐普及"报道中说本次中国文化艺术政府奖演奏比赛确定将琵琶、古筝、二胡、竹笛4种乐器作为独奏乐器并增加了民乐组合以及少数民族乐器独奏和组合。第24期头版头条"国家级非物质文化遗产名录全面'清仓'"中报道"……民间文化的传承人每分钟都在逝去，民间文化每一分钟都在消亡……对中国56个民族的民俗、民间文学、民间艺术进行地毯式的普查、登记、整理……清仓的同时，传承的步伐更应加快而坚实"。

第25期头版头条"暮鼓晨钟智化寺"报道："今年4月，口传心授了近560年的智化寺音乐，其中38首被以声音资料记录下来，由智化寺音乐第26代传人张本兴老人领衔录制，并以乐曲光盘的形式上市。"文章主要从三个方面阐述：首先是介绍智化寺、智化寺音乐和第26代传人张本兴，其次对其传承问题进行了调查，最后是对保护工作的设想。

第38期头版头条"专家为民族交响乐创作会诊"中报道"作曲家深入生活，将创作热情、技巧根植于生活的沃土当是繁荣民族交响乐创作的必由之路"，是对民乐创作方法的介绍。

2004年10月7—11日举行第19届澳门国际音乐节，该音乐节秉承多年传统，以国际著名艺术家荟萃、演绎经典名曲为主轴。第41期头版头条以"珍爱民乐珍爱永恒——澳门中乐团与中国广播民族乐团澳门演出侧记"为题进行了报道。

2005年第45期新闻以"联合国教科文组织公布第三批'人类口头和非物质文化遗产代表作''木卡姆'和'长调'入选"为题报道了这一消息。

7. 2006年关于民乐发展的重要稿件

2006年1月31日，"京西古幡乐"被文化部列为第二批抢救保护民间文化遗产的立项工程。2006年第5期头版头条"京西古幡乐与京城百姓接触"对其进行了报道。读者通过文章可以了解其演出情况、追根溯源、价值和保护工作。

2006年1月，"民族管弦乐新作品征集评选"活动在京结束初评。第9期头版头条"打造民乐经典从这里起步"对此进行报道。

2006年3月29日至4月14日，顾夏阳带着《盛装民乐》这台节目赴澳大利亚，在墨尔本、悉尼等七个城市演出12场。第12期头版头条"《盛装民乐》出行澳洲"对此进行了报道，展示了民乐改革的思路。

2006年3月20日，聂耳基金会交响乐创作小组赴云南昆明、西双版纳等地进行了为期7天的采风活动。第14期头版头条"为民间风情插上交响的翅膀——聂耳基金会交响乐创作小组采风"中报道了作曲家采风情况以及在此过程中延伸出来的"地方文化馆囊中羞涩、保护原生态音乐雷声大雨点小以及经费紧张的问题"。通过报道可以看出各省、市开始发现民族艺术能够较好地展示地方特色。

2006年4月，举办"纪念王季思、董每戡百年诞辰暨中国传统戏曲国际学术研讨会"，来自海内外百余名专家出席。第16期以"中国传统戏曲国际学术研讨会成果丰硕"为题对其进行报道："本次会议收到的83篇学术论文，分别就传统戏曲与非物质文化遗产问题、濒危剧种、戏曲研究现状与策略、戏曲文献与文本研究等学术论题展开交流与探讨。"

第 19 期"新天地开放民乐新花第二届 TMSK 刘天华奖中国民乐室内乐作品比赛颁奖"报道"中国的声音,在保持祖辈遗存的同时添加今人的创造,打着时代烙印留给子孙后代的新的声音",是对民乐新形式的介绍。2006 年 5 月,历时 3 载印制而成的南音《弦管指谱大全》面世。这是南音史上第一套借助电脑技术印制的指谱大全,被中国艺术研究院音乐研究所视为"以现代方式保护和传播南音艺术"的一大突破。

第 21 期刊发"首批国家级非物质文化遗产名录出炉";新闻"中国非物质文化遗产保护论坛召开"报道:"要在活态中保护非物质文化遗产,让民族民间艺术活起来。"第 22 期头版头条"第一个文化遗产日之际再看古琴千年雅乐理应回归大众"报道"古琴被联合国评定为世界文化遗产,已经两年半了……于众多国人而言,古琴还是陌生的"。

第 34 期头版头条"中国有了'马头琴之乡'"报道"吉林省唯一的蒙古族自治县前郭尔罗斯,被中国民族管弦乐学会授予'中国马头琴之乡'的称号……使得这种绿色马头琴文化永远流传下去"。

2006 年 10 月 25 日,第 12 届全国作品(民乐)评奖在京揭晓,《乐队协奏曲》《第三二胡狂想曲》分获两类作品一等奖。第 41 期新闻"第十二届全国作品(民乐)评奖揭晓大乐队作品趋向成熟"对此进行了报道,介绍了评奖情况、对获奖作品进行了评价,认为"大乐队作品趋向成熟",最后对评奖活动的要求及指导思想进行了阐述。这样的报道有利于指导作曲创作向良好的方向发展。

2006 年 10 月 27 日至 11 月 18 日,"中国江苏二胡之乡——民族音乐节"在江苏南京、苏州、徐州等地举行。第 43 期新闻"民族音乐节绽放二胡之乡"对其进行了报道,其中着重提到"中国民族音乐的传承与发展论坛"及各专家的论题。

8. 2007 年关于民乐发展的重要稿件

2007 年,新闻报道"中国将首次承办非物质文化遗产国际会议"。第 7 期头版头条"中国广播民族乐团日本巡演受热捧"报道,具有中国特色的民乐在国外受到热烈欢迎,中国民乐走出国门。

第 9 期头版头条"民乐他乡遇知音浙江民族乐团成功结束北欧拓荒之旅"。第 18 期头版头条"古琴艺术需要'保护伞'"报道:"对古琴艺术应着力'保护'还是崇尚'发展'是音乐界近年来争论的焦点,本次论坛上各位专家学者针对此问题基本达成了共识……'申遗'是把双刃剑……古琴逐渐从古代文人修身养性的乐器转变为少数琴人挣钱和追名逐利的工具……对古琴艺术采取有力而全面的保护措施,已成为目前古琴音乐发展的当务之急。"

第 21 期头版头条"《龙舞》场场开门红中国广播民族乐团东欧传扬龙的精神"报

道:"……收获的……更多的是让中国民族音乐真正走向世界的经验。"第22期头版头条"中国民间音乐现状调查细数民间音乐家珍"报道:"……计划在今年底至明年年初全部完成上报工作,最终汇总成为《中国民间音乐现状调查报告》(含民歌、民间器乐与乐种、民间歌舞艺术),既让专业音乐人更清楚我们民间音乐流失状况,也让国人了解中国民间音乐还存有多少宝贝。"另有"解读'中国民间音乐现状调查'"报道。

第45期头版头条"民乐电视大赛谱写盛世华章"报道:"2007CCTV民族器乐电视大赛是我国民乐界的一大盛事……央视有意将这项民乐赛事如同青年歌手大奖赛一样两年一届,连续办下去……这一思路与抉择对推动民乐艺术创新、建构新时期、新阶段的和谐文化具有不可低估的重要影响……"

第49期新闻"邓建栋将持二胡走入金色大厅"中报道"……这也是中国民族器乐独奏音乐会首次入主金色大厅……这场音乐会的重大意义将远远超出演出本身……"这场音乐会是弘扬民族文化的具体行动。

9. 2008年关于民乐发展的重要稿件

2008年第1期新闻"中国原生民歌大赛西安落幕"报道:"……原汁原味,如同天籁,民间艺术的魅力真的就是纯粹啊!……对原生民歌进行的文化修补和弘扬是一种文化责任,而原生民歌举办也会让中国声音唱得更响。"

第6期头版头条"中国民乐数字电视频道5月正式开播",据朴东生介绍:近10年来,随着奥地利金色大厅新春民族音乐会的演出带动了民乐团队的国际巡演,引起西方主流音乐界和音乐爱好者对中国民乐的极大兴趣。期待即将开播的数字频道能够传递出中国民族文化的精髓,为当代和历史留下宝贵的音乐财富。另有新闻"香港中乐团在京高奏迎春曲"报道,在该团30年历程中,平均每年新作56部。郭文景激动地表示,"听完他们的音乐会,一个作曲家会产生强烈的愿望——想给香港中乐团写作品"。许多专业学者都用"震撼""舒服""非同凡响""独树一帜"等词语,形容香港中乐团音乐会听后感。

第14期头版头条"原生民歌怎样才不失'态'——从'中国原生民歌大赛'谈起"报道:"今天我们还有几个歌手是原生传承的?而院校向民间学习的动力又在哪里?……这些歌手像西安城市大量的仿唐建筑一样,只能算仿原生态……我们音乐院校的精英在传播西方声乐文化的同时,将自己本土的声乐传统遗忘得一干二净……如果'原生'搭不上CCTV青歌赛的顺风车,还会受到如此广泛的关注吗?"

第23期头版头条"古乐羌笛劫后重生"聚焦于抢救羌笛音乐文化的话题。第38期头版头条"中国广播民族乐团开幕釜山第一届国际民族音乐庆典为亚洲传统音乐引路"中报道:"韩国从事国乐专业的人士……评价……认为中国民乐的改革和发展可以给他们提供很好的借鉴经验。中国无论在民族乐器演奏技法还是乐器改革方面都明显走在了亚洲传统音乐最前沿。"第39期头版头条"长安古乐研究需向音乐外扩张"与"西北民族音乐研究中心成立"均是对民乐的关注。

10. 2009年关于民乐发展的重要稿件

2009年第13期头版头条"运营差额商演补仓"中报道中央民族乐团商业演出的盈余填补了乐团经费的缺口，也为大部头的演出夯实了基础。报道说明，近年来政府虽然加大了对音乐文化发展的支持，但资金投入仍显不足。

第23期"广东民族乐团信步'七年之痒'"报道："如今兵强马壮的陈团长，旗下团员50余人，全国9大音乐学院加香港演艺学校的音乐学子都有；庆典活动等商演机会也会找上门来，原来一场1万5，现在最低价12万……不满意的是经费太少，既要搞创作又要忙商演……"第33期关于民乐的报道的有"第二届央视民乐大赛三大热点""繁荣民乐艺术的宽阔平台"。

《音乐周报》社10年来对民乐发展的重视程度以及报道数量是第一位的，从民乐新闻所占报纸头版头条的数量可见一斑。稿件中对民乐现状、存在问题、发展形势等方面的分析也是十分透彻的。《音乐周报》10年来记录了民乐发展的艰难历程，通过回顾整个历程可以看到民乐不断发展的成果和美好前景。10年来民乐发展的问题集中在不被重视、多种古老乐种灭亡和濒临灭亡、不断发出危机警示；政府和文化界对民乐的投入力度小，不足以支撑民乐团体的正常运营和发展，少数民乐团体在商演的形式下勉强生存、在专业技术的进步上却力不从心；民乐创作成果少，能作为经典保留下来的乐曲屈指可数，民乐发展从根源上就发生断层状况。

但是，大量的报道内容从另一方面说明，民乐的衰落已经被文化艺术界意识到，民乐团在国外的演出受到赞誉也让中国民乐界看到了希望，中国民乐有了崛起的势头。通过以上报道可以看出，政府相继把具有文化价值的古乐、传统音乐列为保护对象，不断重申其价值和面临的危机；通过集体采风、作品比赛等活动推动民乐创作，介绍民乐创作的经验；创新民乐发展的新形式，通过新媒体的配合和舞台设计等元素的变化吸引年轻人的目光，形成新的观众群；不断加大乐团的资金投入，使乐团管理更加规范化、专业化；对最新学术成果的大量报道；以及对民乐学习热潮的描述和具体活动组织形式的报道。

《音乐周报》社对民乐的大量报道说明它意识到民乐发展的衰落以及抢救返场性。10年来不断地报道民乐糟糕的现状、报道问题产生的原因、走出困境的方法和方法实施的效果等，积极地推动民乐的崛起。传统音乐是我国音乐文化发展的根基，因此《音乐周报》社对民乐的推动有利于中国音乐文化的可持续发展，满足中国特色音乐文化的发展需求以及促进中国音乐多元化的协调发展。

（三）对音乐创作的推动

音乐创作是音乐发展的源泉，推动音乐创作的发展是媒体不容推卸的责任和义务。2000年第6期本报讯"音乐家同心献礼——中国音协召开创作会议"报道："围绕创作的题材、体裁、艺术创作的规律、艺术精品产生的条件；国家对音乐文化的投资问题、音乐创作与社会主义市场经济的关系；在新形势下如何理顺创作、宣传与经济体制等各方面大家关心的问题进行了热烈的讨论。"第11期文章"探索民族音乐现代化的大家何占豪"分析了作曲家何占豪创作生涯中的两个阶段：外来形式民族化、民族音乐现代化。第12期"每周一题"栏目刊登文章"歌曲创作呼唤个性"。

在2001年第7期头版头条"陈其钢点亮'大红灯笼'"中记者针对芭蕾舞剧《大红灯笼高高挂》对曲作者陈其钢进行了专访，通过采访的形式使读者对作品及创作思路有全面了解。同样是专访形式的报道还有：第14期头版头条"叶小纲做回'澳门新郎'"。第32期报道《悲怆的黎明》9月登台"，文章的"处女作饱蘸苦辣辛酸"这一部分详细介绍了歌剧的音乐创作情况。第38期头版头条"郭文景世界舞台摆夜宴"对郭文景的歌剧《夜宴》的创作进行了详尽的叙述，"郭文景说自己出名靠的是当年对西方新的技法和语言的大胆借鉴和运用，而目前他最想做的是拼命摒弃、清除西方音乐的影响，摸索出一种新的中国作曲技法来"。第43期报道"谭盾：音乐没有方向"，报道围绕听众对《卧虎藏龙》演奏会后反响的褒贬不一进行展开，其中谭盾谈对日后的创作方向定位是"我的方向就是没有方向"。

《音乐周报》对"全国首届原创音乐交易会"的相关报道有第13期头版头条"名家也爱交易会"刊登了两篇文章"谷建芬：我一定要去看看"与"该出手时就出手"。其中，谷建芬说："这种形式的交易会，将加快音乐作品的市场化，更加繁荣音乐创作，同时，可以从根儿上保护创作者的权益。"第14期报道："'交易会'筹备正酣"。第15期报道"'交易会'搅动一池春水"，对交易会从"谁是卖家、谁是买家、什么是市场"三方面进行了详细介绍。第16期"这里的世界很精彩"报道交易会上"好歌任你挑、歌手任你选、活动很丰富"。第18期头版头条"'交易会'谁领风骚"报道交易会如期举行，全国各地的音乐人会集在此，"新人新作、名家珍藏、唱片公司独领风骚，中国原创音乐市场是此次活动的最大赢家"。另有报道傅庚辰"在全国首届原创音乐交易会上的致辞"。第19期"'交易会'众生相"中说："交易会不仅是音乐作品的展现、比较，对于交易者而言，同样是一个检验自身同外部环境协调能力的场所……使我们每个人都能更好地看清自己。"

2002年第13期头版头条"歌剧《司马迁》相约北京"，对歌剧《司马迁》的创作进行了详尽的介绍。第14期头版头条"现代音乐谁来听"报道4月6、7日在上海举办的中国现代音乐论坛，论坛征集到16首现代音乐人作品，"从一定程度上反映出中国现代音乐创作的形态和走向，体现了作曲家新的创作观念和思维"。在有关专题研讨的报道中，既有卞祖善和秦文琛就"现代音乐"进行的不同观点的争辩，也有金湘抒发的个人观点。如金湘强调，"中国作曲家创作的一切现代思维和现代技法，必须立足于本民族文化的深厚根基……观照和强调音乐的可听性，是两场音乐会异曲同工之处"。

在2003年第22期头版头条"李西安叶小纲关于音乐创作的对话"中，李西安对叶小纲进行了深度采访，所采访的问题有：（1）创作的不同阶段写作风格的变化以及贯彻始终的艺术理想和追求。（2）受到父亲哪些影响。（3）20世纪60年代出生的美国作曲家对他后来的创作有哪些影响。（4）为什么如此倾心电影音乐？（5）在接受委约的时候是怎么想的，如何处理以指定的歌曲做音乐主题这样的难题？（6）怎样从中国传统音乐中汲取营养，怎么以自己的方式解决中西关系？（7）为什么花那么多的时间和精力去从事社会音乐活动。通过采访对叶小纲的创作经历进行了深刻的剖析，使读者能够对一个成功的作曲家有较全面的了解。第43期"乐迷看台"栏目文章"中国作曲家请把目光投向人"中说："近几年来，不少作曲家也逐渐开始反思在西方技术理念支配下的创作末路，希图寻求属于中华民族自己的音乐创作的天地，许多的学者也纷纷参与了讨论。然，笔者发现……极少有目光关注专业音乐创作的内容如何……一切光怪陆离的幻想都进入了作曲家们的视线，却很少有人！……在这里，我再一次说：'中国作曲家，在继承我们民族的根的时候，别忘了把目光投向你的人民。'"第48期头版头条"好听又好奏的曲子一稿难求全国第九届音乐作品比赛折射创作困境"，困境在于：（1）学术研究与听众喜好如何兼顾；（2）创作民乐作品没有教科书可供参考。

2004年第2期头版头条"'五个一工程'歌曲追求好听好唱"，报道："……'五个一工程'奖……对推动当代歌坛创作起到了积极的推动作用。"本报特约资深评委谈此次评奖的情况"……现在的问题是评选中好作品不少，但群众大都不熟悉。究其原因，主要是传播通道不畅，力度不足。……本届这类歌曲的获奖之作，呈现着一个共同的特点，即不再追求大晚会式的大制作、大声势、大排场，以亲和、平易、清新、优美取胜……"第5期新闻"郭文景：正月变脸"报道："……《凤仪亭》交稿期限已到……关键郭文景要把两个不同剧中的声腔重新拼贴整合放进'郭氏'音乐的结构中去……郭文景接下来的一档活儿也挺有意思：……将准备退出《花木兰》……此外，应法国卢浮宫的委约，郭文景将为一部早期电影默片重新配乐……2004年，《戏》的姊妹篇《炫》又将问世"，对郭文景的创作情况进行了简单概述。类似的报道还有，第26期"关峡埋首'木兰诗篇'"。第27期头版头条"艺术创作的三贴近与三脱离"中说："中央倡导贴近实际、贴近生活、贴近群众的三贴近原则，对现实文艺创作有着直接指导作用……交响乐、室内乐创作中现代派技法生硬与不合理的运用，词曲创作中'假大空'创作模式的一再沿袭，话剧的先锋派与戏曲音乐的保守派的大行其道都是其具体表现……创作必须回归'三贴近'。"第48期头版头条"北京为《华夏之根》喝彩华夏文明看山西文化艺术周落幕"是报道民族交响乐《华夏之根》音乐会，由赵季平、程大兆、张坚、韩兰魁、景建树担纲作曲。对此次音乐会的演出众专家评价："民族交响乐能够这么精心策划，这么精心创作，这么红火地呈现在舞台上，的确让牵挂音乐的众人为之振奋。"其中，徐沛东感叹，民族交响乐创作难度很大，艺术繁荣没有了创作，仅有华丽的包装是没有用的，认为这以"华夏之根"为主题的音乐会具有创造性。朴东生、张殿英等也从专业的角度进行了评价。另外，各专家一致强调原创，如赵季平由衷地说："艺术创作应该静下心来，到生活中去感悟，做到有感而发。"作品中有很多创新之处，将继承与创新相结合，是与会者（《华夏之根》专家座谈会）一致肯定的。另外，专家也中肯地提出了修改建议。通过这次音乐会的举办总结："文化的价值在于其鲜明的特色和个性，文化差异越大越有吸引力，而独特和生命源自原创。"

2005年第13期头版头条"神秘金沙穿越3000年时空"，文章介绍了三宝音乐剧《金沙》的创作情况，包括创作原因、剧情介绍、创作过程以及演出情况。关于创作的意图，第23期头版头条"交响音乐诗画《长江》重庆首演"对这部由程大兆作曲、赵晓瑜作词的作品的内容构成、艺术形式，首演后专家对创作和演出优缺点的点评及建议，以及创作者的创作历程进行了介绍，最后指出《长江》首演成功引发了重庆音乐界加大关注文化建设力度这一话题。第32期头版头条"徐新　鲍元恺　奚其明　刘湲策划创作交响乐《英雄河北》抒英雄豪情"，文章从作品的策划、定位、结构开始，进而叙述了作品的采风情况、对创作进行了剖析，最后描述因有演出人员的真情投入使作品获得好评。第38期头版头条"专家为民族交响乐创作会诊"中报道："……无疑贴近实际、贴近生活、贴近群众的作品才会有影响力，那么作曲家深入生活，将创作热情、技巧根植于生活的沃土当是繁荣民族交响乐创作的必由之路。"第46期头版头条"全国音乐作品评奖揭晓合唱、室内乐新作亮相"，通过报道可以看出此次比赛是学院派独领风骚、年轻新秀崭露头角、民族风情展魅力。例如："……其中，有超过半数是具有地方民族风情的，各地少数民族丰富的音乐素材为作曲家提供了创作的灵感。"

2006年第16期新闻"2006年全国艺术创作座谈会江西召开"，报道中谈道"座谈会上，陈晓光副部长从构建艺术创新体系，推动艺术创作和生产的持续发展和繁荣这一主题进行了梳理和分析。他鼓励艺术家应不断创新……"第40期头版头条"周恩来总理曾说：《长征组歌》是革命的，民族的，大众的——生茂谈'十曲'创作"，本篇报道通过采访创作者的创作过程，并借此纪念中国工农红军长征胜利70周年。第49期头版头条"满城尽知'包克图'"，是对大型情景音诗《风情包克图》的内容形式、创作者、创作情况及专家的评价进行了报道，其中提道："《风情包克图》把包头文化的多样性处理得很有独到之处，王星铭（音乐创编、总导演）把原生态民歌进行了人文性的提升，使之更加有内涵、有思想、有境界。"

2007年第2期报道"音协主席傅庚辰新年谈创作"中，首先对《音乐周报》在社会生活中发挥的重要作用予以肯定，并引出文章的主题"创作上百花齐放，创作上采用不同风格、样式、手法，完全是音乐家的自由；要吸收世界上一切优秀音乐成果，要学习现代技法，让现代技法中国化；作曲家的根在他的祖国和人民，在他所处的时代生活和民族音乐的土壤之中。"再次以作品为例说明"生茂歌曲脍炙人口，他的旋律之源，就是民族民间音乐"。最后，肯定了报纸对舆论的导向作用。第14期头版头条"请王刚说《史记》歌剧《刘邦大帝》强调故事性"，文章描述了歌剧的创作过程，作曲家王宁如是说："我的创作观念是一个中心两个基本点。以个性为中心，以外学西方技术、内习传统文化为两个基本点。把西方最现代的技术、古典的技术都融进来，为我的音乐服务。"他确定了这部歌剧以民族民间音乐为本、雅俗共赏、共性与个性兼具的风格。报道详细描述了歌剧所采用的调式、音乐元素以及探讨如何把民族的音乐元素与西洋音乐形式相融合的方法。第19期头版头条"重拾'5·23'《讲话》精神到生活当中去"，通过回忆毛泽东《在延安文艺座谈会上的讲话》，谈道："一切文学艺术的源泉来源于生活，呼吁创作者到生活当中去。"第24期新闻"交响组曲《乔家大院》首演获好评"通过报道"'谐音和韵'音乐会演出情况，延伸出对交响组曲《乔家大院》创作的评价，以及分析其特色元素"。

2008年第4期头版头条"2007年流行音乐一瞥"中提到了"音乐剧""中国风""影视音乐""音乐文学"几个关键词。其中，关于创作说道："我认同一些业内朋友的看法，音乐文学创作的乏力已经成为制约音乐创作发展和提高的一个重要瓶颈……这一方面要求歌词创作者去捕捉现代生活中大众共同的情绪，另一方面又要用现代化的语态表现出来，从内容到形式都应是具备现代活力的……或许，音乐文学创作的突破将成为音乐创作突破的先导。"第9期本报讯"中国音协用创作为音乐注活力"中报道2008年中国音协为促进音乐创作的繁荣、丰富音乐群众文化生活而开展的几项工作：举办"中国第一届交响音乐季"、举办"电视演唱大赛"推出优秀流行歌曲、邀请一批著名词曲作家采风创作和交流并举办相应的作品评选和演出推广、举办向农村征歌活动、举办"第四届鼓浪屿钢琴艺术节暨全国青少年钢琴比赛"、举办合唱指挥和声部长培训班。第45期头版头条"大型交响诗画《钱塘江》收笔浙江母亲河音乐弄潮"对此作品的内容、创作情况、评价进行了详细报道。其产生的影响表现在："……浙江省年轻的音乐人也纷纷表示继《钱塘江》之后，将更多地将注意力放在本土音乐文化的搜集、整理与传承上……"第45期"新闻人物"栏目采访傅庚辰报道"傅庚辰：时代给了我创作的力量"，其中以傅庚辰回忆管弦乐曲《欢庆圆舞曲》的创作历程为主，同时，也报道了傅庚辰的其他作品，他说："时代的需求，就是我创作的力量之源。"

2009年第1期头版头条"徐沛东：歌曲创作应力戒标语化"一文主要谈到两个方面：采风应成为创作者的常态；打造市歌不是简单的话题。"时评"栏目报道"怎么又是梁祝"中最后一段话道出了目前国内严肃音乐创作的现状："不管怎样，如今的舞台上缺少好作品是不争的事实。"第28期"时评"栏目文章"猿猴上树还是下地成人"中报道7月5—7日，北京、上海、福建、音乐创作暨福建省艺术音乐研讨会在福建永安举行。会议上，有人提出，"中国作曲家对西方现代音乐的学习阶段已经结束，接下来的问题是如果向传统（包括东方与西方）学习，作曲家采用传统技法创作类似传统风格的作品，是不是猿猴又重新上树？……当今国内创作的实际情况，是'树上''树下'（采用20世纪西方现代技法的创作）都有人，更有人试图往前走"。体现出中国艺术音乐创作多元化的局面已形成。第30期头版头条"'天下湖北美'征歌过半各地形象歌曲创作十分活跃"。第36期"时评"栏目文章"下一个30年我们回忆什么？"文章主要表达的是当下创作在经济驱动下成了流水线产品，换汤不换药，期待经典力作的产生。第46期新闻"80后作曲家羽翼渐丰五代作曲家现代作品同台亮相"，报道的是"阿含"现代音乐作品音乐会为"北京现代音乐节"211室内乐精品推广工程系列音乐会，当晚9部现代音乐作品中6部出自80后之手。音乐会涵盖50后、70后、80后甚至90后的作品，可以看出中国当代音乐阶梯式的发展，作品表达不同年代的声音，体现出了传承。

音乐创作是音乐文化发展的基础。《音乐周报》对音乐创作极力关注和报道的目的是鼓励创作出优秀的音乐作品、推动国内音乐创作的发展、促进中国音乐文化的可持续发展。10年来报道内容极为详尽，对中国音协创作会议的报道，具有指导意义；对当前音乐创作的宗旨的报道，为音乐创作指明方向；对著名作曲家，通过介绍其艺术理想和追求、创作方法和思路、处理难题的方法、未来的创作设想和创作方向以供读者借鉴；对经典作品的精确剖析，既有创作思路和创作技术的具体展示，也有作品成功的原因分析，以供读者学习；对目前音乐创作困境的解析；对不同音乐作品的比较分析；对音乐创作奖项及获奖情况的报道以及关于音乐原创作品走向市场化效果的报道等。可见，《音乐周报》社对音乐创作的报道发挥了重要作用。

另外,"儿童歌曲的创作"是周报 2004 年以来较为关注的话题。2004 年第 23 期头版头条"让儿歌创作荡起双桨"报道,就儿童歌曲现状、创作与推广等问题进行研讨。2005 年第 19 期头版头条"让孩子在歌声中感受快乐"报道,对此次活动以及中学生、词作家、中学教师等相关人士做了相关调查。2006 年第 12 期"一周看点"栏目报道"60 首好儿歌献 3 亿儿童"对儿歌现状及实施中国少儿歌曲创作推广计划的重要性做了相应解说;第 38 期"音乐导航"栏目报道"作曲家进小学课堂中国音协委约词曲作家为少儿打造歌曲"。2007 年第 15 期"音乐导航"栏目本报讯"七部委启动少儿歌曲电视演唱大赛"报道:"……歌曲写出来,没有很好的推广,等于废纸一张,我们希望通过比赛能够吸引更多孩子们,关注、学习新的少儿歌曲,比赛也将是对创作成果的检验和张扬。"第 21 期"音乐导航"栏目本报讯"网友点评少儿歌曲"。2008 年第 1 期"一周看点"栏目"少儿歌曲创作研讨会珠海举行"报道:"探讨少儿歌曲面临的时代环境,交流创作经验和体会。提交研讨会的作品……一些作品被指题材单一、歌词浮华空洞、有成人化倾向……"2009 年第 12 期"时评"栏目报道"儿歌的世界独缺儿童",作者的主要观点是:"儿歌和三亿儿童之间是断流的。儿歌的创作、使用、推广亟待社会化和市场化。"第 14 期"新闻人物"栏目报道"谷建芬签售《新学堂歌》为孩子寻找失落的音符",《新学堂歌》是谷建芬专为少儿谱写的古诗词歌曲,用动听的儿歌旋律让孩子学习和传承中国优秀传统文化;第 19 期"新闻人物"栏目报道"'一分钱爷爷'潘振声作别儿歌",在怀念潘振声的同时呼吁更多的作曲家加入儿歌创作队伍当中。

(四)对音乐教育的关注

2000—2009 年《音乐周报》社对音乐教育的关注主要涉及教育教学、艺术专业考试、考级、毕业生就业等问题。其中,有关教育、教学的报道有:2002 年第 49 期新闻"区永熙奖推动基础音乐教育林耀基郭文景获此荣誉"对相关奖项及意义进行了介绍,并刊登了此次获奖者名单。这类报道有利于鼓励音乐教育工作者积极争取先进,提高工作质量。2003 年第 12 期头版头条"冷静透视扩招热潮——2003 年全国音乐院校招生侧记"报道目前扩招热降温、"改系建院"在各地师范院校盛行、新专业成热门。2004 年第 17 期头版头条"重建中华乐教复兴文化精神——关于《国乐启蒙》问世的前前后后"是对《国乐启蒙》这套具有深刻性和丰富性的书谱光盘的介绍,以及对重建中华乐教复兴文化精神的思考。2005 年第 15 期头版头条"让音乐离孩子近些、再近些——音乐基础教育现状调查"。第 37 期头版头条"放下乐器我还能做什么?"说的是从"对口"到"适应"专业音乐教育人才观亟待转变。2006 年第

26期头版头条"'超女'给学校音乐教育的启示"是"想唱就唱",音乐课堂气氛不应严肃,音乐教育要面向全体学生。第27期"一周看点"栏目报道"首届艺术硕士研究生今秋入学",并对"艺术硕士"进行了简单介绍。第32期头版头条"视唱练耳普及在深圳提速——2006全国艺术高校视唱练耳教案设计大赛专题报道"。第42期头版头条两篇报道,一是"中国艺术教育何处是归程";二是"规范基层音教刻不容缓"。第一篇报道对当今艺考生急功近利的心理、学生参加艺考是因文化课分数低的特殊性、学校唯利是图轻易开设一些没有师资的专业导致教育质量下滑以及艺术类毕业生的就业等问题进行了分析。第47期头版头条"缘何中小学音乐教师'半流失'",文章分析了教师流失的原因及如何应对流失的策略。2007年第34期头版头条"积13年之功打开音乐之门滴水穿石"主要是对"打开音乐之门"音乐品牌的介绍,"打开音乐之门"是面向青少年普及高雅音乐。第35期头版头条"环境待优化　素质当自强——中小学音乐教师生存现状"。第40期本报讯"音乐教育'奥运会'2010年登陆北京"报道第29届世界音乐教育大会首次在中国举行,对此次会议的主题、国际音乐教育学会以及会议安排做了报道。2008年第9期头版头条"数字化让音乐回归人人"报道中认为通过数字化使人人都可以学习音乐,突破音乐教学的瓶颈。第11期头版头条"京剧走进音乐课堂"对此计划热议的话题进行了报道。2009年第18期新闻"西安院联手香港中乐团创办乐队学院",这种人才培养的新模式填补了音乐学院教学的空白,推动了教学的发展。

当今中国音乐教育在素质教育的带动下得到了前所未有的大发展,但也出现了一系列的问题。《音乐周报》社对这些问题有所关注,试图通过各式各样的报道对问题的解决有所帮助。《音乐周报》对音乐教育的报道,宏观上有音乐基础现状的介绍、艺术人才"人才观"的报道;中观上有设奖项推动音乐基础教育、鼓励音乐教育工作者积极进取以及对教案大赛的报道;微观上涉及音乐课堂气氛,艺考生心理研究;等等。《音乐周报》从各个层面宣传音乐教育中的优秀典型、揭露存在的问题,目的是引导大家发现问题、解决问题。

有关艺术考试的报道有:2000年第16期头版头条"今年考试死记硬背歇了"是针对"2000年北京两所音乐学院有关考试改革、文化考试内容变动"采访中国音乐学院音乐学系主任陈铭道,并附考生作文节选。2003年第4期头版头条"艺术特长生要过三重门"对艺术特长生考试进行了介绍。2009年第11期"时评"栏目报道"又是招生'三月肥'",对在艺考时期音乐院校老师以考前辅导的名义敛财而丧失师德、败坏学风现状的忧虑进行相关报道;第31期本报讯"'考试门'主体院校发言人躲避回应";第32期本报讯"'考试门'考博不是一个导师说了算""时评"栏目报道"道德底线何在";第33期本报讯"'考试门'法律解读招生收重金涉嫌受贿罪"、"时评"栏目报道"不信春风唤不回"。

对于正确引导考级的报道有：2000年第32期头版头条"烽烟又起考级在即"报道了目前音乐考级的火爆及出现的问题与相关建议。第36期头版头条"带着最便宜的乐器去考级"文章主要是对全国歌唱考级的概念、内容、考评标准、考评办法、必考曲目以及对辅导教师要求等的介绍。第45期本报讯"考级有人管了"报道文化部、教育部为了考级规范化于本月下发有关文件，提出的4条相关建议。2001年第6期新闻"民乐考级北京升温"。2007年第26期头版头条"考级并不直通艺术特长生"，文章主要对没有了特长生这个选择，考级会受到什么样的影响进行了报道，考级并不只为一纸证书，应逐渐成为大众认可的素质教育不可或缺的环节。2008年第30期新闻"全国钢琴考级优秀选手展演部分演员惊爆三大怪"：（1）优秀考生不会读谱；（2）指导老师自身素质差；（3）个别考生不会弹琴。

有关毕业生就业的报道有：2000年第7期头版头条"毕业去哪儿——艺术院校毕业生动向一瞥"，文章中建议："一、真才实学，真本事，总会使你有发光的时候。二、实事求是地选择适合自己的工作，人尽其才同样是一种成功。"2001年第5期头版头条"给音乐院校毕业生一个支点"文章对艺术院校毕业生就业的困境及造成困境的因素进行分析并得出结论：艺术院校系、部或课程设置重复性明显，毕业生男女比例严重失调。2005年第26期头版头条"就业难难在心理"本报记者针对艺术类毕业生就业难进行了分析，认为瓶颈在于心理：（1）要找最好的出路；（2）愿意留在一线城市。

艺考热、考级热和艺术毕业生就业问题是关于音乐教育发展的三个话题，《音乐周报》社针对艺考改革进行的采访和报道，对艺考生转变考试心理和方法具有良好的启示作用；对考级制度和情况的介绍也有利于端正考级学生的学习态度、消除急功近利的心理；纠正艺术毕业生的要求过高的就业心理、鼓励放低眼光就业。周报对艺考中存在的考官"违规"操作进行赤裸裸的揭露和严厉的批判，意在加强惩罚力度、削减不正之风、保持文化艺术界的清风正气。

（五）《音乐周报》社对大型音乐活动的宣传及推动

《音乐周报》社对我国举办的大型音乐活动进行大力报道及宣传，起到了良好的推广及活动总结的作用。10年来连续报道、持续关注的大型音乐活动有：CCTV青年歌手电视大奖赛、中国音乐金钟奖、北京国际音乐节、北京现代音乐节等。

下面笔者以"中国音乐金钟奖"为例，分析《音乐周报》所起到的对大型音乐活动的宣传、推动作用。

"中国音乐金钟奖"由中国文联和中国音协会共同主办,是国家级艺术大奖。每年评选一次,设荣誉奖、单项成就奖及必要时设立的特别奖。首届"金钟奖"的评选内容为:(1)近年来创作的优秀声乐、器乐作品(大、中、小型);(2)"新时期中国艺术歌曲演唱比赛"中成绩突出的优秀中青年演员;(3)历年来为推动中国音乐事业的发展做出卓越贡献、德高望重的老一辈音乐家。获奖者将被授予相应的奖章、证书和奖金,荣誉奖获得者将被授予"终身荣誉勋章",同时获得荣誉证书。

2000年第14期本报讯"2000年中国音协要颁发'金钟奖'"报道中国音乐艺术的最高奖项"金钟奖"今年启动,以及首届评选的主要活动内容。第41期本报讯"首届中国音乐'金钟奖'设立"报道了"国家级音乐艺术综合奖项'金钟奖'2000年10月16日宣布设立,并对'金钟奖'的评选内容、评选办法及宗旨、首届评选结果进行揭晓"。

2001年第2期头版头条"'金钟奖'声乐赛不分'唱法'一等奖交响乐奖金十万"报道:"……张华山认为,此次'金钟奖'声乐比赛不按所谓唱法分类,是一项具有革命性意义的重大突破,它将有效地避免电视歌手大奖赛非科学地人为划分三种唱法带来的弊端。"第19期本报讯"金钟奖进入倒计时"报道了评审进入最后阶段的情况、评委会委员情况、此次比赛的突出特点、比赛的意义及奖项设置情况。第20期头版头条的两篇报道——"首届中国音乐金钟奖揭晓""国家级音乐大奖演唱比赛不分唱法,那么——金钟奖为谁而鸣",都是关于金钟奖的。其中,第一篇文章主要是对获奖情况的介绍;第二篇文章针对声乐的比赛要求、比赛方法及比赛过程中出现的问题进行了探讨并且表达了选手们对"不分唱法"的支持以及在比赛中"创新"的重要性。

2002年第16期本报讯"金钟奖重视含金量"报道,需要强调的是,去年表演奖设置关注的是歌唱,今年则关注的是演奏。第20期头版头条"金钟佳音逐浪高"是对第二届金钟奖评选结果的报道。

2003年第28期头版头条"中国音乐金钟奖落户广州"文章是对金钟奖与广州市是如何联手的、此举将对金钟奖和中国音乐产生什么样的影响进行了相关报道。第43期头版头条"广州强力打造'金钟'"报道:"……选择在广州长期举办……因为这里具备了足够的条件……第三届中国音乐金钟奖共设三类奖项……本届将为1995年以来创作的小提琴、二胡优秀作品和2000年以来创作的优秀独唱歌曲颁奖;而表演奖将从小提琴、二胡和声乐3项专业现场比赛的优胜者中产生……本届金钟奖全部比赛演出均采取免费观摩……"有关"第三届中国音乐金钟奖专题报道"的3篇文章是:第47期"金钟序曲响羊城"对本届金钟奖开幕式晚会进行了详细报道。第48期"羊城亮出金钟新感觉"报道:"……一是参赛人数最多的一届……二是比赛和评选项目最多的一届……比赛难度最大的一届……33 名评委是由全国音乐艺术界权威的歌唱家、作曲家、演奏家和教育家组成……此次比赛的曲目安排、比赛轮次和时间长度、体裁的多样性、内涵的深度、技巧的难度、时间跨度和作品广度等方面，都是准国际专业赛事的规格……市民免费观摩……文艺活动丰富多彩……"第 49 期头版头条"第三届中国音乐金钟奖落幕八项国家级大奖广州揭晓"文章主要从"奖掖老艺术家、鼓励新创作品、推出青年才俊"三个方面报道。

《音乐周报》对"金钟奖"的宣传和推广从 2000 年开始逐年升温，2004 年达到 10 年来的最高点。

2004 年第 3 期头版头条"金钟鸣响处阅尽歌坛春——第三届金钟奖声乐比赛点评"，是该文作者石惟正分别对 11 位选手进行的精心点评。第 40 期头版头条"期待更多音乐的耳朵音乐的心——第四届中国音乐'金钟奖'力求向纵深发展"对第四届"金钟奖"进行了报道。第 42 期新闻"为金钟奖广州力保音乐净土"中报道："广州市率先实现中国音乐最高奖的落户，就是抢占了一个制高点，便于制定长期的规划，把金钟奖越做越大，越做越精，越做越强……"第 45 期头版头条"羊城二度鸣金钟"内容强调："作品奖坚持鼓励新创……今年作品将对准了琵琶独奏曲、合唱作品和齐唱歌曲……本届金钟奖表演奖把关注焦点放到了琵琶、钢琴和声乐比赛上……荣誉奖从业 60 年才有资格……音协考虑增设通俗歌曲比赛……"第 46 期新闻"第四届金钟奖落幕琵琶选手弃权爆出不谐和音"报道了第四届金钟奖历经 10 余天圆满落幕，并报道了众专家对此事的看法。

2005 年第 41 期本报讯"第五届中国音乐金钟奖 11 月羊城颁奖此后每两年举办一次"中报道："……本届表演奖包括全国声乐演唱比赛、全国大提琴演奏比赛和全国古筝演奏比赛；作品奖包括全国大提琴独奏作品比赛和全国古筝作品比赛"。第 44 期头版头条"金钟声韵绕花城"文章主要从中央音乐学院音乐会华彩开幕、作品奖、终身成就奖实至名归、专家评说选手实力、流行音乐比赛下届纳入金钟奖几个方面进行了报道。第 46 期本报讯："金钟奖提高含金量作品奖：歌剧音乐剧 100 万交响乐 15 万"。第 49 期本报讯"想拿金钟 100 万？遵守规定最重要！"文章是对歌剧、音乐剧和交响乐创作要求的报道。

由于"金钟奖"改为两年举办一次，因此 2006 年、2008 年要闻版没有关于"金钟奖"的新闻出现。

2007 年第 17 期头版头条"第六届金钟奖'扩容'流行音乐合唱理论评论进入评奖"主要从流行音乐评估体系趋向专业、合唱关注发展滞后地区、理论评论摆脱不重视学术嫌疑、依托地方优势奖项辐射全国这几个方面进行报道。第 30 期头版头条"专业大奖走入民间中国音乐金钟奖首届合唱比赛落幕"文章从群众与选手齐声高歌、指挥评奖奠定高起点、评委点评如开大师班、创作曲目有待开掘几个方面进行报道。第 42 期头版头条"盛世金钟为二胡之乡注活力"报道："……二胡评委会主任闵惠芬感叹选手的演奏'突飞猛进、叹为观止'……金钟奖民乐比赛在南京的举办超越了精英问鼎金钟的赛事意义，更为这个民乐之乡注入了一股活力，激励民乐之子们为创作为演奏再攀高峰。"另外，本报道配发文章"民乐创新需要有根"。第 46 期头版头条"原创+原唱瞄准歌坛软肋大众传唱的好歌才能撑起流行音乐的天空 第六届中国音乐金钟奖首届流行音乐大赛鸣金收兵"报道："当今中国流行音乐市场不乏唱将，而是缺少大众认可、民间传唱的好歌！这是第六届中国音乐金钟奖首届流行音乐大赛传出的声音。"文章从评委对赛事的感受、观众是流行音乐草根性的一种体现、流行音乐概念该有明确科学的界定几个方面进行了详细报道。第 48 期本报广州电"18 万元钢琴 6 万元小提琴赠金奖得主第六届中国音乐金钟奖加大含金量"。第 49 期头版头条"四大赛区完成十二项赛事第六届中国音乐金钟奖亮出职业化旗帜"报道："……比赛的亮点更来自于主办方和参与者对'音乐职业负责'的理念和追求。"文章结合比赛实际情况分析了此次比赛的"职业化"亮点。

2009 年第 41 期头版头条"赢在一颗平常心"报道了第七届中国音乐金钟奖民乐比赛的获奖情况以及以选手刘乐的"遭遇""笛子组选手集体退赛"的现象为例强调比赛中"平常心"的重要性，同时编发相关文章"集体退赛，中国院输在比赛开始之前"。第 42 期重要报道"金钟奖已是身后的起点——访金钟奖二胡金奖得主、中国音乐学院选手谭蔚"从笨鸟先飞的执着、师如父母的厚爱、一丝不苟的锤炼等角度解读二胡金奖得主得奖的"秘诀"。第 46 期头版头条"第七届中国音乐金钟奖广州闭幕 15 万参赛人数创新高"，对第七届中国音乐金钟奖进行了总结并从音乐让城市和谐、参赛让选手成熟、真言让后辈开悟几个方面进行了详细报道。

《音乐周报》对历届中国音乐"金钟奖"进行全方位报道的功能和作用：一是大力宣传了本项全国音乐艺术最高奖的办赛宗旨、比赛要求和各届不同的侧重点，支持、推动了它的成功举办。二是在报道的过程中评判各音乐类别的发展水平、发现音乐艺术发展中存在的问题，通过专家的具体点评引导受众对金钟奖参赛选手的评判，提高受众的音乐审美水平，激发受众对音乐作品的兴趣。

（六）10 年来《音乐周报》社对学术研究的关注

理论能够反映实践，同时也能够指导实践，正确的理论能够积极地推动实践的发展。《音乐周报》社对学术研究的报道涉及音乐领域的多个方面。

关于音乐创作及民乐理论的研究在上述内容中已有提及。

其他相关报道有：2000年第1期新闻"亚太民族音乐学会第六届学术研讨会在韩国水原召开"报道，这次会议的主题是亚太地区民族器乐合奏的结构和形势分析。第19期本报讯"全国民族声乐教学研讨会在京召开"报道，这次会议，围绕民族声乐50年教学总结；对中国传统民族声乐理论的研讨；民族声乐的借鉴和发展；对民族声乐演唱技巧、教学经验的论述及对民族声乐的审美特征的研究，安排了论文宣读、分组讨论、大会发言等内容。第23期头版头条"'三种唱法'划分科学吗？"针对"三种唱法的划分"部分专家展开了激烈的讨论，观点主要有两种：（1）"三种唱法划分本身就不科学，容易造成误导和混乱"；（2）"三种唱法是历史的偶然，已经约定俗成"。其中，金铁霖的观点是"对三种唱法的规则我投反对票"。

2001年第36期报道"众名家评点中国歌曲创作"是对"中国歌曲创作的世纪回顾与展望大型理论研讨会"的报道。第41期两篇关于学术研讨会的报道，第一个是"打造新时期合唱精品全国群众歌曲创作研讨会召开"，报道中说"……与会词曲作家们在认真学习了李岚清同志文章的基础上，就'进入改革开放新时期，群众歌咏活动在社会功能及形式等方面新特点''如何提高群众歌曲的创作水平''群众歌曲创作中的体会'等议题进行了发言，并在创作中要增强创作意识、作品民族性与时代感有机融合、处理好主旋律与多样化的关系及处理好群众性与艺术性的关系等问题上达成共识"。第二个报道是"'中西音乐文化研究'学术研讨会在津召开"。第42期本报讯"全国高等艺术院校专题研讨会举办"，此次专题研讨会是关于基本理论与教学。第45期本报讯"打击乐不止是敲敲打打　全国民族打击乐学术研讨会召开"报道："……中国民族打击乐有着极为漫长而丰厚的历史传统，如何更好地学习、继承和发扬这一优秀传统……是此次研讨会举办的初衷……讨论的议题涵盖'中国打击乐的昨天、今天、明天''中国打击乐特性探微''戏曲打击乐在民族乐队中的运用''当代中国打击乐作品新动向'等等。"第46期本报讯"纪念黎锦晖诞辰110周年学术研讨会在京举行"。

2002年第11期本报讯"中国现代音乐论坛上海'发言'"报道，这次活动包括3场作品音乐会和10场学术报告会。第19期本报讯"当代民乐作品创作研讨会在京召开"报道："进入新世纪，具有优秀传统和厚重历史的中国民乐创作出现了令人振奋的积极发展势头……就中国民族管弦乐创作的总体性思考和展望、中国民族管弦乐创作技法与创作理念、当代民乐作品创作成果的评论与分析等实质性问题展开热烈讨论……"第30期本报讯"首届词曲学国际研讨会天津举办"报道："……本次研讨会将全面探讨和建构中国'九宫大成学'的研究体系等一系列学术问题……"第35期本报讯"首届全国音乐心理学学术研讨会在京举行"报道："与会代表围绕着音乐心理学研究的对象和方法、理论心理学与应用心理学、学术语言规范化、音乐心理学的课程制定等学科建设的基本问题,以及音乐治疗、音乐教育心理学等专题展开了热烈的讨论……"

2003年第39期头版头条"寻觅丝绸之路的声音"中"研讨:专家学者的新发现"这一部分是对韩国全州第3届国际音乐节暨第8届亚太民族音乐学年会中的"丝绸之路的音乐文化"议题进行的学术探讨进行详细报道,报道中说:"……此次有11位学者提交论文并出席大会,占发言者的三分之一。各国代表就丝绸之路对亚太地区周边国家民族民间音乐的交流融合和传播流布,以及各国传统音乐文化对丝绸之路的渗透影响和发展演变,发表了各自研究领域的最新成果。"

2004年第13期头版头条"京沪两地共同纪念黄自百年诞辰"一文是对"为缅怀黄自的历史功绩,3月23日在中央音乐学院召开的学术研讨会"的报道。第20期报道"民乐专家纵论民乐团队发展"报道,研讨会就民乐创作、演出实践、专业教学、乐器改革、团队建设和管理等问题进行了研讨。

2005年第22期"郭文景担纲首届'中国现代音乐创作研究年会'主题讲座"报道:"……海内外中国现代音乐创作与研究领域的专家学者将携最新研究成果以'中国现代音乐创作研究'和'中国电子音乐创作研究'为中心议题进行研讨……"第36期本报讯"'彭修文与民乐艺术'理论研讨会在京召开"报道:"彭修文对我国民族管弦乐事业的建设、发展、繁荣作出了巨大贡献,其影响是世界性的。"第46期报道"第32届国际音理会将首次在华召开"。

2006年第18期头版头条"历史是一条河流——中国音乐史学会青岛会议纪要"报道,中国音乐史学会第九届年会在国际学术交流中心(青岛大学)举行,共评选出32篇获奖论文。副会长梁茂春、郑祖襄分别对参评的古代和近现代、当代音乐史研究论文进行点评。"文章还对随后举行的"中国古代音乐史与近现代音乐史"两场学术研讨会以及"学科建设与教学"做了详细报道。第23期本报讯"萧友梅与当代音乐文化建设学术研讨会8月在京举办"报道,发现了萧氏一批珍贵文献。结合这些史料,对活跃理论研究、繁荣音乐创作、提高教育质量、培养合格人才具有积极意义。第39期头版头条"探寻中国音乐复兴之途——来自'首届新世纪中华乐派论坛'的声音"报道:"……发布了一个令闻者无不振奋的宣言:建立新世纪中华乐派,让富于五千年历史的中国音乐文化焕发异彩,为世界瞩目。"文章主体部分主要从乐派是否具有特定属性、"走出西方"成为标靶、音乐复兴重在实践三个方面进行详细报道。

2007年第21期本报讯"兰州集会研讨中国艺术歌曲"报道:"……这是首次在全国范围内举行此类研讨会……60余位专家学者以极大的热情畅谈中国艺术歌曲发展的历史和现状……"第39期本报讯"国际音理会首次在华召开"报道:"联合国教科文组织下属的音乐领域最高组织——国际音乐理事会第32届大会暨第2届世界

音乐论坛，首次移师中国……本次大会将集中讨论'音乐文化的多样性''传统音乐的保护和创新''维护知识产权''发展音乐教育及音乐产业'等音乐领域最重要的问题……"

2008年"要闻版"对学术研讨的报道集中在交响乐、流行音乐、歌剧、中国音乐发展回顾反思4个方面。第22期本报讯"第一届中国交响乐发展论坛将办"报道："与会专家将就中国交响乐的普及、地方交响乐团的生存、中国交响乐的原创作品、中国交响乐的舆论环境等问题进行交流……"第23期图片新闻"中国交响乐发展论坛在京举办"。与此同时，2008年、2009年《音乐周报》"要闻版"对交响乐的关注大大超过前8年，这两年对交响乐的报道都在20篇以上。2000年到2007年中"要闻版"对交响乐的报道数量最多的为5篇，差距很大，说明周报根据当时音乐界发展的形式，在2008年、2009年加大了对交响乐这一音乐形式的推动。第41期本报讯"广东将召开流行音乐论坛"报道："……拟就广东流行音乐的历史、流行音乐未来的发展、流行音乐的社会属性和高校青年文化、流行音乐与它艺术的融合、新闻传播中的流行音乐、从视觉艺术视点观察的流行音乐等若干论题展开学术交锋……"第44期头版头条"从害怕流行到流行的音乐——记广东改革开放30周年流行音乐高峰论坛"报道："……论坛，就当前我国流行音乐发展中的热点问题，进行了热烈探讨，表明广东流行音乐发展进入一个新阶段，从原来关注'原创—演唱—传播'发展到现在'回顾历史—反思进程—理论思考'的层面。"文章从流行音乐内涵、流行音乐在广东、流行音乐的发展三个方面进行报道。本报讯"中国歌剧论坛将在京举办"报道："将集中针对中国歌剧现阶段的多元态势，梳理问题，提供思路，展望未来，畅论发展，最后期待形成以下共识：以歌剧教育普及为基础，以体制创新为突破口，以歌剧人才和作品的不断涌现为近期目的，促进中国歌剧流派的形成，推动中国歌剧学派的建立，实现中国歌剧重新走进大众，逐步走向世界的终极目标……"2009年"要闻版"对"流行音乐、中国歌剧"的报道和关注度大大超过前9年。这说明学术研讨会议的召开对实际音乐活动的开展有很大的推动作用。第47期本报讯中国音协在京召开专题研讨会是对"中国音乐发展回顾与反思"研讨会的详细报道，此次研讨会是一次突出专业水准与学术规格的理论峰会。

2009年第7期本报讯"首届'海峡两岸暨港澳地区艺术论坛'海南举行"报道："论坛上，中国音协主席傅庚辰对改革开放以来中国音乐30多年的发展进行了全面梳理，并对中国音乐发展的3次高潮进行了分析和总结。"第21期"30年特刊"第23版中有文章"践行中华乐人的百年梦想"是谢嘉幸所写，其是"中华乐派"的发起人之一，引篇文章是针对"中华乐派"的概念、"中华乐派"的理论实践进行的论述。第40期本报讯"王光祈学术研讨会在蓉召开"报道："汪毓和非常明确地提出，中国音乐史以往对王光祈的评价不公正、不充分，应当在学理的基础上、用历史辩证法、以学术眼光、学者胸襟，重新予以定位和评价。"

《音乐周报》社对学术研究的报道涉及音乐领域的各个方面：基本理论与教学、中西音乐文化研究、歌曲创作、民乐作品创作、民族器乐、现代音乐、声乐、交响乐、流行音乐、歌剧、音乐心理学、知识产权的维护、发展音乐产业等。内容基本是介绍研讨范围和选题、刊发专家的观点、报道学术研究成果。以民乐作品创作为例，所研讨的范围包括创作、实践、专业教学、乐器改革、团队建设和管理。这样的学术报道有助于音乐界同人及时了解学术前沿信息，借鉴最新学术研究成果，在此基础上进行深入研究。

（七）10年来《音乐周报》社对重大社会活动、节日、突发事件等特殊事件的关注

《音乐周报》社对奥运会在中国的举办、纪念中国共产党建党80周年、春节晚会、八一建军节、非典、汶川地震、老艺术家逝世等特殊及突发事件的关注是及时的、报道内容是丰富的。下面以对奥运歌曲的讨论、征集，对春节晚会的报道、评价，对汶川地震的报道3事件为例，看《音乐周报》社对特殊事件的报道情况。

1. 对"奥运"的关注

2001年7月13日，我国申奥成功显示出中国综合国力的提高，而成功举办奥运会则是中国向世界展示实力的一次良好契机。《音乐周报》社对申奥成功、奥运歌曲征集、选用情况的报道显示了对国家重大时事的关注。

2001年第28期头版头条"庆祝北京申奥成功音乐与奥运同在"是申奥成功后对几位著名音乐家的采访，采访的内容是关于奥运音乐的话题。第29期本报讯"'为奥运北京欢呼'暑期世界风情献礼"报道"为奥运北京欢呼"系列活动的演出内容。第31期头版头条"高涨'人文奥运旗帜'奥运歌曲先下手为强"报道"本报准备在全国范围内搞一次'我唱奥运'的大型征歌活动，期待能有张扬奥运精神的好歌出现"。

2003年第15期头版头条"北京奥运呼唤主题歌"报道："4月8日，北京奥组委在京发出向全球征集第29届奥运会歌曲的呼唤……几天来很多词曲作者致电本报询问具体征集办法和对歌曲的要求。为此，本报就奥运歌曲的征集作专题报道。"本稿配有新闻链接《手拉手》是音乐魅力的明证"。第30期报道"北京奥运征歌活动进展顺利"。2004年第46期本报讯"北京2008奥运歌曲再次征集"报道了"第二届北京2008奥运歌曲征集"的作品征集要求及其他注意事项。

对"奥运歌曲"的关注集中在2005—2008年。2005年第1期"奥运心声"栏目

"编者按"中说："……本报从 2005 年第 1 期起开设'奥运心声'栏目，欢迎关注奥运歌曲的读者朋友，不拘专业、业余，在此畅叙心声，希望您的参与能为奥运歌曲出力。"这一期"奥运心声"栏目的报道是"阎肃：建议征集奥运歌词"，文中对自歌曲征集以来的歌词情况进行了分析，并建议单独举办歌词征集活动。第 3 期"奥运心声"栏目报道："郭峰：中国精神与流传性并重。"第 9 期"我看奥运"栏目报道："王晓锋：奥运歌曲应区别于流行音乐。"第 11 期"奥运心声"栏目报道"汪正正：体育歌曲要有独特的演唱方式"。第 24 期报道"奥运口号选中'同一个世界同一个梦想'"。第 25 期"奥运心声"栏目"叶小纲：奥运歌曲概念要清晰"报道："……他说，首先奥运歌曲应该有人类大同的概念……其次，好的奥运歌曲一定要具有时代特征……奥运歌曲的确定必须谢绝长官意识，领导拍板，必须建立一个科学的、专业的程序来选拔确定……"第 27 期本报讯"十首获奖奥运歌曲公布"。第 33 期"奥运心声"栏目报道"韦唯：唱出泱泱大国的气度"。第 41 期"奥运心声"栏目报道"奥运歌曲应以和谐宽容为主题"。第 46 期"奥运心声"栏目报道"奥运歌曲不宜大而空"。

2006 年第 7 期报道"奥运主题歌要有最大的包容量"。第 27 期头版头条"《手拉手》作者现身说法 16 首新作榜上有名奥运音乐论坛在京举办"。第 43 期"奥运心声"栏目报道"奥运歌曲欢快活泼好"。第 44 期"奥运心声"栏目报道"应该借鉴民族作品旋律"。第 44 期"奥运心声"栏目报道"一定要用男高音"。第 48 期"奥运心声"栏目报道"奥运歌曲一定要脱俗"。第 49 期"奥运心声"栏目报道"周杰伦的创新精神最棒！"

2007 年第 3 期"奥运心声"栏目报道："为何不能 hip-hop？"第 6 期"奥运心声"栏目报道"创意胜过歌曲"。第 7 期报道"《奥运中国》向全国征曲"，在发布征曲信息的基础上对《奥运中国》大型组歌的结构及内容进行介绍。第 8 期"奥运心声"栏目报道"如果没有约束可能会出好作品"。第 10 期"奥运心声"栏目报道"期待英文歌"。第 20 期"奥运心声"栏目报道"鲍比达、黄小茂联手创作奥运火炬接力之歌"。第 31 期"奥运心声"栏目报道"孔祥东和莫罗德'手拉手'《永远的朋友》北京开声"，《永远的朋友》是两位作曲家合作应征的一首奥运歌曲。

2008 年第 4 期"奥运心声"栏目报道："周华健唱出奥运会志愿者之歌等"。第 6 期"奥运心声"栏目报道"奥运歌曲《争夺第一》发布"，本报道的内容有：《争夺第一》的词曲作者及编曲者介绍、作品介绍及评价、创作历程等信息。第 7 期"奥运心声"栏目报道"陈其钢：奥运开幕式音乐也海选"，是春节期间本报记者对奥运会开闭幕式音乐总监陈其钢进行的专访。第 18 期报道"奥运歌曲发专辑主题歌依旧是谜"。第 32 期头版头条"奥运开幕式音乐三宗最"是对最个性的主题歌《我和你》、最经典的吟诵词《文字》、最另类的协奏曲《星光》3 部作品创作历程的讲述以及作者对3部作品效果的评价和幕后花絮的报道。第33期报道"小柯：奥运在我家真的很幸福"。以上报道主要以"奥运歌曲"为主题，作者以音乐界专业人士为主。

2. 对"春晚"的关注

"春晚"是除夕夜全国上下期待的节目，对春晚节目的点评有利于引导大众的审美趋向。

2001年，《音乐周报》头版头条"春节联欢晚会歌曲"报道春晚节目中的老调新弹与假唱问题。2002年第6期头版头条"晚会规律不是歌曲创作规律"中报道："什么时候春节晚会回到以节目为主，在充分尊重创作的基础上构思节目，春节晚会好作品的成功率就会大大提高……要点还在于作品能否直截了当地和听众产生共鸣……"第8期头版头条"春节晚会何时一俊消百丑"报道："我以为，今年春节晚会歌舞类节目的最大亮点，便是真唱……令人感到特别高兴的是……几乎所有美声歌手……以及京剧艺术家们，由于训练有素，功底扎实，因此在晚会上的表现特别抢眼……"

2003年第6期"乐迷看台"中的"横挑鼻子竖挑眼：话说春节晚会音乐节目"中报道："春节晚会是百姓的年夜饭，那么百姓对这道大餐究竟感受如何，且听网友直击春节晚会音乐节目：开场歌舞《过大年》：热闹之中显得有些混乱，只能让人记住出来了一群'村丫头'。不过，总导演金越的独具匠心和大胆起用新人的魄力还是应该给予肯定的。"

2006年第4期报道"今年春晚《今夜无人入睡》取代《难忘今宵》"中称：换曲是为了解除审美疲劳。2007年第3期报道"李湘主持2007年央视春晚引争议"报道了"央视国际网站关于李湘能否上春晚"的问卷调查数据。第4期报道"春晚广开歌路"等报道央视网上征集作品的策略。

3. 对"汶川地震"的关注

以"汶川地震"为例，看《音乐周报》社对突发事件的关注和对灾难的帮扶。

2008年第19期（5月21号）头版头条刊发4篇本报记者采写的"震后"相关新闻：第1篇本报讯"音乐家集结《爱的奉献》"报道抗震救灾大型募捐活动《爱的奉献》的捐款、演出情况及音乐家的呼吁；第2篇本报讯"中国民乐为汶川祈福"报道"中央民族乐团"的赈灾义演情况；第3篇报道"首都音乐家慈善义演音乐会"；第4篇"音乐界在行动"报道了全国各地音乐团体的赈灾义演和捐款情况。

2008年第20期头版头条5篇文章报道震后音乐界赈灾活动：本报讯"音乐人用创作传递爱心"报道："四川地震发生后，涌现了不少励志、赈灾歌曲，成为本周歌坛的焦点。"新闻《与你同在》徐沛东真情喷涌"报道徐沛东赈灾新歌《与你同在》的创作背景、对音乐内涵的理解以及慰问演出的计划。"王久平手记创作《生死不离》"报道传唱度最高的抗震歌曲《生死不离》词曲的创作情况与演绎情况；新闻

"川音师生 废墟上谱写《爱在一起》"报道他们进入震区现场的音乐创作历程；另有报道"川籍音乐家为家乡赈灾义演"。

2008年第20期头版头条"川籍音乐家感恩绿色音符向孩子献礼"报道六一儿童节前夕北京世纪剧院上演的"为了校园与心灵的重建"川籍音乐家感恩音乐会的演出情况。

2008年第24期"百名灾区'小演奏家'进京参加夏令营"中报道"为帮助地震灾区学习音乐的孩子们继续圆音乐之梦，《小演奏家》杂志于近日启动与灾区手牵手活动，特邀100名'小演奏家'免费进京参加音乐夏令营"。

2008年第26期头版头条"用音乐的力量治疗心灵"一文首先对首都师范大学、中央音乐学院音乐治疗专业的师生奔赴北川对当地群众实施心理援助的情况进行了报道，其次对"音乐治疗"这一专业从概念、病例、治疗法、成果及国内外发展状况进行了介绍性的报道。

《音乐周报》社对震后艺术界捐款、慈善义演、赶赴灾区救助及对社会救助的呼吁等典型事例的报道有助于带动更广泛的社会力量参与赈灾活动，能起到良好的号召作用。

《音乐周报》社对奥运、春晚及汶川地震等时事新闻的报道做到了报道贴近生活、具有时代气息。能够使读者通过具体的事件了解音乐在实际生活中的运用及如何在具体事件中恰当地选择音乐、创作音乐、使用音乐，以及对所选音乐如何欣赏和评判其优劣。

（八）对"能够保障音乐事业良好发展"的事项的关注

1. 对"知识产权"的推广和宣传

《音乐周报》通过音乐界知识产权活动中的大事件、名人名作侵权、被侵权事件等对音乐版权进行宣传。2000年第23期本报讯"音乐权益保障国际研讨会将在北京召开"报道，"音乐权益保障国际研讨会"将首次在中国举行，北京将倾听100多位中外专家学者，议论中国音乐产业现状、知识产权保护、音乐家权益管理等话题的声音。

2001年第39期"谷建芬：维权意识要加强但维权不能胡来"报道，河南省焦作市群众艺术馆退休干部吴振邦告谷建芬侵权，报道中说"原告称谷建芬为电视剧《三国演义》谱的主题曲《滚滚长江东逝水》等20首歌曲，均系谷建芬于1988年借任'如意杯'词曲大赛评委之便，'抄袭、剽窃、篡改、妄用'他……的参赛作品《中国之声》，并索赔……1600万……法院将在国庆节后，对此案作出判决……记者就此事采访了谷建芬和其委托代理人……"

2002年头版头条"《著作权法》修订者遭遇著作权官司"仍然报道吴振邦告谷建芬侵权一案，徐沛东等专家对被告歌曲和所谓被侵权的歌曲进行比较分析得出结论，并非抄袭。文章最后说"《著作权法》何时才能真正成为音乐人头上的一项保护伞呢？"第22期头版头条"郭颂侵权了吗"报道："2001年3月，黑龙江省饶河县赫哲族四排乡人民政府以及双鸭山市赫哲族研究所诉著名歌唱家郭颂《乌苏里船歌》侵权，此案历时一年多，仍难以定论，社会各界予以高度关注。"第34期头版头条"'沈湘案'为何无声无息"是针对"1996年，沈湘先生的遗孀李晋纬教授将沈湘先生生前的教学录像带提供给一家出版社，并同意将其整理、出版、发行。到1998年……发行并赢利，但却没有支付报酬"这一案件记者采访了原告律师。

2003年第6期头版头条"郭颂准备上诉'高法'即日开庭《乌苏里船歌》'侵权'难下定论"，文章主要围绕《乌苏里船歌》的创作到底是对民歌的抄袭还是创造性地运用以及郭颂到底属于作曲者还是编曲者，报道了多位专家学者的看法。第8期头版头条"著作权注入音乐生活"文章首先以多个案例的形式描述当今社会领域侵犯著作权的行为，之后详细报道："2001年、2002年是音乐著作权问题取得最大进展的两年……2003年，中国著作权协会还将有一系列更大规模的举措。中国已经与41个国家和地区签约，对背景音乐互相代为收费……"第24期报道《中国钢琴诗人——顾圣婴》版权纠纷案上海审结钢琴家周广仁及该书编委会胜诉"。第26期头版头条"音乐著作权的法律解读"报道："在日常工作和生活中，包括音乐人在内的广大民众对《著作权》本身的了解却少之甚少，更不了解遭遇侵权时该怎样用法律武器来保护自己。为此，本报记者专程走访了中国音乐著作权协会法律与许可证部主任马继超，就一些典型案例为您解读《中华人民共和国著作权法》"。第49期本报讯"《乌苏里船歌》案终审判决赫哲族讨回著作权"。

2006年第21期头版头条"面对音乐著作权纠纷你该怎么办？"对花儿抄袭引起社会关注、《我不想说我是鸡》被指侵权、电视剧《沙家浜》音乐惹是非等近来发生的音乐侵权事件进行报道。第36期头版头条"表演者权益，有人管吗？"一文报道了"表演权"在国内的发展情况，包括对近来关于"表演权"会议的举办、对它的陌生程度的描述、我国《著作权法》中对表演权的释义、表演者观念里的"表演权"、国际"表演权"发展的状况以及他们对中国"表演者权益"的建议。

2007年第43期头版头条"奥运歌曲，您用得合法吗？——北京奥组委与音著协达成战略合作"，对奥运会期间使用他人音乐作品以及他人使用奥运歌曲的双向保护方案进行了详细介绍。

2008年第48期新闻"谷建芬：音乐人维权到底"报道："11月4日，中国音乐著作权协会就我作曲的音乐作品《烛光里的妈妈》，向北京海淀区人民法院起诉美廉美连锁超市有限公司侵权一案正式开庭审理……经过音著协16年的艰难推进，全国已有超过8000家企业为背景音乐的使用买单……"

2009年第2期新闻"屈景明：音乐维权苦乐自知"报道了屈景明最初对"维权"的想法、面对质疑的解释以及对通过诉讼案教育普法的看法。第14期头版头条"免费音乐下载触及网络音乐软肋"报道："目前，我国共有7000多个音乐下载网站，而其中获得合法授权的不超过20家……2005年9月4日，我国互联网知识产权领域的第一个行业自律公约——《中国互联网版权自律公约》发布生效……正版音乐免费下载的道路还很漫长。"第17期两篇文章关于"知识产权"，"时评"专栏的文章"谁动了作曲家的奶酪"报道："最近又听到一位著名作曲家抱怨……归根结底，是因为没有有效的著作权体制来进行保护……早在1990年，第7届全国人大就已经通过《中华人民共和国著作权法》；2001年又通过修正案……问题就出在监管体制上……如果真按著作权法规定那样付费，那国内的交响乐团没有一个不垮的……可见，真正建立一套行之有效的著作权保护体系，使得作曲家、演奏家、观众都能受益，并非那么简单。""音乐导航"专栏新闻"上海传来音乐版权喜讯"报道："上海世博会事务协调局与中国音乐著作权协会在上海签署《中国2010年上海世博会音乐著作权合作备忘录》……解决了上海世博会期间组织者和参演者表演使用他人作品的合法性问题……国家新闻出版总署出版管理司音像电子处处长许正明表示，电台电视台的免费播出时代快要结束了。对于付酬标准以及具体条款，有关部门仍在商讨中……"第19期"时评"文章"7000万成了烫手山芋"报道："从2007年钱就开始进账，音集协收取的卡拉OK版权费8000万元，却有7000万元未转给权利人……面对质疑，音集协回应……一些问题需要协调……'需要协调'的说辞没法令人信服……"第34期头版头条"乐谱使用不是免费午餐"报道："乐谱租赁为团体或个人有偿使用乐谱提供服务，国际社会极为普遍，但在我国还是一项全新的业务……第一个保护版权的国际公约是1886年9月9日签订的保护文学艺术作品'尼泊尔公约'，中国1992年7月1日已正式加入。……有偿使用乐谱，应该成为国内乐团自律的法则。"

以上这些报道通过具体事件宣传国家版权法，对以往大家对知识产权意识淡薄的错误观念起到纠正作用，虽然版权法在国内音乐界的实施还有一定难度和阻碍，但通过对一些违法行为的处罚、对版权法的大力宣传，还是能够引起大家对版权的关注，通过事件解析达到普及版权法的目的。

2. 音乐打假

音乐界打假主要针对音乐作品抄袭、学术成果抄袭、假唱、假奏、假教师（没有达到相应教学能力的教师）、盗版等行为。假冒不仅影响消费者的经济、精神双重利益而且影响被仿冒者的个人权益，进而影响整个音乐事业的良好发展。以下是《音乐周报》对音乐打假的号召：

自2001年3月2日起《音乐周报》社开办"3·15音乐打假系列报道"。第8期头版头条"音乐打假吹响号角"报道："在2月22日，特别召开'3·15'音乐打假座谈会，邀请了声乐、教育、学术、创作、评论、出版等方面的专家学者和京城部分新闻媒体的记者，一同来讨论音乐界存在的假货及其危害，共商打假大计……"第9期头版头条"谁来管管假教师"报道音乐辅导教师鱼目混珠、误人子弟的各种案例及原因分析和打假策略。第11期头版头条"假唱侵蚀舞台艺术"。第12期头版头条"打假的路有多远"是"3·15音乐打假系列报道结束篇"报道："自3月2日以来，本报连续发表文章，对音乐界之假现象进行了剖析。报道得到广大读者的极大支持和热心回应……本报策划'音乐打假系列报道'的初衷，是为了揭开音乐界长期存在的假冒伪劣的盖子，鞭挞虚假丑陋的风气，呼吁建立健康有序的艺术环境……"文章正文包括两部分内容：对读者来信中提到的"假事件"给予"打假建议"、分析打假的"路"在哪里。所报道的5篇文章引起了业内外人士对"音乐打假"的广泛关注。

2002年第10期头版头条"谁更痛恨盗版"报道盗版为何如此猖獗，从社会各方对打击盗版的态度洞悉其原委。第11期报道"《百岁歌》出现孪生版舒心遇上烦心事"。

2003年第2期报道"向崔健'不合时宜'的'真唱运动'致敬！"第10期头版头条"学术打假刻不容缓"报道："'学术造假'现象已成为当代音乐研究领域的公害…………如果听任其发展下去，将会严重污染学术环境，影响学术声誉，阻碍学术进步，进而影响社会发展和民族创新能力"。正文中说："……学术打假的根本之道，是加强学者自身的人格修炼……学术批评在学术打假中有不可替代的作用……编辑出版部门在学术打假中同样责无旁贷……广大读者在学术打假中是一支强大的生力军……"第29期报道"给音乐'假演'者指一条诚信大道"。第33期头版头条"崔健'真唱'一周年众人都来谈假唱"文章详细报道了几种关于假唱的不同说法及相关法律规定。

2005年第28期头版头条"新修订《营业性演出管理条例》致力于保护消费者假唱被叫停"报道称："演员现场演出假唱，违法！公款买票、要票，违法！不实吹捧演出、欺骗观众，违法！……"2007年第8期头版头条"十二乐坊赢了'假奏'官司被告章红艳表示失望并将上诉"。第45期报道"胡静为'假唱'道歉"。

2009年第35期"时评"文章"对假唱说'不'关键在于：监督是否到位处罚是否到家"报道："日前，文化部修订《营业性演出管理条例实施细则》，并将于10月1日施行。《细则》明确：'以假唱、假演奏欺骗观众的，以最高3000元罚款……'

规定固然重要……但执行程度也不能忽视。"

3. 乐评

乐评对于听众来说，能够起到引导、启发、教育的作用，好的乐评能够提高听众的审美趣味和鉴别力。乐评对于音乐家来说，有助于他们冷静而客观地检验艺术实践，进行艺术总结，便于巩固成果，提高艺术水平。同时，乐评也代表群众的要求和希望，有助于音乐家了解时代发展的动向，为以后的艺术活动指出方向。评论家充分吸收广大听众的意见，了解他们的需求，能以平等的地位与音乐家共同切磋琢磨。长此以往，音乐评论的健康发展能够推动中国音乐的良性发展。

《音乐周报》对于推动乐评发展所做出的努力有2005年第9期报道"资华筠、叶小纲等提案保护文艺批评"。第12期本报讯"一篇乐评引来一场官司"报道："音乐家石叔诚状告音乐学家杜亚雄与《音乐周报》名誉侵权案维持原判，石叔诚胜诉。"

2006年第2期本报讯"首届中国音乐评论奖启动"报道："凡2000年以来撰写的有关音乐创作、表演、研究、教育、社会音乐生活领域的评论等，均可参加评奖。"

2007年第23期头版头条"乐评之声由弱渐强"报道："在音乐界，一种极端说法广为流传：中国没有真正的音乐评论。长期以来从事音乐评论的专业和业余人士因而倍感沉重。相对创作表演教学科研等领域，音乐评论确实显得寂寥落寞，甚或无奈尴尬……中国音乐评论学会……每一个会员，都应当成为立志学术创新、严守学术规范的严肃学者，铁肩担道义、赤胆著文章……"

《音乐周报》社通过报道国内音乐界乐评的现状，揭示目前乐评存在的、长期以来被忽视的问题，如评论没有基本标准和规范，评论文章数量少、水准低，缺乏针对音乐本体精准剖析的好文章、有说服力的批评性文章。

（九）对边缘音乐文化的关注

1. "农民音乐"的关注

在我国乐坛中很难听到农民的声音，优秀的民间歌手在主流社会中未占一席之地，农民音乐难以进入音乐课堂。农民音乐的发展和农民的精神文化生活被大多数媒体忽视，以下是《音乐周报》对农民音乐的关注情况：

2000年第34期"2000全国农民歌手大赛举行"报道，比赛设六大分赛区，不按"三种唱法"分类，而按选手演唱的作品体裁、风格类别分为民歌、艺术歌曲和通俗歌曲三组，并详细报道了比赛规则。

2001年第15期头版头条"农民歌手卧虎藏龙"报道："农民歌手大赛……打

破了舞台千篇一律的局面。参赛曲目民族风格浓郁，题材多样化是本次比赛的最大亮点。"

2002年第39期本报讯"郭文景王西麟赵剑平链接音乐与农业的对话"报道："这台旨在诠释现代艺术与农业联系的晚会……以各种真实的农具作为打击乐器，让人耳目一新。"

2006年第7期头版头条"中央歌剧院唱响'三下乡'主题曲"报道，中央歌剧院110名演职人员深入云南省三地进行4场慰问演出，"曲高和寡的歌剧艺术与当地百姓近距离接触，对当地的文化生活产生了一定的激励作用，对提升当地文化欣赏水平有着积极影响"。第21期头版头条"北京市农村'文艺演出星火工程'正式启动"报道："'文艺演出星火工程'是北京市文化局为促进首都城乡文化协调发展，在深入京郊边、少地区进行公益性演出的基础上，扩大农民群众广泛参与文化艺术活动而开展的演出工程……"第33期报道"天津举办农民歌手大赛"报道："此次比赛强调广泛的群众参与度，专家不再担任评委，而改由各区县文化馆声乐干部和部分往届歌手大赛获奖歌手担任。这种形式更好地增进了地区间声乐人才的交流，充分调动群众参与活动的积极性。"

2007年第13期头版头条"歌剧舞天山　温暖边疆人——中央歌剧院'文化下乡'新疆行纪实"报道："中央歌剧院院长、作曲家刘锡津亲率歌剧团、合唱团、交响乐团一行130余人，组成中央'文化下乡'慰问团……共演出9场大型交响合唱音乐会……通过下乡，广泛培养高雅艺术的知音，为发展歌剧艺术夯实社会基础……"第39期头版头条"把歌唱开到百姓需要的地方——中国东方歌舞团国庆赴延安老区三下乡"，这是为期10天的慰问演出，其中最引人注目的是该团歌唱家张燕的个人演唱会。

2009年第43期头版头条"音乐与农村孩子无缘？"报道，让我们不得不再次直面音乐教育在农村的尴尬，文章从课程管理严重缺位、学生素质几乎空白、教师队伍毫无动力三个方面进行了详细报道。

2. 对"乐乞"的关注

2003年第16期头版头条对"河南乐乞现京都"进行报道，文章正文部分从乐乞的表演形式、表演内容、演奏技巧等方面进行叙述，并报道了所采访到的乐乞的"心里话"。

3. 对"残障人士"的关注

2008年第8期本报讯"国交将为聋儿送音乐"报道："首届爱耳日公益音乐会暨第二届全国听障儿童才艺大赛颁奖典礼……旨在用音乐的形式唤起社会人士对残障人士的关注。"

《音乐周报》对农民、乐乞、残障人士的关注，表明了其全国性专业音乐大报总览全局的属性，在介绍这些边缘音乐文化的同时，呼吁大家关注弱势群体音乐文化的发展。

四、《音乐周报》的评论版研究

音乐评论，是评论家以书面文字或口头语言来表达对音乐的褒贬、要求、评价、展望、回顾等的一种方式。良好的音乐评论具有科学性和权威性，对创作、演出、欣赏以及社会音乐生活有着重要的影响。广义来说，音乐评论也可包括一般普通听众所发表的意见。这种意见若形成舆论或呼声，其力量及影响比专门评论更大。音乐评论的对象，通常以音乐作品及演出为主，也可扩展到对音乐家、音乐风格、流派、音乐书刊的评价，并常涉及与音乐有关的社会现象。

报纸中的评论版极大程度反映了一份报纸思想性的高低，体现出报纸的立场、观点、态度、思考的出发点和处理问题的角度。当今报纸，评论版内容与形式的好坏是报纸竞争力高低的关键。

根据2001年第1期第3版"编辑话语"、2002年第1期第3版"今天你发言了吗？——2001年音乐评论回顾"、2003年第1期第5版"什么声音留下来——2002年音乐评论回顾"文章，总结《音乐周报》近年来对"音乐评论"的宗旨和主张，认为音乐评论是本报的重要阵地，希望此阵地能够传递音乐人和爱乐人的心声、给广大音乐者提供说真话、听真话的空间；欢迎针砭时弊、笔调辛辣犀利，观点鲜明的文章；提倡勇于批评和善于批评，以理服人、以情动人；提倡健康活泼的文风文气，反对评论的平庸与虚伪，抵制谩骂和攻击；希望乐评队伍不断壮大，乐评的声音更加响亮。《音乐周报》社关注现实音乐活动，及时反映立场和观点，把音乐评论做到专业化。

《音乐周报》的评论形式主要是"专栏评论"，署作者名字，体现作者风格。另外，有少数文章配有"编者按"。评论内容以音乐作品及演出为主，涉及面相当广泛。近10年《音乐周报》评论版的版位、名称、栏目内容的变更情况：2000—2002年评论内容位于第3版，版名为"论坛·交流"，根据专栏设置的情况看主要的评论内容包括：音乐会、创作、学术研究、戏曲戏剧、新书、争鸣及其他。2003年全面改版后，2003—2008年第46期评论内容位于第5版，版名为"音乐评论"，2008年第47期后版位改在第8版，版名未变，2009年第16期开始改回到第5版，评论的内容基本没变。

《音乐周报》评论版内容从中国民族音乐到西方音乐；从传统音乐到现代音乐；从中国民族器乐到交响乐、歌剧、舞剧、戏曲、音乐剧、合唱；从美声唱法到民族唱法、原生态唱法、摇滚、流行；从旋律到歌词；从春晚到新年音乐会；从作品到人物；从音乐会音乐到音乐会礼仪、节目单；从歌手大赛到音乐节举办；从学术研究到社会现象；从音乐基础学科到音乐编辑学、音乐心理学、音乐考古学；从知识产权保护到音乐打假；从音乐风格到音乐流派。可以说，涉及面较广。有批评、有鼓励、有要求、有建议、有争鸣。

《音乐周报》中有关音乐评论的内容，其评论重心各有不同，以音乐会为例：有着重评论作品的，有着重评论表演的，有着重抒发作者感受的，也有各方面兼而有之的。例如：2000年第1期第3版"创作漫谈"栏目文章"多姿多彩抒情画卷 改革开放时代乐章——评交响合唱《长江组歌》"中写道"《长江组歌》分十个乐章……整体构思新颖、布局合理……在创作技法上能较好地把握住合适的度……这部作品还存在一些不足之处……"很明显这是一篇着重评论作品的文章；2003年第39期第5版"周报评点"栏目文章"致吴碧霞的公开信"中说："……你作为以民歌为基础的歌唱家，在不长时间内外国歌的发音已经很像个样子……但外语语种之间、不同歌曲之间、不同语音现象之间也仍有不平衡之处。如有的清、浊辅音，单、双辅音之间的区别还不是很清楚。语气、逻辑重音和词义的迅速反映（应）也还要提高。有的外国歌结尾的高潮处出现了能力上勉强和不富裕的情况。《小河淌水》歌中有好几处'哎'本来生活中可以念'ai'也可以念'ei'，你选择的是前者，唱法上散了"，这就是一篇着重评论表演技巧的文章。

关于音乐评论的写作风格，有严肃庄重的、有活泼轻快的、有辛辣讽刺犀利的、有温和谦恭的，等等。例如：揭露音乐界学术不端、不公平竞争现象的文章，语言辛辣讽刺。2001年第6期第3版"专论评述"栏目文章"抄自己的也没出息——简析孟庆云的雷同之作"。2006年第20期第5版"七嘴八舌"栏目文章"顶峰与黑哨"中写道："一个时期以来，凡是有'评比''竞争'乃至'有进项'的活动，少不了'暗箱操作'、有'猫腻'，细查少不了有'红包'现象……演艺界的'黑评委''黑考官'是到了该治不可的时候了！"

在10年的发展过程中《音乐周报》的乐评也有失误的时候，例如：2007年第43期第5版"七嘴八舌"栏目文章"李宇春卫生间该纪念吗？"；2008年第14期第5版"七嘴八舌"栏目文章"阿朵，莫拿雷锋当噱头"报道了流行音乐歌手某走秀活动的服饰问题。笔者认为这类文章应该出现在娱乐报道中，与音乐评论的形式与内容相距较大。

10年来，《音乐周报》开展音乐评论的同时，也繁荣了学术交流，推动了中国音乐向前发展。笔者发现，评论版内容除个人观点表达的文章外，还有一些焦点问题引起了广泛的争鸣，这些问题都是在社会、音乐界受到广泛关注或者亟待解决的。

例如：2000年焦点问题"三种唱法分类的科学性"、2001年"重写音乐史"、2002年"'卞谭之争'所引发的音乐界对'现代音乐'的争鸣"、2003年"《乌苏里船歌》侵权问题"等。

1. 从2002年音乐界"卞谭之争"谈起

下面笔者以2002年音乐学术界争鸣的焦点问题"'卞谭之争'所引发的对现代音乐的关注"为例，分析《音乐周报》评论版都有哪些人在参与、本报对事件发展的追踪情况、在争鸣过程中出现的文章情况以及所选文章的观点对"问题"所产生的导向性。

"卞谭之争"主要是对现代音乐的争鸣。笔者通过百度百科对"现代音乐"概念的界定、1998年第三届现代音乐创作研讨会上对"现代音乐"的谈论以及2007年6月15日中央音乐学院举办的现代音乐座谈会上的发言，总结众专家对"现代音乐"的理解："现代音乐"，是对20世纪以来的各种音乐流派的总称，指的是音乐的风格。涉及面很广，现代音乐文化领域内的多种音乐，大都属于"现代音乐"。[①] 现代音乐是现代人心灵的一种真实表达，其作为对现代社会的一种诗性回应，是现代音乐文化的重要组成部分。对现代音乐的发展来说，听众在没有建立起欣赏习惯之前，一般不太好接受，因此通过演讲、讲座等形式开展普及工作是非常必要的。若需特指那种与传统美学彻底决裂的音乐，用"先锋派音乐"一词更确切一些。目前，现代音乐的发展确实存在一定的问题，各路专家所明确提到的有音乐传统与创新结合的问题、音乐的可听性、发展缺乏"量变"的积累。

"卞谭之争"发生的始末在《音乐周报》2009年第21期第3版有详细报道。《卧虎藏龙》在获得奥斯卡奖后，谭盾创作的配乐几乎成了现代音乐的代名词，北京电视台2001年11月6日晚《国际双行线》节目对他进行了采访。电视台特邀嘉宾卞祖善在谭盾不知情的情况下，也出现在节目中，对谭盾进行了连续10多分钟的犀利点评，最终导致谭盾拂袖而去。节目中卞祖善批评谭盾的话有："1994年他在上海、在北京举行个人作品音乐会时，《乐队剧场》里面用了一些全声音、也用了弄水声还有无声音乐，就是休止符。对于这样一些作品呢，这个当时大多数的人都是肯定的、是赞扬的，我认为这种赞扬有一点过分……让我想到是皇帝的新衣"；"1996年的《鬼戏》是在音乐厅演的。这个节目大概有45分钟，但是有20分钟跟音乐没有关系。这个20分钟里边是干什么呢？是弄水……我的看法是，多媒体啊，顾名思义它跟音乐没关系"；"在今年10月26日的《永恒的水》作品里，我没听到暴风雨的力量，也没

[①] 参见程兴旺《现代音乐反思与追问——中央音乐学院"现代音乐"座谈会述评》，《人民音乐》2008年第2期。

有听到摇篮曲的纯真，我也没有听到眼泪般的哀伤，我听到的是很自然的水的声音，这种水的声音应该是很单调的……他不是演奏，他是玩、他是玩音乐，我认为谭盾他是属于玩音乐的这个类型的人。"事后，谭盾针对这次意外事件说："我说过，我不会阻碍别人的批评。我只觉得，访谈节目的规则应该是你一句我一句的交流，而不是搞这种大批判。主持人有三次要打断他（卞）的话，可是他说了十多分钟才停下来。"

《音乐周报》评论版共发11篇有关"现代音乐及谭盾"的文章，涉及对事件的讨论、争鸣。持续报道事态的发展、引导舆论的导向。《音乐周报》2001年第43期第3版"周报评点"栏目文章"票房新高各显其能"中报道："第四届北京国际音乐节进入第二周……谭盾亲自执棒中国爱乐演出他的《永恒的水》和《卧虎藏龙》两部协奏曲……前一部作品是'水乐与视觉融合新经验'……走进现场，庞大乐队前放置了四个透明水盆，主奏打击乐手和副手分别用掌指在水面或水底拍划弹拨撩搅，杯盘碗盏和鼓锣铃圈，深深浅浅晃晃荡荡地和水发生着多角关系，弄出的形态别有玩味意趣……一古典发烧友说他现在还听不懂谭盾，也许永远不懂……一谭盾同窗学友说……《永恒的水》睁着眼看可以，闭上眼听就差点劲。他认为音乐会作品还是应该经得起闭上眼听；一外省作曲家感觉谭盾新招不够重复太多，弦乐部分尤其老套……他特别惋惜台上这么优秀的大乐队没多少事情可干，用室内乐队就足够……"从这篇文章中可以看出，作者对《永恒的水》"别有玩味意趣"是持肯定态度的，她所采访的其他人从不同角度评价了该作品，其中"古典发烧友"对"现代音乐"不懂，这种现象是正常的，反映了目前对现代音乐普及推广的迫切性。该栏目报道了不同领域听众的心声，能够让作曲家、其他读者了解作品演出后的反响和问题，属于健康的评论性报道。

2002年第3期第3版"争鸣平台"文章"'水乐'余波"中写道："自我学音乐五十年来，还不记得有哪位中外作曲家的同一作品专场音乐会有如此多场的重复演出，票价高达380—1200元并难有退票！……回顾百年，究竟是什么冲破十九世纪共同写作时期的固定模式？是作曲家启用了新思维、新音响、新结构，探索开创了二十世纪个性写作繁花似锦的多元新时代！在多元新时代条件下，作曲家成熟的标志为其驾驭各种音响材料的结构力。他们的成就，显示了在新的历史条件下，人类音乐发展进步、成熟的历史轨迹……"作者在分析《永恒的水》创作的基础上说："我认为，'水乐'当是中国当代最具可听性的音色音乐之一。"可见作者把"水乐"定义为"音色音乐"，承认它的可听性，以及对"现代音乐"的高度认可。

2002年第13期第3版"专论评述"文章"谭盾话题常谈"，作者为中央音乐学院教师项筱刚。文章写道："中国当代的音乐作品中，尤其是80年代中期前的作品，大多属于以旋律见长的'传统'作品，令许多中青年作曲家不敢望其项背。于是，相当一部分作曲家便将探索的目光投向以非旋律性见长的创作中……《永恒的水协奏曲》……他试图证明,一切'自然之声'均能化为色彩斑斓的'音乐之声'……'卞谭之争',着实让人感到遗憾。很显然,音乐批评如果永远只以一种框子去框定一切对象、诠释一切对象的话,那只能显示其理论的'灰色'和某种主观的情绪而已……因为难以超越传统,相当一部分作曲家开始反叛传统……结果是……在创作者和受众之间形成了一道难以逾越的鸿沟……'形象大于思维'。这句话用在谭盾的音乐上比较合适……谭盾的音乐之路,不是也不必成为中国当代音乐的唯一之路,充其量也就是一条'个性之路'。但是,如果这样那样的'个性之路'越来越多的话,中国的音乐之路不就越走越宽了吗?"读完本篇文章,可以看出作者首先对卞祖善的"框定性"主观思维是持批判态度的,对谭盾"形象大于思维"的音乐致使与受众之间形成鸿沟也是持反对态度的,但有一点,作者支持当代音乐的创新发展。作者对此焦点问题的评论直指问题的"要害",分析透彻,观点鲜明、正确。

2002年第15期第3版"争鸣平台"栏目发表文章"我与谭盾的鼓吹者针锋相对",作者是卞祖善。《音乐周报》社在编排时对重要"言论"字体加黑,这是在报纸出版过程中极少用到的编排手法并配有"编者按",极大突出了文章的重要性。"编者按"中说:"在刚刚结束的中国现代音乐论坛上,'卞谭之争'余波再起,卞祖善在大会发言重申观点,坚持立场,阐述更为充分。当即有多人站出来反诘,现场气氛相当活跃。对此,'争鸣平台'希望收听到更广范围的声音。"正文中写道:"一个正直的、有历史使命感的现代作曲家,必定是传统艺术的继承者和勇敢的革新者……而现代音乐发展总的趋向则是与传统彻底的决裂……这并不等于12音技法就注定缺乏表现力……新古典主义并不意味着真正的'返古',但却是对反传统的世界音乐潮流的一种反动……如果说贝多芬当年解放了音乐艺术,使之民主化,面向更多的听众;而20世纪先锋派的大师们却又把音乐艺术带回到象牙塔之中,成为少数人孤芳自赏的音乐魔方……我不同意'一切声音都是音乐'和'无声音乐'的观念,同时与谭盾的鼓吹者针锋相对。我也不赞成在我国宣扬所谓的'自然之声'。后现代主义反传统、无中心、无主题、无目的性等等艺术主张,肆无忌惮地向人类的尊严和传统艺术挑衅……大多数的现代音乐作品是被忘却的后备军。我坚信:一切音乐作品及其再创作都是为听众的;现代音乐的杰作也将活在听众的心中,并成为古典音乐的一种延续,在人类的文明史上熠熠生辉。"通过文章可以看出,卞祖善承认并支持现代音乐的存在,凸显出他对现代音乐发展趋势的担忧,他认为目前大多数现代作品是失败的,认为目前的"先锋派"音乐听众范围极窄,强调听众的重要性。但问题出在,他认为现代音乐必须在继承传统的基础上发展,对作品中运用"自然之声、无声音乐"持反对态度。这篇文章的刊登再次突出了"卞谭之争"的主题。

2002年第16、17期第3版"专论评述"文章"魔鬼还能回到瓶里去吗？"在编排时也对重要"言论"采用了字体"加黑"的手法。其中编者有话："在中国现代音乐论坛上，著名作曲家金湘在卞祖善发言后的争论交锋中，即兴发表了自己的观点。此文较为全面地阐发他对现代音乐的独特见解……"文章在论述中西方现代音乐状况的基础上对"卞谭之争"进行了评判。文章首先是对西方现代音乐发展状况的论述："……二十世纪的现代音乐……犹如一把双刃剑，流派众多，良莠混杂……二十世纪是现代音乐的世纪！……西方现代音乐……不乏共同之处：首先，观念上极度的反传统……其次，人性上极端的自我化……以致完全不顾音乐受众层面的欣赏需求。根本否定音乐的社会功能。第三，技术上极限地发掘扩展……对于推动世界专业音乐之发展，有着不可磨灭的功绩……"其次是对中国的现代音乐发展状况的描述："……中国现代音乐起步未久，眼下尚处在发展之中的'初级阶段'……我们很难过早地给中国的现代音乐作出什么总结性的结论……"再次，是在了解现代音乐的背景下讨论"卞谭之争"，文中说："'卞谭之争'……这场争论的实质是两种不同的音乐观念的碰撞！这种碰撞是历史的必然……西方乐坛在经历了多次阵痛之后，终于又回到新的平衡——各种音乐共存于一个社会中，互相包容，各得其所！…………我们只要持一种正确反映当代社会多元化的多元观念，就会正确地、心平气和地对待两者之争……"最后，提出了大家应该讨论的实质问题，并展望中国音乐未来的发展。本文作者金湘对"卞谭之争"定义为"两种不同音乐观念的碰撞"，他认为是历史的必然，他支持现代音乐的发展、反对现代音乐中的糟粕、反对现代音乐创作中的极度反传统和极端自我化，认为中国"现代音乐"需要时间发展和进行调整，不能过早地下结论。对于卞祖善，他说："……可敬可爱、良莠混杂……"他认为，"乐评"对新生事物应认真分析理性对待不能跟风吹捧，也不能主观固执，要有历史眼光和求实精神。

2002年第16期第3版"争鸣平台"栏目发表文章"'戏水'与'玩乐'"，作者是西南大学讲师冯雷。文章是从"传统乐器"定义的角度认为"水乐"的创新偏离了艺术轨道。文中说："'水''风'是效果，而非音乐本身，更不是一件乐器……'戏水''弄水'显然不是件乐器，只是件效果器……同一件水器，同一演奏者，即使有节奏式的记谱，但也是不能完全完整重复的……如果某个作曲家在一段时间里连续出现相同的情况，而又美其名曰不断创新的话，我们真替这种创新遗憾，也为作曲家惋惜！"这明显是对"水乐"的音乐形式和谭盾"创新"的质疑。

2002年第17期第3版"周报评点"栏目文章"现代音乐离市场有多远"中说："在首届中国现代音乐论坛上……16部新作从创作的题材素材、音乐的语言表述，到手法技法、美学趣味，大多体现了一种健康的集体有意识……新生代队伍壮大实力增强，可以排除中国现代音乐创作'断层''断代'的担忧。更可贵的是，这些作品大多已跨越'试验品'的阶段，而直接晋升'产品'规格……"根据作者的描述和评论可以对当今中国现代音乐的发展有较为宏观的了解。笔者认为，本篇文章主要是评价论坛开幕前的音乐会及论坛情况，因此有些文题不符。

2002年第19期第3版"争鸣平台"栏目发表文章"请为实验者留一片自由空间——为谭盾一辩"，作者是白欢龙。由文章题目可见作者的观点明确。作者认为卞祖善对谭盾的评价语言是过激的、论证是失败的、基本立场是错误的，作者认为音乐之林应该由"古典音乐"这棵大树和"其他"的树共同组成，强调艺术风格的多样性，支持谭盾的"实验和创新"。

2002年第20期第3版"争鸣平台"栏目发表文章"'先锋派'拿出了什么？"中说："……很多20世纪'先锋派'大师们都曾经说过类似的话'我的音乐不是为别人写的，我是为了表现自己'……说这些话是不是太虚伪，不为别人写你把作品拿出来干什么？……音乐作品首先应该被本民族的人民承认，然后才谈得上走向世界；只有首先被同时代的人所理解，然后才谈得上传之后世……"可以看出作者对"先锋派"作品在理解上有困难。

2002年第22期第3版"争鸣平台"栏目发表文章"墙外开花墙内骂"，作者是梁茂春。通读文章，看出作者对"新潮音乐"的发展和谭盾的作品是支持和鼓励的。作者分析了我国新潮音乐发展的三个阶段、简单介绍了谭盾《十九个操》作品创作的根源并表示赞同。作者写道："……音乐的鲜活的生命，就存在于创新之中……作为音乐评论家的任务之一，是要以宽阔的胸怀和宽容的心态，或去发现新音乐作品中仅存的亮点并与人为善地批评它的缺点。而对于新潮音乐中的平庸之作或垃圾……历史会自然而无情地淘汰它们。"

2002年第22期第3版"争鸣平台"栏目发表文章"'古典堡垒'的'松动'"，作者是秦文琛。文章第一部分写西方国家对现代音乐的支持和包容，用发展的眼光看待它；第二部分是写作者对音乐评判依据的看法，他认为中西方文化之间存在隔膜，要想评论西方现代音乐需要了解它的历史文化背景，不能根据业已存在的艺术形式和个人喜好评价新作品，认为评价之前要对作曲家进行全面了解；第三部分谈到向西方学习的重要性、对"现代音乐"这个概念应用的准确性的质疑以及对评论要"严谨、宽容、站在文化高度、发展的眼光"的展望。

《音乐周报》围绕"卞谭之争所引发的对现代音乐的关注"这个主题所刊发的11篇文章作者包括："卞谭之争"的当事人卞祖善、音乐学院作曲教授2位、音乐学院音乐学教授、作曲家、大学教师2位、普通教师、自称学音乐50年的作者、本报记者。报道涉及当事人、权威专家到普通大众，报道中的立场是鲜明的、观点是全面的。关于此事的报道，体现了《音乐周报》社对焦点问题的关注、报道中观点的鲜明性和舆论导向的正确性。

2.通过比较不同编辑的编排，看《音乐周报》评论版

2009年《音乐周报》除"音乐要闻版"中的"时评"专栏外，专门设有"音乐评论"版。其中，前14期"音乐评论"版位于每期第8版，从第15期开始安排在第5版。其中，前11期"音乐评论"版责任编辑为傅显舟，后39期责任编辑为陈志音。笔者选择2009年前20期报纸，通过比较两位编辑对"音乐评论"版不同的内容编排，学习报纸评论内容的设置和安排，以及发现其中的规律和价值。

2009年前11期，傅显舟任责任编辑，共设有8个常规专栏："创作杂谈""现场播报""表演杂谈""书林碟海""争鸣平台""七嘴八舌""开卷有益""时评反馈"。由于第1期、第8期第8版分别为专版，因此傅显舟这一年中真正编辑的只有9期，共39篇文章（其中"书林碟海"栏目每出现一次算一篇文章）。

从2009年12期开始之后的39期，陈志音任责任编辑，笔者选择研究其编辑的前9期，共设有11个常规专栏："星期评点""争鸣平台""品碟回声""网路雷雨""志音说乐""反弹琵琶""诸子百家""偶闻书香""现场播报""乐评反馈""时评反馈"，共55篇文章。其中，"星期评点"第15期后改名为"星期乐评"。"争鸣平台、现场播报"两个专栏是从傅显舟编辑的栏目设置中延续下来的。

陈志音在第12期"星期评点"开栏语中说："音乐评论中一个重要内容就是音乐会评论。原先本版有个栏目'现场播报'，望文生义，肯定是来自音乐会'现场'的'声音'。读者反映，还是应该在栏目名称上淡化一般新闻报道的味道，突出'评论'的特征。'星期评点'力图强化'星期'和'评点'，一是时效性，一是点击性。音乐舞台丰富多彩，我们听到的、说到的只是一个'点'，愿这个'点'牵成'线'、铺开'面'，为音乐生活带来一种新鲜活力与生动精彩。"

表2-15是笔者对陈志音任责任编辑后所编9期"音乐评论"版内容的总结、归类。

表2-15 陈志音所编辑2009年9期"音乐评论"版内容的总结、归类表

栏目名称	内容		
	数量		
星期评点	音乐会	合唱	歌剧
	10篇	1篇	1篇

（续表）

栏目名称	内容								
^	数量								
争鸣平台	争鸣		中国歌剧发展			音乐评论者的形象			
^	1篇		1篇			1篇			
品碟回声	品碟								
^	3篇								
网路雷雨	音乐会	论作品	歌剧	各种话题、声音	创作（音乐的暗示）			关于个人特色	
^	1篇	1篇	1篇	1篇	1篇			1篇	
志音说乐	关于乐评	音乐总监	命题创作	乐团榜	关于模仿	尊重作曲家原创	关于导演	尊重艺术家	演奏员的素质教育
^	1篇	1篇	1篇	1篇	1篇	1篇	1篇	1篇	1篇
反弹琵琶	关于乐评			大师称谓			对史书内容有疑		
^	1篇			1篇			1篇		
诸子百家	京剧	作品	歌剧	乐评	三种唱法	演唱	音乐会	
^	2篇	3篇	2篇	2篇	2篇	1篇	1篇	
偶闻书香	书评								
^	1篇								
现场播报	音乐会								
^	1篇								
乐评反馈	版权								
^	1篇								
时评反馈	版权								
^	1篇								
其他	音乐会								
^	2篇								

注："志音说乐、反弹琵琶"两个栏目的文章仅代表作者的观点

通过对比两位编辑的成果发现，傅显舟任编辑时在9期报纸"音乐评论"版常设的专栏有8个，共39篇文章。陈志音任编辑时在9期报纸中的"音乐评论"版常设的专栏有11个，共55篇文章。

傅显舟任编辑时对专栏分类更为细致、更科学，突出实用性，方便读者快速找到感兴趣的内容。评论的内容包括：创作、演出情况、表演方面、介绍书籍碟片、争鸣、各种声音、书评、时评反馈。栏目设置浅显易懂、方便阅读。同样是"音乐会"的相关评论，放在不同的栏目中所突出的重点不同、角度不同。例如：放在"创作杂谈"栏目中的是对音乐的听后感，如第10期报纸"音乐评论"版文章"发自内心深处的交响——金湘交响乐作品音乐会听后"，其中作者写道："……金湘的音乐创作早已成熟，对于写作中的各种关系……他都处理得相当平衡，没有偏废……此次音乐会的四部交响作品，题材内容不同，体裁样式有别，各有各的特色……琵琶与交响乐队《琴瑟破》也是一首改编曲……按作曲家的构思，全曲分两大段：前段'着力于力量的冲击与动势……织体浓密、力度强烈、调性游移'，后段'更偏重于情感的升华与超脱……织体清淡、力度平稳、调性单纯'。""现场播报"栏目突出音乐会的演出情况，似听后感。如第4期报纸评论版文章"维也纳新年音乐会的错位"中写道："……音乐会终于开始了，第一首曲子是……节奏上的缓慢就不用说了，进入正式的序奏之后没有使人感觉到那种断断续续中的延展，实在太怪异了……第二首是……依然是那么的怪异。""表演杂谈"栏目突出演员的表演、指挥对乐曲处理的情况等。如第2期文章"再致吴碧霞的公开信"中说："首先，要庆贺你这场音乐会的成功……唱时的圆润、集中、适度又清晰传远的歌声和上发条前后的生动的表演给了观众听觉、视觉很好的艺术享受……整个中国歌的很多地方声音发散，没有集中的共鸣焦点。和乐队相比较弱，显得缺乏色调和力度。"另外，还有一篇关于音乐会的评论，没有被安排在专栏中，第9期"芝加哥交响乐团神话终结"，主要是描述音乐会演出情况。

另外，"时评反馈"栏目的稿件较少。前9期中只有一篇。第10期"吕嘉可称大师吗？——答安瑞"，是针对第9期头版"时评"文章"吕嘉可称大师吗？"进行的辩论。其中，第9期时评文章"吕嘉可称大师吗？"作者为《音乐周报》社当任社长安瑞，文章是对卞祖善在《中国经典管弦乐作品音乐会》上担任讲解时，对吕嘉所冠以的"大师"称号持反面观点，认为："国家大剧院有关宣传册子上用了'国内15位指挥大师的GALA盛会'。也许这就是卞祖善称吕嘉为指挥大师的出处……指挥是作曲者、乐团与听众之间的桥梁，在对作品演奏的处理、乐队的掌控等方面都应有独到之处并形成示范作用。仅此而已，离大师称号加身还'路漫漫，其修远兮'……顺便说,当晚担任讲解的卞祖善对指挥的介绍做足了功课,但对相关作品、作曲家、乐团的介绍寥寥数语带过。这种做法同样欠妥。"第10期"吕嘉可称大师吗?——答安瑞",作者为指挥家卞祖善。文章分为三个部分进行论述,首先是对安瑞所猜测的吕嘉"大师"称谓的由来给予的否定,接着通过叙述吕嘉的指挥经历、外国媒体对吕嘉指挥的称道,以及历次获奖情况证明吕嘉堪称"大师",最后说:"当晚我对作品、作曲家、乐团均未'做足功课',若要'做足',音乐会岂不就成讲座了?"这就是卞祖善针对安瑞所写的时评进行的"反击"。笔者认为,"大师"的称谓在当今音乐界被广泛使用,而且本身是一个很难界定的名词,到底谁可以称得上大师? 安瑞所提出的问题是一个被广泛质疑的问题,也许只是由吕嘉延伸出来,引起感慨。由此能够引发讨论应该说是个很好的现象,由于对"大师"这个概念的理解不同、对吕嘉的认识程度不同,因此各有所说,这个也很正常,只要能发表自己的观点,读者们对吕嘉自有判断,这也能够引起大家在以后的音乐生活中注意对"大师"这个名词的运用,不能为了吸引受众或者个人喜好等因素滥用。并且在一场音乐会中讲解人对作品、作曲家、乐团没有详细介绍,这本身就是一个不足,作为听众指出来是好事。

陈志音编辑在专栏设置上突出评论话题的广泛性。其中,非常值得一提的是"网路雷雨"和"志音说乐"两个专栏。"网路雷雨"编者说:"……许多音乐边缘人和普通爱好者,真正堪称骨子里爱音乐、懂音乐的虔诚'教徒'。他们对音乐感知的敏锐、精微,许多职业音乐人难以望其项背。他们的音乐评论,最直接、最真诚,音乐评论家和媒体乐评人常常望尘莫及。"例如:第12期文章"群英论《神交》",其中参与评论的有作曲家、计算机工程师、音乐学家等。"志音说乐"栏目由陈志音任专栏作者,首先值得肯定的是,在笔者研究的9期报纸中,陈志音连续9期都有文章见报,可见她的写作功底和持之以恒的态度。其次,通过她女性特有的敏感,话题涉及音乐界的道德、素质等社会问题。

结　语

1979年,在专业性报纸迅猛发展的时代《北京音乐报》应运而生,1989年更名为《音乐周报》。从其"文艺为人民服务、为社会主义服务"和"百花齐放,百家争鸣"的办报方针以及报纸涉及的内容、所发挥的作用来看,《音乐周报》的确称得上是全国性专业音乐大报。

在社会主义强调精神文明建设、社会文化繁荣的今天,音乐文化的发展也呈现出蓬勃向上的趋势,相对而言音乐报纸的数量极度匮乏,因此对音乐类报纸的关注、对

《音乐周报》办报经验的总结就更显关键。

笔者通过研究发现《音乐周报》在办报的过程中，其内容和形式的安排和设置具有一定的连续性和规律性。在形式上，版面大小和版式形态在一定时期内是相对稳定的、风格统一的，有明显变化的是伴随着主编人员的变换而出现版式风格、版面大小的改变。在内容上，其基本设置在很长时期内也保持不变，2000—2009年10年间变化不显著，2010年与以往的内容安排相比，在原来的基础上有所改变。

《音乐周报》编辑队伍的建设具备了专业性的特质，10年间所有任职的编辑人员都具备相应的专业知识，专业领域集中在音乐专业和新闻专业上。《音乐周报》的作者群以本报记者及专业音乐工作者为主。《音乐周报》的读者群是全国的音乐人、爱乐人。相对而言，《音乐周报》的读者人数没有被充分拓展，其音乐权威大报的价值没有被充分利用。《音乐周报》社应该加大宣传力度和读者调查范围，使报纸内容尽量符合读者的需求、加大发行量和社会影响力。

笔者发现，《音乐周报》社在重要新闻的设置和内容选择上是有规律可循的。首先，重要报道的内容与中国音乐家协会的工作同步，中国音乐家协会某一时期工作重点的不同能够影响周报头条新闻的选择，同时研究周报的报道规律也可以发现中国音乐家协会在某一阶段的工作重点所在。另外，把10年内所有的头条新闻进行归类，发现大概都集中在十几个类别之中，有一定的范围和规律性。

《音乐周报》10年来除了起到对各方面音乐新闻进行及时报道和信息解读的作用外，还有记录音乐历史发展历程的作用。更重要的是发现并揭露音乐界存在的问题，把问题明朗化并积极探求解决的途径。对不同音乐类别的相关报道不但起到新闻宣传的作用，还意图达到引导音乐文化良性发展的目的。对某音乐类别发展中所出现的偏差以及具体问题的错误处理，周报会通过加大报道力度或批判力度等方式进行纠正，积极推动音乐发展。例如：积极推动民乐的发展。前些年中国音乐界对中国传统音乐的认识出现偏差，认为中国传统音乐是过时的，所以传统音乐被大多数人忽视、丢弃，随着时代的发展，一部分先觉者发现，失去了传统特色的中国音乐毫无意义可言，因此近10年来《音乐周报》大力宣传民乐、引导受众关注民乐发展，最终取得了良好的效果。随着民乐开始复兴，不但受到国人的关注也受到国外音乐爱好者的喜爱。纠正错误的发展方向，努力普及音乐文化知识，引导读者形成正确的审美观和判断力，激发读者的音乐兴趣，努力做到报道贴近生活，呈现最新学术研究成果，这些都是《音乐周报》社所做出的努力和贡献。因此，《音乐周报》本身具有促进中国音乐良好发展的作用。

音乐类报纸在当今社会的发展中没有表现出应有的活跃、没有发挥出应有的价值。在音乐文化飞速发展的今天，全国各地音乐活动如雨后春笋般涌现；广播、电视、音像、网络各媒体对于音乐文化发展有着重要作用；音乐类图书因学科分类细致、种类多样也占有一席之地；音乐类期刊，据《中文核心期刊要目总览（2004年版）》统计，我国当今的音乐类期刊达89种。[①] 相比较而言，全国共出版发行音乐类报纸5种，这种情况是否应该引起音乐界高度的重视？

《音乐周报》作为全国第一专业音乐大报，在音乐文化发展中有主要价值，它30多年来的坚持和成绩也是有目共睹的。通过调查，大多数音乐人、爱乐人对音乐类报纸这一媒体仍然是期待的。作为传统媒体，在社会变迁如此之快以及新兴媒体的强力冲击之下仍然被广大读者接受，说明《音乐周报》未来发展的根基是牢固的。

《音乐周报》内容的权威性，目前来看在中国音乐报纸中是不容置疑的。但笔者在研究的过程中发现了一些问题，在此提出以期《音乐周报》的发展更加完善。

首先，在内容上，应该更加跟紧社会发展、了解读者所求所需，办读者需要的报纸、一切为读者服务。坚定目前报界从"传播者本位"向"受众本位"的转型，提高办报质量。例如，加大音乐类招聘的信息；刊登国内外学术前沿成果；在音乐艺考和考研时，可开辟临时专栏，提供相关信息。

其次，《音乐周报》目前的问题是缺乏宣传力度。这一点不仅仅影响周报的经济效益，更重要的是社会效益没有实现最大化，这份报纸应该成为大多数音乐人、爱乐人学习音乐、欣赏音乐的辅助资料，但目前很大一部分人并不知道它的存在。所以，应加大自我宣传，大范围地走向报摊，实现大众化、市场化，提高竞争力。

再次，与世界接轨，尽最大努力和世界其他各国音乐机构联系，和其他国家音乐出版单位挂钩。报道更多世界前沿音乐信息，开阔读者视野，让办报朝着层级高、视野广的方向发展，真正实现"世界音乐信息走进来，《音乐周报》走出去"的良好发展。

由于音乐类报纸这种媒体形式是被广大读者接受的，《音乐周报》目前在全国是被承认的第一专业音乐大报，由北京日报报业集团做后盾，编辑队伍专业化，作者群知识层次高、范围广，也实现了报纸的网络化。因此，如果《音乐周报》在现有的基础上不断完善，其发展前景是广阔的。

今天，在媒体跨界发展的环境中，《音乐周报》也在龙源期刊网全面推出了自己的网络版，扩大了传播范围。笔者认为，《音乐周报》还应大力发展和全国各音乐院校、机构、社团等的合作关系、建立音乐大事追踪等专门机制，谋划更全面的发展举措，全面呈现新时代专业报纸的风采。

---

① 参见戴龙基、蔡蓉华《中文核心期刊要目总览（2004年版）》，北京大学出版社2004年版，第200—300页。